BIBLIOTHÈQUE GIDIENNE
sous la direction de Peter Schnyder
10

# André Gide, l'Européen

Ouvrage publié avec le soutien
de l'Institut de recherche en langues et littératures européennes (ILLE EA 4363)
et de la Fondation Catherine-Gide.
Ce volume réunit les actes du colloque « André Gide, l'Européen »
organisé à l'université de Haute-Alsace les 16, 17 et 18 mars 2016.

# André Gide, l'Européen

Avec un texte inédit d'André Gide

Sous la direction de Martina Della Casa

PARIS
CLASSIQUES GARNIER
2019

Martina Della Casa est maître de conférences à l'université de Haute-Alsace. En 2014, elle a soutenu une thèse sur l'expérience du sacré et les (dé)figurations du Christ chez Artaud, Beckett et Pasolini. Actuellement, ses recherches portent sur l'identité européenne en littérature et sur la circulation des textes en Europe. Elle développe un projet de recherche sur le Christ et le christianisme dans l'œuvre de Gide.



ISBN 978-2-406-08299-6 (livre broché)
ISBN 978-2-406-08300-9 (livre relié)
ISSN 2492-9697

# ABRÉVIATIONS

*EC* — *Essais critiques*, éd. Pierre Masson, Paris, Gallimard, « Bibliothèque de la Pléiade », 1999.

*J1* — *Journal*, t. I : *1887-1925*, éd. Éric Marty, Paris, Gallimard, « Bibliothèque de la Pléiade », 1996.

*J2* — *Journal*, t. II : *1926-1950*, éd. Martine Sagaert, Paris, Gallimard, « Bibliothèque de la Pléiade », 1997.

*RR1* — *Romans et récits, œuvres lyriques dramatiques*, t. I, éd. Pierre Masson, avec la collaboration de Jean Claude, Alain Goulet, David Walker et Jean-Michel Wittmann, Paris, Gallimard, « Bibliothèque de la Pléiade », 2009.

*RR2* — *Romans et récits, œuvres lyriques et dramatiques*, t. II, éd. Pierre Masson, avec la collaboration de Jean Claude, Céline Dhérin, Alain Goulet et David Walker, Paris, Gallimard, « Bibliothèque de la Pléiade », 2009.

*SV* — *Souvenirs et Voyages*, éd. Pierre Masson, avec la collaboration de Daniel Durosay et Martine Sagaert, Paris, Gallimard, « Bibliothèque de la Pléiade », 2001.

# AVANT-PROPOS

En 2014, *La Nouvelle Revue française* consacre un numéro à « Notre Europe ». Ce choix coïncide avec le centenaire de la Grande Guerre et la crise de l'Europe actuelle. Comme le souligne Philippe Forest dans son avant-propos[1], *La NRF* a toujours jugé important de « penser l'Europe », sans oublier que ses écrivains de la première heure « se voulurent des Européens[2] ». C'est le cas d'André Gide (guide spirituel de la revue) que ses contemporains, comme Klaus Mann ou Ernst Robert Curtius, voyaient justement comme un « grand Européen ».

Pour aborder la problématique d'une vision gidienne de l'Europe, nous avons ouvert deux pistes. La première concerne la manière dont Gide a pensé l'Europe et l'« identité complexe » qui dérive de cette « notion incertaine[3] », pour le dire avec Edgar Morin. Ce qui implique d'examiner également comment l'Europe a pénétré ses réflexions et son œuvre. La seconde a donc trait à la réception de cette dernière dans le « Vieux Continent » et à l'image, voire aux images de l'écrivain qui en émergent.

Après Gide, « le contemporain capital », après Gide « le voyageur », ou encore après Gide « l'inquiéteur » et Gide « politique », est-il possible de reconnaître et d'interroger, en cet écrivain protéiforme, la figure transversale d'un « André Gide, l'Européen » ? C'est cette question qui a été à l'origine du colloque international organisé par l'Institut de recherche en langues et littératures européennes du 16 au 18 mars 2016 à l'Université de Haute-Alsace et à la Bibliothèque municipale de Mulhouse.

---

1 Philippe Forest, « Avant-Propos », dans *La Nouvelle Revue française*, n° 607 : *Notre Europe (1914-2014)*, février 2014, p. 10-11.

2 Klaus Mann, « Pour le soixantième anniversaire d'André Gide » [1929], *Aujourd'hui et demain. L'Esprit européen. 1925-1949*, trad. de C. Gepner, D. L. Miermont, Paris, Phébus, « Domaine étranger », 2011, p. 70. Ernst Robert Curtius, « Amitié de Gide », *Hommage à André Gide*, Paris, *La NRF* [novembre 1951], 1990, p. 14.

3 Edgar Morin, *Penser l'Europe* [1989], Paris, Gallimard, 1990, p. 37-38.

Dans son ensemble, le présent volume traduit pleinement l'esprit de notre recherche, née de la volonté d'examiner la réflexion de Gide sur l'Europe aussi bien dans ses écrits fictionnels que dans ses ouvrages critiques, sans oublier son *Journal* et ses correspondances. Plus généralement, il a d'abord été question de mesurer son enracinement, et celui de son œuvre, dans l'espace *culturel* européen. Comme le lecteur le verra, il a devant lui un ouvrage collectif qui donne à découvrir, au travers d'un parcours pluriel, des facettes nouvelles de cet écrivain, dont la pensée européenne invite à questionner notre rapport à l'Europe d'aujourd'hui.

*Nous remercions tous ceux et celles qui ont contribué à la réussite de cette réflexion en commun et, pour leur soutien, le laboratoire ILLE (EA 4363), la Faculté des lettres, langues et sciences humaines et le centre NovaTris de l'Université de Haute-Alsace, la Fondation Catherine Gide, l'Association des Amis d'André Gide, l'Association pour la promotion d'échanges et d'études franco-suisses, la Fondation des Treilles, la Ville de Mulhouse, la Région Grand Est et M2A. Sans oublier Ambre Fuentes, qui a assuré le suivi de ce livre.*

Martina Della Casa
Université de Haute-Alsace,
ILLE (EA 4363)

# INTRODUCTION

## ANDRÉ GIDE : VERS UNE EUROPE « VRAIMENT VIVANTE »

Dans les dernières pages de *Si le grain de meurt* (1926), en commentant la réaction inquiète de sa mère face à l'exaltation transparaissant des lettres qu'il lui écrit lors de son séjour à Alger en 1895, Gide reprend une problématique qui constitue l'un des nœuds majeurs du développement de sa pensée et de son œuvre, à savoir la « question morale et religieuse[1] » sur laquelle il reviendra tout au long de sa vie, signe de la priorité qu'il lui accorde : « Les questions politiques », notait-il déjà en 1918, « m'intéressent moins, et je les crois moins importantes que les questions sociales ; les questions sociales moins importantes que les questions morales[2]. »

Si ses Mémoires sont pour Gide l'occasion de revenir à ces questions, c'est parce que son voyage algérien a scellé une rupture avec la religion chrétienne, survenue déjà deux ans auparavant (simultanément à son premier départ pour l'Afrique du Nord), et initié la découverte de ce qu'il appelle « la loi nouvelle[3] », formulée dans *Les Nourritures terrestres* (1987). Pourtant, la double émancipation entamée vis-à-vis du puritanisme maternel et de la religion chrétienne est bien loin de résoudre ses rapports controversés avec le christianisme, comme l'atteste la crise religieuse de 1916 relatée dans son *Cahier vert*, publié ensuite sous le titre *Numquid et tu… ?* (1922). D'ailleurs, c'est Gide lui-même qui le

1 *Si le grain ne meurt* [1921], *SV*, p. 321-322. C'est nous qui soulignons. Les recherches à la base de ces pages introductives ont été développées dans le cadre du Prix de la Fondation Catherine Gide (2014) auprès du Centre André Gide-Jean Schlumberger de la Fondation des Treilles, et feront l'objet d'une publication à part.

2 *Feuillets* [1918], *J1*, p. 1089.

3 *Si le grain ne meurt*, *SV*, p. 322.

souligne dans *Si le grain de meurt* lorsque, tout en renonçant par prudence à développer la question, il tient quand même à préciser que non seulement ce changement ne s'est pas produit sans réflexions ultérieures et de profondes autocritiques, mais qu'il est aussi allé de pair avec une redécouverte « d'un œil neuf[4] » de l'Évangile :

> Et je me désolais et m'indignais tout à la fois de ce qu'en avaient fait les Églises, de cet enseignement divin, qu'au travers d'elles je ne reconnaissais plus que si peu. C'est pour n'avoir point su l'y voir, ou point consenti de l'y voir, que *notre monde occidental périt*, me redisais-je ; telle devint ma conviction profonde, et que le devoir de dénoncer ce mal m'incombait. Je projetais donc d'écrire un livre que j'intitulais en pensée : *Le Christianisme contre le Christ* – livre dont nombre de pages sont écrites et qui sans doute eût déjà vu le jour en des temps plus calmes, et sans cette crainte que je pus avoir, si je le publiais aussitôt, de contrister quelques amis et de compromettre gravement une liberté de pensée à laquelle j'attache plus de prix qu'à tout le reste[5].

Les raisons pour lesquelles Gide ne s'attarde pas sur cette question délicate sont claires, tout comme l'importance qu'il attribue à ce livre à venir, qui aurait dû recueillir une pensée déjà élaborée dans plusieurs de ses écrits et sur laquelle il reviendra à maintes reprises : « [...] je me dis que je suis fou de tarder et de temporiser ainsi[6] », écrit-il en 1914 dans son *Journal*, en faisant référence, entre autres, à ce projet. L'urgence avec laquelle, à la veille de la Première Guerre mondiale, l'écrivain souligne le besoin de reprendre l'écriture de ce livre confirme la portée qu'il attribue aux réflexions qu'il aurait voulu y développer. Comme il l'indique dans ses Mémoires, il ne s'agit pas seulement de lui-même et de l'évolution de sa pensée religieuse ou de son parcours spirituel et moral[7] : il est aussi et surtout question de la survie du *monde occidental*[8].

---

4 *Ibid.*

5 *Ibid.* C'est nous qui soulignons.

6 *J1*, 15 juin 1914, p. 790.

7 Ces aspects on fait l'objet de l'étude de Catharine H. Savage, *André Gide. L'Évolution de sa pensée religieuse*, Paris, A. G. Nizet, 1962. Pour des lectures plus récentes, nous renvoyons aux chapitres « La Vie morale » et « La Vie spirituelle » de Pierre Masson, dans *Les Sept Vies d'André Gide. Biographies d'un écrivain*, Paris, Classiques Garnier, « Bibliothèque gidienne », 2016. Tandis que pour un aperçu à la fois synthétique et panoramique de la question, nous invitons à consulter Alain Goulet, « Religion », dans Pierre Masson, Jean-Michel Wittmann (éds), *Dictionnaire Gide*, Paris, Classiques Garnier, « Dictionnaires et synthèses », 2011, p. 344-346.

8 Bien que formulée différemment, cette idée revient aussi des années après dans les pages de son *Journal*, mais cette fois appliquée plus spécifiquement à la culture : « La culture

Comme le remarque justement Pascal Dethurens – en mettant en rapport les considérations gidiennes sur le destin de l'Europe développées en 1923 dans un de ses écrits les plus importants sur le sujet, « L'Avenir de l'Europe », avec celles, déconcertées, qu'il note plus tard dans son *Journal* à propos du *Soulier de Satin* de Claudel –, chez Gide, la religion est une notion centrale pour penser le déclin de la civilisation européenne[9]. D'ailleurs, si dans ce même article il reconnaît en la Grèce et l'Italie les foyers d'un monde antique dans lequel la civilisation occidentale est née et a trouvé à s'épanouir pleinement, il voit en revanche dans le christianisme tel qu'il s'est développé au cours des siècles une des causes principales de sa chute. Toutefois, en suivant au fil de ses écrits le développement de ses réflexions sur l'Europe et en les rapprochant de celles sur le christianisme (par ailleurs continuellement entremêlées), il devient clair non seulement que cette même distinction entre le christianisme et le Christ – impliquée par l'opposition constituant le titre auquel Gide avait pensé pour son projet de livre – reste également opérante au sein de sa pensée sur l'Europe, mais aussi que celle-ci constitue chez lui un des éléments-clés pour contrecarrer le mouvement descendant de sa civilisation.

La priorité que Gide attribue aux questions morales – sans que cela implique de les disjoindre des problématiques sociales, politiques ou esthétiques –, le rôle central que, comme l'a bien montré Frank Lestringant, la religion occupe dans le parcours biographique et artistico-intellectuel de l'écrivain[10] et celui que le christianisme et le Christ (sans oublier la Bible dont il était un assidu lecteur[11]) jouent dans sa manière de penser l'Europe, ainsi que l'importance qu'il attribue à ces

---

doit comprendre qu'en cherchant à absorber le christianisme, elle absorbe quelque chose de mortel pour elle-même. » *J2*, 14 juin 1926, p. 5.

9 Pascal Dethurens, « Gide et la question européenne », *Bulletin des Amis d'André Gide*, n° 85, vol. XVIII, janvier 1990, p. 116. Pour une synthèse des rapports entre Gide et Claudel, rapports considérablement compliqués par cette « question religieuse » et par les tentatives de ce dernier (et de Jammes) de le convertir au catholicisme, nous renvoyons à Paul Claudel – André Gide, *Correspondance 1899-1926*, éd. Robert Mallet, Paris, Gallimard, 1949 et au *Bulletin de la Société Paul Claudel*, n° 215 : *Paul Claudel et André Gide*, éd. Pascale Alexandre-Bergues, 2015.

10 Frank Lestringant, *André Gide l'inquiéteur*, Paris, Flammarion, « Grandes biographies », 2 t., 2011 et 2012.

11 Voir à ce propos Frank Lestringant, « "*Le Christianisme contre le Christ*". Gide de l'Évangile au communisme », dans Tania Collani (éd.), *Variations et inventions. Mélanges offerts à Peter Schnyder*, Paris, Classiques Garnier, « Rencontres », 2015, p. 45-58 et Jean-Michel

éléments lorsqu'il porte son regard « sur l'état actuel de l'Europe[12] » et sur la crise qu'elle traverse, tous ces facteurs sont à la base du choix de suivre, en guise d'introduction, cette piste ouverte par l'écrivain lui-même dans ses Mémoires.

L'objectif que nous nous fixons est moins de réintégrer Gide dans le débat qui était celui de toute une époque et qui a animé des générations d'écrivains et d'intellectuels européens – ce qui a déjà été traité par Pascal Dethurens et, bien que différemment et sur un autre plan, par Nicolas Di Méo[13] –, que de commencer à mettre en relief la portée et les implications de ces problématiques européennes au sein de sa pensée et de son œuvre. Bien que le nombre de textes qu'il consacre spécifiquement à l'Europe puisse se compter sur les doigts d'une main, ils ne représentent que la partie émergée d'une réflexion continuelle aux maintes déclinaisons. Les considérations sur l'Europe, non seulement parcourent – souvent transversalement – les pages de son *Journal*, ses correspondances, ses écrits critiques et fictionnels, mais se donnent aussi – et notamment dans les textes qui y sont plus spécifiquement consacrés – comme un carrefour vers lequel confluent et s'harmonisent des réflexions d'ordre sociopolitique, éthique et esthétique (déjà ou ensuite) développées dans d'autres écrits et qui éclairent également à des degrés différents son œuvre fictionnelle. Lieu parmi d'autres des échanges continus et des nombreux débats instaurés avec ses contemporains, ces textes se donnent à la fois comme synthèse de sa propre pensée sur l'Europe et comme preuve de sa nature foncièrement polyphonique, se construisant de manière plus ou moins ouvertement dialogique, mais également au fil de lectures, de rencontres, de lettres et de répliques, aliments dont ses écrits portent une empreinte évidente.

---

Wittmann, « Présentation », *Bulletin des Amis d'André Gide*, n° 179/189 : *Gide et la Bible* [Actes du Colloque de Metz], XLVIe année, juillet-octobre 2013.

12 *J1*, 28 mars 1922, p. 1174.

13 Gide est, en effet, parmi les nombreux écrivains qui ont fait l'objet des études comparatistes (au niveau européen) de Pascal Dethurens, concernant la place occupée par l'Europe et par la question européenne dans la littérature du siècle dernier, mais il est aussi parmi ceux étudiés par Nicolas Di Méo qui lui consacre plusieurs pages dans son étude sur le cosmopolitisme dans la littérature française. Voir Pascal Dethurens, *Écriture et culture : Écrivains et philosophes face à l'Europe, 1918-1950*, Paris, H. Champion, « Bibliothèque de littérature générale et comparée », 1997 et *De l'Europe en littérature. Création littéraire et culture européenne au temps de la crise de l'esprit (1918-1939)*, Genève, Droz, 2002, mais aussi Nicolas Di Méo, *Le Cosmopolitisme dans la littérature française. De Paul Bourget à Marguerite Yourcenar*, Genève, Droz, « Histoire des idées et critique littéraire », 2009.

Suivre le fil rouge de la problématique du christianisme au sein de ces écrits nous permettra ainsi de mettre en avant ces aspects et de commencer à explorer la façon dont Gide envisage l'Europe du passé, du présent et de l'avenir. Quels sont les principes autour desquels pivote son européanisme, quelles critiques provoque-t-il dans le contexte idéologique de son époque ? Et comment ses réflexions contribuent-elles, dans leur ensemble, à former ses conceptions de civilisation, culture et littératures européennes – et *vice versa* ?

## LA CIVILISATION EUROPÉENNE : « UNE TRAJECTOIRE DIRECTE ININTERROMPUE ? »

En 1924, trois ans après la publication dans *La NRF* de son article sur « Les rapports intellectuels entre la France et l'Allemagne », Gide publie chez Gallimard, sous le titre *Incidences*, une série de textes, de lettres et de conférences déjà parus ailleurs, parmi lesquels deux articles qui touchent directement à « la question de l'Europe[14] ». Le premier, « Réflexions sur l'Allemagne » – article recueillant des considérations développées pendant la guerre –, paraît dans *La NRF* en 1919, un an après la publication de *L'Allemand, souvenirs et réflexions d'un prisonnier de guerre* de Jacques Rivière, livre au sujet duquel il avait exprimé des réserves[15]. Le deuxième, « L'Avenir de l'Europe », texte publié en 1923 en réponse à une enquête lancée par la *Revue de Genève* et en chantier depuis 1922 (année également de ses conférences sur Dostoïevski), synthétise en revanche des réflexions faisant écho à celles issues de sa rencontre avec Walter Rathenau[16]. On est dans les mêmes années du début de la correspondance (où il est souvent question de l'Europe) entre Gide et Ernst Robert Curtius, dont les écrits sont cités par l'auteur dans son article sur les rapports entre la France et l'Allemagne[17], et avec qui les échanges épistolaires commencent en 1920. C'est également dans cette

14 André Gide, « L'Avenir de l'Europe » [1923], *Incidences* [Éditions de la *NRF*, 1924], Paris, Gallimard, 1989, p. 34.

15 Voir à ce propos Yaël Dagan, La NRF *entre guerre et paix. 1914-1925*, Paris, Tallandier, « Historial de la Grande Guerre », 2008, p. 166-174.

16 « J'ai bien du mal à n'être pas gêné », note Gide dans son *Journal* à propos de cette rencontre, « par ses manières trop cordiales de s'emparer de votre personne : sa main n'a presque pas quitté mon bras durant toute la conversation, dont "l'Europe entière court à l'abîme" était le refrain. » *J1*, 3 janvier 1922, p. 1167.

17 Raimund Theis, « André Gide – Ernst Curtius et l'Europe », trad. de Jean Lefebvre, *Bulletin des Amis d'André Gide*, n° 80, XVI^e^ année, octobre 1988, p. 88.

période qu'est publié *La Crise de l'Esprit* de Paul Valéry dans *La NRF* (1919), originairement paru en Angleterre, et qui sera repris dans *Essais quasi politiques*, suivi de « Note (ou l'Européen) », le texte d'une conférence prononcée en 1922 et publiée en 1924 dans la *Revue universelle*[18].

Comme ils continueront de le faire dans les années suivantes – sur le papier, mais aussi lors de leurs rencontres amicales –, Valéry et Gide s'interrogent dans ces écrits sur l'état et le destin de l'Europe, de sa civilisation et de sa culture[19]. *La Crise de l'Esprit*, essai dans lequel Valéry considère en des termes très proches de ceux que l'on retrouve dans le *Déclin de l'Occident* d'Oswald Spengler (1918-1922) l'état critique de « notre Europe[20] », s'ouvre avec une phrase devenue proverbiale : « Nous autres, civilisations, nous savons maintenant que nous sommes mortelles[21]. » Comme l'écrivain l'expliquera lui-même dans une lettre adressée à Paul Desjardins – qui, en 1934, déclare que l'une des décades de la rencontre de Pontigny prévue pour l'été aura comme thème « Est-il véritable que nos civilisations sont mortelles ? » –, cette constatation de 1919 « annonce le développement qui la suit » et photographie la « phase critique » traversée par l'Europe et la « maladie[22] » qui afflige cet « appendice occidental de l'Asie », cette petite portion du monde qui, remarque Valéry, a pourtant été capable des « réalisations [...] les plus surprenantes, les plus fécondes[23] ».

Même si l'approche de Gide est différente, à la fois plus critique et plus relativisante par rapport à celle de son ami[24], on trouve les mêmes

18 Paul Valéry, *Essais quasi politiques* [1957], dans *Œuvres*, éd. Jean Hytier, Paris, Gallimard, « Bibliothèque de la Pléiade », 1988, t. I, p. 988-1014. À propos de l'engagement européiste de Valéry, voir Paola Cattani, « Engagement pour l'Europe et littérature pure », dans William Marx (éd.), *Paul Valéry et l'idée de littérature*, ANR, éd. en ligne par *Fabula / Les Colloques* : <http://www.fabula.org/colloques/document1420.php>. [Consultée le 29/07/2016.]

19 Les deux écrivains continueront de revenir sur ces questions tout au long de leur amitié, comme le témoigne le *Journal* de Gide dans lequel, en février 1932, il relate une rencontre avec Valéry, qu'il trouve « fort angoissé par la situation générale et convaincu que le misérable travail des politiciens nous mène à l'abîme, et toute l'Europe avec nous. » *J2*, 21 février 1932, p. 351-352.

20 Paul Valéry, « Note (ou l'Européen) », *Essais quasi politiques*, dans *Œuvres*, *op. cit.*, t. I, p. 1006.

21 Paul Valéry, *La Crise de l'Esprit*, dans *ibid.*, p. 988.

22 Voir l'extrait de cette lettre cité dans les notes de l'édition consultée de *La Crise de l'Esprit* dans Paul Valéry, *ibid.*, p. 1813.

23 Paul Valéry, « Note (ou l'Européen) », *ibid.*, p. 1004.

24 « Si j'avais à enseigner la géographie à un enfant », écrit-il au début de son article, « je partirais du plan de son jardin – comme faisait Rousseau, ce me semble – de l'espace

problématiques au centre de « L'Avenir de l'Europe ». Le procédé qu'il utilise, relatant sa rencontre avec un haut fonctionnaire chinois, lui permet de développer un discours sur l'Europe dans lequel celle-ci est abordée à la fois de l'intérieur – à travers son propre regard – et de l'extérieur – à travers celui de son interlocuteur[25]. Les réflexions que l'écrivain produit dans ces textes montrent à quel point l'Europe habite sa pensée. Et lorsqu'il aborde dans ses écrits la question de « notre Europe[26] », il le fait en apportant des réponses aux problématiques qui occupent également Valéry dans des textes « prophétiques », qui lui feront remarquer en 1945 : « [...] je ne pense pas que personne, en ce temps, ait émis sur la situation de l'Europe et de la France des appréciations plus sensées[27]. » Cette affinité entre les deux écrivains transparaît très clairement dans l'article de Gide réunissant ses « Réflexions sur l'Allemagne » :

> La question se posait avant la guerre : une civilisation, une culture peut-elle prétendre à se prolonger indéfiniment et selon une trajectoire directe ininterrompue ? Et comme la réponse est nécessairement négative, cette seconde question vient aussitôt en corollaire de la première : *notre* civilisation, notre culture est-elle encore prolongeable ?
>
> Ce monde neuf où nous entrons fait-il suite au précédent ? Est-ce que nous continuons le passé ? [...] Tout ce qui représente la tradition est appelé à être bousculé et ce n'est que longtemps après que l'on pourra reconnaître, à travers les bouleversements, la continuité malgré tout de notre tempérament, de notre histoire[28].

De ces considérations gidiennes émergent toutefois autant de concordances que de divergences par rapport à celles de Valéry. Dethurens l'a bien

---

qu'*Émile* peut parcourir, de l'horizon qu'atteint sa propre vue ; puis, projetant sa curiosité par delà ce que sa vue peut atteindre. Mais ce petit jardin, dont nous serions partis, j'aurais soin d'autre part de retenir l'enfant d'en surévaluer l'importance. » André Gide, « L'Avenir de l'Europe », *op. cit.*, p. 25. À ce propos, voir aussi Pascal Dethurens, « Gide et la question européenne », art. cité, p. 111.

25 « Pour bien juger l'Europe, » explique Gide, « n'ayant pu jusqu'à ce jour aller en Chine, mais du moins pensant qu'un jugement venu de là-bas pourrait m'instruire, j'acceptais avec empressement l'occasion que m'offrit, il y a deux ans, Arthur Fontaine, de dîner avec un Chinois. Le Céleste en question, ex-ministre de l'Intérieur ou des Finances, en Europe depuis quelques mois, voyageait de pays en pays, désireux de se renseigner, de s'instruire et, lui aussi sans doute, de s'éloigner un peu de son pays pour le juger. » André Gide, « L'Avenir de l'Europe », *op. cit.*, p. 27.

26 André Gide, « L'Avenir de l'Europe », *op. cit.*, p. 25.

27 « Paul Valéry » [1945], *EC*, p. 932.

28 André Gide, « Réflexions sur l'Allemagne » [1919], *Incidences*, *op. cit.*, p. 17-18.

remarqué : « Tandis que Valéry fait de l'Europe le lieu d'un trop-plein et de la surcharge (sémantique, culturelle, historique, symbolique, etc.), Gide soutient que l'Europe est encore capable de se réédifier sur son champ de cendres[29]. » D'ailleurs, si pour interroger le destin de l'Europe, Valéry considère ce qu'elle a été et ce qui fait son identité présente – à savoir les éléments qui fondent l'« Esprit européen[30] » (les cultures et les civilisations latines et grecques et le christianisme) –, mais aussi « ce qui est disparu », « ce qui est détruit », et avoue regarder vers le futur à la fois avec espoir et incertitude (« nos craintes », dit-il, « sont infiniment plus précises que nos espérances[31] »), Gide, quant à lui, semble beaucoup moins dubitatif et bien plus tourné vers le futur, vers un avenir déjà en train de se faire. Là où, dans « Note (ou l'Européen) », Valéry avoue ne pas savoir « ce qui va naître », dans ses « Réflexions sur l'Allemagne », Gide présente ce futur, ce monde neuf, cette « culture nouvelle[32] », comme déjà commencés. C'est pourquoi, pour lui, « [i]l ne s'agit plus de ce que nous étions, il s'agit de ce que nous sommes[33] ».

Dans cette optique, l'enseignement de la Bible, et notamment de l'histoire de la femme de Loth, est à ses yeux clair et fondamental, comme l'atteste l'admonition contenue dans « L'Avenir de l'Europe » : « [...] à reporter ses regards en arrière, à contempler sans cesse "la Terre et les Morts", on devient une statue de sel[34]. » Cette expression, « la Terre et les Morts », renvoie au titre de la fameuse conférence prononcée par Barrès en 1899, mais son intérêt dans ce cadre est dédoublé par le fait d'être intégrée dans le contexte d'un renvoi à cette Bible qui est, pour l'écrivain et comme le rappelle Jean-Michel Wittmann, un réservoir « d'images, de thèmes et de figures, de fables, d'une richesse inépuisable[35] ». Et dans ce vivier de motifs et de récits, dans lequel l'auteur de *Saül* (1922) puise constamment pour alimenter ses écrits fictionnels et non fictionnels, la Terre est souvent évoquée de manière à la fois

29 Pascal Dethurens, *Écriture et culture : Écrivains et philosophes face à l'Europe, 1918-1950*, *op. cit.*, p. 105. En ce sens, comme le remarque le critique, dans cet article Gide opère « sinon une glorification de la crise, du moins dialectiquement la mise à profit de la crise ». Pascal Dethurens, « Gide et la question européenne », art. cité, p. 118.

30 Paul Valéry, *La Crise de l'Esprit*, *op. cit.*, p. 999.

31 Paul Valéry, « Note (ou l'Européen) », *op. cit.*, p. 1000.

32 André Gide, « Réflexions sur l'Allemagne », *op. cit.*, p. 18.

33 *Ibid.*

34 André Gide, « L'Avenir de l'Europe », *op. cit.*, p. 26.

35 Jean-Michel Wittmann, « Présentation », art. cité, p. 13.

similaire et diamétralement opposée à l'image célèbre qu'en donne Barrès, comme dans le Psaume 52 dans lequel, en s'adressant à Saül, Doëg dit : « Dieu t'abattra pour toujours, Il te saisira et t'enlèvera de ta tente ; Il te déracinera de la terre des vivants[36]. »

Le croisement de ces références – l'une à une histoire biblique et l'autre à la conférence de Barrès – ne semble pas fortuit chez Gide pour qui – nous y reviendrons – la Terre que nous habitons doit plutôt être considérée comme étant justement *de* et *pour* les vivants et qui, par ce même croisement, parvient à dénoncer dans son article non seulement l'état mortifère dans lequel l'Europe se retrouve plongée, mais aussi celui inhérent au nationalisme barrésien, par rapport auquel il réitère avec ironie ses prises de distance. « Le véritable esprit européen, s'oppose à l'infatuation isolante du nationalisme », explique-t-il dans la conclusion de cet article, ajoutant ensuite qu'« il s'oppose également à cette dépersonnalisation que voudrait l'internationalisme[37] ».

Cette phrase synthétise bien l'européanisme de Gide, qui envisage l'Europe comme un ensemble unitaire, mais en même temps choral et polyphonique, un ensemble dynamique qui n'uniformise nullement les voix qui le composent, car chacune d'elle doit y garder ses spécificités et son rôle unique dans la recherche d'une harmonie commune. C'est pourquoi, en réfléchissant sur la guerre et sur les rapports entre la France et l'Allemagne, le futur auteur de *Notes sur Chopin* (1931) reprend et file cette fois une métaphore musicale bien connue depuis le Congrès de Vienne – métaphore arrivant chez lui après celle, botanique, de la fameuse « Querelle du peuplier » – et, pour résumer sa position, constate : « C'est une absurdité que de rejeter quoi que ce soit du concert européen. C'est une absurdité que de se figurer qu'on peut supprimer quoi que ce soit de ce concert[38]. »

Dans le cadre du développement de cette idée d'une Europe dont les rapports internes sont, aux yeux de Gide, à repenser complètement, le réinvestissement de l'histoire de la femme de Loth permet de commencer à mettre en évidence le rôle central joué par le christianisme et par sa

36 Psaume 52 :7. *La Sainte Bible*, Version Louis Segond (nous renvoyons dans cet article à cette version de la Bible puisqu'elle est parmi celles utilisées par Gide). Remarquons, à propos de ce verset, qu'au moment de la conception de cet article Gide était justement aux prises avec la mise en scène de son *Saül*. Voir *J1*, 28 mars 1922, p. 1174.

37 André Gide, « L'Avenir de l'Europe », *op. cit.*, p. 34.

38 André Gide, « Réflexions sur l'Allemagne », *op. cit.*, p. 18-19.

lecture assidue de la Bible, dans la construction de son discours sur ce « Vieux Continent » à refaire. Si, d'une part, ses textes sur le sujet étalent un riche tissu de références bibliques qui servent de support à l'articulation de ses réflexions, de l'autre, le christianisme – ce pilastre de l'esprit européen dont parle Valéry[39] – y émerge comme l'une des cibles principales du mouvement de remise en question totale qu'il prône[40]. Les bouleversements que Gide envisage sont proches de ce que, pour le dire avec les mots utilisés dans un de ses feuillets parus dans *La NRF* en août 1919, « Nietzsche appellerait [une] transmutation de valeurs » – à savoir ce qu'il conçoit comme un changement (aussi bien individuel que collectif) qui trouve son origine dans un « malaise », un trouble de l'état des choses –, impliquant la recherche d'un « nouvel équilibre[41] ».

Comme nous essaierons de le montrer, cette nouvelle harmonie à laquelle Gide songe pour l'Europe demande une rupture avec le passé, et donc aussi avec le christianisme, qui doit pourtant se lire à la lumière de cette logique de dépassement et de continuité évoquée dans « Réflexion sur l'Allemagne » et qui, en tant que telle, est loin d'impliquer un rejet complet de ce qu'elle se propose de dépasser.

## LES CONTRADICTIONS D'UNE EUROPE QUI PÉRIT

Dans « L'Avenir de l'Europe », la problématique du christianisme est centrale et structure le récit de la conversation avec le ministre chinois qui demande à son interlocuteur : « Ne croyez-vous pas [...] que tout ce dont souffre aujourd'hui l'Europe vient de ce qu'ayant opté pour la

39 « Eh bien », écrit Valéry dans « Note (ou l'Européen) », « je considérerai comme européens tous les peuples qui ont subi au cours de l'histoire les trois influences que je vais dire », à savoir « celle de Rome », « le christianisme » et celle de « la Grèce » (*op. cit.*, p. 1008-1010).

40 André Gide, « Réflexions sur l'Allemagne », *op. cit.*, p. 17. Cette idée revient aussi dans le *Journal*, comme lorsque, à des années de distance, il note : « Il ne s'agit plus de restaurer des ruines, mais de construire à neuf sur un sol qu'il s'agit d'abord d'éprouver. Tout doit être remis en question, remis en doute ; rien ne doit être accepté que d'authentique et d'où tout mysticisme soit délogé. » *J2*, 14 juin 1931, p. 279.

41 André Gide, *Feuillets* [1919], *Incidences*, *op. cit.*, p. 89, repris dans *J1*, p. 1086. À propos des lectures gidiennes de la pensée de Nietzsche, voir Peter Schnyder, « Gide lecteur de Nietzsche », *Pré-textes. André Gide et la tentation de la critique*, Paris, L'Harmattan, « Critiques littéraires », 2001, p. 173-207. Une version précédente de cette étude est parue dans *Travaux de littérature*, vol. III : *Mélanges offerts à Noémi Hepp*, éd. Madeleine Bertaud, Paris, ADIREL, Belles lettres, 1990, p. 203-227.

civilisation, elle se rallie à une religion qui la nie ? Par quelle tricherie arrivez-vous à concilier l'un et l'autre ? » Une question à laquelle il repond lui-même ainsi :

> Mais à vrai dire, vous ne conciliez rien. Vous vivez dans un compromis ; l'Église même, pour ne perdre ni contact ni prise, est contrainte de transiger ; elle a dû consentir à tenir compte de tous les progrès de l'esprit, par quoi elle s'écarte de plus en plus du pur esprit de l'Évangile. Mais dès l'instant que le christianisme ne se contentait pas d'apporter au monde une morale, ainsi qu'ont fait nos grands sages de l'Orient, dès l'instant qu'il imposait des dogmes, il exigeait une croyance aux dogmes, de la Foi, et demandait à la raison de s'y soumettre, il consentait du même coup au conflit. Si la raison s'oppose au dogme – et c'est, il me semble, le cas (car si elle ne s'y opposait point, pourquoi donc exiger de la Foi, où le simple bon sens et le raisonnement suffiraient) – l'Église est contrainte d'évoluer avec la raison.

Le raisonnement du ministre sur les causes à l'origine des problèmes qui affligent l'Europe se termine sur une comparaison touchant à la question, très chère à Gide, de la recherche du bonheur :

> C'est ce contre quoi se sont prémunis Lao-Tse, Confucius et Cakiamouni[42], en ne situant pas leur enseignement sur un plan que la raison ne put atteindre qu'en ennemie, en ne séparant point la morale de la sagesse, de sorte que, parmi nous, le plus vertueux soit aussi le plus raisonnable. Grâce à quoi, cette félicité que vous reportez dans le ciel, nous la réalisons sur la terre[43].

En lisant ces mots, on peut aisément imaginer que l'écrivain ait choisi cette forme dialogique et les ait mis dans la bouche de son interlocuteur par prudence, une prudence similaire à celle dont il fait état dans ses Mémoires[44]. Les problèmes que ce dernier pose sont les mêmes que ceux

42 Plus souvent orthographié : Shakyamuni ; pour Lao-Tse, plus communément écrit : Lao-tseu.

43 André Gide, « L'Avenir de l'Europe », *op. cit.*, p. 30-31.

44 Notons d'ailleurs que cet article est conçu parallèlement à ses conférences sur Dostoïevski, dans la première desquelles Gide note que « les idées ne se présentent jamais, dans l'œuvre de Dostoïevski, à l'état brut, mais restent toujours en fonction des personnages qui les expriment (et de là précisément leur confusion et leur relativité) ». Cette réflexion qui renvoie à celles ensuite développées par Bakhtine dans son célèbre ouvrage sur le dialogisme chez l'écrivain russe (Mikhaïl Bakhtine, *La Poétique de Dostoïevski*, trad. d'I. Kolitcheff, préf. de J. Kristeva, Paris, Seuil, « Points Essais », 1998), semble parallèlement permettre d'interpréter la forme dialogique donnée à ce texte comme un choix visant à la fois à confondre et relativiser les positions qui y sont exprimées, mais qui se retrouvent également dans d'autres écrits de Gide, tout comme celles de Dostoïevski se retrouvent,

qui sont évoqués dans *Si le grain ne meurt* (1921), à savoir le rôle joué par le christianisme dans la crise de l'Europe et sa trahison du message évangélique, celui dont il est également question dans la réplique précédente. Dans le récit de Gide, après avoir opposé à la course au progrès de l'Europe l'« engourdissement voluptueux[45] » dans lequel la Chine, protégée par sa Muraille, est restée plongée pendant des siècles, le fonctionnaire précise à ce propos :

> Mais ce qui m'étonne chez vous [...] ce n'est point qu'au demi-sommeil vous avez préféré la vie, et à la stagnation le progrès ; votre civilisation a sûrement élevé l'homme plus haut que nous n'avons jamais pensé qu'il pût atteindre – mécaniquement parlant, tout au moins – et vous pouvez penser que cela valait bien quelques rides.

Tout en ajoutant ensuite :

> Ce qui m'étonne, c'est que votre religion, celle du moins que vous professez, la catholique, la chrétienne, vous enseignait toute autre chose. Le Christ ne vous a-t-il pas répété que le bonheur est fait du renoncement à ce dont vous tirez précisément le plus de gloire et pour quoi vous vous tourmentez tant ? Cet état d'enfance où il prétend vous ramener, cette délectation immédiate et constante, c'est celle même où nous, les Chinois, nous vivons et qu'ont si peu connue les habitants de votre monde, même ceux qui se disent chrétiens[46].

Derrière ses mots, on peut reconnaître la pensée non seulement de l'auteur de *Paludes* (1895), mais aussi, par certains aspects, celui des futures *Nouvelles Nourritures* (1935), pour qui le progrès de la connaissance compte, « oui certes », mais sans oublier que ce qui importe vraiment « c'est le progrès de l'Homme même[47] », celui qui implique une liberté

---

bien que cachées derrière une « apparente confusion », « de livre en livre » constituant de la sorte les fils conducteurs de la pensée de l'écrivain, ceux que Gide se propose de suivre tout au long de ces conférences. *Dostoïevski (I)* [1923], *EC*, p. 559-560.

45 André Gide, « L'Avenir de l'Europe », *op. cit.*, p. 29.

46 *Ibid.*, p. 30.

47 *Les Nouvelles Nourritures* [1935], *RR2*, p. 784. « Tout sera balayé, écrit-il peu après. Ce qui mérite de l'être, et aussi ce qui mériterait de ne pas l'être. Car comment séparer ceci de cela ? Vous voulez chercher le salut de l'humanité dans le rattachement au passé, et ce n'est qu'en repoussant le passé, qu'en repoussant dans le passé ce qui a cessé de servir, que progresser devient possible. » *Les Nouvelles Nourritures*, *RR2*, p. 785. Comme le remarque Pierre Masson dans les notes de ce texte, même si le projet de ce livre se précise en 1916, son origine doit se situer dans le tournant marqué par l'année 1914 et on y retrouve des idées et des fragments de texte remontant à 1915, parmi lesquels un extrait de son *Journal*

d'esprit et la recherche d'un bonheur et d'une plénitude de vie que le christianisme – selon les considérations attribuées au ministre chinois – contredit et renie. C'est en cela que ce texte identifie la responsabilité du catholicisme et, plus généralement, de la religion chrétienne par rapport à l'état de malaise de l'Europe. C'est dans le sacrifice de la morale évangélique à des dogmes et à des croyances – qui s'opposent à la raison qui est, selon Gide, à la base de tout progrès de l'esprit, et reportent la possibilité du bonheur à une « autre vie » – que consiste la double faute du christianisme dénoncée par son interlocuteur. Au fond, c'est ce que Gide avait affirmé en 1896 dans « Morale chrétienne », en incluant également dans ses considérations le protestantisme :

> [...] catholicisme d'abord, protestantisme ensuite, après avoir été formules expansives, sont formules restrictives depuis longtemps ; gaines dures et coquilles où l'esprit se gêne [...] ; mais n'importe quelle formule de n'importe quelle religion ne peut être considérée que comme appelée à disparaître. Nul plus que le Christ n'a ruiné de ces formules usées[48].

Comme remarqué par Catharine H. Savage, « la guerre accéléra et changea le développement de la pensée gidienne » et « [d]ans le cadre de l'angoisse européenne, sa conception du Christ et du christianisme devint plus nette et prit une importance nouvelle dans sa pensée ». Alors que

---

concernant justement la remise en question totale que Gide envisage dans ces pages. Voir Pierre Masson, « Notice », *RR2*, p. 1320-1321. Soulignons d'ailleurs que les pages de son *Journal* reprises dans ce texte sont également réunies, avec des modifications, dans « Réflexions sur l'Allemagne » et, en partie mineure, dans « L'Avenir de l'Europe ». Voir *J1*, 8 octobre 1915, p. 894-895.

48 « Morale chrétienne » [1896], *J1*, p. 260. Gide transcrit au début de ce texte l'extrait suivant, tiré d'un article d'Alfred Fouillée sur Auguste Comte publié en 1895 dans *La Revue des Deux Mondes* : « ... N'ayant pas de limite au libre examen, le protestantisme créait une religion illimitée, donc indéfinie, donc indéfinissable, qui ne saurait pas, le jour où le libre examen lui apporterait l'athéisme, si l'athéisme fait partie d'elle-même ou non ; une religion qui ne saurait pas où elle s'arrête ni où elle va... Toute libre pensée étant impliquée dans le libre examen, toute la libre pensée, tout le philosophisme, toute l'anarchie intellectuelle étaient contenus dans le protestantisme dès qu'il cessait d'être un catholicisme radical. » Ce passage permet d'identifier les sources de sa relecture personnelle des Évangiles, mais aussi les bases communes de sa critique envers le protestantisme et le catholicisme : « Je m'étonne, poursuit-il, que le protestantisme, en repoussant les hiérarchies de l'Église, n'ait pas repoussé du même coup les oppressantes institutions de saint Paul, le dogmatisme des Épitres, pour ne relever plus que des seuls Évangiles. » *Ibid.*, p. 259-260. À propos de la lecture que Gide fait de saint Paul, voir François Bompaire, « Lire et écrire sans Paul ? L'ironie gidienne à l'épreuve du Nouveau Testament », *Bulletin des Amis d'André Gide*, n° 179/189, *op. cit.*, p. 19-36.

l'attitude de Gide par rapport à la doctrine du Christ d'avant la guerre et celle d'après reste la même, sa critique de la religion chrétienne et de son dogmatisme – qui découle de la crise marquée par ses voyages en Afrique du Nord et persiste jusqu'en 1916, année de sa « tentation du catholicisme » – s'accentue dans la période de l'entre-deux-guerres[49].

La pensée religieuse de l'écrivain évolue, mais il y a des facteurs qui restent constants chez l'écrivain, tels le rejet de toute forme d'orthodoxie et de toute formule figée – religieuse ou pas – et l'importance qu'il attribue en revanche à l'enseignement du Christ, dans lequel il continue de reconnaître un message émancipateur et une éthique du renoncement et du « dénouement[50] » suivant lesquels il est possible d'atteindre la félicité dont parle le fonctionnaire chinois, et d'y parvenir au présent, dans l'immédiat, et non au futur ou dans une autre vie. C'est ce que Gide explique dans *Numquid et tu… ?* : « La vie éternelle que propose le Christ, et à la participation de laquelle tout son enseignement nous convie, cette vie éternelle n'a rien de futur[51]. » L'idée revient dans ses conférences sur Dostoïevski, lorsqu'il souligne que le « centre mystérieux » de la pensée de l'écrivain coïncide avec celui de « la morale chrétienne » et consiste en ce « secret divin du bonheur » enseigné par le Christ : « C'est dès à présent et tout aussitôt que nous pouvons participer à la félicité[52]. »

C'est cette continuité, fondée sur une constante relecture personnelle des Évangiles, qui émerge « malgré tout » de ses écrits, comme le montre la récurrence – bien qu'en termes bien plus distanciés – de

---

49 Catharine H. Savage, *op. cit.*, p. 158. Voir aussi les deux chapitres précédents de ce livre : « Vers une position de moraliste » et « La Tentation du catholicisme ».

50 Dans la préface à l'édition de 1927 de ses *Nourritures terrestres*, écrite en 1926, on lit à propos de ce livre : « […] lorsque je le rouvre, c'est […] une apologie du *dénouement*, que j'y vois. C'est là ce que j'en ai retenu, quittant le reste, et c'est à quoi précisément je demeure encore fidèle. Et c'est à cela que j'ai dû, comme je le raconterai par la suite, de rallier plus tard la doctrine de l'Évangile […]. » « Préface de l'édition de 1927 », *Les Nourritures terrestres* [1897], *RR1*, p. 444.

51 *Numquid et tu… ?* [1922], *J1*, 15 juin (1919), p. 1007.

52 *Dostoïevski (V)* [1923], *EC*, p. 625. Remarquons que même lorsque Gide se propose de « dédiviniser le Christ », ces tentatives sont chez lui strictement liées à une volonté de respecter son message de bonheur, tel qu'il l'interprète. Voir *J2*, 9 juin 1931, p. 277-278. À propos de cette interprétation gidienne du message évangélique, nous renvoyons aux observations que l'écrivain formule en confrontant diverses versions de la Bible dans *Numquid et tu… ?* (*J1*, p. 1008) et à ses échanges à ce sujet, notamment avec Maritain, Massis et Mauriac, qui ont été transcrits dans *André Gide et notre temps*, Paris, Gallimard, 1935, p. 39-50.

ces mêmes idées dans son article sur l'Europe, mais aussi dans la préface écrite en 1926 pour la deuxième édition de *Numquid et tu... ?* Si, d'une part, Gide y défend la valeur de témoignage de ces pages, de l'autre pourtant, il tient à expliquer qu'elles n'attestent pas d'une conversion au catholicisme (et encore moins à celui de Massis[53]), ni d'une conséquente volonté de « "convertir" », et écrit : « Je ne suis [ni] protestant, ni catholique ; je suis chrétien, tout simplement[54]. » Même si cette dernière affirmation doit se lire à la lumière de l'esprit de « conciliation[55] » dont il parle quelques lignes plus loin (en faisant encore une fois preuve de son extrême précaution vis-à-vis de ce sujet), ces mots semblent quand même suggérer qu'à cette époque, Gide envisage encore l'existence d'un christianisme qui « ne relève que du Christ[56] » – comme il l'écrivait en 1910 – et donc « tout simplement » fondé sur un retour aux enseignements des Évangiles. C'est de ces mêmes Évangiles que, selon lui, les Églises catholique et protestante, avec leurs dogmes et leurs institutions, se sont de plus en plus éloignées, imposant une foi exigeant de l'homme une « croyance aveugle » contre laquelle

53 En répondant à l'article « L'influence d'André Gide » publié dans la *Revue universelle* en novembre 1921 suite à la parution des *Morceaux choisis* de Gide (achevé d'imprimer juste le mois avant) et dans lequel ce dernier est qualifié de « démoniaque », Gide écrit en conclusion de son avant-propos : « Je remercie M. Massis de m'avoir montré que sa religion ne pouvait pas être la mienne. Il n'y a plus de doute là-dessous, Dieu merci. » « Avant-propos » [1926], *Numquid et tu... ?*, *J1*, p. 1009. Par cette constatation, Gide semble opérer une distinction entre le catholicisme, dont il s'agit dans le reste de l'avant-propos, et celui de Massis mêlé à l'idéologie nationaliste, comme le suggère la lettre adressée à Curtius le 8 décembre de la même année et dans laquelle, en joignant l'article de Massis, Gide lui écrit : « L'article de Massis a pris le prétexte de mes *Morceaux choisis*, mais été préparé depuis longtemps, de sorte qu'il a pu paraître en revue le jour même où le livre paraissait en librairie (il m'avait déjà fait le même coup pour les *Caves* de manière à couper autant qu'il se peut le succès du livre en prévenant contre lui le public. Ne trouvant, somme toute, rien à répondre à ce que je dis au sujet de Barrès, Maurras et du Nationalisme en général, il s'agit de me discréditer tout entier). » Lettre d'André Gide à Ernst Robert Curtius, dans Herbert et Jane M. Dieckmann (éds), *Deutsch-französische Gespräche (1920-1950) : Correspondance d'Ernst Robert Curtius avec André Gide, Charles Du Bos et Valery Larbaud*, Frankfurt am Main, V. Klostermann, 1980, p. 42.

54 « Avant-propos » [1926], *Numquid et tu... ?*, *J1*, p. 1009.

55 « J'avais eu soin, relisant le cahier d'où les pages de *Numquid et tu... ?* furent extraites, de n'en laisser paraître aucune que le catholique le plus orthodoxe ne pût, il me semble, approuver. Mon désir était de conciliation, non de discorde. » *Ibid.*, p. 1009-1010.

56 « Mais mon christianisme », note-t-il, « ne relève que du Christ. Entre lui et moi, je tiens Calvin ou saint Paul pour deux écrans également néfastes. Ah ! si le protestantisme avait aussitôt su rejeter saint Paul ! » *J1*, 30 mai 1910, p. 637.

il ne cessera jamais de s'opposer[57]. Et c'est en ce sens que doit se lire la constatation lapidaire qu'il notera en 1927 dans son *Journal* : « Je suis un *incroyant*. Je ne serai jamais un *impie*[58]. »

POUR L'AVENIR.
PRINCIPES GIDIENS, PRINCIPES EUROPÉENS

Lorsque Gide pense à « l'Europe de demain[59] », ce sont justement les enseignements du Christ qui structurent sa vision du monde neuf qui doit se substituer à celui qui s'éteint. La portée novatrice qu'il attribue à ses paroles était déjà évidente dans « Morale chrétienne » où, après avoir dénoncé l'évolution du catholicisme et du protestantisme en des religions aux structures écrasantes et restrictives qui contredisent et s'éloignent de la doctrine originaire du Christ, il constatait : « Le christianisme peut certes alimenter encore des anarchies », précisant ensuite : « mais il faut qu'il se dégage à présent des formules[60] ». Bien que négativement, cette idée émergera aussi dans la période de son rapprochement du communisme : « [...] c'est de la trahison du christianisme qu'est né le communisme », explique-t-il, en précisant que ce dernier n'aurait pas eu raison d'être « si l'Église n'avait pas cherché à interpréter la parole du Christ, au lieu de la mettre simplement en pratique », voire « si le christianisme n'avait pas failli[61] ». L'échec dénoncé par ces mots est strictement lié à la faillite dont Gide invite à prendre conscience dans « L'Avenir de l'Europe ». Après avoir rapporté les considérations de son interlocuteur, il les commente et remarque : « Le Chinois l'avait bien compris, pensais-je : notre monde occidental tout entier était comparable à "celui dont le cœur est partagé", qui, nous dit l'Écriture, "est inconstant dans toutes ses voies". » Ce qu'il explique plus loin en ces termes :

---

57 *J2*, 14 juin 1931, p. 279. Voir aussi *Feuillets d'automne* [1947], *J2*, p. 1042-1043, pages qui portent sur ce qu'il appelle un « état d'athéisme complet », et *J2*, 15 mai 1949, p. 1076-1077, notes dans lesquelles Gide revient sur la question de la croyance et sur son rapport aux Évangiles.

58 *J2*, 6 novembre 1927, p. 57. C'est nous qui soulignons.

59 André Gide, « L'Avenir de l'Europe », *op. cit.*, p. 33.

60 « Morale chrétienne », *J1*, p. 260.

61 *Feuillets* [1933], *J2*, p. 442. En abordant ces considérations, l'évolution de sa pensée par rapport aux changements souhaités pour l'Europe émerge, penchant vers l'anarchie dans les premières et se ralliant à la révolution communiste dans les secondes, tandis que dans les articles sur l'Europe, c'est plutôt d'une réforme qu'il s'agit.

> Notre malaise vient de ce que la religion et la civilisation nous tiraillent en sens contraire, et que dans aucun sens nous ne réussissons rien de pur. Ne consentant à lâcher ni l'un ni l'autre, nous avons fait de l'Europe le lieu du mensonge et du compromis. [...] Enfin, loin d'abandonner à César ce qui est à César, de réserver à Dieu ce qui est à Dieu, ainsi que le lui enseignait le Christ, nous l'avons vue [la religion] lier partie avec César et s'enrôler. Nous avons vu les fruits monstrueux de cette alliance adultère : nous avons vu les nations d'Europe s'entreheurter et tuer au nom du même Dieu, au nom du Christ qui pourtant disait : Remets ton épée au fourreau – à celui-là qui, lui aussi, tirait l'épée pour Le défendre[62]...

Gide ne partage pas cette réflexion avec le fonctionnaire chinois et, lorsque ce dernier lui demande ce qu'il pense de l'Europe, il préfère lui dire tout simplement qu'il en pense « beaucoup de bien[63] ». En suivant le récit de cet entretien, où il cède la plupart du temps la parole au ministre, l'écrivain semble ainsi le structurer en s'en tenant presque à la lettre aux enseignements contenus dans l'Épitre de Jacques qu'il cite dans ce passage – épitre qui invite justement à être « prompt à écouter, lent à parler » –, mais aussi à mettre en pratique la parole du Christ sans se borner à l'écouter[64]. Ce que, peu après, il encourage l'Europe elle-même à faire lorsqu'il invite les pays qui la composent à s'unir pour sortir de la crise et pour faire face à ce malaise qui les afflige :

> [...] aucun pays d'Europe ne peut plus désormais prétendre à un progrès réel de sa propre culture en s'isolant, ni sans une directe collaboration des autres pays ; [...] tout aussi bien au point de vue politique, économique, industriel – enfin à quelque point de vue que ce soit – l'Europe entière court à la ruine si chaque pays d'Europe ne consent à considérer que son salut particulier[65].

Cette idée, il la précise peu après, lorsqu'il s'agit de définir l'esprit européen et c'est à ce moment qu'il invite l'Europe entière à suivre les enseignements du Christ :

> Je l'ai dit maintes fois et depuis bien longtemps déjà : *c'est en étant le plus particulier qu'on sert le mieux l'intérêt le plus général* ; et ceci est vrai pour les pays aussi bien que pour les individus. Mais cette vérité doit être fortifiée par la suivante : *C'est en se renonçant qu'on se trouve*[66].

---

62 André Gide, « L'Avenir de l'Europe », *op. cit.*, p. 32-33. Voir Jacques 1:19. *La Sainte Bible*, Version Louis Segond.

63 André Gide, *ibid.*, p. 33.

64 Voir Jacques 1. *La Sainte Bible*, Version Louis Segond.

65 André Gide, « L'Avenir de l'Europe », *op. cit.*, p. 33.

66 *Ibid.*

Dans ces quelques lignes, nous retrouvons deux principes-clés de la pensée gidienne formulés dans plusieurs de ses écrits, fictionnels et non fictionnels. Ces deux postulats régissent à la base la notion gidienne d'individualisme, un individualisme auquel l'écrivain attribue – comme l'a bien souligné Jean-Michel Wittmann – une valeur sociale et politique et qui ne doit nullement se confondre avec l'égoïsme, car au sein de sa pensée, la plus haute réalisation de l'individu coïncide avec le sacrifice de soi. Autrement dit, chez Gide, le moment d'épanouissement extrême de l'individu implique parallèlement un renoncement – « (mais volontaire[67]) » – qui, à lui seul, peut permettre son inscription dans une réalité qui le dépasse, à savoir dans une communauté[68]. C'est ce que suggère l'autre principe exposé ici et qui, comme Gide le rappelle à maintes reprises, dérive de la doctrine du Christ. Dans un feuillet de 1918, soulignant l'importance pour les équilibres européens d'une entente entre la France et l'Allemagne, l'écrivain notait :

> On a écrit et dit bien des sottises contre l'individualisme – pour n'avoir pas compris ou voulu reconnaître que le triomphe de l'individu est dans le mot divin de l'Évangile : « Qui veut sauver sa vie la perdra, mais celui qui la donnera la rendra vraiment vivante[69]. »

En rapportant ces mots à ses considérations sur l'Europe, il devient clair que si, d'une part, Gide reconnaît dans la religion chrétienne l'une des sources principales du malaise dont souffre le « Vieux Continent », d'autre part, c'est dans les mots du Christ que s'enracine chez lui la possibilité d'une Europe nouvelle guérie et, pour reprendre ses mots,

---

67 André Gide, « Réflexions sur l'Allemagne », *op. cit.*, p. 19-20.

68 Notons qu'en ce sens, cette éthique du sacrifice est à lire dans le cadre de l'enseignement du bonheur délivré par le Christ, tel que Gide l'entend, et n'est pas à confondre avec la doctrine de saint Paul, que l'écrivain rejette de façon nette. Voir *Feuillets* [1928], *J2*, p. 102-103. Pour un aperçu général de la notion gidienne d'individualisme, voir Jean-Michel Wittmann, « Individualisme », dans Pierre Masson, Jean-Michel Wittmann (éds), *Dictionnaire Gide*, *op. cit.*, p. 191-193. Tandis que pour une lecture plus ponctuelle des implications sociopolitiques de cette notion, on se reportera au chapitre « L'individu et l'État », dans Jean-Michel Wittmann, *Gide politique. Essai sur* Les Faux-Monnayeurs, Paris, Classiques Garnier, « Études de littératures des XX^e^ et XXI^e^ siècles », 2011, p. 119-157.

69 *Feuillets* [1918], *J1*, p. 1094-1095. Voir Luc 17 :33. *La Sainte Bible*, Version Louis Segond. La version gidienne de ce verset de l'Évangile est conforme à l'interprétation que Gide en donne dans *Numquid et tu… ?* à partir d'une confrontation des différentes versions proposées dans la Bible de Crampon et dans celles d'Ostervald et de Westphal. Voir à ce propos *Numquid et tu… ?*, *J1*, p. 1000.

« vraiment vivante ». En ce sens, dans ses écrits sur l'Europe, il semble envisager pour elle cette « nouvelle naissance », telle qu'il l'appelle d'après le Christ, dont il s'agit aussi dans ses conférences sur Dostoïevski et dont le premier effet est de ramener qui la vit à cet « état d'enfance[70] » également évoqué par le fonctionnaire chinois. On n'est pas loin non plus du changement vécu par Michel dans *L'Immoraliste* (1902) – celui qui l'amène à retrouver en lui un « être neuf, encore désœuvré[71] » –, ni de la « palingénésie[72] » décrite dans ses *Nourritures terrestres.* Bien que Gide ait désormais abandonné les tons fervents, païens et panthéistes des *Nourritures terrestres*, le processus envisagé reste au fond le même que celui décrit dans cette œuvre, lorsque le narrateur raconte sa guérison et affirme : « Je renaquis avec un être neuf[73] [...]. »

Par cette dialectique entre maladie et guérison, entre mort et (re)naissance, qui soutient à des degrés différents son discours sur l'Europe, Gide semble ainsi prolonger et élargir au contexte européen celle entre « décadence » et « régénération » nationales qui, comme le rappelle Jean-Michel Wittmann, se développe au sein de l'« imaginaire collectif élaboré à la Belle Époque[74] » sur la base d'une vision organiciste de la nation, et qui, suite à la défaite de 1870, donne naissance en France à un débat qu'il mettra en scène dans ses *Faux-Monnayeurs* (1925). En passant du niveau national à l'échelle européenne, cette dialectique reste la même, mais elle est traitée d'une manière et en des termes qui semblent envisager pour l'Europe une véritable « conversion » – mot à entendre non comme un ralliement à une religion (ce que Gide conteste ouvertement dans ses écrits), mais comme un changement de trajectoire de l'esprit, comme une transformation morale qui ne résulte pas nécessairement en l'adhésion à une religion, et peut même impliquer le contraire[75].

70 *Dostoïevski (VI)*, *EC*, p. 641.

71 *L'Immoraliste* [1902], *RR1*, p. 626. Notons que, conformément à ses considérations sur le christianisme et à ses prises de distance de la doctrine de saint Paul, ce « nouvel être » correspond pour Gide au « vieil homme » dont saint Paul, dans l'Épitre aux Éphésiens, invite au contraire à se débarrasser (*ibid.*, p. 622).

72 À propos de l'usage gidien de ce mot, voir Clara Debard, « Les sources antiques dans *Les Nourritures terrestres* », dans David H. Walker et Catherine S. Brosman (éds), *Retour aux* Nourritures terrestres, Amsterdam, Rodopi, 1997, p. 22-23.

73 *Les Nourritures terrestres*, *RR1*, p. 358.

74 Jean-Michel Wittmann, *Gide politique*, *op. cit.*, p. 61.

75 C'est ainsi que Gide propose de concevoir ce mot à l'époque de son rapprochement du communisme, tout en refusant de l'utiliser pour qualifier cette étape de sa vie qu'il

Cependant, ce changement radical comporte un processus que Gide conçoit et présente en puisant autant ouvertement que constamment dans ses lectures de l'Évangile, (re)lectures personnelles qui lui servent à penser cette nouvelle Europe sur laquelle il écrit, dans le but d'indiquer comment l'atteindre.

Même si, comme l'a remarqué Pierre Masson, son attitude envers le futur change entre la Première Guerre mondiale et la Deuxième, lorsque pour lui « il n'y a plus de miracle possible », et même si son optimisme se fait au fil du temps bien plus « modéré[76] », ces textes attestent de la confiance qu'il accordait au commencement de cette « ère nouvelle » – telle qu'il l'appelait en 1914 – en évoquant la question de la création des « États-Unis d'Europe », et encore en 1919 dans ses « Réflexions sur l'Allemagne[77] ». En même temps, ses écrits, qui auraient sans doute pu confluer dans son livre *Le Christianisme contre le Christ*, mettent également en évidence le double rôle joué dans ce cadre par cette religion, à la fois une des causes du malaise conduisant à la fin d'une ère et, à travers les paroles du Christ, possible source de renouveau.

## DU TRIOMPHE ET DU SACRIFICE DE L'INDIVIDU ET DE L'EUROPE

Si Gide conclut « L'Avenir de l'Europe » en constatant que « dans tout ce que nous déplorons aujourd'hui, il sied de s'en prendre moins aux institutions qu'à l'homme – et c'est lui d'abord et surtout qu'il importe de réformer[78] », c'est pour deux raisons principales. La première nous ramène au début, à savoir à la constatation sur laquelle il revient encore

considère comme étant en continuité avec le passé : « "La conversion au communisme est à la mode en Allemagne depuis dix ans", me dit Curtius. – Chez nous, c'est la conversion au catholicisme. On appelle cela "la conversion" tout court ; comme s'il ne pouvait y en avoir d'autre. Mais communiste, de cœur aussi bien que d'esprit, je l'ai toujours été ; même en restant chrétien ; et c'est bien pourquoi j'eu du mal à séparer l'un de l'autre et plus de mal encore à les opposer. Je n'y serais jamais parvenu tout seul. Il a fallu gens et événements pour m'instruire. Ne parlez pas ici de "conversion" ; je n'ai pas changé de direction ; j'ai toujours marché de l'avant ; je continue ; la grande différence c'est que pendant longtemps, je ne voyais rien devant moi, que l'espace et la projection de ma propre ferveur ; à présent, j'avance en m'orientant vers quelque chose ; je sais que quelque part mes vœux imprécis s'organisent et que mon rêve est en passe de devenir réalité. » *J2*, 13 juin 1937, p. 368.

76 Pierre Masson, « L'Apocalypse et après ? », *BAAG*, n° 179/189, *op. cit.*, p. 108.

77 *J1*, 6 août 1914, p. 830 et André Gide, « Réflexions sur l'Allemagne », *op. cit.*, p. 18.

78 André Gide, « L'Avenir de l'Europe », *op. cit.*, p. 34.

une fois dans cet article et juste quelques lignes avant celle que nous venons de citer : « À vrai dire, les questions politiques m'intéressent moins et me paraissent moins importantes que les questions sociales ; les questions sociales moins importantes que les questions morales[79]. » Après quoi il rajoute une précision qui invite à relire positivement cette progression : « Je crois que la plupart des premières se ramènent à celles-ci[80] [...]. » Les questions morales priment chez lui parce que c'est à la lumière de ces dernières qu'il faut lire les autres, raison pour laquelle, selon lui, toute réforme d'ordre social ou politique dépend d'abord de celle (morale) de l'homme : « Ce n'est point tant le système que l'homme même qu'il s'agit de réformer », écrivait-il déjà dans un feuillet de 1918, « et Paul Valéry me paraît dans le vrai quant il protestait, l'autre jour, que le plus important des ministères était celui de l'Instruction publique[81] ».

La deuxième raison qui explique pourquoi Gide ramène son discours sur l'Europe à ce point – à savoir une transformation morale de l'homme – est celle qui émerge d'un passage précédemment cité du même article, lorsque l'écrivain précise que les principes qu'il expose pour distinguer sa vision à la fois de celle nationaliste et de celle internationaliste valent « pour les pays aussi bien que pour les individus ». Par cette précision, on est confrontés à une idée qu'il est possible de relire non seulement et encore une fois en sens inverse, mais aussi en la prolongeant ultérieurement. Lorsqu'il écrit que « c'est en étant le plus particulier qu'on sert mieux l'intérêt le plus général » et que « c'est en se renonçant qu'on se trouve », en intégrant de la sorte ces principes au sein de sa vision de l'Europe, c'est parce que – selon une autre déclinaison de cette même dialectique du général et du particulier – ces préceptes valent chez lui pour les individus au sein des nations européennes et, parallèlement, pour ces dernières dans le cadre de l'Europe, mais aussi (et par extension) pour l'Europe elle-même.

C'est ce que suggère à tout niveau, par sa structure et par ses contenus, « L'Avenir de l'Europe » : c'est l'Europe elle-même qui doit renoncer à elle-même, qui doit se libérer de ses formes vieillies, cause de son malaise, et renaître à nouveau pour retrouver son équilibre interne

79 *Ibid.*
80 *Ibid.*
81 *Feuillets* [1918], *J1*, p. 1089.

et en même temps pour participer – avec une énergie renouvelée – à l'équilibre global. C'est une dimension que Gide ne cesse de réintégrer en proposant, entremêlée à la sienne, une vision de l'Europe qui vient de l'extérieur – celle du ministre chinois –, et en présentant dès le début du texte l'Europe comme partie d'une réalité qui la dépasse largement. Lorsqu'il imagine instruire un enfant sur la géographie et sur sa place dans le monde, il explique :

> Je ne lui révèlerais pas trop tôt quel imperceptible point de ce globe lui-même est dans l'espace, par crainte de le décourager ; et sans doute n'inviterais-je son esprit à ces dernières considérations qu'après l'avoir persuadé que ces questions de dimension, en regard de l'esprit, n'ont après tout nulle importance ; et je ne le retiendrais pas de penser que peut-être pour nous permettre, à nous, d'être, et à la moindre chose de l'esprit, à travers nous, de se produire, il ne fallait pas moins d'immensité ; pas moins de mondes pour maintenir en équilibre notre monde, pour balancer son rythme, tempérer son humeur et régler ses marées. Que sur ce globe enfin telle heureuse portion de terre et d'eau, tel écartement du soleil, entre tous continents surent favoriser notre Europe…

Puis, passant de l'Europe à la France, il continue ainsi :

> Le laisserais-je penser que, dans cette Europe même, la France occupe un rang privilégié ? Peut-être ; mais pour lui rappeler dès lors, à exiger beaucoup de lui. Et lui parlant de la Grèce et de l'Italie, je ne lui permettrais pas d'ignorer quelle nuit couvrait nos terres, durant l'insigne splendeur du monde antique. Je l'amènerais à admettre que, de cette splendeur nous ne sommes pas les seuls héritiers, à comprendre que les foyers de la civilisation se sont déplacés lentement et peuvent se déplacer encore ; que ces foyers se sont élargis et que lorsqu'on parle aujourd'hui de civilisation occidentale, ce n'est tel pays en particulier, mais l'Europe entière qu'il s'agit de considérer[82].

Cette approche pédagogique, par ailleurs tout à fait cohérente avec les propos de l'article, ne surprend pas chez Gide, surtout lue à la lumière de ce qu'il note dans son *Journal* sur les protestations de Valéry. Bien plus intéressant dans ce cadre, à côté de ce regard qui comprend l'Europe dans une dimension universelle et en souligne les anciennes splendeurs (à la fois pour préparer à la critique qui suit et pour relativiser le rôle de la France), est le message qu'il fait passer et dont la cible est toujours le nationalisme incarné par Barrès – qu'il citera peu après et que, par

82 André Gide, « L'Avenir de l'Europe », *op. cit.*, p. 25-26.

cette stratégie narrative, il accuse subtilement de niaiserie. Ceci devient plus clair si l'on rapproche ce passage (sans oublier qu'il est extrait du texte dans lequel Gide prend ses distances par rapport à ce qu'il qualifie d'« infatuation isolante du nationalisme ») avec un autre, tiré de l'article « Les rapports intellectuels entre la France et l'Allemagne » dans lequel, en prenant en considération les relations de ces deux pays après la guerre, il écrit :

> À détourner ses regards du voisin, sous couleur de le tenir en pénitence ; à se refuser de considérer ses découvertes et ses progrès, notre seule vanité trouve son compte. Il est pour les peuples, aussi bien que pour les individus, une infatuation, une sorte de suffisance qui ne va pas sans niaiserie et que fatalement un arrêt de développement accompagne, c'est-à-dire la décadence[83].

Le lien entre « L'Avenir de l'Europe » et cet article – qui le précède de deux ans et dont Gide reprend quelques idées – est patent. De cette liaison témoignent également les citations qui le composent et qui sont tirées d'un article d'Albert Thibaudet publié en août 1921 dans *Opinion*, texte « excellent », nous dit Gide dans son introduction, et dont il nous semble nécessaire de reporter quelques passages ici, tant ils éclairent la conception gidienne de l'Europe :

> Nous avons une vie nationale et une vie internationale. L'une et l'autre se combinent dans notre atmosphère intellectuelle. La guerre nous ayant déshabitués nécessairement de la vie internationale, l'ayant constamment affectée d'exposants nationalistes, soumise à un contrôle nationaliste, il est naturel que nous éprouvions aujourd'hui quelque difficulté à nous réadapter à elle. Certains cerveaux s'en montrent incapables. Et il n'est peut-être pas souhaitable qu'il en aille autrement. La division du travail intellectuel et social implique des spécialisations, une nation a besoin de ses défenseurs matériels et moraux à qui le nationalisme donne l'ossature qui leur permet d'agir et d'être. Mais le danger du nationalisme exclusif pour la nation elle-même apparaît bien vite. Il est incapable de voir les intérêts généraux de l'humanité, de reconnaître les courants qui traversent les nations. Le sens de la vie internationale s'oblitère alors de la façon la plus dangereuse, et qui ménage de durs réveils. [...] Des intelligences nationalistes, des organes nationalistes sont attentifs et ouverts à ce qui vient de l'étranger ; le nationalisme implique même une

83 André Gide, « Les rapports intellectuels entre la France et l'Allemagne » [1921], *La NRF*, n° 98, 1er novembre 1921, p. 514. Pour une analyse et pour une contextualisation approfondie de la notion de décadence chez Gide, nous renvoyons le lecteur au chapitre « L'idée de décadence » de Jean-Michel Wittmann dans *Gide politique*, *op. cit.*, p. 53-86.

> préoccupation constante et inquiète de l'étranger, on est toujours nationalistes contre quelqu'un. Mais précisément la préoccupation d'utilité nationale compromet gravement l'information internationale[84].

Si Gide cite longuement cet article, ce n'est pas seulement parce que Thibaudet y met en garde ses contemporains contre les dangers du nationalisme – ce qui concorde parfaitement avec ses propres intentions –, mais aussi en raison de ce qu'il suggère à propos de l'internationalisme – considérations, là encore, en plein accord avec son point de vue :

> Il y a une vie internationale, dans laquelle les individus et les nations sont baignés, et avec laquelle les individus ne communiquent pas toujours par l'intermédiaire obligatoire de leur nation. Sachons la considérer non d'un point de vue nationaliste, mais d'un point de vue international, c'est-à-dire d'un point de vue humain[85].

Avec cette dernière précision terminologique, enlevant tout doute possible sur ce que Thibaudet entend (et Gide avec lui) par « point de vue international » (à ne pas confondre avec la position « internationaliste »), les positions exprimées dans cet article seront réitérées par Gide dans « L'Avenir de l'Europe ». Afin de les renforcer ultérieurement, dans « Les rapports intellectuels entre la France et l'Allemagne », l'auteur laisse également la parole à Curtius[86] dont il cite (et traduit) un article paru en juin dans le *Neue Merkur*[87].

84 Albert Thibaudet cité dans André Gide, « Les rapports intellectuels entre la France et l'Allemagne », art. cité, p. 515. À propos de l'Europe de Thibaudet, voir Michel Leymarie, « Albert Thibaudet et l'Europe », *Revue historique*, n° 632, 4, 2004, p. 821-842.

85 Albert Thibaudet cité dans *ibid.*, p. 521.

86 Pour un approfondissement des rapports entre Gide et Curtius, voir Claude Foucart, « Ernst Robert Curtius et André Gide : les débuts d'une amitié (1920-1923) », *Revue littéraire comparée*, n° 3, juillet-septembre 1984, p. 317-339. Voir aussi Antoine Compagnon, « Curtius et les critiques français : Brunetière, Thibaudet, Du Bos » et Christoph Dröge « L'image de l'Allemagne chez Curtius et Gide », dans *Ernst Robert Curtius et l'idée d'Europe* [Actes du colloque de Mulhouse et Thann des 29, 30 et 31 janvier 1992 organisé par Jeanne Bem et André Guyaux], Paris, Honoré Champion, « Travaux et recherches des universités rhénanes », 1995, p. 119-134 et 199-215. Pour les échanges épistolaires de Curtius avec Gide, mais aussi avec Charles Du Bos et Valery Larbaud, voir *Deutsch-französische Gespräche (1920-1950)*, *op. cit.*

87 « Ici », écrit Gide, « je céderai de nouveau la parole, et laisserai parler l'Allemagne elle-même. L'article que je vais citer copieusement a paru dans le *Neue Merkur* de juin dernier ». Il ajoute en note : « La *Revue rhénane* d'octobre l'a reproduit *in extenso* dans une excellente traduction que nous eussions certainement utilisée ici, pour nos citations, si elle nous eût été connue plus tôt. » *Ibid.*, p. 516.

Il s'agit d'un texte dans lequel son correspondant allemand critique la doctrine internationaliste d'Henri Barbusse, cette « dernière forme chétive du moderne "esprit bourgeois" », écrit-il, qui implique « comme condition première un *sacrifizio dell'intelletto* » que Curtius juge inacceptable, notamment parce que ce sacrifice intellectuel est destiné à laisser la place à des « doctrines insipides » prônant une forme écrasante d'égalitarisme[88]. C'est pourquoi, dans cet article, Curtius invite ses contemporains à ne pas se « laisser acculer à l'alternative du nationalisme ou de l'internationalisme[89] ». Le message formulé par l'écrivain allemand est très proche de ceux que font passer Thibaudet et Gide. Les textes sont tous liés par une problématique commune : trouver pour l'Europe une autre voie à suivre, un chemin ne conduisant ni à l'aplatissement impliqué par l'internationalisme ni à l'isolationnisme nationaliste. Pour ce faire, la direction indiquée dans « Les rapports intellectuels entre la France et l'Allemagne » correspond à celle tracée par Thibaudet lorsque, dans un passage de son article cité par Gide, il constate :

> On ne saurait dire que les intérêts d'aucune nation, fût-elle la France, se confondent avec ceux de l'humanité, de même que les intérêts de l'individu ne se confondent jamais complètement avec ceux de la collectivité. C'est par un effort continuel d'adaptation, de mise au point, et, dans des moments

88 Dans les passages que Gide cite de l'article de Curtius, ce dernier commente longuement les positions de Barbusse et avec lui de tout le groupe Clarté, avec qui il avoue partager certains points de vue et en regretter d'autres. Pour ce faire, il commente les principes contenus dans *La Lueur dans l'abîme. Ce que veut le groupe CLARTÉ* de Barbusse (1920) et écrit : « La première partie de ce livre est analytique et a pour titre : *La fin d'un monde.* Les aperçus de cette partie me paraissent particulièrement importants en ce qu'ils constituent un des très rares documents français où, né de la situation française, soit exprimé le sentiment apocalyptique de se trouver à l'un des grands tournants de l'histoire du monde. » Ensuite, lorsqu'il passe à la deuxième partie du texte, *La révolte de la raison*, le ton change radicalement : « Ici règne le doctrinarisme rationaliste le plus enfantin. » Parmi ses critiques, Curtius reproche à Barbusse non seulement de croire que « [l']idéal patriotique est à remplacer par un idéal humanitaire, et le nationalisme par l'internationalisme », mais aussi de le croire « [a]vec la plus grande naïveté », à savoir en posant « ces postulats comme des données absolues, des évidences de la raison ». Ernst Robert Curtius cité dans *ibid.*, p. 518-515. Voir aussi Henri Barbusse, *La Lueur dans l'abîme. Ce que veut le groupe CLARTÉ*, Paris, Clarté, 1920.

89 Ernst Robert Curtius cité dans André Gide, « Les rapports intellectuels entre la France et l'Allemagne », art. cité, p. 520. À ce propos il faut également noter que Curtius entretient également, de 1912 à 1930, une correspondance avec Romain Rolland qu'il a pourtant, comme le souligne Bernard Duchatelet, « du mal à suivre […] dans son internationalisme ». Bernard Duchatelet, « La correspondance Curtius-Romain Rolland », dans *Ernst Robert Curtius et l'idée d'Europe*, *op. cit.*, p. 154.

> exceptionnels, de sacrifice, qu'on arrive à les faire à peu près collaborer, sans dépasser jamais beaucoup le domaine de l'à peu près[90].

Or, chez Gide, ce « domaine de l'à peu près » qu'évoque Thibaudet se constitue, au fil de ses écrits sur l'Europe, comme le point de croisement et d'équilibre entre les deux mouvements contraires que les pays européens – aussi bien que les individus qui les composent – doivent apprendre à faire coexister. Le premier vise à protéger leurs spécificités au sein de la communauté dans laquelle ils sont intégrés et à la richesse de laquelle ils contribuent, justement grâce au triomphe de leurs particularités. L'autre, sur la base des enseignements du Christ, les invite en revanche à s'oublier eux-mêmes – en tant que tout autosuffisant – pour se penser comme fragment d'un tout plus grand : un ensemble qui pour les uns (les individus) correspond à la collectivité nationale, à celle européenne et, plus en général, à l'humanité, et pour les autres (les pays européens), à l'Europe, au globe et, dans une optique universaliste, à cette immensité de mondes dont il est question au début de « L'Avenir de l'Europe ». Par l'établissement de ce complexe enjeu d'équilibres progressifs, Gide parvient à défendre, tout comme Valery Larbaud, Jean Giraudoux ou Paul Valéry – mais à sa manière –, ce « "cosmopolitisme éclairé" reposant lui-même sur un "nationalisme éclairé[91]" » dont parle Nicolas Di Méo en reprenant les mots de Paul Morand.

D'ailleurs, selon la logique progressive gidienne, mais en restant dans le cadre de l'Europe, c'est en étant – par exemple – le plus Français, le plus Allemand ou le plus Espagnol qu'un individu sera aussi le plus Européen, ce qui – toujours selon la même dynamique gidienne – vaut en même temps pour les pays respectifs. Sans oublier pour autant qu'extirpées de cette dimension plus vaste – la dimension européenne avec tout ce qu'elle implique en termes d'héritage commun –, ces particularités nationales perdent du sens et de la valeur. Autrement dit, Gide suggère que c'est dans le cadre d'une réalité plus générale que toute spécificité d'ordre national non seulement se réalise en tant que telle, mais parvient en même temps à révéler son caractère profondément européen. Parallèlement, c'est dans le croisement de ces mouvements,

90 Albert Thibaudet cité dans *ibid.*, p. 521.

91 Nicolas Di Méo, *Le Cosmopolitisme dans la littérature française. De Paul Bourget à Marguerite Yourcenar*, *op. cit.*, p. 113.

à la fois opposés et complémentaires, que tout intérêt particulier (et donc national) s'équilibre avec ceux plus généraux (et donc européens).

Pascal Dethurens a bien raison lorsqu'il note que l'Europe, telle que Gide la conçoit, se donne comme un espace (culturel) « oscillant » et « dialectique[92] », par les contradictions qui la travaillent dès sa genèse, mais aussi et surtout en raison des équilibres délicats sur lesquels se fonde l'Europe à venir et à laquelle il songe dans ses textes. Avec et contre ses contemporains, Gide pense une Europe capable de se tenir en un rapport de continuité et de rupture avec son propre passé, de dépasser à la fois le nationalisme – dont il juge mortifère le repli sur soi – et l'internationalisme, avec l'aplatissant mouvement de standardisation qu'il requiert. Il envisage une Europe unie qui puisse « faire communiquer les pensées individuelles et nationales[93] » – pour le dire avec les mots de Thibaudet cités par Gide lui-même – et qui sache donc intégrer conjointement, sans les écraser, les besoins et les intérêts, les différences et les singularités des individus et des pays qui la forment. Et c'est en ces mêmes termes que l'écrivain conçoit le rapport entre la culture européenne et les différentes littératures qui y participent.

## LA CULTURE EUROPÉENNE : UN HEUREUX CONFLUENT DE LITTÉRATURES

Lorsque Gide parle de « civilisation occidentale », il est clair qu'il pense en particulier à l'Europe – (« […] lorsqu'on parle aujourd'hui de civilisation occidentale, ce n'est pas tel pays en particulier, mais l'Europe entière qu'il s'agit de considérer ») –, et qu'il s'y réfère en termes de progrès à la fois technique et intellectuel. En revanche, quand il parle de sa « culture », il ressent le besoin d'opérer une distinction que l'on retrouve dans ses « Réflexions sur l'Allemagne » où, en s'adressant à Barrès et en reprenant des idées exprimées dans « Nationalisme et littérature (À propos d'une enquête de *La Phalange*) » (1909) – et liées à la polémique sur l'enracinement culturel engagée avec ce dernier dès la publication de son « À propos des *Déracinés* de Maurice Barrès[94] » (1898) –, il écrit :

92 Pascal Dethurens, « Gide et la question européenne », art. cité, p. 115.

93 Albert Thibaudet cité dans André Gide, « Les rapports intellectuels entre la France et l'Allemagne », art. cité, p. 521.

94 « À propos des *Déracinés* de Maurice Barrès » [1898], *EC*, p. 4-8. Avant d'être repris dans *Morceaux choisis*, cet article, qui a originairement paru dans *L'Ermitage*, est reprit en 1903 dans *Prétextes* et, en raison de quelques modifications apportées par Gide au texte original,

> Vous vous êtes gaussé de ce que nous appelions notre culture européenne, et faute d'entendre ce que nous entendions par là, vous avez laissé croire et fait croire et cru vous-même ou feint de croire, que nous prétendions dénationaliser les littératures, lorsque, au contraire, nous ne reconnaissons de valeur qu'aux œuvres les plus profondément révélatrices du sol et de la race qui les portaient.

Face à ce faux reproche de la part des nationalistes l'accusant de vouloir déraciner du sol national la littérature en fonction d'une conception élargie et européenne de la culture, Gide réaffirme sa position et se défend :

> L'étrange est que cette accusation venait de vous qui nous reprochiez d'autre part nos tendances individualistes et prétendiez dégonfler l'individu pour le plus grand profit de l'État. Nous avons soutenu, tout au contraire, que l'œuvre d'art la plus accomplie sera tout aussi bien la plus personnelle, et qu'il n'est d'aucun profit pour l'artiste de chercher à se résorber dans le flot ; nous avons toujours soutenu que ce n'est pas en se nivelant, mais en s'individualisant, si l'on peut dire, que l'individu sert l'État ; et de même c'est en se nationalisant qu'une littérature prend place dans l'humanité et signification dans le concert[95].

---

déclenche la fameuse « Querelle du peuplier » à laquelle l'écrivain consacre la même année un article, intitulé justement « La Querelle du peuplier. Réponse à M. Maurras » (*ibid.*, p. 121-126), dans lequel il répond aux critiques exprimées par ce dernier dans un article défendant Barrès et paru dans *La Gazette de France*. Cette querelle prépare celle à venir sur le classicisme et est à la base des trois articles portant sur « Nationalisme et littérature » (*EC*, p. 176-180, 192-199) que Gide publie en 1909 dans *La NRF*, suite à une enquête lancée par le maurassien Henri Clouard dans *La Phalange* et s'articulant autour des points suivants : « 1° Une littérature est-elle nécessairement nationale ? 2° Est-il possible de déterminer, dans le cours de notre histoire esthétique, une littérature spécifiquement française ? 3° Si oui, cette littérature est-elle continuée ou, du moins susceptible d'être continué ? » *Ibid.*, p. 1025. Voir à ce propos Pierre Masson, *ibid.*, p. 1124-1126, 132-133.

95 André Gide, « Réflexions sur l'Allemagne », *op. cit.*, p. 19. Notons que c'est précisément ce que Gide avait déjà écrit dans « Nationalisme et littérature. À propos d'une enquête de *La Phalange* » en répondant aux questions posés par Clouard : « N'eût-il pas été plus intéressant, plus raisonnable de demander si l'on pouvait oser appeler "haute littérature" quelque littérature ce que fût, qui ne présentât pas, en plus de sa valeur représentative inéluctable, un intérêt universel, c'est-à-dire tout simplement humain ? – il eût été facile alors de constater ceci, que je n'ai pas la prétention de découvrir : les œuvres les plus humaines, celles qui demeurent d'intérêt le plus général, sont aussi bien les plus particulières, celles où se manifeste le plus spécialement le génie d'une race à travers le génie de l'individu. » « Nationalisme et littérature. À propos d'une enquête de *La Phalange* » [1909], *EC*, p. 177. C'est sur ces bases que Gide conçoit la culture européenne, ce qui explique pourquoi, dans une note de son article « Réflexions sur l'Allemagne », il précise ultérieurement : « C'est une profonde erreur de croire que l'on travaille à la culture européenne avec des œuvres dénationalisées ; tout au contraire, plus *particulière* est l'œuvre, plus utile elle devient dans le concert. Il importe de le répéter sans cesse, car une confusion tend à s'établir entre *culture européenne* et *dénationalisation*. De même que l'écrivain le plus individualisé est aussi celui qui présente l'intérêt le plus humainement général,

Sans s'arrêter ni sur cette énième réponse-attaque de Gide à Barrès[96], ni sur l'usage gidien de la notion de race – qui sera traité ultérieurement dans ce volume[97] –, retenons en revanche de ces mots deux autres éléments. Le premier est le lien étroit et évident entre les plans éthique, sociopolitique et esthétique. Gide applique au domaine littéraire les mêmes principes que ceux qu'il expose dans « L'Avenir de l'Europe », réinvestissement révélant bien l'existence d'un « pont invisible[98] » – tel que l'appelle Wittmann – entre tous ces plans. Tandis que le deuxième élément à considérer est, qu'en dépit du fait que dans son article « L'Avenir de l'Europe » il envisage l'existence, au sein de l'Europe, d'une pluralité de « cultures » nationales, dans les « Réflexions sur l'Allemagne », il établit une distinction entre l'unité de la « culture européenne » et la multiplicité de ses « littératures ».

Pour mieux observer comment se développe cette dynamique de l'un et du multiple que soutient la conception gidienne de culture et de littératures européennes, il est nécessaire de revenir sur ses échanges épistolaires avec Curtius. Après une lettre envoyée en 1921 à son correspondant allemand, et dans laquelle il l'informe des échos de son article sur les « Les rapports intellectuels entre la France et l'Allemagne », Curtius lui répond en jugeant fondamentales « les questions de cosmopolitisme littéraire[99] » soulevées par Gide dans cet article et qu'en guise de conclusion il s'était engagé – et *La NRF* avec lui – à défendre[100]. Dans cette même lettre, Curtius augure en même temps « [l]e triomphe définitif » de la revue, succès qu'il considère comme « très important dans la "politique intellectuelle" de la France – et de l'Europe[101] ». Dans

l'œuvre la plus digne d'occuper la culture européenne est d'abord celle qui représente le plus spécialement son pays d'origine. » André Gide, « Réflexions sur l'Allemagne », *op. cit.*, p. 20.

96 Pour tout approfondissement du rapport à la fois d'« admiration » et d'« irritation » que Gide entretient avec Barrès, nous renvoyons à Peter Schnyder, « Gide face à Barrès », *Pré-textes. André Gide et la tentation de la critique*, *op. cit.*, p. 157-171.

97 Voir notamment l'article de Jean-Michel Wittmann, « Gide, du "génie des races" à la "culture européenne" », p. 71-83.

98 Jean-Michel Wittmann, *Gide politique*, *op. cit.*, p. 160.

99 *Cf.* lettre d'André Gide à Ernst Robert Curtius du 8 décembre 1921, dans *Deutsch-französische Gespräche (1920-1950)*, *op. cit.*, p. 44.

100 *Cf.* André Gide, « Les rapports intellectuels entre la France et l'Allemagne », art. cité, p. 521.

101 Lettre d'Ernst Robert Curtius à André Gide du 10 décembre 1921, dans *Deutsch-französische Gespräche (1920-1950)*, *op. cit.*, p. 44.

cette même optique, en se faisant le porte-parole, quelques mois après, d'une initiative de Thomas Mann et de Friedrich Würzbach, Curtius propose à Gide de participer, avec d'autres intellectuels européens (parmi lesquels Benedetto Croce pour l'Italie), à une « tentative de véritable européanisme », telle que l'appelle l'écrivain allemand, c'est-à-dire de faire partie, explique-t-il dans sa lettre, « d'une "société Nietzsche" qui se propose de réunir les "bons Européens[102]" ». Et Gide de répondre :

> Je suis extrêmement sensible à la proposition que vous me transmettez et la considère comme un grand honneur. Vous voudrez bien le dire aux premiers fondateurs de la Nietzsche-Gesellschaft qui vous ont demandé de me pressentir. Il va sans dire que mon nom ne peut figurer sur la liste du comité, seul étranger avec celui de Benedetto Croce.

Gide ressent aussi le besoin de préciser sa pensée à ce sujet :

> Cette association ne prendra sa vraie raison d'être que si vous parvenez à grouper des représentants des autres nations que vous indiquez (et je pense également : de la Russie, de la Belgique et des pays scandinaves). Le choix de ces représentants est de la plus haute importance ; et si j'accepte, en principe, de grand cœur, je ne puis pourtant vous envoyer mon adhésion définitive avant d'être fixé sur le choix de ces représentants ; mon « oui » dépend du leur. J'attends donc une nouvelle lettre de vous qui me renseigne sur le choix et sur les réponses que vous aurez obtenues[103].

Sans renier ce titre de « bon Européen », faisant état de l'existence, à la base de ce projet, d'une veine élitiste de dérivation nietzschéenne qui ne lui est pas non plus étrangère[104], l'écrivain se préoccupe plutôt

102 Lettre d'Ernst Robert Curtius à André Gide du 17 décembre 1921, *ibid.*, p. 52. Voir aussi Maria van Rysselberghe, *Les Cahiers de la Petite Dame*, t. I : *1918-1929*, Paris, Gallimard, « Cahiers André Gide », 1974, p. 109.

103 Lettre d'André Gide à Ernst Robert Curtius, s. d., dans *Deutsch-französische Gespräche (1920-1950)*, *op. cit.*, p. 53-54.

104 Pensons par exemple à ce qu'il écrit en commentant, dans « La Querelle du peuplier », la théorie de l'enracinement de Barrès : « [...] je la crois bonne en effet pour les faibles, la masse ». « La Querelle du peuplier. Réponse à M. Maurras », *EC*, p. 123. Pour une étude de la notion nietzschéenne de « bon Européen » et de ses dérivations goethéennes, nous renvoyons au chapitre « Goethe as a model of the "Good European" » dans Martine Prange, *Nietzsche, Wagner, Europe*, Berlin, Boston, De Gruyter, « Monographien und texte zur Nietzsche-Forschung », 2013, p. 228-253. À propos de cette invitation faite à Gide ainsi que pour une lecture de cette tendance élitiste chez Curtius, voir aussi Peter André Bloch, « Curtius visionnaire idéaliste de la littérature contemporaine », dans *Ernst Robert Curtius et l'idée d'Europe*, *op. cit.*, p. 107-118.

de s'assurer auprès de son correspondant allemand que tous les pays et les littératures d'Europe soient également représentés au sein de cette société. Dans ces échanges, Gide se fait ainsi indirectement précurseur des critiques qui seront faites au futur auteur de *La Littérature européenne et le Moyen Âge latin* (1948)[105] concernant les limites géographiques de sa conception de « littérature européenne[106] ». Cette question est d'ailleurs fondamentale pour lui et sa lettre se poursuit ainsi :

> Je voudrais également connaître plus exactement le programme de la Nietzsche-Gesellschaft. Je vois mieux ce qu'elle se propose d'être que ce qu'elle se propose de faire. Il est naturel, il est juste, que les représentants de la culture occidentale se rangent sous les auspices de Nietzsche, et s'occupent d'abord de lui ; mais ce comité ne prendra de pleine signification et sa réelle importance que s'il s'occupe également des grands représentants d'autres nationalités – de Stendhal, de Dostoïevski, d'Ibsen, etc. De même (ou : autrement dit) si un pareil comité doit se former en Allemagne, et ne peut que se former en Allemagne – il ne prendra sa signification et son importance que s'il travaille à l'établissement et à l'affirmation d'un esprit occidental – et non plus allemand que français ou anglais[107].

Gide ne prendra pas part à cette société (sans doute pour les raisons exposées dans cette lettre[108]), mais cette proposition qui lui est faite devient l'occasion d'une réflexion, eu égard à la culture européenne qui prend elle-même des tons programmatiques, car en parlant du programme de cette société de représentants de la « culture occidentale », c'est le sien que Gide expose. Et lorsqu'il parle de l'« esprit occidental », il le pense clairement en termes d'unité supranationale. Dans ce cadre, le

105 Ernst Robert Curtius, *La Littérature européenne et le Moyen Âge latin*, trad. de J. Bréjoux, vol. 1-2, Paris, Presses Universitaires de France, 1986.

106 Voir Alexandra Vrâncenau, « La topologia di Curtius come metodo di strutturazione della letteratura europea », dans Ivano Paccagnella, Elisa Gregori (éds), *Ernst Robert Curtius e l'identità culturale dell'Europa* [Atti del XXXVII Convegno Interuniversitario, Bressanone/Innsbruck, 13-16 luglio 2009], Padova, Esedra, « Quaderni del circolo filologico linguistico padovano », 2011, p. 234-251.

107 Lettre d'André Gide à Ernst Robert Curtius, s. d., dans *Deutsch-französische Gespräche (1920-1950)*, *op. cit.*, p. 54.

108 Notons d'ailleurs que le 8 mai, Gide réitère ces mêmes idées des mois après, dans une autre lettre : « J'ai reçu la circulaire de la Nietzsche-Gesellschaft, la lettre de M. Würzbach jointe à la vôtre ; je vais lui écrire directement. Tout ce qu'il me dit me satisfait et me rassure. Mais, comme je l'écrivais déjà – je ne puis donner mon adhésion définitive qu'après avoir su quels représentants des autres pays la Nietzsche-Gesellschaft choisit – et s'ils acceptent. » Lettre d'André Gide à Ernst Robert Curtius du 8 mai 1922, dans *ibid.*, p. 59.

caractère national des littératures européennes – qu'il est loin de nier – doit se concevoir comme aliment fondamental d'une culture commune aux pays et aux écrivains d'Europe que cette société devrait s'engager à « établir » et à « affirmer ».

C'est ce qu'il avait déjà partiellement suggéré en 1900, dans « De l'influence en littérature », lorsque, en distinguant entre « les influences communes » – à savoir celles subies par « toute une famille, un groupement d'hommes, un pays » et qu'il jugeait les plus « grossières », telles que celles de la nourriture – et « les influences particulières » – c'est-à-dire celles « qu'on est seul à subir » et qui concernent un plan plus strictement culturel et les artistes en particulier –, il précisait : « Les premières tendent à réduire l'individu au type commun ; les secondes à opposer l'individu à la communauté[109]. » En faisant preuve de ce même esprit élitiste dont il s'agissait plus haut, Gide invitait dans cet article à ne pas craindre ce deuxième type d'influences « d'élection[110] », influences venant non seulement de son propre pays, mais aussi du contact avec des terres, des langues et des littératures étrangères, et permettant donc à l'individu prêt à les recevoir de se distinguer du reste de sa communauté (nationale) pour participer en revanche à celle (intellectuelle et) mondiale[111]. C'est ainsi que, plus loin, il écrivait :

> Un grand homme n'a qu'un souci : devenir le plus humain possible, – disons mieux : DEVENIR BANAL. Devenir banal Shakespeare, banal Goethe, Molière, Balzac, Tolstoï… Et, chose admirable, c'est ainsi qu'il devient le plus personnel. Tandis que celui qui fuit l'humanité pour lui-même, n'arrive qu'à devenir particulier, bizarre, défectueux… Dois-je citer le mot de l'Évangile ? Oui, car je ne pense pas le détourner de son sens : « Celui qui veut sauver sa vie (sa vie personnelle) la perdra ; mais qui veut la perdre la sauvera » (ou pour traduire plus exactement le texte grec : « la rendra vraiment vivante[112] »).

Si « les influences agissent par ressemblance[113] », comme Gide le croit, ce passage signifie à la fois que tout « grand homme », pour être tel, doit s'ouvrir aux influences d'autres grands hommes, qu'ils soient étrangers

109 « De l'influence en littérature » [1900], *EC*, p. 404-405.

110 *Ibid.*, p. 404.

111 « S'éduquer, s'épanouir dans le monde, il semble vraiment que ce soit se retrouver des parents », écrit Gide après avoir raconté l'effet provoqué en lui par la visite de la tombe de Keats à Rome et par la lecture des vers du poète. *Ibid.*, p. 406.

112 *Ibid.*, p. 410.

113 *Ibid.*, p. 406.

ou pas, mais aussi qu'il faut leur ressembler, qu'il faut devenir comme eux, comme ces grands esprits qu'il évoque et parmi lesquels Goethe, « le plus intelligent des êtres[114] », occupe une place privilégiée :

> Quelles richesses ne devait pas sentir en lui un Goethe, pour ne s'être refusé – ou, selon le mot de Nietzsche, « n'avoir dit non » – à rien ! Il semble que la biographie de Goethe soit l'histoire de ses influences – (nationales avec Götz ; moyenâgeuses avec Faust ; grecques avec les Iphigénies ; italiennes avec le Tasse, etc. ; enfin vers la fin de sa vie encore, l'influence orientale, à travers *Le Divan* de Hâfiz, que venait de traduire Hammer – influence si puissante que, à plus de soixante-dix ans, il apprend le persan et écrit lui aussi un *Divan*[115]).

En relisant, à la lumière de ces observations, les indications données par Gide à Curtius à propos des objectifs de la Nietzsche-Gesellschaft, on voit clairement que ce mouvement de convergence des littératures nationales dans une culture européenne est à concevoir chez lui comme un mouvement visant à l'enrichissement réciproque et non à l'annulation des différences, contrairement à ce que son insistance sur l'unité de la culture pourrait laisser croire. Ceci devient plus clair si l'on pense à la série de questions rhétoriques posées ensuite dans le premier des trois articles consacrés à « Nationalisme et littérature » et puis, encore une fois, mais avec quelques variations, dans « Réflexions sur l'Allemagne[116] » : « Quoi de plus national qu'Eschyle, Dante, Shakespeare, Cervantès, Molière, Goethe, Ibsen, Dostoïevski ? Quoi de plus généralement humain ? Et aussi de plus individuel[117] ? » Le concept régissant cette suite de questions est également le même qui, dans la sixième de ses conférences sur Dostoïevski, est ultérieurement décliné ainsi : « Il n'y a pas d'auteur qui ait été tout à la fois plus étroitement russe et plus universellement Européen[118]. »

Si, dans ses études sur le sujet, Curtius travaillera à défendre l'existence d'une « littérature européenne » et à en montrer l'unité foncière – unité allant de pair avec celle de la culture européenne sans que cela n'implique toutefois l'exclusion, chez le critique allemand, de l'existence de littératures nationales –, Gide, quant à lui, tout en montrant une tendance

114 *Ibid.*
115 *Ibid.*, p. 411.
116 *Cf.* André Gide, « Réflexions sur l'Allemagne », art. cité, p. 20.
117 « Nationalisme et littérature. À propos d'une enquête de *La Phalange* », *EC*, p. 177.
118 *Dostoïevski (VI)*, *EC*, p. 652.

similaire à l'unité, la contrebalance au fil de ses textes en réintégrant la culture européenne dans un contexte culturel mondial – par rapport auquel elle doit rester toujours ouverte –, et en soulignant avec autant de détermination l'existence d'une pluralité au sein de l'unité culturelle que représente pour lui l'Europe. Pour ce faire, il distingue deux plans, celui de la « culture européenne » (l'un) et celui des « littératures nationales » qui la composent (le multiple), plans qui ne cessent pourtant de s'alimenter l'un l'autre, ce qui explique qu'il fasse également mention de « cultures » européennes[119].

D'ailleurs, le modèle dont Gide s'inspire est celui de la Grèce, cet « heureux confluent de races[120] », à ses yeux l'exemple parfait d'une cohabitation harmonieuse d'éléments hétérogènes. De la même manière, la culture européenne, telle qu'il l'envisage et telle qu'il faut à son avis la (ré)affirmer et la (ré)établir pour l'avenir de l'Europe, se donne comme l'espace unitaire d'une convergence de littératures (et de cultures) particulières, mais capables de s'enrichir mutuellement. C'est seulement en faisant siens ces principes que la culture européenne et toutes les littératures nationales qui y participent pourront, selon lui, contribuer non seulement au progrès de la civilisation européenne, mais aussi à sa revitalisation.

## PRÉSENTATION DE L'OUVRAGE

« Quoi de plus national et de plus Européen que Gide ? » Ou encore : « Quoi de plus européen et de plus cosmopolite que Gide ? » C'est vers ces questions que, au fil de ses textes, l'écrivain semble conduire implicitement ses lecteurs. Sans tomber dans la simplification d'une lecture

119 De cette superposition témoigne le texte de son « Allocution d'ouverture » pour le Congrès international des écrivains pour la défense de la culture (1935) dans lequel on lit : « J'estime qu'il faut partir de ce point : c'est que cette culture que nous prétendons défendre est faite de l'addition de cultures particulières de chaque pays, que cette culture est notre bien commun, qu'elle nous est commune à tous, qu'elle est internationale. » Sandra Teroni et Wolfgang Klein (éds), *Pour la défense de la culture : les textes du Congrès international des écrivains*, Paris, juin 1935, Dijon, Éditions universitaires de Dijon, « Sources », 2005, p. 73.

120 « Nationalisme et littérature. À propos d'une enquête de *La Phalange* », *EC*, p. 179.

de « Gide l'Européen » à travers ce filigrane et tout en saisissant – au moins partiellement – le défi que ces questions impliquent, ce volume se propose de répondre, sans prétention d'exhaustivité, aux nombreux questionnements qui surgissent à la lecture de ses écrits. Comment ces textes nous aident-ils à concevoir l'Europe d'aujourd'hui ? Autour de quels éléments et de quelles notions s'articulent son idée d'Europe, mais aussi celles de culture et de littératures européennes ? De quelle manière le discours synthétisé dans ses textes prend-il place dans sa pensée et comment se traduit-il dans son œuvre fictionnelle ? D'où naissent ses préoccupations européennes ? Comment ses voyages et son réseau si ramifié de collaborations, de relations amicales et intellectuelles, contribuent-ils à la formation de sa conscience et de son humanisme européens ? Comment conjugue-t-il son besoin de renouveau culturel avec son classicisme ? Quelles influences européennes reflète son œuvre ? Quel regard porte-t-il sur les pays, mais aussi sur les arts et les littératures d'Europe et comment les uns et les autres intègrent-ils son œuvre ? Ou à l'inverse : comment son œuvre et sa figure sont-elles reçues et perçues dans les divers pays Europe ?

Les contributions réunies dans ce volume présentent les résultats du colloque « André Gide, l'Européen[121] » et posent ces questions selon des approches méthodologiques diverses, allant de celles plus biographiques à celles plus strictement textuelles ou linguistiques, de celles plus exclusivement littéraires à celles plus interdisciplinaires (qui ouvrent sur le théâtre, la peinture, le cinéma ou la philosophie), ou relevant du domaine de la traductologie et notamment de la circulation et de la réception des textes et des idées en Europe.

En partant du général pour aller toujours plus avant dans le particulier, les articles qui composent la première partie de ce livre proposent un parcours interrogeant, dans un cadre de plus en plus spécifique, à la fois les « Formes et la formation d'une conscience (critique) européenne » chez Gide.

Le point de départ de ce parcours est la place occupée par les écrits de l'auteur dans les discours politiques d'aujourd'hui portant sur la crise européenne, et visant à construire un imaginaire européen

121 Les perspectives analytiques de ce colloque ont trouvé des échos et ont été corroborées dans Christophe Buboile, « "L'Avenir de l'Europe" (1923) ou la pensée européenne d'un moraliste moderne dans le contexte intellectuel de l'entre-deux-guerres », *Bulletin des Amis d'André Gide*, n° 193-194, printemps 2017, p. 45-74.

commun dans un contexte où l'individualisme des nations opère de plus en plus en sens contraire. Comme le montre la contribution de Stéphanie Bertrand, les textes de l'écrivain offrent non seulement la possibilité de concevoir cette crise en termes éthiques et de la regarder à travers le filtre de la pensée étiologique et politique de l'écrivain, mais aussi un réservoir d'images puissantes qui invitent à l'éveil, à l'action et au changement, ce qui contribue à expliquer pourquoi elles sont aujourd'hui si souvent réinvesties par les politiciens européens. Cependant, parmi les éléments qui structurent le discours que Gide développe sur l'Europe, il y en a qui permettent d'en relever également les inactualités, tels que l'usage qu'il fait de l'idée de « race ». Jean-Michel Wittmann met en évidence que cette notion est indissociable chez lui de la culture, tout en étant en même temps l'objet d'une remise en cause constante de la part de l'écrivain : « La race, le milieu et le moment dit Taine. Et Brunetière objecte : et l'individu ? et l'idiosyncrasie !! Et cela me plaît[122] », note-t-il dans son *Journal*. Par l'analyse de ce double enjeu, cette contribution interroge la manière dont Gide parvient, en réinvestissant et parallèlement en critiquant cette notion, à la fois à défendre les particularités nationales et les idiosyncrasies individuelles et à en faire la base de sa vision de la culture et des littératures européennes. D'une part, ses réflexions s'avèrent profondément ancrées dans son époque ; de l'autre, elles se donnent comme le miroir de sa volonté de la dépasser. D'ailleurs, comme souligné par la contribution de Paola Codazzi, tout en s'inspirant du modèle de la Grèce, puis de la France, Gide articule son discours autour d'une Europe toujours axée sur le futur. En 1947, il note dans un feuillet : « Dieu est à venir. Je me persuade et me redis sans cesse que : Il dépend de nous. C'est par nous que Dieu s'obtient[123]. » Pour lui, il en va de même pour l'Europe : elle a un but à atteindre et à réaliser jour après jour. En ce sens, tout en étant fondée sur la notion de complémentarité et sur ce principe de l'union dans la différence qui constitue aujourd'hui la devise de l'Union européenne, l'Europe telle que Gide la conçoit reste – en raison même de cette notion processuelle et de ce principe dialectique – intrinsèquement toujours à faire et par conséquent toujours potentiellement actuelle.

122 *J1*, 13 juin 1891, p. 131.
123 *Feuillets d'automne* [1947], *J2*, p. 1044.

Les facteurs qui ont contribué, au sein de la pensée de l'écrivain, au développement de cet horizon européen et supranational – facteurs identifiés dans la contribution de Pierre Masson – sont multiples et d'ordre à la fois biographique et intellectuel, allant de l'indifférence par rapport aux notions de nation et de frontières – dans laquelle il baigne dans sa jeunesse –, jusqu'à l'intérêt qu'il développe pour la Belgique, le Luxembourg et l'Allemagne, sans oublier son réseau d'amitiés, centrales dans ce contexte : de celle avec les van Rysselberghe – et notamment avec « la Petite Dame » – à celle avec les Mayrisch – en particulier Aline. L'Italie joue aussi un rôle fondamental dans la conception gidienne d'une identité européenne, comme le rappelle Carmen Saggiomo à travers son analyse de la conférence « À Naples. Reconnaissance à l'Italie » prononcée en 1950 à l'Institut français de la ville italienne. Gide y magnifie ce pays tant aimé par Goethe, ce berceau des civilisations latine et chrétienne avec son architecture stratifiée et monumentale et sa littérature intemporelle, et qui se donne, comme tout pays étranger chez lui, comme un miroir à travers lequel mieux juger le sien. La « louange » qu'il livre se termine d'ailleurs par une réflexion sur la culture française, dont l'un des apports majeurs à la civilisation occidentale est incarné par les écrivains du XVII^e^ siècle et consiste en « l'apport raisonné de leur critique et de leur ironie[124] ». Ce qui se reflète dans le regard porté par ce grand voyageur sur les pays d'Europe et qui est bien loin d'être toujours positif. La contribution de Peter Schnyder, focalisée sur la vision gidienne et « dysphorique » de la Suisse, souligne la constance avec laquelle l'écrivain – homme du Sud plutôt que du Nord – a rejeté ce pays, refus qui va pourtant de pair avec une réflexion critique et constante sur l'identité et sur les mythes suisses qu'il s'engage, avec plus ou moins de véhémence, à déconstruire au fil de son œuvre. Son texte inédit, « La Suisse est une île », introduit par cette contribution et qui clôture la première partie du volume, ramène la réflexion du particulier au général et donc à son point de départ. L'écrivain y résume sa critique de l'imperméabilité suisse face aux problèmes sociaux qui secouent l'Europe de l'entre-deux-guerres en appliquant à celle-ci la loi physique des vases communicants, autre figuration de sa conception d'unité (et de solidarité) européenne : « On ne peut, dans un vase, maintenir un liquide à un niveau très

124 *À Naples* [1950], *SV*, p. 988.

élevé », écrit-il, « lorsque dans un vase voisin ce même liquide est à un niveau très bas, dès qu'il s'établit entre ces vases la moindre possibilité d'échange[125]. »

La deuxième partie de ce volume, « Dialogues gidiens, expériences européennes », offre précisément un échantillon d'échanges européens de Gide, expériences diverses représentatives de son intérêt actif pour les écrivains et les arts d'Europe – intérêt à la base de ses nombreux voyages, de ses divers engagements, de ses collaborations artistiques et des influences qui alimentent son œuvre littéraire.

La première de ces contributions, celle de Mechthilde Fuhrer, porte sur le rapport entre Gide et Thomas Mann, et se focalise notamment sur la préface que le premier écrit en 1937 pour l'« Avertissement à l'Europe » du second. D'une part, cette préface met en relief le rapport d'amitié et de respect, mais aussi de solidarité qui lie les deux auteurs. De l'autre, justement en raison de ce lien, elle se donne comme prise de position de la part de Gide en faveur et en défense de son confrère écrivain (exilé de son pays en raison de sa position politique) et notamment des valeurs humanistes qu'il incarne et de la contribution que sa conscience éveillée apporte à celle, assoupie, européenne. Il s'agit de la même conscience européenne, humaniste et critique que Gide prône dans sa causerie sur l'Italie – dont il était question plus haut – et qui est à la base de ses considérations sur la capitale italienne : « Rome d'abord fatigue, exténue ; j'ai même parlé, dans mon *Journal*, de mon ennui à Rome, avant d'avoir su passe outre, comme je sus inviter à faire mon ami le peintre Maurice Denis[126]. » À ce propos, la contribution de Frédérique Canovas offre un parcours retraçant les étapes de ce « passer outre », passage qui advient à l'occasion du troisième séjour de l'auteur à Rome, moment qu'il partage avec son ami peintre. Vincenzo Mazza s'occupe, en revanche, des rapports et de l'entente entre Gide et Jean-Louis Barraud, en se focalisant sur leur collaboration pour l'adaptation théâtrale du *Procès* de Kafka, pièce jouée pour la première fois en 1947. Cette contribution offre un témoignage de l'intérêt de Gide à la fois pour Kafka et pour le théâtre, ainsi qu'une lecture du spectacle lui-même et de sa réception, parvenant de la sorte à souligner la dimension européenne de cette pièce, qui émerge de la conjonction de plusieurs

125 Dans ce volume, p. 145.
126 *À Naples* [1950], *SV*, p. 987.

facteurs : ses contenus, sa mise en scène et le moment de sa sortie au théâtre. Marie-Gabrielle Quentin de Gromard présente, elle aussi, un parcours analytique à travers une des réécritures gidiennes pour le théâtre, à savoir son *Œdipe*, en se focalisant sur l'influence nietzschéenne – sans oublier celle de Goethe – dans la conception de cette œuvre. Son analyse de la pièce montre les points de contact et de divergence entre la pensée de Gide et celle de Nietzsche. Si Gide fait de son Œdipe un héros nietzschéen, il se détache pourtant de son modèle en dernière instance. La dernière contribution qui clôture cette session va du théâtre au cinéma. À partir des commentaires de Gide sur le film de Murnau, *Nosferatu le vampire* – sorti en 1922 et dont la vision amène l'écrivain à annoter dans son *Journal* une ébauche de réécriture de l'histoire du vampire –, Slaven Waelti propose de découvrir les influences du cinéma sur l'œuvre fictionnelle de l'écrivain et la manière dont cette dernière, à travers sa théorie de l'acte gratuit, parvient à nous livrer, comme « en cachette », une théorie du cinéma.

Après avoir interrogé la pensée sur l'Europe et la formation de la conscience (critique) européenne de Gide, aussi bien que la diversité de ses échanges européens, la troisième partie de ce volume, « Reflets européens : Gide en Europe », renverse la perspective et questionne la réception de son œuvre. Les quatre premières contributions qui composent cette partie se focalisent sur la réception en Pologne, en Lituanie, en Serbie et en Croatie, de l'auteur de *Retour de l'URSS* (1936), texte qui « [lui] a valu nombre d'injures[127] », et de *Retouches à mon Retour de l'URSS* (1937), conçu comme une réponse, et l'occasion de constater que « l'état de l'URSS s'empire. Il s'écarte de plus en plus de ce que nous espérions qu'il était – qu'il serait[128] ». Tandis que les deux autres contributions portent sur la réception de l'œuvre du mentor de *La NRF* en Italie et dans les revues italiennes.

Elżbieta Skibińska ouvre cette troisième partie avec une contribution étudiant l'« intraduction » de Gide en Pologne et distinguant les trois étapes de ce processus : celle de la présentation et de la consécration de son œuvre (1901-1939), celle d'après la guerre, lorsqu'elle acquiert le statut de « classique » (1945-1989), et celle d'après la chute du Mur, phase du réveil de l'intérêt pour l'écrivain, désormais entré dans les

127 *Retouches à mon Retour de l'URSS* [1937], *SV*, p. 805.
128 *Ibid.*

rangs des grands de la littérature européenne et mondiale. Parallèlement, ce parcours conduit également à la découverte de l'image polonaise de Gide, image qui, dans le temps, se consolide comme étant celle de l'auteur des *Caves du Vatican* et des *Faux-Monnayeurs*. Cette contribution est suivie par celle de Thierry Laurent, qui se penche sur la réception de Gide en Lituanie. Tout en commençant dans les années 30, grâce à la traduction par l'avant-garde de ses textes les moins controversés, cette réception s'avère difficile dès le début en raison non seulement de ses considérations sur le communisme, mais aussi de la nature de son œuvre qui, en 1952, sera mise à l'Index par le Vatican – en raison donc, d'une part, de l'idéologie catholique dominante en Lituanie et, de l'autre, de la parution de son *Retour de l'URSS*. En retraçant les étapes de ce parcours, cette contribution montre un Gide resté proscrit dans le pays jusqu'à son indépendance, lorsqu'il commence en revanche à être respecté pour sa vision critique du totalitarisme communiste et lorsque de nouvelles (re)traductions de ses œuvres commencent à paraître ; mais elle montre aussi l'image d'un écrivain qui, après 1991, fait son entrée dans les manuels et les cours de littérature en tant qu'auteur des *Faux-Monnayeurs*, un écrivain dont l'œuvre est toutefois encore à connaître dans sa globalité. Et si l'entrée de Gide en Lituanie passe par l'avant-garde, la contribution suivante se focalise précisément sur la réception de Gide par le surréalisme, cette fois-ci serbe. Bijana Andonovska propose une étude couvrant la période qui va de 1923 à 1969 et portant sur les traductions et les retraductions de ses œuvres, sur les lectures qu'en donnent les surréalistes serbes et sur son influence sur les antiromans surréalistes belgradois de Aleksandar Vučo et Marko Ristić. De ces analyses ressort la figure d'un écrivain accueilli pour sa modernité, une modernité non seulement littéraire et esthétique, mais aussi idéologique, et qui est au centre d'échanges culturels et de rencontres littéraires dont le lieu privilégié est l'écriture (anti)romanesque. La contribution de Maja Vukušić Zorica se focalise quant à elle sur l'image croate de Gide. En partant des articles de Benjamin sur l'auteur, pour passer ensuite à une analyse des traductions croates des œuvres de l'écrivain (et notamment de *Retour de l'URSS* et de *Retouches à mon Retour de l'URSS*), elle propose tout d'abord de mettre en évidence que la réception croate de Gide ne se fonde pas uniquement – comme on a pu le dire – sur des raisons esthétiques, mais aussi socio-idéologiques. À travers une analyse des écrits d'Antun Bonifačić, de Bogdan Radica et de Miroslav Krleža sur l'écrivain, cette contribution interroge également l'image de Gide qui affleure à la lecture de ses textes, à savoir celle d'un « homme occidental » et « Européen ».

En revenant à l'Italie, l'analyse de Paola Fossa se concentre sur la réception de Gide dans ce pays et plus particulièrement dans la revue *La Voce* (1908-1916). Cette contribution met tout d'abord en avant le rôle central joué par les revues, non seulement comme lieu privilégié de l'accueil de l'écrivain français en Italie, mais plus généralement comme pont entre la culture italienne et la culture européenne. Dans le cadre de son projet de renouveau de la littérature italienne et de son orientation à la fois nationaliste et cosmopolite, *La Voce* assume pleinement cette tâche – comme le souligne cette contribution, offrant un parcours chronologique de la présence de Gide en son sein et se focalisant en particulier sur ses rapports avec Giuseppe Vannicola et sur ceux, plus controversés, avec Giovanni Papini, qui s'éloignera de Gide pour des « raisons [...] confessionnelles[129] ». La contribution suivante porte, elle aussi, sur la réception de Gide en Italie, mais dans les revues italiennes de l'après-guerre (1944-1952), dans un contexte culturel dominé par la volonté de renouvellement, de rupture avec le passé récent, et par un intense questionnement autour du rôle de l'artiste et de l'intellectuel dans la société. À travers une analyse quantitative des articles portant sur Gide parus dans un *corpus* de revues de l'époque, Stefania Caristia s'interroge sur la nature de cette présence après le tournant de la guerre et souligne, d'une part, que ce dernier ne détermine pas un changement consistant dans la réception de l'écrivain si ce n'est qu'elle contribue à sa canonisation, et de l'autre, que l'image qui émerge de ces revues (et qui perdurera longtemps dans le pays) est double : Gide est à la fois l'intellectuel « capital » qui remet tout en cause et l'artiste dont l'œuvre est considérée comme étant seulement en partie aboutie.

Jointe aux autres qu'elle complète, cette partie du volume contribue globalement à mettre en évidence deux éléments importants. Le premier est qu'en dépit de sa consécration désormais universelle au rang de classique et en raison de sa nature controversée et des résistances que sa diffusion a rencontrées au fil du temps, l'œuvre de Gide reste encore peu connue en Europe et encore largement à traduire. Tandis que le

129 *À Naples* [1950], *SV*, p. 985.

deuxième facteur – dont témoignent dans leur ensemble les contributions composant la troisième partie de ce volume – est que bien que Gide soit perçu en Europe, de son vivant, comme l'un des représentants majeurs de la culture et de l'intelligentzia européennes, et qu'en tant que tel, il fasse pour plusieurs figure d'Européen, cela est dû moins à l'impact de ses écrits et de ses considérations portant spécifiquement sur l'Europe, sur sa civilisation et sur sa culture – écrits dont la diffusion reste assez limitée – qu'à celui de son activité intellectuelle et littéraire dans sa globalité. Ce qui est d'ailleurs pleinement cohérent avec le projet d'un écrivain pour qui les problèmes éthiques, sociaux et politiques dépendent des questions esthétiques par lesquelles ils sont véhiculés, et pour qui l'œuvre d'art est donc à la foi une fin en soi et « un fruit […] d'où doit sortir le futur[130] ». Cette tension vers l'avenir d'un continent européen en crise sous-tend une partie importante des écrits de Gide. Et c'est précisément cet élan vers le futur, élan qui au fil des années a largement contribué à définir son rôle d'écrivain et d'intellectuel européen, que ce volume propose également de mettre en avant. L'avenir européen imaginé par Gide, souvent considéré comme l'écrivain « le plus moderne des classiques », repose sur un passé fournissant l'impulsion nécessaire à une projection vers l'avant. C'est ici que se poursuit l'enjeu de continuité et de rupture dans lequel réside, pour Gide, tout espoir pour le futur de « son » Europe, une Europe qui, sous plusieurs angles, s'avère encore capable d'interroger et de remettre en question la nôtre.

Martina DELLA CASA
Université de Haute-Alsace,
ILLE (EA 4363)

130 « Première visite de l'interviewer » [1905], *EC*, p. 130.

PREMIÈRE PARTIE

# FORMES ET FORMATION D'UNE CONSCIENCE EUROPÉENNE

# PENSER L'EUROPE D'AUJOURD'HUI AVEC GIDE

Tenter de mettre en évidence l'actualité de la pensée de Gide dans le champ européen[1] peut sembler, de prime abord, une ambition à la fois artificielle et redondante. Bien que Gide soit régulièrement cité par les citoyens européens, voire par leurs autorités politiques, il se trouve partiellement éclipsé, sur la scène nationale déjà, par d'autres écrivains – contemporains notamment. Certains récupèrent d'ailleurs l'expression qui avait précisément permis, jadis, de consacrer son actualité : aujourd'hui, c'est tantôt Michel Houellebecq, tantôt André Glucksmann, tantôt encore Alain Finkielkraut qui fait ou font figure de « contemporain capital[2] ». Tentative redondante aussi, lorsque l'on constate la tendance répétitive de la critique littéraire à mettre en évidence « l'actualité » d'un auteur, peut-être pour le « sauver » de sa réduction à ce que certains appellent la « littérature patrimoniale » : Paul Valéry lui-même fut

---

1 L'analyse s'appuie sur un corpus varié, constitué de supports numériques (articles en ligne, blogs) comme papiers (ouvrages consacrés à l'Europe), écrits (articles) comme oraux (discours), émanant d'autorités du domaine politique (comme la chancelière allemande Angela Merkel) ou, dans le domaine universitaire, d'enseignants-chercheurs en histoire politique, mais aussi de sources autonomes (doctorant, journalistes) ; enfin, nous avons veillé à la diversité géographique des textes cités (allemands, britanniques, belges, français, suisses, etc.).

2 En ce qui concerne Michel Houellebecq les occurrences sont nombreuses. Voir par exemple François Maillot, « Houellebecq, notre contemporain capital », *La vie* [en ligne], 5 janvier 2015, disponible sur le web : <http://www.lavie.fr/culture/livres/houellebecq-notre-contemporain-capital-05-01-2015-59109_30.php>. [Tous les articles en ligne cités ont été consultés le 10/03/2016]. Pour André Glucksmann, voir l'article que Bernard Henri-Lévy lui consacre au moment de sa mort : « André Glucksmann, contemporain capital », *Le Monde* [en ligne], 10 novembre 2015, disponible sur le web : <http://www.lemonde.fr/idees/article/2015/11/10/andre-glucksmann-contemporain-capital-par-bernard-henri-levy_4806612_3232.html>. Alain Finkielkraut en revanche est qualifié de « mécontemporain capital » par Pierre Nora, dans sa « Réponse au discours de M. Alain Finkielkraut », le 28 janvier 2016, lors de l'entrée solennelle de ce dernier à l'Académie française (voir : <http://www.academie-francaise.fr/reponse-au-discours-de-m-alain-finkielkraut>).

ainsi qualifié de « contemporain capital[3] » par Jean-Michel Maulpoix, à l'automne dernier, au cours du colloque « bilan » qui lui fut consacré, à la Fondation Singer-Polignac (« Paul Valéry – 70 ans après »). Nous-mêmes, d'ailleurs, nous nous interrogions il y a cinq ans, à Toulon, sur « les actualités[4] » d'André Gide.

La difficulté d'une telle ambition tient encore et surtout à la nature de la pensée européenne de Gide. Dans le contexte actuel d'une Europe en crise – dont un nombre toujours croissant d'économistes, de politiciens et de journalistes annonce l'inévitable disparition[5] –, comment accorder quelque intérêt notoire ou crédit à la pensée d'un écrivain dont l'un des principaux textes sur le sujet s'intitule « L'Avenir de l'Europe » ? Bien plus, comment réfléchir à l'actualité d'une pensée européenne qui, sans proposer de pistes inédites, se fait l'écho de la pensée d'une époque, dans sa volonté de concilier le « génie [des] race[s][6] » et le « concert européen[7] » ? Pas davantage que celle de Paul Valéry, la pensée de Gide sur l'Europe ne se présente comme « une étude systématique[8] » ; elle prend souvent la forme d'« une série d'impressions, de souvenirs, de sentiments[9] » et se trouve, si l'on excepte le court article

3 Jean-Michel Maulpoix, « Le contemporain capital », en ligne : <http://www.maulpoix.net/contemporaincapital.html>.

4 Voir Martine Sagaert, Peter Schnyder (éds), *Actualités d'André Gide* [Actes du colloque international organisé à Toulon du 10 au 12 mars 2011], Paris, Champion, « Babeliana », 2012.

5 Le philosophe Étienne Balibar a publié le 1er mars 2016 dans *Libération* un article intitulé « Fin de l'Europe : la responsabilité française » (en ligne : <http://www.liberation.fr/debats/2016/03/01/fin-de-l-europe-la-responsabilite-francaise_1436768>), perspectives qu'il développe dans son récent ouvrage *Europe, crise et fin ?* (Lormont, Le Bord de l'eau, 2016). Un hebdomadaire politique anglais, *New Statesman*, titrait son numéro du 6-12 novembre 2015 « La fin de l'Europe » (disponible sur le web : <http://www.newstatesman.com/2015/11/new-statesman-cover-end-europe>). L'un des articles du numéro, écrit par Brendan Simms et Timothy Less, a été repris par *Courrier international* dans son numéro 1314 du 7 janvier 2016 sous le titre « L'inéluctable disparition de l'Union européenne » (en ligne : <http://www.courrierinternational.com/article/histoire-lineluctable-disparition-de-lunion-europeenne>). Mais ces annonces sont plus anciennes ; voir par exemple Renaud Dehousse, *La Fin de l'Europe*, Paris, Flammarion, 2005.

6 *Ainsi soit-il ou les Jeux sont faits* [1952], *SV*, p. 1018.

7 André Gide, « Réflexions sur l'Allemagne », dans *La NRF*, juin 1919. Repris dans *Incidences* [1924], Paris, Gallimard, « NRF », 1989, et dans *Œuvres complètes*, Paris, La Nouvelle Revue française, 1935, t. 9, p. 112.

8 Martine Béland, « Penser l'Europe avec Paul Valéry », *Revue Argument* [en ligne], vol. 9, nº 2, printemps-été 2007, disponible sur le web : <http://www.revueargument.ca/article/2007-03-01/396-penser-leurope-avec-paul-valery-portrait.html>.

9 *Ibid.*

précédemment mentionné, un peu disséminée dans l'œuvre. Enfin, à une époque où c'est sans doute l'économie qui (sur)détermine le projet européen – considérations qui ne sont certes pas étrangères à la pensée de Gide, comme Ryo Morii l'a bien montré récemment[10] –, n'y a-t-il pas quelque artifice ou anachronisme à vouloir mettre en évidence la pertinence d'une réflexion sur l'Europe qui estime, en dernier ressort, que « c'est [l'homme] d'abord et surtout qu'il importe de réformer[11] » ? En d'autres termes, et pour reprendre cette fois l'interrogation de Philippe Forest dans l'« Avant-Propos » du numéro que *La Nouvelle Revue française* consacre en 2014 à « Notre Europe (1914-2014) » : « Une telle question [l'avenir de l'Europe] concerne-t-elle la littérature[12] ? », *a fortiori* la « littérature patrimoniale » ?

Loin de présenter, on l'aura compris, Gide en nouveau « contemporain capital » dans la crise européenne, il s'agira de souligner la manière dont son éthique voire sa pensée « quasi politiqu[e][13] » – pour emprunter le titre (apocryphe) d'un ensemble de textes de Paul Valéry – peuvent contribuer à la compréhension de la situation européenne actuelle. Les limites de ce travail nous amènent à restreindre l'analyse à l'article de 1923 précédemment cité, c'est-à-dire à l'essentiel de la pensée théorique de Gide sur l'Europe.

## D'UN SIÈCLE À L'AUTRE

### À LA RECHERCHE DE « L'ESPRIT EUROPÉEN »

Nombreux sont les politologues, à la suite de Suzanne Berger notamment, à avoir mis en évidence la manière dont la situation économique contemporaine reflétait en partie la situation européenne du début du

10 Ryo Morii, *André Gide, une œuvre à l'épreuve de l'économie*, Paris, Classiques Garnier, « Bibliothèque gidienne », 2017.

11 André Gide, « L'Avenir de l'Europe. Le point de vue d'un Français », dans *La Revue de Genève*, VI, janvier-juin 1923. Repris dans *Incidences*, *op. cit.*

12 Philippe Forest, « Avant-Propos », dans *La Nouvelle Revue française*, n° 607 : *Notre Europe (1914-2014)*, février 2014, p. 10.

13 Voir Paul Valéry, *Études quasi politiques*, dans *Œuvres*, éd. J. Hytier, Paris, Gallimard, « Bibliothèque de la Pléiade », t. I, 1957.

XX^e^ siècle, de celle qui permet de considérer les écrits de cette époque sur l'Europe comme un « laboratoire de réflexion sur nos propres interrogations[14] ». Certains historiens de la littérature, comme Nicolas Di Méo, ont eux-mêmes souligné les échos, en France notamment, entre les débats littéraires contemporains (qui opposent les défenseurs d'un nationalisme culturel et les tenants d'une « littérature monde ») et les discussions du début du XX^e^ siècle autour du cosmopolitisme, même si « les usages politiques de ce discours […] ont changé[15] ». C'est dans cette perspective que la pensée gidienne sur l'Europe peut avoir quelque actualité et intérêt.

Tout le monde ou presque – autorités politiques, journalistes, politologues, économistes – s'accorde à reconnaître aujourd'hui que l'Europe est « en crise(s) », réalité qui était déjà celle de Gide à l'époque où il a écrit son article, même si, contrairement à Paul Valéry[16], ce sont les termes « malaise » et « faillite[17] » qui ont eu sa préférence – termes qui fournissent d'ailleurs régulièrement aujourd'hui, et depuis plusieurs années, les journaux et les émissions de radio en titres anxiogènes[18].

14 Suzanne Berger, *Notre première mondialisation : leçons d'un échec oublié*, trad. de R. Robert, Paris, Seuil, « La République des idées », 2003, p. 38. Voir encore, dans une perspective plus partisane, Jean-Pierre Chevènement, *1914-2014, l'Europe sortie de l'histoire ?*, Paris, Fayard, 2013.

15 « […] il ne s'agit plus de vanter la France dans une perspective mêlant nationalisme et cosmopolitisme, mais de lutter contre les ravages de l'impérialisme culturel français. » Nicolas Di Méo, « L'universel et le particulier : enjeux et présupposés de la "littérature-monde en français" », dans *Carnets*, numéro spécial printemps-été 2010, p. 55-68 (cité d'après la version disponible sur le web : <http://revistas.ua.pt/index.php/Carnets/article/view/764>).

16 Suivant le titre du très célèbre texte que Paul Valéry consacre à l'Europe, « La crise de l'esprit ». Ce texte est d'abord paru en anglais, dans l'hebdomadaire londonien *The Athenaeum* (n° 4641, 11 avril 1919, p. 182-184 et n° 4644, 2 mai 1919, p. 279-280), puis dans *La NRF* (n° 71, 1^er^ août 1919, p. 321-327), avant d'être repris dans *Variété*, dans *Œuvres*, *op. cit.*, t. I, p. 988-1014.

17 André Gide, « L'Avenir de l'Europe », *op. cit.*, p. 32 et p. 31 respectivement.

18 Voir par exemple le titre de la chronique de Brice Couturier sur *France culture* en date du 23 avril 2013 (« Malaise politique en Europe », en ligne : <http://www.franceculture.fr/emissions/les-idees-claires/malaise-politique-en-europe>) et, la même année, le titre du documentaire d'Olivier Toscer (France, 2013, 55 min), « La crise grecque : une faillite européenne ? ». Plus récemment, on peut lire dans *Politis*, hebdomadaire « indépendant et engagé », un article de Lena Bjurström intitulé « Crise migratoire : "Une faillite politique du projet européen" » (n° 1393, 3 mars 2016, en ligne : <http://www.politis.fr/articles/2016/03/crise-migratoire-une-faillite-politique-du-projet-europeen-34229/>), qui reprend les propos tenus par François Gemenne, chercheur en science politique à l'Université de Liège et à l'Université de Versailles Saint-Quentin-en-Yvelines.

Ceci ne signifie pas, bien sûr, que tous les pays d'Europe se trouvent individuellement en crise, mais bien que l'Europe comme collectivité l'est ; c'est bien, du reste, parce que tous les pays européens ne sont pas en crise que l'Europe se trouve en difficulté ; elle souffre des différences entre les États. Le constat d'une crise européenne fait aujourd'hui ressurgir, en particulier dans une certaine presse et dans les discours de ceux que Daniel Lindenberg a appelés « les nouveaux réactionnaires[19] », ou Pascal Durand et Sarah Sindaco les « néo-réactionnaires[20] », le spectre d'un imaginaire décadent déjà présent sous la plume de Gide ; on se souvient en effet du ton dramatisant de la fin de son article (« nous assistons à la fin d'un monde, d'une culture, d'une civilisation[21] »). Historiens et philosophes contemporains, en rappelant l'historicité de cet imaginaire, sont attentifs à en nuancer les conclusions, à en souligner la récurrence. Un article du « comité Cicéron » publié sur le site du journal économique *Les Échos* affirme ainsi dans son titre, en avril 2015 : « Changement de civilisation : oui. Fin de la civilisation européenne : non[22]. » Dès 2010, *Philosophie magazine* consacrait un dossier au « déclin de l'Europe », dans lequel Alexandre Lacroix, le rédacteur en chef du magazine, rappelait précisément que « [l]e mythe du déclin de l'Europe est aussi vieux que l'histoire de l'Europe elle-même » et que « [l]a réduction du mythe du déclin européen à un problème économique est elle-même un signe inquiétant de déclin[23] ».

De fait, l'éthopée européenne déceptive que brossent nombre de journalistes et d'hommes politiques contemporains en soulignant, à l'aide d'un raccourci souvent commode, le « pessimisme » européen, leur sert surtout à lancer un appel urgent à la (ré)action : une étude collective de 2012 porte ainsi l'éloquent titre *L'Europe d'après. En finir*

19 Daniel Lindenberg, *Le Rappel à l'ordre : enquête sur les nouveaux réactionnaires* [2002], Paris, Seuil, « La République des idées », 2016.

20 Pascal Durand, Sarah Sindaco (éds), *Le Discours néo-réactionnaire*, Paris, CNRS Éditions, « Culture & société », 2015.

21 André Gide, « L'Avenir de l'Europe », *op. cit.*, p. 34.

22 Comité Cicéron, « Changement de civilisation : oui. Fin de la civilisation européenne : non », dans *Les Échos*, 7 avril 2015, en ligne : <http://www.lesechos.fr/idees-debats/cercle/cercle-130387-changement-de-civilisation-oui-fin-de-la-civilisation-europeenne-non-1108917.php?TEsAQdRL8sCJ3DYv.99>.

23 Alexandre Lacroix, « Le Déclin de l'Europe », dans *Philosophie magazine*, septembre 2010, n° 42, p. 38 (en ligne : <http://www.philomag.com/les-idees/le-declin-de-leurope-2531>).

*avec le pessimisme*[24]. Gide déjà, dont la conviction intime sur le bienfondé et l'avenir de l'Europe demeurait fondamentalement optimiste (« j'en pensais beaucoup de bien[25] » affirme-t-il à son interlocuteur chinois), ne déplorait la difficile conjoncture européenne que pour affirmer l'urgence d'une réforme, et sa nécessaire ampleur, dans un style quasi biblique : « [...] tout doit être remis en question [...], car les formes vieilles ne peuvent convenir aux forces jeunes[26]. »

Dès lors, si l'étiologie esquissée par Gide peut nourrir les réflexions contemporaines, c'est bien parce que, au début du XX^e^ siècle comme aujourd'hui, la crise européenne est aussi (et peut-être surtout), au-delà des difficultés économiques et politiques que rencontre l'Europe, *une crise de « l'esprit européen*[27] ». Cette expression, que Gide emploie à la fin de son article, est distincte – et c'est important pour l'écho qu'elle peut avoir aujourd'hui – à la fois de « l'identité européenne » (« terme [...] simplificateur et fixiste » selon Lucien Jaume), et de la « conscience européenne », « à l'honneur dans les années 1925-1930, lors des échanges entre artistes, intellectuels et créateurs à Genève », mais qui a, toujours suivant Jaume, « le désavantage de ne pas évoquer la charge d'expérience et de mémoire qui, en réalité, organise notre idée de l'Europe et notre vision de nous-mêmes, si hésitante soit-elle parfois[28] ». Au-delà du succès de ce type de caractérisations psycho-sociologiques à l'époque de Gide, dont témoigne par ailleurs la fortune de la formule « l'esprit français » au tournant du siècle, « l'esprit européen » renvoie pour sa part au « sens du vivre [ensemble] européen[29] », que politologues et hommes politiques cherchent aujourd'hui urgemment à redéfinir. L'universitaire Lucien Jaume (s')interroge ainsi dans l'un de ses derniers ouvrages : *Qu'est-ce que l'esprit européen ?* (2010). Karine Gloanec Maurin, directrice de l'Observatoire de la culture de la Fondation Jean-Jaurès, mais aussi ancienne vice-présidente de conseil régional déléguée aux relations internationales, à l'Europe et aux politiques européennes de 2010 à 2015, constate en 2014 – au début

---

24 Thierry Chopin, Jean-François Jamet, Christian Lequesne, *L'Europe d'après. En finir avec le pessimisme*, Paris, Lignes de repères, 2012.

25 André Gide, « L'Avenir de l'Europe », *op. cit.*, p. 33.

26 *Ibid.*

27 Gide emploie cette expression à la fin de son article, *ibid.*, p. 34.

28 Lucien Jaume, *Qu'est-ce que l'esprit européen ?*, Paris, Flammarion, « Champs essais », 2010, p. 11.

29 *Ibid.*, p. 9.

d'une *Note* significativement intitulée « Cultivez l'esprit européen » – une « crise qui n'est pas seulement économique, mais [qui est] aussi une crise morale, une crise des valeurs[30] », véritable leitmotiv aujourd'hui, bien au-delà de la France. C'est bien la permanence, d'un siècle à l'autre, d'une même difficulté, celle de l'identification ou de la construction d'un « esprit européen » (même si l'échelle des obstacles n'est plus la même), qui rend la réflexion, partant, les propositions de Gide, très actuelles.

## UNE CRISE ÉTHIQUE

Pour Gide, comme pour nombre d'écrivains de son époque d'ailleurs – Valéry en tête –, la crise à laquelle l'Europe est alors confrontée est d'abord une crise éthique. De ce point de vue, l'actualité de la leçon européenne de Gide paraît double, et la plus évidente n'est sans doute pas la plus profonde.

Gide, dans son article, par le truchement de son interlocuteur chinois, présente l'individualisme comme l'un des principaux facteurs responsables du « malaise » de l'Europe. Bien qu'il définisse cette attitude à partir de l'Évangile, c'est en fait une conduite vis-à-vis de laquelle il prend ses distances, dans plusieurs domaines :

> [...] tout aussi bien au point de vue politique, économique, industriel – enfin à quelque point de vue que ce soit – l'Europe entière court à la ruine si chaque pays d'Europe ne consent à considérer que son salut particulier[31].

Cette critique de l'individualisme est, de fait, un leitmotiv des antilibéraux depuis longtemps. Mais les choses sont un peu plus complexes puisque dès le début du XX^e siècle, un historien de la pensée économique, Albert Schatz, a montré, dans *Individualisme économique et social* (1907), que certains économistes, « les physiocrates, puis les libéraux français, de Jean-Baptiste Say à Frédéric Bastiat », avaient déjà, eux aussi, condamné l'individualisme en l'assimilant à de l'« égoïsme[32] ». La réédition de cet ouvrage il y a quelques années seulement n'est

30 Karine Gloanec Maurin, « Citoyens, cultivez l'esprit européen », dans *Note*, n° 1, Site de la Fondation Jean-Jaurès / Observatoire de la culture, 1er avril 2014, p. 1, en ligne : <http://www.jean-jaures.org/Publications/Notes/Citoyens-cultivez-l-esprit-europeen>.

31 André Gide, « L'Avenir de l'Europe », *op. cit.*, p. 33.

32 Pour reprendre les termes du compte-rendu qu'en donne Dominique Charpentier dans la revue *Alternatives Économiques*, n° 329, novembre 2013, p. 63 (disponible sur le web :

peut-être pas complètement fortuite : on ne peut s'empêcher de penser, de constater même, qu'aujourd'hui, la crise du projet européen résulte bien d'une double forme d'individualisme au moins à l'échelle nationale, un « individualisme économique » pour reprendre l'expression d'Albert Schatz, et un « individualisme » idéologique. Quelle que soit la situation économique du pays en Europe (confortable, moyenne, en situation d'endettement), c'est bien souvent la priorité accordée à des objectifs économiques d'abord nationaux qui met en péril l'esprit voire l'existence de l'Union européenne. On pense bien sûr à la Grèce, mais aussi, plus récemment, au Royaume-Uni, voire, paradoxalement en apparence, à l'Allemagne, soucieuse de maintenir son commerce extérieur, sans parler même des États ayant rejoint plus tardivement l'Union européenne, comme la Slovaquie (en 2004), dont un jeune entrepreneur déclarait récemment, dans un article repris par *Le Monde* : « L'Europe, c'est juste une perte de temps, et ça ne sert qu'à amener plus de corruption. [...] Mon Europe, c'est celle de l'individualisme, de la liberté d'entreprendre[33]. » Aujourd'hui encore, dans ces conditions, ce sont bien « les nations d'Europe [qui] s'entre-heurte[nt] » (pour reprendre les termes de Gide), remettant en cause l'unité voire le bienfondé de l'Union européenne « au nom d'un même Dieu[34] » : l'argent.

Mais l'actualité de ces dernières années est encore dominée par une autre forme d'individualisme, celui qui s'exprime face à l'arrivée massive de réfugiés. Cet afflux, en mettant à l'épreuve les idéaux de « solidarité » et de « justice » supposés fonder l'Europe – suivant les termes du préambule de sa constitution[35] –, a entraîné un repli national (également perceptible à la suite des attentats de novembre 2015 en France[36]), mais aussi une « montée des nationalismes et euroscep-

<http://www.alternatives-economiques.fr/l-individualisme-economique-et-social_fr_art_1260_65674.html>).

33 Andrej Uličný cité par Anne-Cécile Demulsant dans « Mon Europe, c'est celle de l'individualisme, de la liberté d'entreprendre », *Le Monde* [en ligne], 20 mai 2014, disponible sur le web : <http://www.lemonde.fr/europeennes-2014/article/2014/05/20/mon-europe-ideale-c-est-celle-de-l-individualisme-de-la-liberte-d-entreprendre_4422490_4350146.html#gbhqowaXR9SIEkFk.99>.

34 André Gide, « L'Avenir de l'Europe », *op. cit.*, p. 33.

35 Préambule de la Constitution européenne, 2004, disponible sur le web : <http://www.senat.fr/rap/rapport_constitution/rapport_constitution0.html>.

36 Voir [s. n.], « Attentats de Paris : l'Europe et la tentation du repli national », *RFI* [en ligne], 16 novembre 2015, disponible sur le web : <http://www.rfi.fr/europe/2min/20151116-attentats-paris-europe-tentation-repli-national-juncker-merkel-migrants>.

ticismes en tous genres[37] », comme le constate ici un article belge sur lequel nous reviendrons.

Il n'est pas nécessaire d'insister pour se rendre compte que les griefs éthiques de Gide sont bien actuels, tout comme les solutions, peu originales, on l'a déjà dit, qu'il envisage. Il rappelle ainsi que « l'esprit européen » consiste à cultiver un juste équilibre entre spécificités nationales et concessions européennes[38]. Il n'aura échappé à personne, sans doute, que ce principe d'« union dans la différence[39] », pour reprendre l'expression de Pascal Dethurens dans l'étude qu'il consacre à la conception de l'Europe chez les écrivains entre 1918 et 1950, figure précisément entre guillemets dans le préambule de la constitution européenne : les peuples européens sont « assurés que, "Unie dans sa diversité", l'Europe leur offre les meilleures chances de poursuivre[40] ».

Par dessus tout, l'actualité, mais aussi l'originalité de la pensée européenne de Gide résident, nous semble-t-il, dans la manière dont l'écrivain fait dépendre ces considérations (quasi) politiques d'une éthique individuelle. À la fin de son article, il insiste bien sur le fait que cet équilibre ne saurait être obtenu sans une « réforme » préalable de l'homme lui-même, suivant les mêmes valeurs (un dosage adéquat d'idiosyncrasie et de renoncement à soi). Or, sans même parler des appels récurrents, ces dernières années, à une « moralisation du capitalisme » (formule dont le succès témoigne bien d'une aspiration à l'éthique), le discours public et politique ne cesse, précisément, par des moyens divers que nous nous proposons de voir à présent, de replacer l'éthique (personnelle) au cœur du politique.

37 François Denuit, « C'est pour quand le "triple A social" pour l'UE, M. Juncker ? », dans *Voxeurop* [en ligne], 31 janvier 2016, disponible sur le web : <http://www.voxeurop.eu/fr/content/article/5038065-c-est-pour-quand-le-triple-social-pour-l-ue-m-juncker>.

38 « Le véritable esprit européen s'oppose à l'infatuation isolante du nationalisme ; il s'oppose également à cette dépersonnalisation que voudrait l'internationalisme. » André Gide, « L'Avenir de l'Europe », *op. cit.*, p. 33.

39 Pascal Dethurens, *Écriture et culture : écrivains et philosophes face à l'Europe, 1918-1950*, Paris, Champion, « Bibliothèque de littérature générale et comparée », 1997, p. 44.

40 Préambule de la Constitution européenne, 2004, disponible sur le web : <http://www.senat.fr/rap/rapport_constitution/rapport_constitution0.html>.

## LA « PENSÉE » GIDIENNE AU CŒUR DE L'IMAGINAIRE EUROPÉEN

### UN « ÉVEILLEUR »

La portée éthique de la réflexion européenne de Gide trouve une belle confirmation, en même temps qu'un prolongement, dans les modalités de son existence médiatique et politique contemporaines. Si l'écrivain, en effet, est régulièrement cité en Europe, dans la presse, par les hommes ou femmes politiques, voire par certains écrivains, parfois dans le cadre même d'un article ou d'un discours relatif à l'Europe, ce n'est pas eu égard aux réflexions qu'il a lui-même développées sur le sujet. L'actualité de la « pensée » de Gide aujourd'hui, dans le contexte européen, réside dans la force de ses images (en particulier celles des *Faux-Monnayeurs*) et/ou dans celle de son éthique. C'est d'abord comme philosophe, comme « penseur », pour reprendre le terme que lui applique, dans un autre contexte, un journal indien[41], que Gide paraît actuel en Europe.

Si ce déplacement n'a rien de surprenant en soi, tant parce qu'il prolonge finalement le relatif oubli dans lequel est tombée la réflexion gidienne sur l'Europe[42], que parce qu'il fait écho à la réception française contemporaine de Gide[43], le choix des citations et leur usage demeurent significatifs du statut d'« éveilleur » qu'on lui confère. Au-delà de la

41 Il est intéressant de noter qu'André Gide y est désigné comme « penseur » avant de l'être comme « écrivain ». Jagdeep S. Chhokar, « *Witnesses in the wilderness : Why India needs a witness protection programme we can trust* », *First post* [en ligne], 19 février 2016, disponible sur le web : <http://www.firstpost.com/india/witnesses-in-the-wilderness-why-india-needs-a-witness-protection-programme-we-can-trust-2633652.html>.

42 Du vivant de Gide déjà, sa pensée sur l'Europe fut largement éclipsée par son intervention dans d'autres conflits (le colonialisme, le communisme notamment), mais aussi par les enjeux éthiques de son œuvre, sans compter que, comme le rappelle bien Pascal Dethurens dans l'étude qu'il consacre aux liens que les écrivains de l'époque entretiennent avec l'Europe, la réflexion européenne de Gide fut « moins spectaculaire et moins continue que chez d'autres ». Pascal Dethurens, *op. cit.*, p. 99.

43 Nous avons pu montrer ailleurs comment les citations des aphorismes de Gide dans les médias et dans les discours politiques avaient contribué à conférer à l'écrivain un véritable *ethos* philosophique. Voir Stéphanie Bertrand, *André Gide et l'aphorisme. Du style des idées*, Paris, Classiques Garnier, « Investigations stylistiques », 2018, p. 491 et suivantes.

diversité des « locuteurs[44] » (par leur nationalité, leur statut, etc.), au-delà de la diversité des corpus (articles de presse, discours politiques, blogs), au-delà, encore, des différences dans la longueur de la citation (de la simple mention à la citation longue en passant par l'énoncé aphoristique), les références à Gide se veulent systématiquement stimulantes, que ce soit dans la nature des propos rapportés (éthiques, non ironiques, toujours positifs[45]), ou dans l'usage d'autorité qui en est fait. Ce choix révèle non seulement l'« image d'auteur[46] » positive de Gide, mais aussi le besoin de « maîtres à penser » dans le contexte et le discours européens contemporains. L'aphorisme des *Faux-Monnayeurs* qu'a par exemple cité (avec quelque inexactitude) Angela Merkel à Berlin, le 8 novembre 2014, à l'occasion de la 6e conférence de la chute du Mur, se présente comme une invitation à l'audace :

> À celui qui peut penser et chercher librement s'ouvrent de plus grands horizons ; celui-ci distingue de nouveaux chemins et se sent libre de les emprunter. Ou, comme le constatait l'écrivain français André Gide : « On ne découvre pas de terre nouvelle sans avoir le courage de perdre de vue les anciens rivages. » Oui, il faut du courage pour conquérir la liberté. Et il faut aussi du courage pour employer la liberté[47].

À la faveur d'une erreur de citation (dont la chancelière allemande n'est sans doute pas directement responsable), erreur qui permet d'introduire

44 Au sens qu'Oswald Ducrot donne à ce terme (voir Oswald Ducrot, *Le Dire et le dit*, Paris, Minuit, « Propositions », 1984, p. 204). Malgré la profession des citants (souvent en lien avec l'école), la présence de Gide ne saurait se résumer aux résidus d'une culture scolaire.

45 Bien que cette tendance puisse paraître naturelle dans l'emploi que les discours médiatique et politique font des citations littéraires, c'est le déplacement même dont résultent les citations de Gide (de l'éthique au politique) qui leur confère une valeur accrue.

46 Pour reprendre la formule de Ruth Amossy (voir notamment « La double nature de l'image d'auteur », *Argumentation et Analyse du Discours* [en ligne], n° 3, 2009, disponible sur le web : <http://aad.revues.org/662>).

47 *« Freiheit ist eine notwendige Voraussetzung und Motor dafür. Freiheit eröffnet neue Welten. Wer frei denken und forschen kann, dem erschließen sich größere Zusammenhänge, der erkennt neue Wege und ist frei, diese zu beschreiten. Oder wie der französische Schriftsteller André Gide feststellte : „Man entdeckt keine neuen Erdteile, ohne den Mut zu haben, alte Küsten aus den Augen zu verlieren." Ja, es braucht Mut, sich Freiheit zu erkämpfen. Und es braucht auch Mut, Freiheit zu nutzen. So will uns auch die Falling Walls Conference Mut machen – Mut, Mauern bisherigen Denkens zu überwinden, Schneisen zu schlagen und neue Perspektiven zu eröffnen. »* Angela Merkel, « Discours de la 6e conférence de la chute du Mur de Berlin », Berlin, 8 novembre 2014, disponible sur le web : <http://www.bundeskanzlerin.de/Content/DE/Rede/2014/11/2014-11-08-merkel-falling-walls-conference.html>.

la valeur « courage[48] », Gide accède au statut de chantre de l'audace et de la liberté, devient un défenseur du changement. De même, dans un article initialement paru dans *L'Écho* de Bruxelles[49] sous le titre « C'est pour quand le "triple A social" pour l'UE, M. Juncker ? », un doctorant belge, François Denuit[50], critique l'absence de politique européenne sociale commune, et propose ensuite plusieurs pistes en s'adressant directement au président de la Commission européenne, Jean-Claude Juncker, avant de terminer son article par un aphorisme de Gide :

> Face au logiciel politique épuisé que nous observons crise après crise, soyez le *leader* d'une Europe à visage humain. « *Il est bien des choses qui paraissent impossibles tant qu'on ne les a pas faites* » (André Gide[51]).

Cet aphorisme final est lui aussi une manière indirecte d'appeler les lecteurs et, plus encore, les autorités européennes compétentes, à l'action, Gide apparaissant cette fois comme un initiateur. Mentionnons encore un article plus ancien (de 2006) relatif à la liberté d'expression en Europe, écrit à la suite de la polémique suscitée par la parution des caricatures de Mahomet dans la presse ; le politologue (de droite, voire d'extrême droite) Alain de Benoist cite un aphorisme des *Nourritures terrestres*, dont l'énonciation présente Gide en garant de l'ordre moral :

> La liberté d'expression est certes une belle chose. Toute liberté implique cependant une responsabilité. « Effrayante est une liberté que ne guide pas un devoir », disait l'écrivain André Gide. Il va de soi néanmoins que la liberté d'expression ne se partage pas, et il est également bien connu que le droit

48 « On ne découvre pas de terre nouvelle sans consentir à perdre de vue, d'abord et longtemps, tout rivage. » *Les Faux-Monnayeurs* [1925], dans *RR2*, p. 435.

49 « L'ancien *Écho de la Bourse* s'est ouvert à l'actualité politique et sociale pour devenir le *quotidien de l'économie et de la finance* des Belges francophones [*sic*]. Il reste l'un des journaux de référence, même en matière politique. » Article repris et publié en ligne sur le site voxeurop.eu qui se propose de rassembler « le meilleur de la presse européenne », en plusieurs langues : <http://www.voxeurop.eu/fr/content/source-profile/133-l-echo>.

50 « François Denuit est un chercheur belge spécialisé dans les questions de justice sociale au sein de l'Union européenne. Diplômé en sciences économiques, membre de l'association fédéraliste *Stand Up for Europe*, il effectue un doctorat à l'Université de Warwick, au Royaume-Uni, et à l'Université Libre de Bruxelles. » (Voir sa page personnelle : <http://www.voxeurop.eu/fr/content/author/5038064-francois-denuit>.)

51 François Denuit, art. cité. Dans ce cas, l'erreur de citation peut se lire comme la trace d'une mémorisation approximative. L'original est : « Il est bien des choses qui ne paraissent impossibles que tant qu'on ne les a pas tentées. » *Si le grain ne meurt* [1921], dans *SV*, p. 138.

> à la liberté d'expression n'a jamais été fait pour bénéficier avant tout aux opinions convenables et consensuelles, mais au contraire à celles qui sont les plus dérangeantes ou les plus choquantes[52].

Comme un écho à la position de Gide dans son article « L'Avenir de l'Europe », c'est bien dans le champ national comme européen que doit simultanément s'exercer cet appel à l'audace.

## IMAGINAIRES MARINS

Surtout, au-delà des fortifiantes réflexions que Gide peut proposer, si l'on peut parler de son « actualité européenne », c'est encore en vertu de l'écho que rencontrent les images qui se déploient dans ses œuvres. À une époque où l'espace de la mer Méditerranée en vient à résumer le projet européen et ses difficultés, où l'image du « canot de sauvetage » représente non seulement, au sens figuré, la solution de secours à laquelle chaque État doit se plier pour sauver l'Europe[53], mais aussi, de manière plus prosaïque et tragique, l'embarcation de fortune des immigrés, la scène des *Faux-Monnayeurs* au cours de laquelle Lilian narre la mésaventure qui lui est survenue après le naufrage de *La Bourgogne* apparaît à certains – à l'écrivain suisse Pierre Béguin[54] notamment – comme un « condensé des sentiments qui ont agité l'Europe » ces derniers mois face à la crise migratoire :

> La problématique migratoire qui préoccupe tant l'Union européenne, qui la secoue dans ses principes, qui l'enfonce dans ses contradictions et qui

52 Alain de Benoist, « Les Caricatures de Mahomet », sur le site du *Groupement de Recherche et d'Études pour la Civilisation Européenne*, 2006, disponible sur le web : <http://grece-fr.com/?p=3601>.

53 Voir par exemple la présence de cette image dans l'article du *New Statesman* traduit par *Courrier international* (art. cité), où elle sert même d'intertitre (« Canot de sauvetage »), lequel renvoie à ce passage de l'article : « Chaque République satellite a tenté de trouver un canot de sauvetage pour échapper au naufrage. » Voir encore l'article de Patrick Martin-Grenier, « Europe : un échec moral et politique », publié le 7 septembre 2015, dans *Huffingtonpost* [en ligne] : <http://www.huffingtonpost.fr/patrick-martingenier/crise-migrants-europe_b_8095654.html> : « [...] afin que l'Europe ne sombre pas définitivement du côté obscur et accepte de faire prévaloir son engagement humaniste. » Enfin, la semaine du 30 août au 5 septembre 2014, l'hebdomadaire britannique *The Economist* avait déjà choisi d'illustrer sa une, intitulée « *That sinking feeling (again)* » – c'est-à-dire « Sentiment de naufrage (à nouveau) » –, par une mise en scène maritime de ce type.

54 Il est aussi professeur de français au collège Calvin de Genève. Pour plus de détails, consulter sa page personnelle : <http://www.pierrebeguin.ch/>.

> ne la laissera certainement pas indemne, me renvoie à ce passage du roman d'André Gide, *Les Faux-Monnayeurs*, où Laura raconte à Vincent le naufrage de *La Bourgogne* :
> […]
> Dans son récit du naufrage de *La Bourgogne*, Laura, bien que d'emblée dégoûtée par l'égoïsme du sauve-qui-peut et risquant sa vie pour en sauver une autre, n'en vient-elle pas à accepter l'insoutenable, avant de transformer son expérience en une éthique du surhomme pour justifier la honte de sa passivité forcée ? La logique migratoire poussée à l'extrême – et si on n'en était qu'au début ? –, il est à redouter que ce choix s'impose à chacun d'entre nous, à un moment ou à un autre. Quant à moi, je le confesse, j'espère lâchement ne pas vivre l'instant où il pourrait m'incomber. Cet instant révélateur où je me retrouverai face à mes principes, et vraisemblablement face à ma propre incohérence[55]…

La relecture qu'il propose de ce passage romanesque à la lumière des événements récents questionne la responsabilité de chaque citoyen face au désastre humanitaire suscité par cette immigration massive, et la manière dont chacun négocie sa possible culpabilité. Autrement dit, et même si l'écrivain se réjouit *in fine* de son propre détachement, l'intertextualité gidienne permet de figurer, dramatiser, condenser les enjeux éthiques des problèmes européens contemporains.

Par la place et la force qu'occupe en particulier l'imaginaire marin dans son œuvre, Gide apparaît comme une ressource, proche d'une forme d'inconscient collectif, pour penser ou repenser l'actualité européenne. Le détour par Gide, qu'il soit explicite ou implicite, apparaît comme une manière de replacer l'éthique au centre du politique, ou, pour le dire avec des expressions plus contemporaines, de « moraliser » les débats. Aussi une lectrice de Gide ne peut-elle s'empêcher de voir dans la dernière phrase de la quatrième de couverture de l'ouvrage collectif *L'Europe d'après. En finir avec le pessimisme*, une présence gidienne :

> Et pourtant, l'Europe peut s'adresser au monde et porter un message nouveau, positif et mobilisateur. Renonçant au pessimisme, les auteurs argumentent que l'Europe doit se doter d'un nouveau récit commun, autour des valeurs de liberté et de progrès. Alors que, jusqu'ici, l'Europe s'est faite pour elle-même, autour d'un message de paix à l'issue des guerres mondiales, elle doit,

55 Pierre Béguin, « Le naufrage de *La Bourgogne* », 28 février 2016, disponible sur le web : <http://blogres.blog.tdg.ch/archive/2016/02/28/le-naufrage-de-la-bourgogne-274381.html>. Il s'agit en réalité de Lady Griffith (ou Lilian), non de Laura.

> pour se relancer, se construire « pour la planète ». Car on oublie trop souvent les nombreux atouts de l'Europe, tant au plan économique que politique. C'est donc en affirmant ses valeurs de liberté et en défendant sa vision de la mondialisation que l'Europe se dotera d'un avenir stratégique. *L'avenir de l'Europe, c'est le grand large*[56] *!*

« L'avenir de l'Europe, c'est le grand large ! », ou l'art de condenser le titre de l'article de Gide et l'aphorisme des *Faux-Monnayeurs* cité par Angela Merkel.

L'actualité de Gide paraît ainsi double : c'est celle de sa pensée *sur* l'Europe (bien qu'elle ne soit pas toujours originale), mais aussi celle de ses « pensées » (au sens de réflexions) *en* Europe ; elle est implicite et explicite, ou, pour le dire autrement, avérée comme *à venir*, éthique et politique, rationnelle et symbolique. Ces deux aspects semblent en fait profondément liés : entre la conclusion à laquelle arrive Gide, d'une politique européenne invitée à se régénérer aux sources de l'éthique et l'émergence, dans l'énonciation ou l'énoncé politiques européens contemporains, de l'éthique gidienne, il y a, nous semble-t-il, une solution de continuité, au moins symbolique.

Stéphanie BERTRAND
Université de Lorraine,
Écritures (EA 3943)

56 Thierry Chopin, Jean-François Jamet, Christian Lequesne, *op. cit.*, quatrième de couverture. C'est nous qui soulignons.

# GIDE, DU « GÉNIE DES RACES » À LA « CULTURE EUROPÉENNE »

À l'origine de cet article, un constat, susceptible d'étonner sinon de désorienter le lecteur d'aujourd'hui. D'un côté, Gide peut apparaître, avec d'autres écrivains, comme le promoteur d'une « culture européenne », dans une perspective très contemporaine. De l'autre côté, il n'a cependant jamais cessé de se référer à ce qu'il appelle l'esprit ou le génie d'un peuple, voire le « génie d'une race », quitte à se montrer critique à l'égard de cette notion[1] ; il n'hésite pas davantage à définir la littérature comme la « lente explication d'une race[2] ». Il est vrai que cette notion de « race », dont le simple usage fait scandale aujourd'hui, est alors utilisée naturellement par tous les écrivains et intellectuels au tournant du XIX^e^ siècle et du XX^e^, avec une telle fréquence que « race » peut finalement apparaître comme un « mot vague[3] », comme l'observe Bourget. L'utiliser n'implique pas forcément que l'on soit raciste ; si Gide prend clairement ses distances avec le racisme, avant la Deuxième Guerre mondiale, c'est précisément pour déplorer qu'il ait rendu suspect l'usage de cette notion de race, qui lui paraît toujours utile et pertinente[4]. Même si, dans son cas, elle renvoie sans doute moins à Gobineau qu'à Taine et à

1 Voir « Wyzewa. Kipling. Wells » [1900], *EC*, p. 101 : « Nous ne pouvons connaître d'avance les limites du génie d'une race ; chaque nouveau venu les recule. »

2 Voir *J1*, 24 janvier 1914, p. 763 : Gide, dans cette page, regrette « l'apport des qualités juives dans la littérature française », dans la mesure où elle « coupe la parole à la lente explication d'une race », voire « en fausse gravement [...] la signification. »

3 Voir Paul Bourget, « Préface », *Cosmopolis*, Paris, Lemerre, 1893, p. III.

4 Voir la manière dont Gide salue comme « remarquable » un discours de Leclainche à l'Académie des sciences dans son *Journal* : « "Si le racisme ne présente qu'une idéologie passagère, parmi celles qui agitent les hommes, la question permanente de la race demeure posée devant la science et elle contient tout le devenir de l'humanité. Son étude serait grandement facilitée si ethnologues et anthropologues consentaient à reconnaître que la considération des documents extrasomatiques, d'où est né le racisme, n'a servi en rien à la diagnose des races et qu'elle l'a rendue totalement impossible". C'est ce qui arrive dans l'étude de n'importe quel problème lorsque viennent fausser les données mêmes

Renan, la notion est indiscutablement liée au XIXe siècle. Le mot revient néanmoins avec constance sous sa plume, même tardivement[5]. Il n'y a donc pas un temps où le fils de Paul Gide et le neveu de Charles Gide parlait des « races » en héritier du XIXe siècle, et un autre, plus proche de nous, où le contemporain capital contribuait à la reconnaissance d'une « culture européenne », même si une étude lexicologique systématique révélerait probablement un usage plus fréquent du mot « race » dans les écrits antérieurs à la Première Guerre, ou du moins antérieurs aux années 1930. En revenant ici sur l'usage croisé des notions de « race » et de « culture européenne » dans les écrits de Gide, il ne s'agira donc pas d'opposer deux époques ou deux discours, mais plutôt de comprendre comment une pensée intégrant cette notion de race peut féconder une réflexion sur la culture européenne, dans un cadre de pensée lui-même fortement structuré par l'idéologie nationaliste.

## DU MAGHREB À L'EUROPE : GIDE ET « LA DIVERSITÉ DES RACES[6] »

Pour quelqu'un de la génération de Gide, la notion de race comporte une double dimension – biologique et culturelle –, conformément à la définition donnée par Renan au début des années 1880. Celui-ci observe en effet que « pour les anthropologistes, la race a le même sens qu'en zoologie » et « indique une descendance réelle, une parenté par le sang », mais que les historiens et les philologues la conçoivent plutôt comme une construction culturelle[7]. L'intérêt pour les diverses races qui peuplent le monde relève d'une curiosité à l'égard d'autres peuples et d'autres mœurs qui a toujours été présente chez Gide. Sa mère, au demeurant, l'invite à

du problème n'importe quelles considérations de morale, de religion, de politique ou d'utilité. » *J2*, 15 décembre 1937, p. 572.

5 Voir *Ainsi soit-il ou Les jeux sont faits* [1952], *SV*, p. 1017 : Gide présente les « *dogstories* » comme des éléments constitutifs d'un « folklore où le génie d'une race se fait jour ».

6 Voir *Feuillets* [1922], *J1*, p. 1199.

7 Ernest Renan, « Qu'est-ce qu'une nation ? » [conférence de 1882], dans Philippe Forest (éd.), *Qu'est-ce qu'une nation ? Littérature et identité nationale de 1871 à 1914*, Paris, Bordas, « Littérature vivante », 1991, p. 38.

s'inspirer de Paul Gide qui, « dans l'enseignement du Droit romain », a mis en évidence « les liens actuels de notre civilisation présente modifiés suivant les pays et les races[8] ». Quand l'écrivain partira au Congo, en 1926, ce sera avec l'ambition de « rapporter », pour chacune des régions traversées, « une monographie spéciale sur la race qui l'habite (religion, coutumes, conditions de travail anciennes et nouvelles, état sanitaire, etc.[9]) ». Mais au moment de sa découverte de l'Algérie, en 1893, la découverte d'autres races est d'abord une expérience d'ordre esthétique et moral, autant que d'ordre culturel et anthropologique.

Le jeune Gide, qui réagit d'abord en poète et en esthète, en pédéraste aussi, célèbre en Algérie « la beauté des races [qui] ici vous emplit d'une exaltation vaguement érotique, mais plutôt encore lyrique[10] ». Il est alors sensible à la nouveauté et, surtout, à l'altérité. De Blidah, en janvier 1895, il écrit ainsi à sa mère avoir découvert dans la vie – comme dans la ville – arabe, « quelque chose où vient se heurter notre sagesse » et conclut : « Rien de ce que nous faisons ne les intéresse ni n'est important pour eux. [...] Il y a là deux races, et les vérités qui les font vivre les font aussi s'entretuer[11]. » La confrontation avec une autre race fait d'abord naître en Gide le sentiment bouleversant qu'il y a « d'autres hommes[12] » – locution qu'il écrit en majuscules, comme dans la formule qui, dans *Les Nourritures terrestres*, va célébrer l'importance d'autrui. Une telle découverte est de nature à renforcer, sinon à créer son sentiment d'appartenir à la civilisation ou à la culture européenne : il s'agit finalement pour lui de cerner la singularité de l'autre afin de mieux découvrir la sienne propre, suivant une démarche qui restera toujours celle du voyageur Gide – en Afrique ou simplement en Europe. Pour lui, le détour par l'étranger est en effet nécessaire pour découvrir ses racines et son identité, comme il l'observe dans son *Journal* : « [...]

8 Juliette Gide à André Gide, « 4 nov[embre 1893] », dans André Gide, Juliette Gide, *Correspondance avec sa mère 1880-1895*, éd. Claude Martin, Paris, Gallimard, 1988, p. 222.

9 Lettre d'André Gide à André Hesse du 20 juin 1925, citée dans M. L. Sedat-Jobe, *André Gide et l'AEF, études et documents*, thèse de doctorat soutenue à l'Université de Grenoble en 1974, p. 19-20.

10 Lettre d'André Gide à Eugène Rouart du 4 nov*embre* 1893, dans André Gide, Eugène Rouart, *Correspondance*, t. I : *1893-1901*, éd. David H. Walker, Lyon, PUL, « André Gide – Textes et correspondances », 2006, p. 127.

11 Lettre d'André Gide à Juliette Gide, « [25 janvier 1895] », André Gide, Juliette Gide, *op. cit.*, p. 585.

12 *Ibid.*

on ne peut comprendre le caractère français (ou du moins ce qui en fait la particularité) si, par quelque pratique de l'étranger, on ne s'est mis à même de percevoir par quoi le Français diffère des autres[13]. » C'est encore ce qu'il écrit dans son fameux article sur « L'Avenir de l'Europe » :

> Pour ma part, je puis dire que c'est en milieu étranger que j'ai le mieux compris, le plus aimé la France. On ne peut bien juger sans quelque recul ; et c'est aussi là ce qui fait qu'il faut se renoncer pour se connaître[14].

Cette curiosité pour les autres races, mais aussi la manière de recourir à la notion de race pour appréhender l'altérité, vont donc accompagner Gide toute sa vie, d'un continent à l'autre. Quand il s'interroge sur son identité de Français ou sur celle des autres Européens, c'est encore à la race qu'il fait référence. Il peut ainsi s'extasier sur « la diversité des races [qui] se manifeste » dans le fait que « l'Anglais a toujours tendance à considérer la guerre comme un sport, le Français comme un tournoi, tandis que l'Allemand la prétend résoudre à la manière d'un problème[15] ». C'est donc naturellement qu'il invoque la notion de race dans ses considérations sur les artistes et les écrivains d'un pays. Dans des *Feuillets* de 1911 où il évoque « l'admirable école anglaise, [...] celle des romanciers », il constate par exemple la difficulté de « reconnaître chez eux ce qui appartient à l'éducation, ce qui appartient à la race, ni non plus dans quelle mesure celle-ci convient à celle-là[16] ». Il y aurait donc bien une race anglaise pour Gide, comme pour ses contemporains : Claudel lui confie par exemple retrouver dans « le grand poète anglais [...], Robert Browning [...] tous les défauts des auteurs de sa race, prolixité, mauvais goût, absence d'ordre incroyable[17] ». Il y aurait, de même, une race allemande, même si Gide invite précisément Rivière, qui vient d'écrire au sujet de la culture allemande, à ne pas souscrire trop vite à certains stéréotypes nationaux :

---

13 *J1*, 1er janvier 1923, p. 1201.
14 André Gide, « L'Avenir de l'Europe » [1923], *Incidences* [1924], Paris, Gallimard, « NRF », 1989, p. 26.
15 *Feuillets* [1922], *J1*, p. 1199.
16 *Feuillets* [1911], *J1*, p. 696.
17 Lettre d'André Gide à Paul Claudel du 8 novembre 1908, dans Paul Claudel, André Gide, *Correspondance 1899-1926*, éd. Robert Mallet, Paris, Gallimard, 1949, p. 92.

> Me permettrez-vous au surplus de vous dire que votre connaissance du peuple allemand est peut-être encore un peu jeune ? [...] sans doute serez-vous amené à retrouver chez d'autres peuples, que vous ne connaissez encore qu'imparfaitement, certains de ces traits que vous marquez dans votre livre comme particuliers à la race allemande et dont il suffirait sans doute de dire qu'ils sont particulièrement étrangers aux races latines et à la française[18].

Recourir à la notion de race pour rendre compte de la réalité européenne n'en conduit pas moins à en former une vision complexe, puisque races et nations ne coïncident pas strictement. Gide perçoit donc l'Europe comme un ensemble composite, de ce point de vue, car s'il identifie une grande famille de « races latines », dont fait partie la « race française », il distingue dans cette famille même des races propres aux différentes provinces, en partant de son propre exemple ; dans la lignée de l'argumentaire opposé à Barrès et à Maurras, il se présente en effet comme « né d'un croisement de races, assis à un carrefour de religions, sentant en [lui] toutes les directions de Normands vers le sud, de Méridionaux vers le nord[19] ».

## LA LITTÉRATURE OU « LA LENTE EXPLICATION D'UNE RACE[20] »

La notion de race joue ainsi un rôle-clef dans la vision gidienne de ce que peut être une culture européenne ou une littérature européenne. À chacune des races qui peuplent l'Europe correspondrait en effet pour Gide une littérature qui en reflète les caractéristiques. C'est cette conviction qui l'anime par exemple quand, s'érigeant en promoteur de la littérature ou de la culture européenne, il déclare à Giuseppe Vannicola, en 1907 :

> Il importe que des relations s'établissent entre ceux qui se piquent d'être représentants de la culture européenne et, pour nationalistes qu'ils soient dans leur pays, quintessenciant en eux le meilleur et le plus spécial de leur

18 André Gide, « Lettres ouvertes – I. À Jacques Rivière », *Incidences*, *op. cit.*, p. 62.

19 Lettre d'André Gide à Francis Jammes du 6 août 1902, dans André Gide, Francis Jammes, *Correspondance*, t. II : *1900-1938*, éd. Pierre Lachasse et Pierre Masson, Paris, Gallimard, « Les Cahiers de la NRF », 2015, p. 137.

20 Voir *supra*, *J1*, p. 763.

> race et de leur langue, qu'ils ne restent plus cantonnés où leur voix par trop d'échos leur est trop vite renvoyée, mais prennent joie à la voir se répandre là où, étrangère, elle prend une signification d'autant plus grande[21].

On retrouve bien ici le double mouvement qui est au cœur de la pensée de Gide sur l'Europe. D'un côté, il s'agit de se confronter aux cultures voisines pour distinguer à la fois la singularité de chacune et ce qu'elle doit à l'ensemble plus vaste dont elle fait partie, en prenant pleinement la mesure des différences. Le recours à la notion de race participe encore de cette approche essentiellement différentialiste qui était celle du jeune Gide en Algérie. De l'autre côté, il s'agit bien de réunir et de faire fructifier la richesse des uns au contact de celle des autres. Ces propos tenus à Vannicola sur l'écrivain comme expression supérieure d'une race et d'une langue préfigurent ainsi la page du *Journal* dans laquelle Gide s'oppose aux idées d'Edmund Gosse. Il y réfute l'idée de littérature européenne pour vanter la « culture européenne, qui comporte une participation des diverses littératures de notre vieux monde chacune puissamment individualisée[22] ». Pour reprendre les mots de Pascal Dethurens au sujet de « L'Avenir de l'Europe », on retrouve bien ici l'expression même du « dilemme européen, fait du respect de l'idiosyncrasie de chaque culture et de la tentative pour les unifier toutes », suivant une « norme [qui] est celle de *l'union dans la différence*[23] ».

Les très nombreuses allusions aux différentes races qui peuplent l'Europe, les tentatives pour en définir les traits caractéristiques, ou pour définir le génie d'un peuple – l'esprit français ou allemand – n'entrent donc pas en contradiction avec la promotion de la culture européenne : au contraire, elles la servent et lui sont même consubstantielles. Même si Gide n'a jamais cessé de combattre le nationalisme de Barrès, auquel il fait encore allusion négativement dans son article sur « L'Avenir de l'Europe[24] », même s'il s'oppose, avec *La NRF*, à l'isolationnisme culturel

---

21 Lettre d'André Gide à Giuseppe Vannicola, « [été 1907 ?] », dans Alain Goulet, *Giovanni Papini juge d'André Gide*, Lyon, Centre d'études gidiennes, 1982, p. 57.

22 *J1*, 9 octobre 1916, p. 965.

23 Pascal Dethurens, *Écriture et Culture, Écrivains et philosophes face à l'Europe, 1918-1950*, Paris, Champion, « Bibliothèque de littérature générale et comparée », 1997, p. 106.

24 Voir André Gide, « L'Avenir de l'Europe », *op. cit.*, p. 26 ; Gide dit de sa génération : « Elle comprend comme il faut l'histoire de la femme de Loth et qu'à reporter ses regards en arrière, à contempler sans cesse "la Terre et les Morts", on devient une statue de sel. » (« La Terre et les Morts » est le titre d'une conférence prononcée par Barrès en 1898 et

des nationalistes, le cadre dans lequel il élabore sa pensée européenne reste cependant celui des identités nationales. Le passage du *Journal* où il évoque la « culture européenne » est sans ambiguïté : « [...] seule la particularisation de chaque littérature », écrit-il, « seule sa nationalisation, permettrait l'européanisation de la culture[25] ». S'il peut donc distinguer en Europe des littératures diverses, produites par des races et par des peuples différents, sans que cela n'entre en contradiction avec sa promotion de la culture européenne, c'est que reconnaître celle-ci suppose précisément le respect voire la mise en relief de ces différences, dans une perspective nationale. C'est dans cette perspective que Gide peut écrire que « de nos jours, il y a en France une littérature juive, qui n'est pas la littérature française, qui a ses qualités, ses significations, des directions particulières », en tirant argument du fait que « les qualités de la race juive ne [sont] pas des qualités françaises[26] ».

Sa réflexion sur la culture européenne reste donc essentiellement nationaliste, même si elle est représentative du « nationalisme ouvert » que Michel Winock oppose au « nationalisme fermé », dont les chefs de file seraient Barrès et Maurras[27]. Certes, dans le fameux article « Nationalisme et littérature », Gide présente la France comme un pays « situé à un heureux confluent de races », avant de rappeler les propos de Ghéon : « Nous ne formons pas une race, nous Français, mais une nation, mais la nation précisément où les races occidentales se touchent, se fondent, s'équilibrent. Et la France ne se réalise que dans cet équilibre, que dans cette fusion[28]. » Pour autant, il ne fait ici que reprendre l'idée, partagée notamment par Valéry ou Larbaud, suivant laquelle « l'identité nationale française s'est construite en assimilant des influences variées, avec un équilibre sud-nord », autour d'une capitale capable d'absorber et d'unifier la diversité de ses régions. Dans cette perspective, l'ouverture sur l'étranger apparaît donc « moins comme une option possible que comme une fidélité à ce qui fait la spécificité de

---

publiée en 1899 ; cette double image va dès lors être associée à sa pensée traditionaliste et nationaliste, au point de la résumer aux yeux du public.)

25 *J1*, 9 octobre 1916, p. 965.

26 *J1*, 24 janvier 1914, p. 763.

27 Voir Michel Winock, *Nationalisme, fascisme, antisémitisme en France*, Paris, Seuil, « Points », 1990, p. 37-38.

28 « Nationalisme et littérature (À propos d'une enquête de *La Phalange*) » [1909], *EC*, p. 179.

l'identité française », comme l'a bien montré Nicolas Di Méo[29]. Convaincu que « nos meilleures époques littéraires ont été celles où d'excellentes translations parurent », Valéry signalait pour sa part à Gide la phrase de Nietzsche sur le « génie femelle » de la France, qui « enfante les idées et ne les engendre pas[30] ». C'est une idée très proche que Gide exprime dans son *Journal*, où il note que « les qualités du Français (de clarté, de mise au point, de parachèvement) » le rendent dépendant de l'étranger, au point qu'il « a souvent fallu ce levain-là » que constitue l'apport de l'étranger et plus particulièrement de l'Europe, pour « provoquer des manifestations admirables, levain italien pour Ronsard, espagnol pour Corneille, anglais pour le romantisme, allemand aussi » et donner des œuvres parfaitement françaises[31]. En d'autres termes, si chaque littérature d'Europe doit cultiver les qualités propres d'un peuple et d'une race pour participer d'une « culture européenne », la littérature française, compte tenu du génie français, est pour ainsi dire européenne par nature et par nécessité.

Quant à l'idée mise en avant par Gide d'une nécessaire « particularisation » et « nationalisation » comme condition de « l'européanisation », elle ne lui appartient pas en propre, mais participe plutôt d'une dialectique entre le particulier et l'universel, assez commune à son époque. Même s'il s'est opposé fermement à la doctrine barrésienne de l'enracinement, il ne faut pas oublier que dans *Les Déracinés*, Barrès défend précisément l'idée suivant laquelle plus on est Lorrain, ou Provençal, avec les particularités que cela comporte, et plus on est Français[32]. De même, lorsque Gide présente le grand écrivain comme celui qui atteint l'universel, par-delà son ancrage national mais aussi grâce à cet ancrage national, il est loin de contredire Barrès. Dans son roman de 1897, celui-ci observe en effet que « quelques privilégiés, délégués de chaque génération, viennent s'élever jusqu'à la raison internationale, humaine, en comprenant toutes

29 Voir Nicolas Di Méo, *Le Cosmopolitisme dans la littérature française. De Paul Bourget à Marguerite Yourcenar*, Genève, Droz, « Histoire des idées et critique littéraire », 2009, p. 113-120.

30 Voir la lettre de Paul Valéry à Gide, « [12 juillet 1899] », dans André Gide, Paul Valéry, *Correspondance, 1890-1942* [1955], éd. Peter Fawcett, Paris, Gallimard, « Les Cahiers de la NRF », 2009, p. 535.

31 Voir *J2*, 25 janvier 1931, p. 247.

32 Voir Nicolas Di Méo, *op. cit.*, plus particulièrement le passage intitulé « Barrès et l'universel tiré du particulier », p. 46-51.

les conditions de l'existence sous tous les climats » et érige en exemple Goethe, qui parvient à incarner l'humanité, précisément parce qu'« auparavant il s'était très solidement installé allemand[33] ».

## « L'INDIVIDU S'OPPOSE À LA RACE[34] »

Là où Gide est original, c'est donc moins dans sa manière d'articuler le particulier et l'universel, ou de lier littérature nationale et culture européenne, que dans la manière dont il utilise parfois la notion de race, au risque de la faire éclater, pour décliner à sa façon cette dialectique du particulier et de l'universel. Concevoir la race comme une construction culturelle revient à admettre que l'individu participe d'une histoire nécessairement collective, voire se fond dans un ensemble. C'est ainsi que Barrès, par exemple, dans *Un Homme libre*, ce livre que Gide a tant admiré, affirme que « l'individu est mené par la même loi que sa race », ou encore, que « les individus, si parfaits qu'on les imagine, ne sont que des fragments du système plus complet qu'est la race[35] ». La définition gidienne de la littérature comme « lente explication d'une race[36] » reste fondamentalement celle de Barrès qui, dans *Un Homme libre*, présente déjà les artistes comme « une des parties les plus conscientes de la race », ce qui le conduit par exemple à voir dans le peintre vénitien Tiepolo « le centre conscient de sa race », celui en qui « toute une race aboutit[37] ».

Dans l'imaginaire de la fin du XIX^e^ siècle, la notion de race, et pas seulement chez Barrès, recouvre ainsi l'idée d'un déterminisme, comme celle de milieu. Bourget, par exemple, professe que sous la diversité des postures et des usages adoptés par les cosmopolites, une « loi » unique « domine » les cas particuliers : « Cette loi [...] est la permanence de la race », affirme le romancier, selon qui, « plus on fréquente

33 Voir Maurice Barrès, *Les Déracinés* [1897], Paris, Honoré Champion, « Textes de littérature moderne et contemporaine », 2004, p. 96-97.

34 *Feuillets* [1911], *J1*, p. 686.

35 Voir Maurice Barrès, *Un Homme libre* [1889], *Romans et Voyages*, Paris, Robert Laffont, « Bouquins », 1994, t. I, p. 143 et p. 148.

36 Voir *supra*, *J1*, p. 763.

37 Maurice Barrès, *op. cit.*, p. 162.

les Cosmopolites, plus on constate que la donnée la plus irréductible en eux est cette force spéciale de l'hérédité qui sommeille sous l'uniforme monotonie des rapports superficiels[38] ». Bien évidemment, le défenseur de la singularité individuelle qu'est Gide peut difficilement souscrire à cette vision de la race, même s'il la reprend par ailleurs à son compte, en liant culture nationale et race. Il n'hésite donc pas à nuancer, sinon à réfuter cette idée d'un déterminisme de la race. Ainsi, dans son *Journal*, en 1933, il écrit par exemple :

> Je ne dis pas que tout l'apport du passé ne me serve ; mais bien que cet apport aurait pu être différent. Et sans cesse je reconnais tout ce que je dois à ceux de mon pays, de ma race, qui m'ont donné l'être ; ce que je dois aussi à cet héritage indivis qui ne tient compte ni des races, ni des patries. Mais je me dis, et je me répète sans cesse, que le legs du passé aurait pu être différent[39].

Même s'il parle d'abord de lui-même dans ces lignes, Gide formule aussi une idée valable pour tout écrivain et même pour tout artiste, qui ne saurait selon lui être enfermé strictement dans une race ou dans une patrie. Cette idée suivant laquelle l'individu cherche à défendre et affirmer sa singularité en s'opposant à la race pour mieux atteindre l'universel, l'humain, revient constamment chez lui. Ce qui est frappant, c'est qu'elle est présente dans ses écrits dès le début de sa carrière littéraire, dans les années 1890. Elle apparaît comme un principe propre à fonder d'un même mouvement une éthique et une esthétique, dans *Littérature et Morale*, où il écrit :

> Les caractères individuels sont plus généraux (j'entends : plus humains) que les caractères ethniques. Il faut comprendre : l'homme en tant qu'individu tente d'échapper à la race. Et sitôt qu'il ne représente plus la race, il représente l'homme ; l'idiosyncrasie est prétexte à généralités[40].

En apparence, le principe suivant lequel l'idiosyncrasie est un facteur de généralité s'accorde parfaitement avec sa vision de la culture européenne, dont l'affirmation passerait par sa particularisation. Ici, cependant, l'individu n'atteint au général que par ce qui le différencie de l'ensemble dont il dépend : c'est en échappant à sa race que l'individu

---

38 Voir Paul Bourget, « Préface », *Cosmopolis*, *op. cit.*, p. III.

39 *J2*, 10 avril 1933, p. 406.

40 *Littérature et morale*, *J1*, p. 253.

devient particulier et prend une valeur générale, et non pas en portant à leur quintessence les qualités de sa race. Il en va de même lorsque, une dizaine d'années plus tard, Gide note encore dans son *Journal* : « L'individu s'oppose à la race. Effort vers l'individualisation[41]. » L'idée d'une opposition entre la race et l'individu est poussée à l'extrême par l'écrivain dans ses considérations sur ce qu'il appelle « la fameuse question spartiate » : « Pourquoi Sparte n'eut pas de grands hommes. La perfection de la race empêcha l'exaltation de l'individu. [...] Par la suppression des malingres, on supprime la variété[42]. » C'est presque la même idée qui revient dans *Numquid et tu*, quand il observe : « *A Galilaea propheta non surgit* (Jean, VII, 52). C'est ce qu'ils disent encore, ceux qui croient aux peuples, aux races, aux familles, et ne comprennent pas que l'individu constamment se dresse contre elles en démenti[43]. » Le grand homme qui échappe ainsi à son peuple et à sa race, c'est aussi bien le prophète que l'écrivain. Or, un tel homme court, selon lui, le risque d'être méconnu et considéré comme anormal ou comme malade. Ces considérations sur Sparte, dans le *Journal*, constituent en effet la conclusion de réflexions sur « l'utilité de la maladie » qui le conduisaient à évoquer « les grands malades : prophètes, Mohammed, saint Paul, saint Jean [...], Rousseau, Nietzsche, Dostoïevski, Flaubert, etc.[44] » La « maladie », pour Gide, aboutirait donc à produire de « grands hommes », dans la mesure où « elle propose à l'homme une inquiétude nouvelle, qu'il s'agit de légitimer[45] ». Il reprend encore le même argumentaire, presque mot pour mot, un quart de siècle plus tard, dans l'une de ses conférences sur Dostoïevski, en évoquant la « tare » caractéristique des prophètes, des grands écrivains et des grands penseurs[46]. La question spartiate débouche sur la formulation d'un paradoxe gidien, inspiré, bien évidemment, par son propre cas : c'est celui qui est considéré comme malade, différent, relégué comme tel aux marges du troupeau, qui a le plus de chances d'en devenir le berger ; c'est ce même individu déviant qui, en raison de sa singularité même, appartient à l'humanité qu'il finit par représenter. On retrouve bien ici la dialectique du singulier et de

41 Voir *supra* et *J1*, p. 686.
42 *Feuillets* [1900], *J1*, p. 302.
43 *Numquid et tu*, *J1*, p. 999.
44 *J1*, p. 301.
45 *Ibid.*
46 Voir *Dostoïevski (VI)* [1923], *EC*, p. 644.

l'universel, sauf que suivant cette logique, bien différente de celle qui sous-tendait le texte sur « L'Avenir de l'Europe » ou les considérations du *Journal* au sujet du livre de Gosse, l'écrivain n'est plus du tout le produit éclatant d'une race et d'un peuple, capable du même coup de représenter l'humanité, mais bien plutôt celui qui puise sa valeur dans son originalité irréductible, liée au fait qu'il échappe au moule de sa race et de son peuple, au point même de pouvoir être jugé inférieur, voire anormal. On voit tout ce que cette représentation doit à la situation personnelle de Gide qui, dès la publication des *Déracinés*, s'est senti tenu de s'opposer aux nationalistes parce qu'il se sentait « supprimé[47] », exposé au risque d'être exclu ou marginalisé en raison de sa confession religieuse, mais aussi en raison de son orientation sexuelle.

Ce sont donc bien deux mouvements voire deux argumentaires contradictoires qui sont présents, tour à tour, sinon simultanément, dans les textes de Gide consacrés au lien entre la race et la culture. Plus encore que cette contradiction, ce qui est frappant ici c'est que, dans les deux cas, Gide n'ait pas eu d'autre souci que de répondre à la pression exercée par un discours nationaliste alors dominant. D'un côté, il affirme l'existence d'un lien fort entre une race, une nation, et une littérature, une culture donnée, tout en défendant l'idée suivant laquelle le général se trouve dans le particulier, ce qui implique que la particularité est la clef de la généralité, comme la culture française ou anglaise peut être la clef de la culture européenne. Dans cette logique, l'écrivain est le produit d'une race, d'une culture, d'un peuple et ce postulat sous-tend sa vision d'une culture européenne. Et si en apparence, Gide s'oppose aux nationalistes, et en particulier à Barrès, en se présentant comme le produit de deux races, c'est en vertu de l'idée d'une France essentiellement hybride, riche d'être située à un « confluent de races[48] ». Son argumentaire prend un tour délibérément paradoxal et provocateur : parce qu'il est lui-même le produit de deux races, et que le génie de la France, son classicisme, réside dans sa capacité traditionnelle à opérer une synthèse, il est finalement par excellence l'écrivain français, celui qui par là même a la chance d'être aussi le plus universel, en participant de l'européanisation de la culture.

---

47 Voir la lettre d'André Gide à Eugène Rouart, « [27] novembre [18]97 », dans André Gide, Eugène Rouart, *op. cit.*, p. 425 ; Gide, qui vient de lire *Les Déracinés*, écrit précisément : « Ces gens-là me suppriment ; je n'ai de raison d'être qu'en leur étant hostile. »

48 « Nationalisme et littérature » : voir Michel Winock, *op. cit.*

De l'autre côté, cependant, Gide n'a jamais cessé de remettre en cause cette idée d'un lien fort entre, d'une part, une race, une nation et, de l'autre, une littérature, une culture donnée, en substituant à l'idée du grand écrivain comme produit d'une race celle du grand écrivain comme essentiellement différent, singulier, celui qui rompt la filiation, proclame sa haine des familles, refuse l'héritage de sa race et de son peuple, tout en s'émancipant des normes imposées. Là encore, son argumentaire prend évidemment un tour paradoxal et provocateur : c'est en raison même de son originalité, de sa différence, de sa marginalité même que Gide, l'anti-Barrès – ce Barrès dont il déplore qu'on l'associe au « génie de la France[49] » – peut s'affirmer comme le grand écrivain français et européen. Le premier de ces deux argumentaires est sans doute plus daté, parce qu'il appartient à toute une génération ou du moins à un groupe d'écrivains, celui des tenants d'un « nationalisme ouvert ». Le deuxième de ces argumentaires, en revanche, a une résonance bien plus forte aux oreilles du lecteur d'aujourd'hui : il contribue à l'évidence à faire de Gide notre contemporain, à l'époque où les cadres nationaux, plan culturel comme au plan politique, tendent à éclater sous l'effet de la mondialisation.

Jean-Michel WITTMANN
Université de Lorraine,
Écritures (EA 3943)

49 Voir *J1*, 11 novembre 1924, p. 1261 : Gide évoque « le renom de France, de Maurras et de Barrès, outre-Manche et outre-Rhin », et déplore qu'on les ait donnés « pour les représentants les plus parfaits du génie de la France ».

# L'EUROPE D'ANDRÉ GIDE, ÉQUILIBRE ET DIVERSITÉ

Le 28 mars 1922, dans son *Journal*, André Gide cite pour la première fois « un article important pour *La Revue de Genève* (sur l'état actuel de l'Europe[1]) ». Le 8 octobre de la même année, il affirme avoir respecté son engagement[2]. Après des années de réflexion silencieuse, l'auteur prend la parole sur un sujet de grande actualité, et en tant que représentant de l'*intelligentsia* française, il répond à l'enquête lancée par le directeur du périodique[3] : à un moment où l'occupation de la Ruhr réveille les passions nationalistes, en démontrant toute la fragilité du Traité de Versailles, c'est sur l'Europe et sur son futur qu'il s'agit de s'interroger. Publié dans *La Revue de Genève* en 1923, « L'Avenir de l'Europe » représente à bien des égards un moment unique dans la réflexion gidienne. Une phrase particulièrement significative du texte servira de point de départ à notre analyse : « *C'est en étant le plus particulier qu'on sert le mieux l'intérêt le plus général*[4]. » Dans les pages qui suivent, nous allons nous occuper de ce que nous nommons, d'après Pascal Dethurens, le principe de « l'union dans la différence[5] », principe qui représente, selon nous, la clé de voûte de l'interrogation gidienne sur l'Europe.

---

1 *J1*, 28 mars 1922, p. 1174.

2 *J1*, 8 octobre 1922, p. 1190.

3 Le but de l'enquête « L'Avenir de l'Europe » était de sonder un groupe assez hétérogène d'intellectuels provenant de pays différents ; à côté d'André Gide, le directeur de la revue Robert de Traz interpella Vilfredo Pareto, Miguel de Unamuno, John Middleton Murry, Hermann von Keyserling et Dimitri Merejkovski. Notre auteur fut la voix choisie pour la France ; son article parut sous le titre : « L'Avenir de l'Europe. Le point de vue d'un Français » (*La Revue de Genève*, n° 76, janvier-juin 1923, p. 1-9). À partir de la reprise du texte dans le volume *Incidences* (1924), le titre a été simplifié : « L'Avenir de l'Europe ».

4 André Gide, « L'Avenir de l'Europe » [1923], dans *Incidences* [1924], Paris, Gallimard, « NRF », 1989, p. 34.

5 Pascal Dethurens, « Gide et la question européenne », *Bulletin des Amis d'André Gide*, n° 85, janvier 1990, p. 121.

## « MAIS QUE SERA L'EUROPE DE DEMAIN[6] ? »

Comme cela affleure dans l'article que nous venons de citer, l'idée d'Europe, selon André Gide, repose essentiellement sur la prise de conscience de son hétérogénéité. C'est une pensée de variété et de séparation, et en même temps de cohésion et d'union. La force de l'Europe réside dans ses scissions, car cela permet un certain dynamisme, un certain mouvement, et on sait bien qu'il a horreur de la stagnation. L'auteur a l'amour de la conciliation et la haine du compromis : au sein de la sphère européenne, l'idiosyncrasie de chaque pays doit être respectée, car l'Europe ne pourra sortir de l'état d'alanguissement qu'elle traverse que grâce à l'action complémentaire de ses composantes. En 1919, dans son article « Réflexions sur l'Allemagne », il exprime cette idée à l'aide d'une métaphore : « Nos plus beaux dons, peut-être avions-nous besoin de l'Allemagne pour les mettre en œuvre, comme elle avait besoin de notre levain pour faire lever sa pâte épaisse[7]. » C'est en 1918, dans ses *Feuillets*, qu'André Gide avait introduit la notion de complémentarité, une notion qui s'avère fondamentale pour la compréhension de la mécanique européenne : « Les défauts et qualités de [France] et d'[Allemagne] sont à ce point complémentaires qu'il ne peut y avoir que profit dans une entente, que préjudice dans un conflit[8]. » Dans le passage en question, les considérations qu'il exprime oscillent entre la littérature et la politique : lorsqu'il analyse les rapports entre la France et l'Allemagne, il se montre soucieux de rester sur son terrain, celui de la culture ; il lui arrive, néanmoins, d'élargir son discours. Quelques lignes plus loin, en effet, le terme « entente » renvoie explicitement à un « accord politique entre États[9] », dont l'auteur avait déjà préconisé la nécessité à la veille de la Grande Guerre ; en 1914, conformément à une certaine tradition, il avait écrit : « On entrevoit le commencement d'une ère nouvelle : les États-Unis d'Europe liés par un traité limitant

6 André Gide, « L'Avenir de l'Europe », *op. cit.*, p. 33.

7 André Gide, « Réflexions sur l'Allemagne » [1919], dans *Incidences*, *op. cit.*, p. 18.

8 *Feuillets* [1918], *J1*, p. 1094. Dans son « Projet de conférence pour Berlin », en 1928, il revient sur cette idée : « Nous ne sommes pas semblables ; nous sommes complémentaires. » (*EC*, p. 659.)

9 *Feuillets* [1918], *J1*, p. 1094.

leurs armements[10] [...]. » Bien que, dans la réflexion gidienne, une certaine ambiguïté existe, le point de vue « politique, économique, industriel[11] », ainsi que le souligne Claude Foucart, « n'est abordé que dans le sillage de la question culturelle[12] ». Cette remarque nous donne l'occasion d'insister sur un point fondamental, à savoir la valeur particulière que l'auteur attribue au mot « culture », dont il donne une définition précise en 1916 ; en opposition à l'idée d'une « littérature européenne », il souligne que « seule la particularisation de chaque littérature, seule sa nationalisation, permettrait l'européanisation de la culture[13] ». Ainsi, la rencontre de l'autre va-t-elle de pair avec le respect des identités préexistantes : dès qu'il y a différence, les conditions de réalisation de l'unité sont posées. André Gide refuse ce qu'il appelle la « dénationalisation de l'intelligence[14] », car pour lui, l'« entente » ne se traduit pas par une disparition, mais au contraire par un renforcement des différences culturelles, car « [il ne reconnaît] de valeur qu'aux œuvres les plus profondément révélatrices du sol et de la race qui les portaient[15] ». De manière ingénieuse, il parvient à concilier une certaine idée de la littérature – définie dans le passage en question comme l'expression du génie d'un peuple – avec une certaine vision de la culture qui se veut résolument *transnationale*, voire européenne. En 1919, dans l'article déjà cité, l'auteur se sert d'une expression particulièrement efficace pour exprimer son point de vue : « C'est une absurdité que de rejeter quoi que ce soit du concert européen[16]. » Dans le « Projet de conférence pour Berlin », en 1928, il reprend cette métaphore et en exploite pleinement le pouvoir évocateur : « Dans le concert européen, il serait absurde que le violon prétendît rendre le même son que la flûte [...]. Nous ne devons pas tendre à l'uniformité, mais à l'harmonie[17] [...]. » Il faut remarquer que les références à la musique sont une constante des discours sur l'Europe dans l'entre-deux-guerres ; dans son essai, Pascal Dethurens ne manque pas de citer, par exemple, ces mots de Thomas Mann : « L'unité

10 *J1*, 6 août 1914, p. 830.
11 André Gide, « L'Avenir de l'Europe », *op. cit.*, p. 33.
12 Claude Foucart, *André Gide et l'Allemagne. À la recherche de la complémentarité*, Bonn, Romanistischer Verlag, « Abhandlungen zur Sprache und Literatur », 1997, p. 199.
13 *J1*, 9 octobre 1916, p. 965.
14 *Dostoïevski (VI)* [1923], *EC*, p. 652.
15 André Gide, « Réflexions sur l'Allemagne », *op. cit.*, p. 19.
16 *Ibid.*, p. 18.
17 « Projet de conférence pour Berlin » [1928], *EC*, p. 660.

de la culture ! En dépit de toute la détresse, ne l'entrevoyons-nous pas confusément, cette possibilité d'harmonie[18] ? » Dans le cas de Gide, néanmoins, on remarque que le terme d'« harmonie » apparaît très tôt sous sa plume, et dans le premier article de la série « Nationalisme et littérature », en 1909, il sert à décrire un contexte national : « Si la France ne se réalise pleinement que dans l'harmonieux équilibre des éléments très divers qui la composent, de quel droit appeler plus ou moins français tel ou tel de ces éléments[19] ? »

## IDENTITÉ FRANÇAISE, IDENTITÉ EUROPÉENNE

Considérons cette phrase, tirée de « La Normandie et le Bas-Languedoc », article datant de 1902 ; l'auteur définit ainsi le « génie français » : « [Il] n'est [...] ni tout landes, ni tout cultures, ni tout forêts, ni tout ombre, ni tout lumière – mais organise et tient en harmonieux équilibre ces divers éléments proposés[20]. » Cette diversité naturelle, voire géographique, est le reflet d'une diversité également et surtout culturelle : chaque région de la France a ses traditions, son histoire, ses idiosyncrasies. C'est justement en raison de cette vision *pluraliste* que l'auteur attribue aux territoires de frontière une certaine spécificité. Tout en combattant l'étroitesse de l'idéologie barrésienne, il affirme que lorsqu'il s'agit d'une province à l'identité fragile, comme l'Alsace ou la Lorraine, un sentiment régionaliste peut se justifier : « Cette théorie de l'enracinement, ce culte de la terre et des morts, j'en viens à les croire, en effet, excellents pour les gardiens et les voisins d'une frontière toujours plus ou moins menacée[21]. » Si les régions composant la France ne se ressemblent peut-être pas, elles ont toutes quelque chose qui fait que l'on se sent, que l'on se sait, en France. C'est pour cette raison qu'aux yeux de l'auteur, les manœuvres politiques ne peuvent avoir aucun effet sur l'esprit national : « Un triste traité ne

18 Pascal Dethurens, *Écriture et Culture, Écrivains et philosophes face à l'Europe, 1918-1950*, Paris, Champion, « Bibliothèque de littérature générale et comparée », 1997, p. 92-93.

19 « Nationalisme et littérature (À propos d'une enquête de *La Phalange*) » [1909], *EC*, p. 179.

20 « La Normandie et le Bas-Languedoc » [1902], *SV*, p. 6.

21 « "Au service de l'Allemagne", par Maurice Barrès » [1905], *EC*, p. 141.

suffirait [pas] à faire de l'Alsace-Lorraine une terre allemande[22] [...]. » Les contingences historiques ont toutefois un effet sur l'équilibre de la France, qui demeure pour Gide quelque chose de très fragile ; dans un présent « dépondéré[23] », et un futur incertain, c'est donc vers le passé que se tourne son regard, avant les conquêtes napoléoniennes, car de son point de vue, les victoires sont aussi dangereuses que les défaites : « Le génie même de la France était cet équilibre qui fit notre grandeur, notre beauté ; équilibre si uniquement réalisé et que rompait tout aussi bien l'énorme victoire de l'Empire et ses périlleuses adjonctions que, depuis [18]70, la perte d'une province indispensable – d'une province de notre esprit[24]. »

Dans la réflexion gidienne, les idées d'équilibre et d'harmonie fondent le discours identitaire national ainsi que le discours identitaire international. La France apparaît comme le pays de la variété, et en même temps, de la cohésion : cet état de stabilité dynamique, pour ainsi dire, se trouve à l'origine de sa richesse, sans cesse renouvelée[25]. À côté de cette apologie de la tension, il n'est pas étonnant de (re)trouver la notion de complémentarité ; comme il l'écrira dans *Si le grain ne meurt*, à propos de sa double naissance, « rien de plus différent que ces deux provinces de la France[26] », au Sud, le « blanc amandier[27] », au Nord, le « pommier blanc[28] ». Guidé par le souci de légitimer ses origines, André Gide poursuit la même ligne directrice qui caractérise l'ensemble du débat sur l'identité française : les idées de variété, d'équilibre et d'harmonie sont les piliers de la réflexion de plusieurs intellectuels et écrivains, parmi lesquels Paul Valéry et Valery Larbaud. Comme Nicolas di Méo l'a bien mis en évidence, la coexistence du discours national et du discours international, voire européen, est assez fréquente chez les écrivains qui, dans les années d'après-guerre, ressentent le besoin de redessiner un espace de dialogue entre les différents pays[29]. À cette époque, donc, il arrive

22 « La Normandie et le Bas-Languedoc », *SV*, p. 5.

23 *Feuillets* [1918], *J1*, p. 1090.

24 *Ibid.*

25 André Gide revient sur cette idée dans ses *Interviews Imaginaires* [1941], où il commente un passage de Montesquieu sur la diversité de la France (*EC*, p. 319 et p. 339). Voir également *Feuillets retrouvés* [1941], *J2*, p. 794-795.

26 *Si le grain ne meurt* [1921], *SV*, p. 89.

27 « La Normandie et le Bas-Languedoc », *SV*, p. 3.

28 *Ibid.*

29 Nicolas Di Méo, *Le Cosmopolitisme dans la littérature française. De Paul Bourget à Marguerite Yourcenar*, Genève, Droz, « Histoire des idées et critique littéraire », 2009.

souvent que les « critères d'appréciation de la France et de l'Europe[30] » soient à peu près les mêmes.

Dans le premier article de la série « Nationalisme et littérature », Gide écrit : « Nos plus grands artistes sont le plus souvent des produits d'hybridations et le résultat de déracinements, de transplantations[31] [...]. » En comptant beaucoup sur l'importance de l'héritage culturel, l'auteur s'est souvent considéré comme le produit d'un mélange de sang : « Le sang catholique et normand de la famille de ma mère, le sang languedocien protestant de mon père[32]. » Toutefois, dans l'article dont il est question, il semble pousser sa réflexion au-delà des frontières nationales. Il place son pays « à un heureux confluent de races[33] », et cite son ami Henri Ghéon, qui définit le territoire de l'hexagone comme un espace de convergence, « où les races occidentales se touchent, se fondent, s'équilibrent[34] ». Cette idée revient sous sa plume lorsqu'il traite de Frédéric Chopin ; dans ce cas, l'« hybridation » est de nature clairement internationale :

> Chopin est un exemple de plus de déracinement, qui plus est, d'expatriation et presque certainement de croisement de races.
>
> Je dis *un exemple de plus* et qui confirmerait cette vérité que je tiens pour acquise, que presque tous les grands esprits que nous glorifions aujourd'hui, que presque tous les créateurs, que presque tous ceux qui se sont élevés au-dessus de la masse, sont des produits d'hybridation, ou, tout au moins, de déracinement – des « phoques », comme les appelait un jour M. Maurras[35].

Comme nous l'avons déjà souligné, il s'agit essentiellement, pour Gide, de formuler des considérations d'ordre esthétique : en ce qui concerne sa réflexion sur Chopin, il exprime un jugement d'artiste sur la grandeur du musicien polonais ; dans l'article de 1909, il souhaite mettre en lumière l'« extraordinaire faveur[36] » de la France, c'est-à-dire son excel-

---

30 Nicolas Di Méo, « L'Espace européen ou la diversité dans l'unité. Enjeux idéologiques de la représentation du multiple chez quelques écrivains français de la première moitié du XX^e^ siècle », dans Tania Collani, Éric Lysøe (éds), *Entre tensions et passions. (Dé)constructions de l'espace littéraire européen*, Strasbourg, Presses Universitaires de Strasbourg, 2010, p. 75.

31 « Nationalisme et littérature » [1909], *EC*, p. 179.

32 « La Normandie et le Bas-Languedoc », *SV*, p. 3.

33 « Nationalisme et littérature », *op. cit.*, p. 179.

34 *Ibid.*

35 *Notes sur Chopin* [1931], Paris, Gallimard, 2010, p. 112-113.

36 « Nationalisme et littérature », *op. cit.*, p. 179.

lence littéraire. Au demeurant, lorsqu'il s'occupe d'identité, les termes du débat se déplacent souvent sur le terrain politique. En gardant une double perspective sur le sujet, à la fois littéraire et idéologique, nous remarquons que la réflexion de l'auteur suit une logique assez nettement dessinée : la culture française, en raison de sa capacité unique d'équilibrer l'*étrange*, ce qui est divers, se distingue par son attitude à accueillir, et à intégrer, toujours avec modération, ce qui est *étranger*, ce qui est différent. En vertu de son dynamisme interne, la France affiche une véritable vocation cosmopolite, voire une perméabilité aux influences externes absolument unique : cela fait du pays « un lieu de rendez-vous, un carrefour[37] ». Ouvrir les portes aux autres cultures, ou partir à la recherche de nouvelles aventures, pas seulement littéraires, ce n'est pas trahir la France, bien au contraire, c'est demeurer fidèle à sa spécificité : le pays a été capable d'unifier la formidable diversité de ses provinces, et c'est précisément cet entraînement qui lui permet de s'enrichir, sans se perdre, au contact de l'extérieur.

Ainsi, dans la réflexion gidienne, il n'y a pas seulement une *coexistence*, une cohabitation du discours sur l'identité nationale et du discours sur l'identité européenne, mais une réelle *conjonction*. À partir de ce constat, qui fonde l'originalité de l'auteur, de nouvelles questions se posent. En particulier, il faut souligner qu'André Gide est amené, par son propre discours, à attribuer à la France un rôle d'exception dans l'échiquier européen ; aucun des pays voisins ne semble posséder cette forme de « cosmopolitisme intérieur[38] » qui fait la grandeur littéraire de sa patrie : le modèle culturel auquel l'auteur se réfère, celui de la Grèce antique, est bien loin dans le temps et dans l'espace[39]. Lorsqu'il propose un certain modèle d'Europe, fondé sur le principe de l'union dans la différence, fait-il en même temps un éloge de la France, le pays de l'« unité dans la diversité[40] » ? De son point de vue, les Français seront-ils les plus européens des Européens ? Il ne faut pas oublier qu'à la veille de la Grande Guerre, au cours d'un voyage en Turquie, ce partisan de l'entente écrivait : « Notre civilisation occidentale (j'allais dire : française) est non point seulement la plus belle ; je crois, je sais

37 « Seconde visite de l'interviewer » [1905], *EC*, p. 135.

38 Nicolas Di Méo, *Le Cosmopolitisme…*, *op. cit.*, p. 118.

39 « Nationalisme et littérature », *EC*, p. 179.

40 Dans son essai, Nicolas Di Méo se sert largement de cette expression. Voir en particulier le chap. « Cosmopolitisme et identité française », *op. cit.*, p. 115 et s.

qu'elle est la *seule*[41] [...]. » Avant de devenir le « contemporain capital », avant d'être l'acteur principal d'une *respublica literaria* sans frontière dans l'entre-deux-guerres, l'auteur n'a pas été insensible aux proclamations de l'Action française, à laquelle il se rallie en novembre 1916 – l'année de Verdun – comme beaucoup d'autres membres de la *Nouvelle Revue française.* Au-delà des contingences historiques, il faut remarquer que lorsqu'André Gide compare son pays à la Grèce, il établit un lien explicite entre le « croisement de races[42] » et le classicisme, dans une perpétuelle oscillation entre la sphère du politique et celle du littéraire. Les idées d'équilibre et d'harmonie, dont il use largement au sujet de l'Europe, sont également à la base, on le sait bien, du classicisme, dont la France semble être la seule héritière : « Je ne connais, depuis l'Antiquité, d'autres classiques que ceux de France[43] [...]. » Sa position dans ce débat, dont les enjeux dépassent largement notre propos, demeure extrêmement ambiguë : André Gide ne considère pas le classicisme comme une exclusivité française, ce serait exagérer la portée de la citation précédente ; néanmoins, il ne fait pas de doute qu'il représente à ses yeux une spécificité de son pays[44]. Et alors, qui mieux que la France, lieu d'élection d'un classicisme d'intégration, assimilant avec modération les influences étrangères, pourrait *diriger* le « concert européen » ? Remarquons qu'au début de « L'Avenir de l'Europe », en prenant comme interlocuteur imaginaire un enfant, notre auteur se pose exactement la même question, à laquelle il donne une réponse de Normand : « Le laisserai-je penser que, dans cette Europe même, la France occupe un rang privilégié ? Peut-être[45] [...]. » Face à une pensée par nature oscillante et fragmentaire, nous ne pouvons pas conclure à une supériorité de la France sur les autres pays. En revanche, nous avons montré que dans la réflexion de Gide, il existe, pour ainsi dire, un *avant* et un *après* : c'est le discours sur la France qui donne naissance,

41 *La Marche turque*, *J1*, mi-mai 1914, p. 785-786.

42 Lettre d'André Gide à Francis Jammes du 6 août 1902, dans Francis Jammes, André Gide, *Correspondance 1900-1938*, éd. Pierre Lachasse et Pierre Masson, Paris, Gallimard, « Les Cahiers de la NRF », 2015, t. II, p. 137.

43 « Billets à Angèle » [1921], *EC*, p. 282.

44 À ce sujet, voir Michel Murat « Gide ou "le meilleur représentant du classicisme" », *Revue d'Histoire littéraire de la France*, 2007, n° 2, p. 313-330. Consulter également Éric Marty, « Gide et les "classiques" », disponible sur le web : <http://www.fabula.org/atelier.php?Gide_et_les_%22classiques%22>. [Consulté le 05/05/2016.]

45 André Gide, « L'Avenir de l'Europe », *op. cit.*, p. 26.

« par extrapolation[46] », au discours sur l'Europe. Cela ne veut pas dire, il faut bien le répéter, que la France prime, par ses qualités mêmes, sur les autres nations. Simplement, Gide pense *en tant que Français* : la représentation qu'il se fait de son pays – unité dans la diversité – est la prémisse nécessaire à son cosmopolitisme, régi par le même principe d'unité dans la diversité, d'union dans la différence. Considérons maintenant ce passage de « Dostoïevski d'après sa correspondance », car, selon une règle ancienne des études littéraires, c'est lorsque l'auteur parle d'autrui, qu'il parle le plus de lui-même. Gide attribue à l'auteur des *Frères Karamazov* l'habitude de se définir comme « un vieil Européen russe[47] ». Lui-même aurait bien pu se définir comme un « vieil Européen français ». Si la France joue un rôle central dans la réflexion gidienne, « ce n'[est] point par infatuation chauvine[48] » ; être « Européen » signifie, pour Gide, avant tout, être Français : « Je me sens issu de la culture française ; m'y rattache de toutes les forces de mon cœur et de mon esprit. Je ne puis m'écarter de cette culture qu'en me perdant de vue et qu'en cessant de me sentir moi-même[49] [...]. »

## UNE PLONGÉE DANS L'ÉCRITURE FICTIONNELLE : *LES FAUX-MONNAYEURS* (1925)

La pensée de l'auteur se caractérise par deux mouvements : un mouvement centripète, de réflexion sur l'esprit, le génie français, et un mouvement centrifuge, de réflexion sur les rapports culturels entre les états nationaux. Si pour Dostoïevski, il n'existe aucune contradiction entre « le nationalisme et l'européisme[50] », Gide écrira en 1934 dans son

46 Pascal Dethurens, art. cité, p. 112.
47 « Dostoïevski d'après sa correspondance » [1908], *EC*, p. 467.
48 *Ibid.*
49 *J2*, 13 février 1943, p. 902.
50 « Dostoïevski d'après sa correspondance » [1908], *EC*, p. 472. Il est intéressant de remarquer que Gide fait ici référence à une forme de « nationalisme ouvert » (Michel Winock, *Nationalisme, antisémitisme et fascisme en France* [1982], Paris, Seuil, 2014, p. 11 et s.) ou « éclairé » (Nicolas Di Méo, *op. cit.*, p. 113). L'auteur se sert parfois du terme « patriotisme », mot qui supprime toute ambiguïté de lecture ; en 1936, par exemple, il écrit : « Ce qui menace la culture ce sont [...] les nationalismes étroits et artificiels qui

*Journal* « que l'on peut à la fois être *patriote* et internationaliste[51] ». Les idées qu'il exprime dans sa réflexion critique alimentent également sa création fictionnelle, en particulier son « roman-somme[52] », *Les Faux-Monnayeurs* (1925). Fidèle à son refus de conclure, soucieux d'inviter le lecteur à réfléchir librement, on remarque qu'aucun des personnages du livre ne se fait porteur de l'*internationalisme patriotique* caractérisant sa pensée. Dans un roman à thèse, on aurait eu dans le personnage central le portrait du parfait cosmopolite, celui qui en raison de sa volonté de construire une entente européenne ne perd jamais de vue l'horizon de sa patrie. *Les Faux-Monnayeurs* est exactement le contraire d'un roman à thèse, il est un *roman à questions*, où lesdites questions se trouvent savamment intégrées, amalgamées à la narration. À travers ses personnages, Gide met en jeu des idées antagonistes, et loin de vouloir endoctriner son lecteur, il souligne les dangers d'en pousser trop loin les limites : d'un côté, il souhaite mettre en lumière les risques d'une *clôture* excessive de la France sur une définition réductrice de son identité ; de l'autre, il met en garde contre les conséquences d'une excessive *ouverture* à l'étranger, qui expose le pays à la dissolution de son particularisme, de son unicité. Fils « d'un père uzétien et d'une mère normande[53] », nous l'avons dit, mais nous avons omis une donnée centrale : « Né à Paris[54] ».

Nous allons ici focaliser notre attention sur deux personnages, Lilian Griffith et Boris, dont les itinéraires convergent dans la capitale française. Avec le personnage de Lilian, on assiste à la dissolution complète des caractères identitaires : « [...] aucun passé, aucune

---

n'ont rien de commun avec le vrai patriotisme, l'amour profond de son pays » (« Discours prononcé sur la Place Rouge à Moscou pour les funérailles de Maxime Gorki » [1936], *EC*, p. 891).

51 *J2*, 19 août 1934, p. 473. Comme nous venons de le remarquer, il faut faire attention à la manière dont Gide se sert des mots. Dans ce contexte, le terme « internationaliste » est à considérer comme synonyme d'*européen*. Du point de vue politique, l'internationalisme est une doctrine visant à estomper les différences entre les pays au profit d'une entente supranationale. L'auteur, en ardent défenseur du principe de l'union dans la différence, s'oppose radicalement à cette idéologie, dont Henri Barbusse et Romain Rolland sont les meilleurs représentants.

52 Pierre Masson, Jean-Michel Wittmann, Aude Laferrière (éds), *Le Roman-somme d'André Gide.* Les Faux-Monnayeurs, Paris, Presses universitaires de France, « Collection CNED-PUF : série XX^e^ siècle français », 2012.

53 « À propos des *Déracinés* de Maurice Barrès » [1898], *EC*, p. 4.

54 *Ibid.*

astreinte ; [elle est] sans lois, sans maîtres, sans scrupules ; libr[e] et spontané[e][55] ». Un parallèle entre cette figure « sans épaisseur[56] » et Lafcadio serait trop hasardeux, il faut néanmoins constater que l'absence d'attaches les rapproche : jeune femme d'origine américaine, probablement mariée à un riche Anglais, avec un jeune Français pour amant, Lilian possède « [f]ortune, intelligence, beauté[57] » ; elle parle plusieurs langues – « le russe, l'anglais et le français[58] » – et elle a très tôt appris à vivre sans aucune règle morale. En faisant de Lilian un concentré de cynisme, Gide semble faire une concession à certains préjugés de son époque : le caractère dur, impitoyable de la jeune femme, apparaît dans le texte comme une conséquence du naufrage tragique auquel elle a survécu[59] ; néanmoins, s'il est vrai que son absence de réserves ne découle pas de son caractère d'apatride, elle trouve en cela de quoi se nourrir. Dans *Les Faux-Monnayeurs*, Lilian est à la fois l'*étrange* et l'*étrangère* de l'histoire : elle traverse le roman « comme un aérolithe[60] », constamment poussée par « *le démon de l'aventure*[61] ». L'auteur semble vouloir punir l'outrance, la démesure de ce personnage qui, « si l'on se fie à sa garde-robe[62] », paraît avoir déjà beaucoup connu et découvert : rescapée du naufrage de *La Bourgogne*, où elle a vu couper « les doigts, les poignets de quelques nageurs qui [...] s'efforçaient de monter dans [la] barque[63] », la jeune femme vient mourir de l'autre côté du monde, sur les rives de la Casamance, noyée, ironie du destin, de la *main* de son amant. Dans *Les Faux-Monnayeurs*, Gide formule un éloge de la modération, car tous les personnages qui partent pour des destinations extra-européennes, s'acheminent

55 *Les Faux-Monnayeurs* [1925], *RR2*, p. 339.

56 *Ibid.*

57 *Ibid.*

58 *Ibid.*, p. 210.

59 Voir le récit du naufrage de *La Bourgogne* qu'elle fait à son amant, Vincent, le lendemain de leur première nuit ensemble (*ibid.*, p. 218-220).

60 Pierre Masson, *Lire* Les Faux-Monnayeurs, Lyon, PUL, « Lire », 2012, p. 144. Il faut souligner qu'André Gide emploie ce terme pour la première fois dans « Réponse à l'*Inchiesta su l'arte e la lettratura* » [1897] ; dans ce contexte, il assume une connotation tout à fait positive : « Les grands hommes ne tombent sur aucun sol à la manière des aérolithes » (*EC*, p. 4).

61 *Les Faux-Monnayeurs*, *RR2*, p. 416.

62 Pierre Masson, *op. cit.*, p. 131.

63 *Les Faux-Monnayeurs*, *RR2*, p. 220. C'est par une lettre d'Alexandre Vedel à son frère Armand que le lecteur est informé du destin tragique des deux amants (*ibid.*, p. 453).

vers un destin tragique ou décevant, comme c'est le cas d'Alexandre, l'aîné de la famille Vedel[64]. Il faut savoir s'arrêter, et ne pas aller trop loin de la capitale, qui est à la fois « le centre et la circonférence du roman[65] ». Les frontières de la ville semblent être élastiques, car elles s'ouvrent et se resserrent en fonction des personnages : après de brefs voyages – en Suisse, en Corse, en Angleterre – Bernard, Olivier et Édouard regagnent la capitale ; au contraire, Lilian, dont la présence secoue les équilibres de la narration, et de la *nation*, est d'une certaine manière expulsée par le microcosme parisien. Dans sa lettre au comte de Passavant, Lady Griffith, ignorant encore son destin, « ne parle pas de retour[66] ».

Né en Pologne, d'un père français et d'une mère russe : voilà l'histoire du petit Boris, une histoire qui ressemble beaucoup à celle de Lafcadio, lui aussi « [produit] de croisement[67] », pour emprunter les mots de Vincent. Si le héros des *Caves* vient spontanément dans la capitale, et y retrouve miraculeusement son père, Boris arrive en France amené par Édouard, qui souhaite accorder une faveur à son vieux maître de piano La Pérouse, le grand-père de l'enfant. Ces deux personnages bâtards sont très différents l'un de l'autre : éduqué par cinq « oncles » de nationalités différentes, amants successifs de sa mère, Lafcadio parle couramment plusieurs langues et connaît ce qu'il faut pour vivre en dehors de tout milieu social constitué[68] ; Boris, au contraire, est un enfant très délicat, qui a des problèmes à communiquer – Édouard parle de « réticences du langage[69] » – et qui a été profondément marqué par la mort de son père, dont il se sent responsable. Lafcadio fait du voyage son mode de vie, tandis que Boris souffre de la vie en mouvement qu'il mène en accompagnant sa mère dans les théâtres de l'Europe entière ; dans l'imagination hyperbolique du petit, déboussolé

64 Armand tient son frère pour responsable de la mauvaise situation financière à laquelle la pension Vedel fait face : « C'est encore Alexandre, mon cochon de frère, qui a fait des dettes dans les colonies. » *Ibid.*, p. 354.

65 Pierre Masson, *op. cit.*, p. 143.

66 *Les Faux-Monnayeurs*, *RR2*, p. 416.

67 *Ibid.*, p. 217.

68 *Les Caves du Vatican* [1914], *RR1*, p. 1050.

69 *Les Faux-Monnayeurs*, *RR2*, p. 330. Boris entretient un rapport problématique à la parole. Quelques pages avant, on apprend que la maladie dont il souffre est liée à cinq « mots énigmatiques [...] de l'écriture du jeune Baptistin, grand maître et professeur de magie » (*ibid.*, p. 328) ; c'est la célèbre formule : « GAZ. TÉLÉPHONE. CENT MILLE ROUBLES » (*ibid.*).

par les déplacements auxquels il est obligé de se plier, elle parlerait « le français, l'anglais, le romain, le russe, le turc, le polonais, l'italoscope, l'espagnol, le perruquoi et le xixitou[70]. » Le voyage de l'enfant à Paris est un retour aux origines, ce qui devrait l'aider à se libérer définitivement des troubles nerveux qui l'affligent depuis le début de cette vie sans repos. À travers ce personnage, et surtout, avec le personnage de Bernard, à nouveau un bâtard, André Gide semble promouvoir le *réenracinement*, en dépassant ainsi l'alternative entre pétrification et nomadisme[71]. Toutefois, alors qu'il devrait être la dernière étape du processus de guérison entamé à Saas-Fée, Paris est le lieu où Boris achève sa vie. Sa mort prématurée est une responsabilité partagée entre les différents personnages du roman ; en quelque sorte, donc, c'est une victime du milieu parisien, de « l'air empesté[72] » qu'il respire à la pension Vedel, d'apparence « si austère qu'il semblait que des fleurs y dussent faner aussitôt[73] ». En attribuant à Boris des qualités qui lui sont propres – « [sa] voix musicale, sa grâce, son air de fille[74] » –, Gide fait de cet enfant un martyr, quelqu'un dont l'originalité, le « sel[75] », aurait pu contribuer à l'enrichissement de plusieurs. Contrairement à ce que pense Vincent sur les « produits de croisement », l'auteur demeure convaincu que « c'est parmi eux

70 *Ibid.*, p. 303.

71 Comme Jean-Michel Wittmann l'a bien montré, *Les Faux-Monnayeurs* est à bien des égards un roman « politique » (Jean-Michel Wittmann, *Gide politique : essai sur* Les Faux-Monnayeurs, Paris, Classiques Garnier, « Études de littérature des XX^e^ et XXI^e^ siècles », 2011). Il serait peut-être intéressant de resserrer les liens entre fiction et discours critique dans la perspective d'une étude de la dimension idéologique de l'idée de bâtardise ; à travers les personnages de Lafcadio, de Bernard et de Boris, il nous semble en effet possible de (ré)examiner l'interrogation d'André Gide au sujet de l'Europe. Pour une première approche de cette problématique, voir Michel Lacroix, « L'aventure de la bâtardise critique : rupture, filiation et mise en abyme dans *Les Faux-Monnayeurs* », *Littérature*, n° 162, juin 2011, p. 36-47.

72 *Les Faux-Monnayeurs*, *RR2*, p. 337.

73 *Ibid.*, p. 251. Voir Pierre Masson, Jean-Michel Wittmann, Aude Laferrière (éds), *op. cit.*, p. 71.

74 *Les Faux-Monnayeurs*, *RR2*, p. 455.

75 Dans une note de son journal, Édouard fait allusion à un passage célèbre de l'Évangile selon saint Matthieu (V, 13) : « "Si le sel perd sa saveur, avec quoi la lui rendra-t-on ?" C'est ce tragique-là qui m'importe. » *Ibid.*, p. 266. Pour Gide, le « sel » est ce qui caractérise l'individu, ce qui fait son unicité ; selon les mots du personnage de l'écrivain, c'est justement le fait que « l'essence même de l'être » (*ibid.*) puisse être perdue qui est « tragique ».

[...] que se recrutent les arbitres et les artistes[76] ». Comme l'on a dit à propos de Lady Griffith, avec ses rues, ses lieux célèbres, et surtout avec ses frontières, Paris est un espace dynamique. La capitale n'est pas cette « grande chose fermée[77] » qu'est la famille selon les mots de Juste-Agénor de Baraglioul dans *Les Caves* ; en revanche, elle est une « grande chose » qui *se referme*.

Comme nous venons de le voir, dans ses *Faux-Monnayeurs*, Gide revient sur la question de l'identité nationale, en proposant une réflexion sur les idées d'équilibre et d'harmonie du génie français. Le roman remet en question les limites, les frontières, de l'intégration : qu'est-ce qu'être Français, ou ne pas l'être ? Lorsque l'auteur fait bouger ses personnages dans l'espace de la ville, et même au-delà, il crée un mouvement d'idées dont la capitale représente le centre symbolique. Dans cette perspective, Paris se configure comme un lieu de synthèse, qui *devrait* révéler ce que la France peut ou ne peut pas accepter. Le conditionnel est de rigueur, car l'action régulatrice de la capitale reste confrontée à une série de démentis : un personnage comme Lilian est éloigné de la ville, de la France, voire de l'Europe, car sa présence dérange les équilibres existants ; toutefois, c'est ce même *instinct de survie* qui condamne à mort Boris, supprimé en vertu d'une idée d'unité extrêmement simplificatrice. Il est intéressant de remarquer que sur ce sujet la position d'André Gide diffère radicalement de celle de son contemporain et ami Paul Valéry. Dans *Regards sur le monde actuel* (1931), Paris est décrite comme la ville européenne par excellence, car si la France est une « harmonie de contradictions[78] », la capitale est le lieu où cette cohésion s'exprime le mieux : « Il est d'abord à mes yeux la ville la plus complète qui soit au monde, car je n'en vois point où la diversité des occupations, des industries, des fonctions et des idées soit plus riche et mêlée qu'ici[79]. » Pour Gide, au contraire, Paris demeure un espace de conflit, un lieu d'attirance et de répulsion[80], car l'« harmonieux équilibre » auquel l'auteur aspire, autant au niveau national qu'européen, demeure un idéal à atteindre.

76 *Si le grain ne meurt*, *SV*, p. 90.

77 *Les Caves du Vatican*, *RR1*, p. 1040.

78 Pierre Citti, *Contre la décadence. Histoire de l'imagination française dans le roman 1890-1914*, Paris, Presses universitaires de France, « Histoire », 1987, p. 189.

79 Paul Valéry, *Regards sur le monde actuel et autres essais*, dans *Œuvres*, éd. Jean Hytier, Paris, Gallimard, « Bibliothèque de la Pléiade », 1960, t. II, p. 1008.

80 Pierre Masson, *op. cit.*, p. 138 et s.

Pour conclure, l'étude du principe de l'union dans la différence nous a permis d'explorer comment se croisent les considérations de Gide sur l'Europe et celles sur son pays d'origine, la France. Dans une perspective de longue durée, nous avons souligné avec quelle énergie l'auteur essaie de dépasser l'alternative entre nationalisme et internationalisme[81] ; en ardent défenseur d'une certaine idée d'Europe, les différents pays l'intéressent toujours moins pour que ce qui les unit que pour ce qui les divise. À côté de sa réflexion critique, nous avons évoqué son écriture fictionnelle, en particulier son roman *Les Faux-Monnayeurs* (1926). L'analyse des personnages de Lilian et de Boris nous a permis de souligner une autre particularité de la pensée gidienne, une sorte de *politique* de l'effort ; à ses yeux, en effet, l'union dans la différence est un principe qui « s'informe et s'enrichit et se précise chaque jour[82] ». Dans cette perspective, l'Europe, et dans une certaine mesure la France, telles que l'auteur les imagine, sont effectivement *à venir*.

Paola CODAZZI
Université de Bologne,
Université de Haute-Alsace

81 « Le véritable esprit européen s'oppose à l'infatuation isolante du nationalisme ; il s'oppose également à cette dépersonnalisation que voudrait l'internationalisme. » André Gide, « L'Avenir de l'Europe », *op. cit.*, p. 34.

82 Pour le dire avec les mots utilisés par Gide à propos du génie français, dans « Seconde visite de l'interviewer », *EC*, p. 136.

# DE LA BELGIQUE AU LUXEMBOURG ET À L'ALLEMAGNE

## Deux étapes d'une éducation européenne

À regarder l'aventure de Gide au sein de l'Europe avec nos lunettes actuelles, on pourrait dire, avec pas mal d'exagération souriante, qu'elle représente une anticipation du Benelux et du premier Marché commun. Ou d'une façon un peu plus modérée, qu'elle fit, de sa fréquentation assidue de la Belgique et du Luxembourg, une manière de tremplin pour la conception d'un territoire élargi qui ne serait plus simplement le domaine français, considéré jusque là comme l'héritier privilégié de la Grèce, mais une patrie spirituelle incorporant tous les pays qui pouvaient se réclamer de cet héritage.

Pour accomplir ce parcours, Gide bénéficia de plusieurs circonstances qu'il faut à présent préciser. La première tient au fait d'avoir grandi dans l'indifférence, voire dans une ignorance superbe de ce qu'on nomme aujourd'hui les États-nations. En raison de son éducation, mais aussi de sa propension à considérer avant tout la vie de l'esprit, transcendant les particularismes, Gide était assez indifférent aux notions de frontières et de drapeaux, ainsi qu'à l'histoire qui les avait constitués, comme il le rappelle dans ses Mémoires :

> Ni mon père ni ma mère, si bons Français qu'ils fussent, ne m'avaient inculqué le sentiment très net des frontières de nos terres ni de nos esprits. Je ne jurerais pas qu'ils l'eussent eux-mêmes ; et par tempérament naturel, disposé comme l'avait été mon père à attacher moins d'importance aux réalités qu'aux idées, je raisonnais là-dessus, à treize ans, comme un idéologue, comme un enfant et comme un sot. J'avais dû déclarer, pendant le dîner, qu'en 70 « si j'avais été la France » je ne me serais sûrement pas défendu – ou quelque ânerie de ce genre ; et que du reste j'avais horreur de tout ce qui était militaire.

Plus loin, il introduit la notion de patrie :

> Ce soir, Albert m'expliqua ce que c'était que la patrie. [...] Après qu'il eut achevé de parler, je pris sa grosse main dans les miennes et demeurai sans rien dire, assurément plus ému par la beauté de son cœur que convaincu par ses raisons. Du moins dus-je me rappeler ses paroles, plus tard, lorsque je fus mieux éduqué pour les comprendre[1].

Il faut souligner que Gide écrivait ceci vers 1917, au plus fort de la Grande Guerre ; on peut supposer que la condamnation de sa « sottise » était quelque peu dictée par le climat ambiant. Lors de la parution de ce texte dans *La NRF* en 1921, il rajouta : « Et pourtant je ne suis pas sûr, aujourd'hui, de lui donner pleinement raison[2]. »

D'ailleurs, dans son *Journal* – qui n'était pas encore destiné à être public –, en décembre 1915, on trouve, attribuée à un certain X., personnage de roman, cette bien curieuse méditation :

> X. allait jusqu'à dire que le meilleur moyen de triompher du militarisme prussien n'était pas de chercher à vaincre l'Allemagne, mais au contraire... On ne le laissait jamais achever. Il reprenait, un peu pus tard et sur un ton un peu plus bas :
>
> « Le meilleur moyen d'en venir à bout serait de rendre toute son attaque inutile. Son offensive grandit en raison de notre résistance. Devant un peuple qui ne se serait pas défendu, tous les canons de Krupp n'auraient plus été d'aucun usage[3]... »

Si l'on revient au milieu dans lequel Gide et ses cousines grandirent, on remarque qu'y figuraient deux étrangères, une Allemande en la personne de Mlle Siller, l'institutrice des cousines, et une Écossaise en la personne d'Anna Shackleton. Si les parents de Gide pouvaient parler l'anglais, lui-même fut surtout éveillé à la culture allemande que l'École alsacienne avait sans doute tendance à favoriser. Mais ce qui était une orientation culturelle prenait nécessairement une connotation politique, à l'époque où la France se posait principalement en opposition à l'ennemi prussien. Les propos du jeune Gide, qui avaient tant indigné le bon Albert Démarest, reflétaient, en l'exagérant, une opinion qui

1 *Si le grain ne meurt* [1921], *SV*, p. 168-169.
2 Extrait de *Si le grain ne meurt* (sixième fragment), dans *La NRF*, n° 88, janvier 1921, p. 39-66.
3 *J1*, 20 décembre 1915, p. 910-911.

avait peut-être été celle de son père, et que défendait officiellement son oncle. Ce dernier, apôtre de la réconciliation franco-allemande, avait ainsi répondu, en 1895, à une enquête du *Mercure de France* : « Peut-il y avoir quelqu'un qui ne soit pas partisan de relations intellectuelles et sociales plus suivies entre la France et l'Allemagne ? » Il préconisait l'apprentissage de la langue et de la littérature, et les séjours linguistiques. C'est peut-être sous cette influence que Gide alla passer deux mois à Munich en 1892, trois ans après son baccalauréat.

Nous reviendrons sur la question allemande, qui est en fait au cœur du sentiment européen de Gide ; nous ne l'évoquons ici que pour illustrer son indifférence aux frontières, qu'il devait plus tard théoriser en supranationalisme.

Le second facteur important dans le développement d'une pensée européenne chez Gide est la coïncidence de la carrière de l'écrivain avec l'essor du mouvement symboliste. Depuis les années 90, entre la Belgique et la France, sur le plan artistique et littéraire existe, selon l'expression de Michel Décaudin, « un système d'échanges fondé sur une perméabilité réciproque[4] », pourtant soumis à la loi de la gravitation, qui rendait plus attractive la plus grosse des deux planètes. Il y avait en Belgique, pour la littérature française, un public composé des « Wallons, des Bruxellois, mais aussi des Flamands de l'aristocratie et de la bourgeoisie dont la pratique du français les distinguait du peuple et dont les yeux se tournaient volontiers vers les écrivains français plutôt que vers les leurs[5] ».

Pour Gide, la Belgique va ainsi se présenter comme le prolongement naturel de son domaine, qui ne s'appelle pas la France, mais le symbolisme. Alors qu'il vient tout juste de publier ses *Cahiers d'André Walter*, il écrit à Valéry pour proclamer son allégeance au mouvement symboliste, se plaçant sous la double protection d'un Français et d'un Belge, dans la formule fameuse : « Donc Mallarmé pour la poésie, Maeterlinck pour le drame – et quoique auprès d'eux je me sente bien un peu gringalet, j'ajoute Moi pour le roman[6]. » Et peu après, un an avant l'Allemagne,

4 Michel Décaudin, « Symbolisme en Belgique ou symbolisme belge ? », dans *Cahiers de l'AIEF*, n° 34, mai 1982, p. 109-110.

5 Claude de Grève, « La Réception critique des œuvres de Gide en Belgique francophone », *Bulletin des Amis d'André Gide*, n° 97, janvier 1993, p. 79.

6 Lettre d'André Gide à Paul Valéry datée du 26 janvier 1891, dans André Gide, Paul Valéry, *Correspondance : 1890-1942* [1955], éd. Peter Fawcett, Paris, Gallimard, 2009,

il voyage en Belgique comme en une terre d'élection pour son âme décadente : « Hier, vu Bruges et Ostende. [...] Le paysage, au lieu de me distraire de moi-même, prend toujours désespérément la forme de mon âme lamentable[7]. »

Ce voyage avait aussi une raison précise : rencontrer Maeterlinck, avec qui il était entré en relations. Fréquentant depuis peu les mardis de Mallarmé, Gide y avait fait la connaissance d'un homme qui était alors un carrefour essentiel entre la Belgique et la France. C'était un Belge installé à Paris depuis 1890, Albert Mockel, directeur de *La Wallonie*, qui était depuis cinq ans le rendez-vous des symbolistes belges et français.

Gide, chez Mallarmé, lui a parlé de son admiration pour Maeterlinck ; Mockel se fait alors le promoteur des *Cahiers d'André Walter* auprès de ce dernier ; une correspondance s'établit, qui incite donc Gide, lors de l'été 1891, à se rendre en Belgique, où il rencontre plusieurs fois Maeterlinck. Dans le même temps, en août, Mockel publie dans *La Wallonie* les proses *Reflets d'ailleurs*. À Liège, le texte de Gide est remarqué par Charles Delchevalerie, qui dirige une autre revue symboliste, *Floréal* ; Delchevalerie obtient par Mockel l'adresse de Gide, à qui, en février 1892, il demande des textes ; ce sera *Paysages*, prose qui paraît dans le numéro 3 en mars 1892. Gide ne donnera pas d'autre texte à cette revue, mais va en 1894 se servir de son directeur, Paul Gérardy, qui était ami de Stefan George, pour obtenir les *Blätter für die Kunst* qui paraissaient à Berlin depuis 1892. C'est peut-être bien comme ami de Gérardy que Christian Beck dut se présenter à Gide en 1896, et quand Gide fit enfin connaissance de George, en 1908, ce fut au cours d'un repas chez Albert Mockel.

De proche en proche, Gide connaît ainsi, à Paris, de nombreux Belges, tandis que, grâce à son œuvre, il est de plus en plus présent en Belgique, accueilli, à partir des *Nourritures terrestres*, comme un frère par la jeunesse symboliste qui constitue un unique peuple transcendant la frontière entre France et Belgique. *La Wallonie* ayant cessé de paraître, de nouvelles revues éclosent, qui manifestent un esprit plus novateur. C'est *Floréal*, puis *Le Réveil*, *Le Coq rouge*, et encore *L'Art jeune* où André Ruyters et Henri Vandeputte militent contre tout conservatisme esthétique. Gide, avec ses *Nourritures*, leur apparaît comme un nouveau maître,

---

« Les Cahiers de la NRF », p. 52.

7 *J1*, p. 135.

dont ils sollicitent la collaboration. Maubel décroche pour *L'Art jeune* un fragment des *Nourritures*, *Le Réveil* obtient l'« Envoi » de *Paludes* et *Le Coq rouge* reçoit un poème, « Avril ». Mais ces jeunes gens sollicitent aussi l'approbation de Gide, lui envoient leurs propres œuvres. Ruyters entre ainsi en relation avec l'écrivain, à qui il va faire connaître Georges Eekhoud. C'est tout un pays, la Belgique, qui s'est ainsi constitué pour lui en horizon d'attente ; sur la trentaine de lettres d'écrivains reçues par Gide à la parution des *Nourritures terrestres*, six au moins étaient signées par des Belges (Beck, Fontainas, Mockel, Rodenbach, Ruyters). En mars 1894, Maubel, directeur du *Réveil*, édité à Gand, donne une conférence à Anvers puis à Bruxelles sur l'idéoréalisme (Gide, Mauclair et Beaubourg). En 1900, l'importance de Gide est consacrée par des invitations à la Libre esthétique de Bruxelles (en mars 1900, « De l'influence en littérature » ; en mars 1904, « De l'évolution du théâtre »). Gide en retour ne mésestimait pas l'importance de cet accueil, lui qui écrivait à sa mère, en mai 1894 :

> Il est triste de se dire que dans quelque temps, ce que la France aura de plus heureux, ce sera que l'on parle sa langue en Belgique. Nous n'avons à présent en France aucun écrivain qui vaille, à beaucoup près, Maeterlinck[8].

Et deux ans plus tard, il écrivait à Verhaeren : « Vous êtes notre seul poète épique[9] [...]. » Le tableau *Une Lecture*, peint en 1903, illustre bien ces propos : sous le regard de Théo van Rysselberghe, Gide est assis à côté de Maeterlinck, et il dévore du regard son ami Verhaeren. Cela ne veut pas dire qu'il assimile la Belgique à la France, mais qu'il la considère comme un membre d'une même famille d'esprits, selon son principe, dont il ne déviera jamais, qui voit dans l'affirmation des particularismes la possibilité d'une entente supérieure. Ce n'est pas par hasard si, lors de sa première conférence à Bruxelles, il vient faire devant ses amis belges l'éloge de la communion des artistes, plaçant côte à côte Régnier et Maeterlinck, Viélé-Griffin et Verhaeren. En 1904, sa deuxième conférence à Bruxelles, sur l'évolution du théâtre, est dédiée à Verhaeren. Et en 1908, il s'adresse ainsi aux étudiants de l'Université de Gand :

---

8 Lettre d'André Gide à Juliette Gide (1894), dans André Gide, Juliette Gide, *Correspondance avec sa mère 1880-1895*, éd. Claude Martin, Paris, Gallimard, 1988, p. 387.

9 André Gide, Rainer Maria Rilke, Émile Verhaeren, *Rilke, Gide et Verhaeren. Correspondance inédite*, éd. Carlo Bronne, Paris, Messein, 1955, p. 50.

> J'ai eu pour Van Lerberghe, j'ai pour Verhaeren une très vive amitié. Leur œuvre et celle de Maeterlinck d'avant *Monna Vanna* n'a pas plus chaud lecteur que moi. Ces grands écrivains ont su, ainsi qu'il sied, être d'autant plus humains qu'ils ont été plus belges, et d'autant plus belges qu'ils ont été plus personnels. Quant aux questions touchant le rôle, les caractères distinctifs, etc., de la littérature belge d'expression française, je ne pourrais y répondre que beaucoup plus longuement que je n'ai le temps de le faire aujourd'hui[10].

En nommant Verhaeren et Théo van Rysselberghe, nous avons laissé de côté une figure essentielle, qui représente le troisième facteur de l'orientation européenne de Gide : il s'agit, bien sûr, de Maria van Rysselberghe, « la Petite Dame ». Elle partageait visiblement la même attitude supranationaliste, et possédait une ouverture culturelle peut-être encore plus vaste que celle de Gide, au moins à l'origine. Son rôle fut double : d'abord, elle permit à ce dernier, en faisant lire *Les Cahiers d'André Walter* à Verhaeren, de gagner une de ses plus importantes amitiés en Belgique. Bien qu'installé à Paris, Verhaeren était, plus que les symbolistes, un poète flamand, dont la guerre allait exalter le patriotisme. Ensuite, Maria van Rysselberghe était l'amie d'une Luxembourgeoise, Aline Mayrisch. On ne peut refaire ici l'historique de cette amitié qui, en 1903, à Weimar, permit la constitution d'un trio exceptionnel dont la rédaction des *Cahiers de la Petite Dame* est le témoignage le plus éclatant. Belge installée en France, anglophone, ayant un pied au Luxembourg, Maria était à elle seule un concentré d'Europe, mais son amie ne lui cédait en rien sur ce point, ayant même la supériorité d'avoir sur l'Allemagne une ouverture beaucoup plus marquée.

Enfin – ce quatrième point découle du précédent –, il est clair qu'au-delà de son intérêt pour la Belgique, Gide avait une attirance pour l'Allemagne que nous avons déjà constatée. Dans sa conférence sur l'influence en littérature, la principale figure qu'il avait posée était celle de Goethe, en particulier en raison de son attirance pour l'Italie. Déjà, quand il écrivait ses *Cahiers d'André Walter*, il louait la musicalité de la métrique allemande : « L'allemand a des allitérations chuchotées qui mieux que le français disaient les songeries embrumées. » On voit ainsi s'esquisser le goût de Gide pour les boites à double ou triple fond. En

10 Lettre sans date publiée dans *L'Almanach des étudiants libéraux de l'Université de Gand* en 1908, p. 175 (disponible sur le web : <http://digistore.bib.ulb.ac.be/2013/ELB-KBR-a091-1908-000.pdf> [consulté le 21/09/2016]).

Belgique, il fait l'éloge de Goethe comme une porte ouverte sur l'Italie. Et avec Aline Mayrisch à Colpach, il va procéder comme avec le comte Kessler à Weimar : alors qu'il observe, en France, une certaine retenue envers l'Allemagne, il profite de certains îlots peu lointains, comme la Belgique et les grands-duchés de Weimar et du Luxembourg, pour lancer quelques tentacules en direction de la patrie de Goethe. La conférence à Weimar, en 1903, était l'occasion de rencontrer la sœur de Nietzsche ; en 1911, à Bruges, il va embarquer Aline Mayrisch dans la traduction de Rilke.

Il convient d'avoir en tête ces petits indices, pour suivre et peut-être pour mieux comprendre l'évolution que Gide va subir à l'occasion de la Grande Guerre.

Tout d'abord, l'afflux des réfugiés et la création du Foyer franco-belge vont l'amener à prendre conscience de la réalité du peuple belge sur le plan sociologique, et d'une certaine façon à percevoir l'Europe comme un échiquier politique, et pas seulement comme un patchwork culturel. Le 26 août 1914, il notait déjà : « [...] c'est bien en effet dans le spectacle du noble courage des Belges qu'aujourd'hui nous puisons notre réconfort[11]. » Travaillant aux côtés de Maria van Rysselberghe et logeant chez elle, au Laugier, vice-président d'un office présidé par un Belge, il fut, durant plus d'un an, une sorte de bi-national.

Ensuite, avec des variations liées aux fluctuations de la guerre, il est frappant de le voir exprimer son refus d'un antigermanisme primaire, tel que le pratiquaient les journaux et nombre de ses amis, et évoluer vers une vision d'avenir transcendant les nations et les conflits. En août 1914, il s'insurgeait contre la propagande chauvine :

> Le ton qu'ont pris les journalistes pour parler de l'Allemagne est à soulever le cœur. Tous emboîtent le pas et donnent la mesure. Chacun a peur de rester en retard, d'avoir l'air moins « bon Français » que les autres[12].

Trois ans plus tard, en mai 1917, il écrit :

> Je crois de moins en moins que la décision puisse être obtenue par les armes. Depuis la révolution russe il me paraît nettement que cette énorme guerre va être elle-même avalée par les questions sociales. Je ne désespère plus de

11 *J1*, 26 août 1914, p. 852.
12 *J1*, 15 août 1914, p. 837.

> voir l'Allemagne en république. [...] En république tous les états d'Europe ; et la guerre ne finira pas autrement[13].

Dès cette époque, il oriente vers la notion d'Europe l'idée d'universalité qu'il exposait en 1900, quand il affirmait que les artistes les plus personnels sont ceux qui contribuent à la création d'un fonds commun de la culture. Ce fonds, en octobre 1916, il lui confère son identité, en réagissant à un article d'Edmund Gosse sur les rapports intellectuels anglo-français :

> Gosse joue sur les mots. Il ne s'est jamais agi de « littérature européenne », ainsi qu'il le prétend ; mais de « *culture* européenne », qui comporte une participation des diverses littératures de notre vieux monde, chacune puissamment individualisée. Et seule la particularisation de chaque littérature, seule sa nationalisation, permettrait l'européanisation de la culture[14].

À la fin de 1918, ce mot d'Europe semble désormais s'imposer à lui comme la clef de l'avenir. Dans des *Feuillets*, proclamant l'avènement d'une culture européenne qui ne saurait se passer de l'Allemagne, il insiste :

> C'est une absurdité que de rejeter quoi que ce soit du concert européen. C'est une absurdité que de se figurer qu'on peut supprimer quoi que ce soit de ce concert. Je parle sans aucun mysticisme : l'Allemagne a suffisamment prouvé en quoi elle pouvait être utile et nous avons suffisamment démontré ce qui nous manquait[15].

Et parlant dans son *Journal* de l'entente entre la France et l'Allemagne, il concluait :

> Un écrivain n'a certes pas les compétences pour fixer les conditions précises d'un accord politique entre États, mais il a le droit et le devoir d'affirmer combien cette entente lui paraît souhaitable ; disons plus : *indispensable* dans la situation actuelle de l'Europe[16].

Cette position nouvelle, il semble bien que Gide, pour l'énoncer, ait trouvé plus commode de le faire en terrain neutre, dans cette enclave qu'était le Luxembourg ; c'est là qu'il va faire, en avril 1919, sa première sortie

13 *J1*, 3 mai 1917, p. 1033.
14 *J1*, 9 octobre 1916, p. 965.
15 André Gide, « Réflexions sur l'Allemagne » [1919], *Incidences* [1924], Paris, Gallimard, 1989, p. 18-19.
16 *Feuillets* [1918], *J1*, p. 1094.

hors de France après la fin du conflit. Tout en installant à Dudelange les premiers éléments de sa nouvelle famille, avec Marc Allégret et Élisabeth van Rysselberghe, Gide se livre à un véritable travail politique et diplomatique. Sans doute influencé par Émile Mayrisch, dont les visées politiques ne se séparaient pas de ses ambitions économiques, il cherche à alerter l'opinion française sur l'enjeu du référendum qui se prépare au Luxembourg à propos de son avenir politique (monarchie ou république) et économique (union économique avec la France ou avec la Belgique) ; il a ainsi recours aux amis qu'il a au sein de la Maison de la Presse. Le 22 avril, de Dudelange, il écrit à Auguste Bréal pour qu'il incite le journal *Le Temps* à soutenir le rattachement du Luxembourg à la France ; et le 23 avril, à Edmond Jaloux, il suggère de faire envoyer à Luxembourg un correspondant pour le jour du référendum. Il contacte même Walter Berry, le Président de la chambre de commerce américaine à Paris, et le directeur du *New York Herald.* Rentré à Paris, il recommande à Émile Mayrisch d'y venir muni « de tous les renseignements *financiers* capables d'éclairer la question Franco-Belgo-Luxembourgeoise[17] ». De son côté, le 30 mai, Aline Mayrisch écrit à Gide : « Ah cher ami, la France devrait nous prendre vite, et nous utiliser. De quel cœur nous la servirions[18] ! »

Ce désir de rapprochement franco-luxembourgeois s'accompagne d'une volonté d'apaisement à l'égard de l'Allemagne. Significativement, en réaction au pamphlet antigermanique que Jacques Rivière venait de publier, Gide et Aline Mayrisch s'expriment, en juin, dans le même numéro de *La NRF* qui marque la reprise de cette revue. Gide donne des *Feuillets* de 1918 sous le titre « Réflexions sur l'Allemagne », puis une lettre ouverte à Rivière où il critique son parti pris ; de son côté Aline Mayrisch, alias Alain Desportes, donne une note, « Premier regard sur l'Allemagne » où elle souligne que le peuple allemand ne fut pas unanime dans la guerre, en particulier chez les jeunes intellectuels progressistes. Gide va séjourner à nouveau en août à Dudelange, et faire encore quelques tentatives pour soutenir le référendum. Aussi exulte-t-il quand, le 28 septembre 1919, les Luxembourgeois se prononcent à 80 % pour le maintien de la monarchie et à 75 % pour l'union avec la

17 André Gide, Aline Mayrisch, *Correspondance, 1903-1946*, éd. Pierre Masson et Cornel Meder, Paris, Gallimard, « Les Cahiers de la NRF », 2003, p. 141.

18 *Ibid.*, p. 144.

France. Le 30 septembre, il écrit à Aline : « Quelle bonne nouvelle les journaux de ce matin nous apportent. Bravo ! Vive le Luxembourg[19] ! » Mais la France renoncera à cette union, qui sera finalement conclue avec la Belgique.

Le sort du Luxembourg étant scellé, Aline Mayrisch continue à jeter des passerelles entre la France et l'Allemagne. C'est ainsi qu'elle donne, dans *La NRF* d'octobre, un long article sur « Les Critiques d'art allemands ». L'année suivante, Gide revient encore deux fois au Luxembourg, en janvier puis en septembre, et c'est à ce moment qu'il rencontre Walter Rathenau ; le récit qu'il donne de cette rencontre, un an plus tard, est assez décevant ; il n'empêche, Rathenau lui déclare : « J'attache à notre rencontre la plus haute importance et la crois aussi significative que tous les arrangements politiques entre nos deux pays[20]. » Et quand Rathenau sera assassiné, en juin 1922, Gide écrira à Aline Mayrisch : « La nouvelle de son assassinat m'a bouleversé ; c'était une des forces reconstitutives, non pas seulement de l'Allemagne, mais de l'Europe entière, des plus sûres[21]... »

Si Colpach, où réside désormais le couple Mayrisch, devient alors ce qu'on a pu appeler « un petit noyau de la future Europe[22] », c'est assurément grâce à la volonté et à la puissance d'Émile Mayrisch ; il suivait les négociations de Locarno ; prenant la direction de la *Luxemburger Zeitung*, il y installait Jacques Rivière, converti à la réconciliation franco-allemande, comme chroniqueur politique, en particulier pour dénoncer les dangers que la politique de réparations imposée par Poincaré faisait courir à la paix. Mais c'est aussi grâce à l'entregent d'Aline Mayrisch, et de l'appui qu'elle trouvait auprès de Gide, dont l'importance comme écrivain faisait un interlocuteur recherché. C'est ainsi que celui-ci va rencontrer, en juin 1921, le critique Ernst Robert Curtius qui avait publié en Allemagne un ouvrage sur les écrivains français contemporains, où il tenait une place prépondérante ; dans *La NRF* d'octobre 1920, Aline Mayrisch avait justement donné un long compte rendu de ce livre. Tandis que dans *La NRF* de novembre 1921, Gide va s'appuyer à son tour sur les réflexions de Curtius pour consacrer un article aux

19 Lettre du 30 septembre 1919, *ibid.*, p. 151.
20 *Feuillets* [1921], *J1*, p. 1153.
21 Lettre du 3 juillet 1922 dans André Gide, Aline Mayrisch, *ibid.*, p. 262.
22 L'expression est de Paul Desjardins.

« rapports intellectuels entre la France et l'Allemagne ». En 1921 encore, c'est Gide qui prend l'initiative de faire découvrir à Aline Mayrisch les écrits posthumes d'Otto Braun, jeune poète allemand mort à la guerre, et lui demande d'en faire un compte rendu, qui paraît dans *La NRF* d'août. Il va même s'employer à faire rapatrier en Allemagne le corps du jeune homme.

Dans son attitude entrait l'inquiétude devant la situation internationale. En janvier 1922, il écrit à Aline Mayrisch, juste après avoir revu Rathenau à Paris :

> Je reviens à la charge, dans le numéro prochain de *La NRF*, au sujet de la reprise des relations intellectuelles. Je suis avisé que Thomas Mann va répondre à mon premier article. La situation est bien grave et l'atmosphère oppressante[23]…

En février, en effet, Gide publie une note dans laquelle il défendait Curtius contre Massis. Et le 23 décembre, il écrit à Curtius ces phrases prémonitoires :

> Vous avouerais-je même que c'est par là que le génie de l'Allemagne me séduit le plus : par tout ce que j'y sens en effet de richesse intérieure, de force tranquille et de plénitude organique – et parce que j'ai toujours cru qu'il nous fallait chercher le plus d'instruction près de ce qui différait le plus de nous. [...] Si nous commençons, en Europe, à ne plus vouloir comprendre et admettre que nos semblables, je dis que c'en est fait de la culture[24].

Le texte qu'il donne en 1923 à *La Revue de Genève*, « L'Avenir de l'Europe », pourrait servir de conclusion à notre parcours. La réflexion esthétique que nous avons vu Gide énoncer en 1900 à Bruxelles, et qui consacrait sa pratique de l'échange intellectuel inaugurée entre la France et la Belgique, cette réflexion avait trouvé, en ce Luxembourg qui était moins un terrain neutre, comme la Suisse, qu'une plaque tournante politique, une nouvelle dimension :

> Aucun pays d'Europe ne peut plus désormais prétendre à un progrès réel de sa propre culture en s'isolant, ni sans une indirecte collaboration des autres

23 Lettre d'André Gide à Aline Mayrisch, *ibid.*, p. 250.

24 *Deutsch-französische Gespräche (1920-1950) : Correspondance d'Ernst Robert Curtius avec André Gide, Charles Du Bos et Valery Larbaud*, éd. par Herbert et Jane M. Dieckmann, Frankfurt am Main, V. Klostermann, 1980, p. 64.

> pays ; et que, tout aussi bien au point de vue politique, économique, industriel [...] l'Europe entière court à la ruine si chaque pays d'Europe ne consent à considérer que son salut particulier[25].

Par la suite, l'évolution de l'Allemagne vers le nazisme, ainsi que la révolution soviétique, va occuper tout l'horizon ; puis le second conflit mondial éclate, qui pourrait faire douter Gide de cette conception universaliste. Pourtant, à peine la paix revenue, on le voit se rendre dans les pays vaincus, pour rendre l'espoir à la jeunesse. À Pertisau, en Autriche, en août 1946, il vient redire sa foi en une culture européenne fondée sur le respect de chaque culture particulière. Et l'on peut se demander si cette foi ne fut pas en partie favorisée par sa familiarité avec ces petits pays comme la Belgique, le Luxembourg, et peut-être la Suisse, pays faits pour s'affirmer par la seule force de leur esprit. Écoutons Gide : « Je crois à la vertu des petits peuples. Je crois à la vertu du petit nombre. Le monde sera sauvé par quelques-uns[26]. »

Pierre MASSON
Université de Nantes,
Association des Amis d'André Gide

25 André Gide, « L'Avenir de l'Europe » [1923], *Incidences*, *op. cit.*, p. 33.
26 Conférence donnée par Gide à Beyrouth en avril et à Bruxelles en juin 1946, publiée dans *Souvenirs littéraires et problèmes actuels*, *SV*, p. 924.

# GIDE ET LA CULTURE ITALIENNE COMME FONDEMENT DE L'IDENTITÉ EUROPÉENNE

En juin 1950, durant son dernier voyage en Italie, André Gide, invité par le directeur Jean Pasquier, donna une conférence auprès de l'Institut français de Naples. Son texte, conservé sous forme dactylographiée dans les archives gidiennes, n'a été divulgué qu'en 1976, vingt-six ans après la conférence, dans la revue de l'*Association des Amis d'André Gide*[1].

La *causerie* de Gide est un acte de reconnaissance à l'Italie, comme le dit le titre même : *À Naples. Reconnaissance à l'Italie.* L'écrivain exprime son attachement profond à la terre italienne, à laquelle il reconnaît les significations originaires de la culture européenne. L'Italie a joué un rôle symbolique dans l'imaginaire gidien. Claude Martin a remarqué que Gide, à partir du printemps 1894 et jusqu'à l'été 1950, avait effectué vingt-quatre séjours en Italie, d'une durée variable[2]. Cette fréquence singulière n'est pas une simple donnée biographique, mais le témoignage d'une passion ininterrompue qui a fait de l'Italie, pour Gide, une terre d'élection. Ce pays représente le lieu où se fondent l'art et la nature, la littérature et la vie civile, la somptuosité des formes et la joie de vivre, le christianisme et la romanité[3].

Cette conférence révèle une unité compacte qui tourne autour de certains mots-clés. Le premier mot, duquel découlent tous les autres

---

1 Le texte de cette conférence a, par la suite, été publié en 1993 par Fata Morgana, avec une postface et des notes de Claude Martin et des dessins de Valerio Adami (p. 56) ; il a ensuite été publié dans la Pléiade, chez Gallimard, en 2001, dans le volume *Souvenirs et Voyages* (éd. Pierre Masson, avec la collaboration de Daniel Durosay et Martine Sagaert, p. 981-989).

2 Voir Claude Martin, *Notes*, dans André Gide, *À Naples. Reconnaissance à l'Italie*, Cognac, Fata Morgana, 1993, p. 41-42 ; voir aussi la chronologie de Claude Martin dans *Bulletin des Amis d'André Gide*, nº 32, octobre 1976, p. 20-22.

3 Voir Pierre Masson, Jean-Michel Wittmann (éds), *Dictionnaire Gide*, Paris, Classiques Garnier, « Dictionnaires et synthèses », 2011, p. 201-202.

dans cette conversation, est la *reconnaissance.* En partant de ce mot, il est possible d'accomplir cinq pas analytiques, les mêmes accomplis par Gide dans sa *causerie* et auxquels correspondent autant de mots-clé autours desquels cette dernière s'articule : le premier pas concerne la constellation des significations reconnaissables dans ce mot ; le second pas concerne ce qui caractérise l'Italie et les Italiens ; le troisième pas concerne l'identification d'une origine historique qui est un patrimoine commun ; le quatrième pas concerne la capacité de se reconnaître dans la distinction ; le cinquième pas concerne le lien entre l'esprit italien et l'esprit français dans la dimension européenne commune.

## LA RECONNAISSANCE

Dans une approche initiale, la « reconnaissance » peut signifier dans la langue française ce qui, en italien, s'exprime avec les mots « *riconoscimento* » et « *riconoscenza* ». Il s'agit de deux contenus sémantiques bien distincts. Dans le premier cas, il s'agit d'un acte intellectuel, à travers lequel on reconnaît ce qui n'était pas encore pleinement connu ; dans le second cas, il s'agit d'un sentiment, d'une résonnance émotionnelle qui pousse à rendre avec sentiment ce qui a été reçu. C'est cet état d'âme qui, en italien, s'exprime avec le mot *gratitudine*[4].

Cette première mise en relief linguistico-sémantique est intéressante, car elle soulève la question de savoir dans quelle mesure, dans un seul mot français, les deux significations peuvent se contaminer réciproquement.

Gide est conscient de la densité et de la prégnance du mot français utilisé. Il est peut-être conscient également de la façon distincte dont les Italiens expriment dans leur langue les deux significations précitées. Le discours dans sa totalité est tissé avec le seul fil de la reconnaissance.

L'écrivain, en parlant de l'Italie, affirme :

4 Dans notre traduction de cette conférence, en cours de publication, nous avons préféré restituer le titre gidien avec *A Napoli. Riconoscenza all'Italia*, en impliquant dans le mot « reconnaissance » les diverses résonnances sémantiques dont nous nous occupons ici.

> De tout temps, j'ai beaucoup aimé l'Italie ; en font foi les très nombreux voyages et séjours que j'y fis. C'est au point que j'ai beau passer la frontière, je ne parviens pas à me sentir étranger parmi vous ; de sorte que je voudrais jouer sur le mot *reconnaissance* : il en vient à signifier que je me reconnais parmi vous[5].

Gide parle du mot *reconnaissance*, et non pas d'une simple idée. Il veut sonder la complexité d'un univers référentiel dans lequel, comme il le dit, il souhaite jouer. Le verbe *jouer* a également plusieurs niveaux sémantiques. Cette reconnaissance n'est donc pas un simple *omaggio*, comme cela a été traduit en Italie la première fois[6]. C'est beaucoup plus que cela. L'hommage, c'est rendre un honneur qui n'implique pas nécessairement les couches sémantiques à peine décrites. La reconnaissance, c'est au contraire la complexité de ces significations et, plus en détails, l'acte par lequel on reconnaît l'identité de l'autre, celui par lequel on reconnaît en soi quelque chose de l'autre et dans l'autre quelque chose de soi, mais aussi l'acte par lequel on identifie sa propre distinction par rapport à l'autre, par lequel on cherche à approfondir les œuvres de l'autre : c'est le moment où s'exprime l'émotion qui naît de la reconnaissance de ce lien et l'acte avec lequel se partagent toutes ces significations. En synthèse, l'itinéraire de cet article, malgré la pluralité de ses références (événements culturels, souvenirs personnels, expériences d'art, réflexions), module les différents niveaux du mot « reconnaissance », qui contribuent ensemble à exprimer l'intention de l'écrivain d'ériger un monument à la gloire de l'Italie et de la France, considérées comme des dimensions essentielles de la civilisation européenne[7].

Arrêtons-nous quelques instants sur l'*incipit* du texte. Gide souhaite se présenter avec un profil bas et non pas d'un ton solennel, en appelant « causerie » le discours qu'il se prépare à faire. Étant donné qu'il souhaite démontrer aux Italiens qu'il se sent parmi eux comme chez lui, et non pas comme un étranger, il pense, avant même d'annoncer cette disposition psychologique, qu'il est nécessaire de la mettre en pratique. La meilleure façon d'y parvenir, c'est justement d'entamer

5 André Gide, « À Naples » [1950], *SV*, p. 981.

6 André Gide, *A Napoli, Omaggio all'Italia*, éd. Carlo Angelino, Genova, Il Melangolo, 2002.

7 Il s'agit, dans cette conférence, de la référence précise à l'héritage commun d'une couronne en tant qu'expression d'une civilisation.

une conversation informelle. Il s'agit là de favoriser un contexte dans lequel un climat de reconnaissance réciproque peut mûrir, car ce dernier naît de l'initiative polie de celui qui parle sans crainte d'être exposé au jugement de celui qui écoute.

Gide articule soigneusement les passages de son discours. Dans ce but, il affirme n'avoir pu résister à l'occasion qui lui était offerte par l'Institut de Naples d'exprimer ses sentiments envers l'Italie[8]. Il ressent l'importance de cet instant topique, ne le rattachant pas à une pure donnée affective. Il le compare à une dette et il emploie la locution « dette de reconnaissance », ou plus précisément : « vieille dette de reconnaissance[9] ».

L'écrivain passe ainsi de l'acte de reconnaître au sentiment de reconnaissance, à la dette de reconnaissance, au sentiment de l'importance de cette dette. Il se sent si plein de ce sentiment d'appartenance à l'Italie qu'il confie, immédiatement après, son sentiment de lacération intérieure quand les Italiens et les Français se sont affrontés dans une guerre sanglante :

> Lorsque de tristes événements s'y sont pris de manière à nous opposer, j'en ai ressenti une intime souffrance et des blessures qui sont faites à un idéal et à un patrimoine commun. [...] Nous sortons à peine d'une lutte fratricide et les blessures de l'adversaire, c'est nous-mêmes qui en souffrons[10].

## L'ITALIE ET LES ITALIENS

Gide rappelle notamment un épisode de sa vie personnelle. Il a placé dans son studio, derrière son bureau, le masque mortuaire de Giacomo Leopardi. L'écrivain italien est l'occasion de souligner un paradoxe. Ce

8 Claude Martin, dans les *Notes* sur le texte *À Naples, Reconnaissance à l'Italie* (*op. cit.*, p. 43-44), rapporte un passage éliminé par Gide dans son manuscrit : « Je ne suis pas un théoricien et n'entends que fort mal les idées abstraites : je suis homme et voudrais profiter de l'exceptionnelle occasion que m'offre [*sic*] l'Institut français de Naples et notre ami Jean Pasquier son directeur, pour exprimer ce qui me tient à cœur : ma reconnaissance à l'Italie. »

9 « À Naples », *SV*, p. 981.

10 *Ibid.*, p. 981-982.

masque, qui devrait simplement suggérer une « détresse humaine[11] », suscite au contraire en lui un optimisme authentique : « [...] je ne sais comment expliquer que mon optimisme à la fois naïf et résolu prenne appui sur elle [...][12]. » Pourquoi ? L'explication est fournie immédiatement après. Le paradoxe qui caractérise Leopardi est celui qui caractérise, par certains aspects, l'esprit italien dans son ensemble. Pour l'écrivain, la culture italienne exprime toujours, même quand elle vit un drame, un grand attachement à la vie. Il s'agit du deuxième mot-clé du discours. Gide voit en Leopardi, dans son masque de douleur, le même attachement à la vie qu'il reconnaît à l'Italie et aux Italiens : « [...] ce que m'enseigne surtout votre culture, c'est la joie, c'est la valeur de l'homme, c'est son attachement à la vie[13]. » Reconnaître ce profond désir de vivre ne génère pas de la tristesse chez celui qui le perçoit, mais de l'espoir. Ainsi, au fil de sa reconnaissance, l'écrivain rencontre cette joie qui naît du désir spontané d'être en vie.

Gide, à ce point du discours, raconte certains souvenirs personnels. Il cite Goethe, car, tout comme lui, il a eu l'occasion de visiter l'Italie et ses lieux parmi les plus anciens et les plus beaux[14], et il décrit la joie intense éprouvée lors de la traversée des Alpes. Dans cette expérience, il rappelle l'épisode au cours duquel le poète allemand, passant la frontière, s'était, selon sa traduction, exclamé : « Enfin, je suis né ! » Ce n'est que plus tard que Gide s'apercevra avoir mal traduit cette exclamation et avoir confondu *geborgen*, qui signifie « délivré », avec *geboren*, qui signifie « né ». D'autre part, il s'était aperçu que son erreur avait été recopiée à la lettre par d'autres interprètes de Goethe[15]. Il y a cependant, dans

11 *Ibid.*, p. 981.

12 *Ibid.*

13 *Ibid.*, p. 982.

14 Venise, Boulogne, Rome, Naples, Florence, la Sicile, sont quelques-uns des lieux racontés et célébrés par Goethe dans ses *Römische Elegien* (1788-1790) et *Italienische Reise* (1817).

15 Afin de signaler l'importance que Gide attribue à l'histoire de cette erreur, nous rapportons ici le passage dans son ensemble : « C'est, je crois, par la route des Alpes que l'entrée en Italie est la plus saisissante. Lorsque Goethe, descendant du mont Saint-Gothard, s'écrie : "Enfin je suis né", c'est à ce cri que je m'associe de tout mon cœur. Ce mot a souvent été cité ; or ce mot est un contresens ; et comme j'en suis à peu près responsable, je voudrais d'abord m'expliquer à son sujet. Oui, je le tiens pour un excellent exemple de cet aphorisme de l'économie politique, sur lequel nous ne saurons jamais trop méditer : "La mauvaise monnaie chasse la bonne." J'ai cité ce mot dans une conférence que je fis à Bruxelles, il y a plus de cinquante ans, je crois. Il est extrait des admirables élégies dites : *Élégies romaines*, de Goethe. Or, quelques années plus tard, reprenant le texte allemand,

la faute gidienne, une vertu secrète. L'écrivain a traduit de cette façon, car il projetait son propre état d'âme sur celui de Goethe. Le verbe *connaître*, comme le soulignait déjà Paul Claudel, est composé de *cum* et « naître », et a un lien intrinsèque avec le verbe « naître ». Celui qui connaît l'autre renaît, dans une certaine mesure, à celui avec lequel il est en relation. Gide, en arrivant en Italie, se sent renaître, car il reconnaît profondément en soi l'âme des Italiens. En effet, citant l'exclamation de Goethe, il écrit : « [...] c'est à ce cri que je m'associe de tout mon cœur. » Dans cette perspective, le fait de se sentir renaître révèle un profond sentiment de reconnaissance à l'Italie. En connaissant l'Italie, on renaît à une racine commune, à une identité commune. Une intuition heureuse vit dans l'erreur de traduction de Gide.

Mais un autre noyau sémantique dans le mot reconnaissance doit être analysé. Il s'agit de l'expérience de Rome racontée par Gide. Ce dernier y a souvent vécu des situations de gêne et de fatigue, comme il en témoigne dans son *Journal*. Il retrouve également dans son ami Maurice Denis, rencontré dans la capitale, des sentiments d'ennui, en particulier pour Raphaël et « les fresques des chambres du Vatican[16] ». L'ennui naît de la réaction provoquée par une peinture qui, bien que célèbre, est plutôt devenue l'expression d'un académisme superficiel. Gide a une réaction instinctive, critique et autocritique, qui le pousse à chercher plus en profondeur. Il donne – à soi-même et aux autres – une indication de méthode : pour comprendre, il faut savoir « passer outre[17] ». Il faut « revenir sur ce jugement sommaire très injuste[18] » qui, par paresse, ne s'en est tenu qu'à la superficie. Il est nécessaire d'aller au-delà des apparences afin de cueillir le noyau qui est concrètement

je m'aperçus avec stupeur du grossier contresens que je venais de faire. J'avais lu : *Nun bin ich endlich geboren.* Or c'est *geborgen* qu'il fallait lire ; c'est *geborgen* que Goethe avait écrit. C'est-à-dire : je suis enfin délivré, rescapé... de quoi ? de la cour de Weimar, des multiples liens et occupations et obligations mondaines et officielles qui paralysaient son développement spirituel. N'importe : le contresens fit prime ; il fut cité de-ci, de-là, et tout récemment encore, dans un article du *Monde* au sujet d'un livre récent sur l'Italie. Et comme, somme toute, j'en suis le premier responsable, je viens ici m'en excuser. L'on me dira que cela n'a pas grande importance ; car "Enfin je suis né" ne serait sans doute pas désavoué par Goethe et exprime lui aussi fort bien son état d'esprit. N'importe : je tiens qu'il faut faire la guerre aux fausses citations, et les dénoncer chaque fois qu'elles méritent de l'être. » André Gide, « À Naples », *ibid.*, p. 983.

16 *Ibid.*, p. 987.

17 *Ibid.*

18 *Ibid.*

sous-jacent à l'œuvre d'art. De cette façon, on parvient à dissoudre tout académisme d'école et à découvrir l'œuvre dans sa nouveauté. Gide affirme : « Chaque peintre, chaque poète – et, en tant que romancier, je voudrais pouvoir dire : chaque être – apporte son secret, qu'il est souvent assez malaisé de découvrir[19]. » En dévoilant dans l'œuvre d'art ce secret, on en découvre la nouveauté. Ici, le mot-clé est *secret*. Il s'agit cette fois encore de re-connaître, c'est-à-dire de connaître de nouveau depuis le début ce qui, jusqu'à présent, avait été connu seulement de façon superficielle.

L'ami auquel il s'adresse lui saura gré pour la recommandation reçue, en ayant tiré d'importants bénéfices menant à une nouvelle écoute de l'art : « [...] il tint à me marquer sa reconnaissance en me dédiant l'important livre qu'il écrivit à la suite de sa conversion artistique[20]. » Gide énonce ce qui est propre à l'art italien : « Vous êtes un peuple de bâtisseurs[21]. » Ce qui frappe le voyageur français qui arrive en Italie, c'est l'aspect monumental des constructions : « Vous n'êtes avares ni du temps qu'il faut pour construire, ni de l'espace, ni du travail de l'homme, ni de la matière ; non plus que ne l'étaient les Romains[22]. »

La caractéristique du génie italien se trouve dans la générosité féconde, ou plutôt exubérante, de son art. Il s'exprime, entre autres, dans les meilleurs palais de Gênes et dans les monuments funèbres de son *Camposanto*. La capacité du critique consiste à en cueillir le secret. Ce que l'art cache, c'est ce qui l'ennoblit. Pour ce faire, le dégustateur doit savoir vaincre toute hâte provoquée par l'impatience. Cette impatience, très diffuse parmi les jeunes, n'est autre qu'un manque de confiance en l'avenir[23], qui empêche de parvenir à la compréhension de ce qui n'a pas encore été compris. L'*impatience* est, dans ce parcours, un autre mot-clé. Elle est, à bien y regarder, une limite à la possibilité même de la reconnaissance.

---

19 *Ibid.*

20 *Ibid.*

21 *Ibid.*

22 *Ibid.*, p. 988.

23 « Je ne sais trop s'il en va de même en Italie, mais il me semble que le plus grave, je devrais dire : le plus fréquent défaut de notre jeunesse française, c'est l'impatience. Ce qui ne la satisfait pas aussitôt, elle le rejette. Cette impatience est faite très souvent du peu de confiance en l'avenir. Le sol sur quoi s'élancer, le terrain sur quoi construire, ne lui paraît pas assuré. » *Ibid.*, p. 987.

L'art italien est, pour Gide, une vertu génératrice et l'expression d'un écoulement fécond. L'écrivain voit, dans le génie créateur des Italiens et dans leur enthousiasme, la dimension originale qu'ils portent à l'Europe.

Quelles sont en fait pour lui les caractéristiques les plus propres à l'Italie dans le contexte européen ? Ce sont les monuments romains, les vestiges grecs, l'art chrétien ; ce sont la peinture, la sculpture, l'architecture, la poésie, l'ouverture à la beauté de la nature. Ce sont le pont de la *Santa Trinità* de Michel-Ange, les œuvres de Fra Angelico, les tercets de Dante, les cultures des campagnes italiennes. Mais la particularité la plus italienne, pour l'écrivain, ne consiste pas seulement et pas tant dans la présence de chacune de ces caractéristiques, mais surtout, et encore mieux, dans le fait qu'elles sont toutes présentes en même temps, faisant de la terre italienne un *unicum* en Europe. Il s'agit d'un mélange original qui contribue à caractériser l'esprit italien pour sa tendance multiforme à créer, riche de contradictions fécondes, preuve et expression de son lien avec la vie :

> L'Italie, plus qu'aucun autre pays d'Europe sans doute, nous offre une extraordinaire succession de strates, d'époques très diverses, qui se superposent et l'on ne sait plus à laquelle il importe de prêter le plus d'attention. Tour à tour chrétienne et païenne, ou même simultanément parfois ; riche en antagonismes, et c'est là ce qui fait sa grandeur. Elle se raconte chez ses peintres autant et plus encore que chez ses poètes[24].

Ce qui frappe Gide se raconte donc dans ce triple regard : la composante artistique, la composante naturelle et la composante anthropologique. L'acte de connaissance qu'il accomplit est également un acte de reconnaissance.

## LE PATRIMOINE COMMUN

Gide cite Énée et l'*Apocalypse*, Virgile et la littérature latine :

> [...] c'est Virgile qui m'accompagne à Naples aujourd'hui ; c'est la flotte d'Énée que mes yeux cherchaient hier au long des côtes de la Sicile. J'admire dans

24 *Ibid.*, p. 986.

> les *Géorgiques* les préceptes pour la culture de la vigne que les paysans de ces contrées favorisées du ciel appliquent encore aujourd'hui[25].

L'histoire d'Énée, les traditions racontées par les *Géorgiques*, les itinéraires virgiliens sont le patrimoine commun des Italiens et des Français. L'écrivain trouve dans l'*Apocalypse* l'expression symbolique la plus forte pour affirmer le sens de cette richesse partagée :

> J'étais tout jeune encore quand je fus frappé par ces mots de l'*Apocalypse* […]. C'est, si je ne me trompe, une des paroles de l'Ange à l'une des Églises ; mais ma mémoire est défaillante et je puis me tromper : « Tiens ferme ce que tu as, et afin que personne ne s'empare de ta couronne. » Cette couronne, c'est notre héritage. Et si j'en parle au début de cette causerie, c'est que vous, Italiens, et nous, Français, je nous sens cohéritiers d'une même culture[26].

Cet héritage idéal est donc une couronne, un trésor à porter, dont il faut être fier. Ici, le mot-clé est « *couronne* », dans lequel nous nous reconnaissons tous. Il est important de souligner la façon dont Gide, dans la recherche de cette origine historique, croise deux traditions : la tradition gréco-romaine (Homère et Virgile) et la tradition judéo-chrétienne (l'*Apocalypse* de Jean). La couronne devient, dans ce contexte, l'expression symbolique d'une civilisation commune complexe.

## LA RECONNAISSANCE DANS LA DIFFÉRENCE

Venons-en au quatrième pas. La vocation de l'Italie peut s'identifier justement à partir de celui qui, en tant que Français, reconnaît également sa différence. Gide écrit :

> Car enfin c'est en Français que je m'adresse à vous, et je reste Français alors même que je vous admire et, après avoir magnifié le rôle de l'Italie dans l'histoire de notre culture occidentale, je me demande (oh ! sans inquiétude) quel rôle je réserve à la France, qui rende, à son tour, indispensable sa présence dans le concert européen. Si je réponds sans trop hésiter : le rôle de démolisseurs

25 *Ibid.*
26 *Ibid.*, p. 982.

> [...]. Ce rôle, c'est celui du critique ; de la critique ; sans lequel un peuple ou un individu peut courir à sa ruine en dépit des plus éminentes qualités[27].

Gide attribue à la France la capacité de démolition, laissant entendre avec cette expression l'attitude à identifier les points faibles d'un discours, en en contrôlant et reconstruisant le fil conducteur. Il s'agit, avant tout, de l'héritage du Siècle des Lumières, qui s'appelle Voltaire, Montesquieu, Diderot, Jean-Jacques Rousseau[28]. Ce Siècle a en effet représenté un mouvement spirituel qui, dans le but d'illuminer les esprits, a voulu tailler de façon préventive tout ce qui était inconsistant, superflu et nuisible.

Gide identifie donc deux dimensions essentielles de la culture européenne : la dimension critique et la dimension créative. Mais la qualité critique ne concerne pas seulement la pensée philosophique, car elle investit la capacité artistique. Cela signifie que, dans l'expérience même de l'art, la culture critique est créative, car elle s'exprime dans la vigilance réfléchie. Léonard de Vinci affirme de façon géniale que « L'art naît de contrainte et meurt de liberté[29] ». Celui qui crée doit maintenir une surveillance critique continue sur ce qu'il génère s'il ne veut pas se laisser aller à une effusion sans force. De plus, rester fidèle à certaines règles peut stimuler la créativité. Une liberté créative qui œuvre sans règles tâtonne ; au contraire, en partant d'une situation d'obstacles, de difficultés et de règles, on crée avec plus de joie. Avec la créativité, Gide pense qu'il faut garder l'esprit bien éveillé dans l'exercice de la critique et de l'ironie, du « doute » et du « libre examen ». Ici, le mot-clé est le *libre examen.*

C'est justement sur ce point que l'écrivain effectue une autocritique. Il concentre son attention sur l'époque durant laquelle il est tombé dans une exaltation acritique de la spontanéité, et il avoue : « [...] car moi

---

27 *Ibid.*, p. 988.

28 « Mais remontant plus en arrière, est-il imprudent d'énoncer que sans l'effort sceptique de notre XVIIIe siècle, sans Voltaire, sans Montesquieu, sans Diderot, sans Jean-Jacques Rousseau, notre civilisation occidentale, notre culture commune ne seraient pas ce qu'elles sont ; ce que, grâce à leur investigation constante et à l'apport raisonné de leur critique et de leur ironie, elles ont pu devenir. » *Ibid.*

29 *Ibid.* Voir sur ce point la note de Claude Martin, qui établit des liens avec d'autres textes de Gide : « "L'art naît de contrainte, vit de lutte, meurt de liberté", avait dit Gide en 1904 dans sa conférence sur "L'Évolution du Théâtre" [...], sans référence à Léonard ; mais il citait de lui : "La force naît par violence et meurt par liberté", dans son article de 1910 "En marge du *Fénelon* de Jules Lemaitre" [...]. » Claude Martin dans *Bulletin des Amis d'André Gide*, *op. cit.*, p. 19.

aussi, par enthousiasme irréfléchi et, osons le dire : par naïveté, je me suis durant un assez long temps laissé séduire[30]. » On peut peut-être lire, entre les lignes, une critique de la confiance dans la spontanéité pure d'un de ses principaux personnages, Lafcadio. Mais il ne faut pas oublier qu'une des recommandations de Gide au jeune écrivain était d'écrire en état d'ivresse et de se relire en état de sobriété[31].

## L'ESPRIT ITALIEN ET L'ESPRIT FRANÇAIS EN EUROPE

Si la dimension critique et la dimension créative sont des pôles essentiels à l'intérieur d'une capacité poétique mûre, il est également vrai que cette capacité poétique est toujours enracinée dans l'*ethos* d'un peuple et d'une histoire. Cela signifie qu'il faut chercher dans l'esprit européen – perçu dans le temps et dans l'espace – ce qui, depuis l'origine, le caractérise. Un tel facteur essentiel est identifiable dans un esprit de solidarité tourné vers le futur. Gide voit le premier signe de cette solidarité dans l'acte avec lequel l'Énée virgilien, *sublato genitore*, se rend dans les montagnes, portant ses racines loin de Troie afin de les semer pour les générations futures. L'acte d'Énée est symboliquement un acte complexe, car, avec Anchise, il se charge du passé, accompagne le *vieux père* et se tourne vers le futur : « Énée vient d'échapper au désastre du sac de Troie ; il importe pour lui de ne point perdre espoir ; il doit partir à neuf, mais il emporte avec lui son vieux père dont il prend charge sur

30 « À Naples », *SV*, p. 988. Claude Martin fait ici référence à l'époque où Gide avait adhéré au communisme et au socialisme stalinien (voir *À Naples. Reconnaissance à l'Italie*, *op. cit.*, p. 52). Dans ces *Notes*, il fait allusion à la critique que Gide exprime envers l'attitude de ceux qui sont captivés par une chose dépourvue d'esprit critique ; mais on peut peut-être également placer à côté de cela la critique que Gide semble exprimer par rapport au mythe de la spontanéité et à un personnage sans aucun frein, dont il avait été fasciné, c'est-à-dire Lafcadio. Selon Anne-Sophie Angelo, Gide se sert de ce personnage comme d'une « référence hors de l'univers de la fiction des *Caves* » (Anne-Sophie Angelo, *Le Sens des personnages chez André Gide*, Paris, Classiques Garnier, 2016, « Bibliothèque gidienne », p. 144).

31 Voir André Gide, *Conseils au jeune écrivain. De l'influence en littérature*, préface de Dominique Noguez, Paris, Proverbe, 1992, p. 26 : « Écris, si tu veux, dans l'ivresse ; mais quand tu te relis, soit à jeun. »

ses épaules[32]. » Autant la créativité que la criticité sont enracinées dans la solidarité. Ici les mots-clés sont *prendre charge* et *espoir* : sans ces deux actes fondamentaux, toute reconnaissance s'appauvrit.

Le regard de Gide s'exprime ainsi selon deux axes : l'axe synchronique – les Italiens et les Français appartiennent à l'univers européen – et l'axe diachronique – l'histoire européenne part d'Énée et arrive jusqu'à nous, en nous dépassant. Dans ce sens, pour lui, le passé n'est pas un empêchement, mais une richesse et un encouragement pour le présent et le futur[33]. L'entrecroisement de l'axe synchronique et de l'axe diachronique est également un acte de reconnaissance.

Avec les mots-clés identifiés jusqu'ici, on pourrait, à la fin de ce parcours, identifier cette pensée gidienne qui tourne autour de la reconnaissance : en cultivant la joie de vivre et en maîtrisant toute impatience, on peut se reconnaître – Italiens et Français – dans le libre arbitre, dans l'art et dans son secret, qui nous réunissent en Europe comme sous une unique couronne, nous poussant à nous prendre en charge les uns les autres et à avoir confiance dans le futur.

En Italie, Gide reconnaît les racines de l'Europe et le sens de l'avenir. À partir du caléidoscope de sa mémoire, il décompose les témoignages d'une vie, en en cherchant le sens et en lançant un appel à revenir aux origines de l'humanisme européen afin de les transmettre aux générations futures. Avec cette conférence et ce document, Gide livre depuis Naples une véritable gemme à l'Europe.

Carmen Saggiomo
Université de la Campanie
« Luigi Vanvitelli »

32 « À Naples », *SV*, p. 982.

33 « Je sais, je sens que j'appartiens au passé ; mais c'est une considération désintéressée qui me fait croire que la jeunesse, en rompant avec le passé, commettrait une grave erreur. Ce passé, cette tradition, ce n'est point tant un poids qui la tire en arrière et l'empêche : c'est une explication, une motivation du présent ; c'est une impulsion, et là me paraît l'essence même et le *rôle* le plus important de la culture. » *Ibid.*

# « COMMENT PEUT-ON ÊTRE SUISSE ? »

## Suivi d'un texte inédit de Gide

*Ah ! lâche la Suisse ! et viens.*
Paul Valéry à André Gide[1]

« Comment peut-on être Suisse ? » Formulée à la manière de Montesquieu dans *Les Lettres persanes*, la question résume les relations qu'André Gide a entretenues avec ce pays. Comme son illustre prédécesseur, Gide n'aimait pas la montagne. Comme lui, il s'est cependant battu tout au long de sa vie contre les préjugés de toute espèce. La Suisse serait ainsi l'exception qui confirme la règle : l'auteur de *La Symphonie pastorale* n'a jamais porté ce pays dans son cœur et ses jugements ont été guidés par des *a priori* curieux. On ne peut plus parler ici d'indifférence (comme, par exemple, dans le cas de l'Espagne), car il y a un rejet systématique et durable. La proximité de deux femmes suisses : sa bonne, Anna Leuenberger (appelée Marie), et une tante, Anna Im Thurn, l'épouse de l'oncle Charles Gide, n'y a par ailleurs rien changé.

Gide voit dans la Suisse un prolongement du protestantisme de son enfance. Il déteste ses paysages, son tourisme (de « masse », avec des émotions sur commande), son climat. Or, il a besoin de la Suisse. Il y va de sa santé, et donc de son art. Sa mère, ses tantes, Madeleine, ses amis même lui conseillent régulièrement de prendre au sérieux les consignes des médecins et de ne pas abréger les cures ! Le jeune Gide s'y rend par devoir et passe bien du temps dans des lieux perdus et humides pour soigner ses troubles respiratoires ou nerveux. Ce sont des raisons morales et son goût personnel qui expliquent peut-être l'élaboration de ce que l'on

1 Lettre du 8 novembre 1894, dans André Gide, Paul Valéry, *Correspondance 1890-1942* [1955], éd. Peter Fawcett, Paris, Gallimard, « Les Cahiers de la NRF », 2009, p. 309. Gide a jugé cette lettre « admirable ».

peut appeler un anti-discours « helvétique ». Il s'oppose à son discours « sudiste », c'est-à-dire à bien des textes (fictifs ou non) consacrés aux pays du Sud, Italie et Afrique du Nord. Celui-ci est euphorique alors que celui-là reste (en principe) dysphorique. Par opposition au moralisme rigoureux de ses années de jeunesse, dont la Suisse porte la marque, les expériences libératrices que ces contrées chaudes ont rendu possibles l'enchantent et l'inspirent. Une dimension pratique plutôt que stratégique s'ajoute, pensons-nous, à ce rejet de la Suisse. Fût-ce inconsciemment, le jeune André profite de ce désinvestissement pour les paysages, puis pour le pays entier, pour « protéger », du moins à ses débuts, son discours essentiel, celui dévolu à ses œuvres fictionnelles. Alors qu'il se déchaîne, dans ses lettres et dans son *Journal*, avant tout contre la banalité de la Suisse, sa chasteté, sa propreté, sa mise à mal de tout effort culturel majeur, il peut, sans en parler à autrui, élaborer en toute tranquillité son réquisitoire contre la vie littéraire parisienne qui aboutira, dans un style et sur un mode novateurs, à *Paludes* (1895), puis aux amples proses païennes des *Nourritures terrestres* (1897).

Dans ce qui suit, nous allons développer brièvement ces étapes, sans qu'il nous soit permis de tout citer, faute de place. Mais il fallait au moins réunir une gerbe de citations pour en montrer le côté véhément et le parti pris constant. Seront évoquées, dans un deuxième temps, les rencontres que Gide a faites sur le tard, hommes de Lettres et éditeurs, qui l'ont aidé à renouer le dialogue avec l'Allemagne, devenu difficile pendant la Première Guerre mondiale et délicat après. La Suisse germanophone a ainsi joué les médiateurs.

À cette époque, Gide fait plusieurs séjours chez des amis et s'intéressera par la suite moins à la « couleur des Alpes » et davantage à la situation politique et sociale du pays. Au moment où il adhère – corps et âme – au projet communiste, il dénonce l'égoïsme de la Suisse, qui se donne bonne conscience par des œuvres philanthropiques, tout en maintenant les inégalités sociales. C'est qu'à ses yeux, elle a toujours été une île. L'écrivain tend ainsi un miroir non déformant à un pays qui a réussi à créer son propre mythe, et qui fait abstraction des problèmes politiques, sociaux et culturels qu'il rencontre. Alors que les premières critiques sont indubitablement subjectives, il convient d'accorder aux critiques tardives un statut objectif et de les lire sur fond de crise européenne : crise de la Suisse par rapport à l'Europe, mais également, et c'est sans doute plus grave, crise par rapport à l'identité culturelle européenne en tant que telle.

# « COMMENT PEUT-ON ÊTRE SUISSE ? »

Dans son *Journal*, Gide note le 27 janvier 1912 :

> Me voici de nouveau dans ce pays « que Dieu a fait pour être horrible » (Montesquieu). L'admiration de la montagne est une invention du protestantisme. Étrange confusion des cerveaux incapables d'art, entre l'altier et le beau. La Suisse : admirable réservoir d'énergie ; il faut descendre de combien ? pour retrouver l'abandon et la grâce, la paresse et la volupté, sans lesquels l'art non plus que le vin n'est possible. Si de l'arbre la montagne fait un sapin, on juge ce qu'elle peut faire de l'homme. Esthétique et moralité de conifères[2].

Déjà, en 1890, il trouve le pays trop chaste, les montagnes trop protestantes, banales car uniformes, trop impressionnantes, trop verticales et empreintes du sublime qu'il déteste[3]. Faisant une cure d'hydrothérapie en juillet 1894, il se plaint à Henri de Régnier : « Sur les terrasses de Champel, j'invétère ma haine de la Suisse ; ce chaste pays me déplaît ; la froidure y est trop naturelle, je raffole des tentations[4]. » À sa mère : « La campagne n'est ici vraiment pas assez amoureuse[5]. » Et bien des années plus tard, dans son *Journal*, il rappelle que « de ce qui reste froid je n'ai jamais rien su faire[6] ».

---

2 *J1*, 27 janvier 1912, p. 706-707.

3 Lettre d'André Gide à Pierre Louÿs du 28 mai 1890 (d'Uriage) : « Les montagnes m'embêtent – c'est banal comme la Suisse ; c'est tout le temps sublime ; c'est à peine si j'ai vu deux ou trois coins que, peintre, j'aurais voulu peindre. Non, la beauté n'est pas dans le colossal, pas plus dans la poésie que dans la nature – de belles teintes, des lignes vives, unité de sentiment qui se dégage. / Ces vallées toujours recommençantes, c'est d'une composition ridicule, c'est aussi peu esthétique que possible… Je ne peux pas, quand je vois ces plissements, m'empêcher de penser à la physique, c'est géographique pédantesquement. Ô ma Bretagne, ô les gorges du Tarn, ô l'Estérel. » André Gide, Pierre Louÿs, Paul Valéry, *Correspondances à trois voix 1888-1920*, éd. Peter Fawcett et Pascal Mercier, Paris, Gallimard, 2004, p. 78.

4 Lettre d'André Gide à Henri de Régnier du 2 juillet 1894, dans André Gide, Henri de Régnier, *Correspondance 1891-1911*, éd. David J. Niederauer et Heather Franklyn, Lyon, PUL, 1997, p. 143.

5 Lettre d'André Gide à Juliette Gide du 23 septembre 1894 (de Neuchâtel), dans André Gide, Juliette Gide, *Correspondance avec sa mère 1880-1895*, éd. Claude Martin, Paris, Gallimard, 1988, p. 413.

6 *J2*, 24 mars 1935, p. 490.

Si le sublime peut exprimer quelque chose qui dépasse l'homme, Gide, en jouant avec les lieux-dits helvétiques, insiste sur le côté diabolique de la montagne. « Les Diablerets », la « Diavolezza », ou le « Pont du Diable » (*Teufelsbrücke*, c'est-à-dire un pont construit avec la collaboration du Diable) sont vus comme des *loci horribiles*[7]. Mais il faut souligner le déplaisir esthétique de l'écrivain qui n'aime pas, justement, « la couleur des Alpes » et précise qu'« un paysage [lui] plaît plus par les teintes que par les lignes[8] ». Les montagnes restent le plus souvent inaccessibles et inabordables sans guide et se visitent en général à plusieurs, ce qui est contraire à son individualisme. En outre, elles portent à la transcendance, alors qu'il cherche plutôt un pays « non transcendant[9] », favorisant l'immanent, à commencer par l'immanence de la sensation. Celle-ci va devenir sa nouvelle « Toison d'Or[10] ».

C'est qu'à vingt-quatre ans, après une longue période de mysticisme et de rigueur morale induite par sa mère et son entourage, la découverte de l'Italie et de l'Afrique du Nord a permis au jeune écrivain d'élaborer un sensualisme néo-paganiste qu'il a très vite réussi à exprimer dans son rapport avec l'instant vécu. Biskra, Touggourt, Blida, mais également Capri ou Florence l'ont inspiré bien davantage que les cures de Champel, de Valmont, de Schönbrunn ou encore de Bad Lostorf, comme le rappellent certaines pages des *Feuilles de route* (1895-1896), ou des *Nourritures terrestres* (1897). S'adressant à sa mère, Gide a été on ne peut plus clair – même si la dramatisation est volontiers convoquée dans les lettres qu'il lui envoie, tout comme l'exagération puisque « mieux vaut être malade à Biskra que bien portant en Suisse[11] ». Comment pour lors s'étonner de réquisitoires plus systématiques ? :

---

7 Gide évoque une sorte de « pont du Diable » près de Loèche-les-Bains (en Valais), dans un rêve où il a cru perdre Madeleine ; il y pense : « Jamais elle ne pourra supporter ce pays. » En même temps, la Suisse y apparaît comme un pays neutre, qui tolère la liberté d'expression par opposition aux blocs en guerre. *J2*, 26 juin 1942, p. 765.

8 Lettre d'André Gide à Élie Allégret du 16-20 août 1889, dans André Gide, Élie Allégret, *L'Enfance de l'Art. Correspondance avec Élie Allégret 1886-1896*, éd. Daniel Durosay, Paris, Gallimard, « Les Cahiers de la NRF », 1998, p. 178.

9 *Ibid.*, p. 178-179.

10 *Si le grain ne meurt* [1921], *SV*, p. 270.

11 Lettre d'André Gide à Juliette Gide du 20 août 1894, dans André Gide, Juliette Gide, *op. cit.*, p. 445.

> Le Saint-Gothard m'a ASSOMMÉ ; cascades, cabanes sur des promontoires, éboulis, mélèzes romantiques, ravins, et tout l'attirail, – oh ! *assommé* ! Tout le monde a failli étouffer dans les tunnels, et ça n'en finissait pas. On pensait, chacun pour soi : si ça dure encore cinq minutes, j'éclate, – et ça durait encore une demi-heure. Assommant le Lac des Quatre-Cantons[12] [...].

Ce qui trouve grâce à ses yeux, paradoxalement, ce sont les hauts plateaux. Voici ce qu'il écrit à son ami peintre Paul-Albert Laurens :

> Bien que ce pays ne soit d'aucune beauté plastique, non plus de couleurs que de lignes, et que M[adeleine] l'ait pris en plus grande aversion que moi, ce qui n'est pas peu dire – il s'y goûte parfois des émotions spéciales, de saveur un peu sûre et brutale, souvent physiques et qui semblent *entrer en nous autrement que par les yeux*. – Les hauts plateaux sont d'une incomparable solitude et quand on a la chance de ne pas y être entouré d'un panorama de toutes les Alpes – quand le paysage se rétrécit et se désole, on peut, ne voyant plus qu'elles, admirer ces pierres verdies, cette eau verte qui ne s'écoule plus – ces mousses et sitôt après l'attente d'une chute immense[13]...

## LA SUISSE DANS LES FICTIONS

Parcimonieusement, comme il se doit, la Suisse est entrée dans quelques œuvres littéraires. Son rejet est encore virulent dans *L'Immoraliste* (1902). Gide prête à son narrateur – homme extrêmement docte – une image plutôt négative et anhistorique de ce pays ; en filigrane, il critique le pragmatisme de ses habitants et, sur fond de nietzschéisme ambiant, leur modestie :

> [...] j'ai les gens honnêtes en horreur. Si je n'ai rien à craindre d'eux, je n'ai non plus rien à apprendre. Et eux n'ont d'ailleurs rien à dire... Honnête peuple suisse ! Se porter bien ne lui vaut rien... Sans crimes, sans histoire, sans littérature, sans arts...
>
> Un robuste rosier, sans épines ni fleurs[14]...

12 Lettre d'André Gide à Juliette Gide du 23 septembre 1894 (de Neuchâtel), *ibid.*, p. 476.

13 Lettre du 26 novembre 1895 (de Saint-Moritz), André Gide, Paul-Albert Laurens, *Correspondance 1891-1934*, éd. Pierre Masson et Jean-Michel Wittmann, Lyon, PUL, « André Gide – Textes et correspondances », 2015, p. 125. C'est nous qui soulignons.

14 *L'Immoraliste* [1902], *RR1*, p. 677.

Est-ce un hasard si Michel compare le passage de l'Engadine vers l'Italie aux « vertiges d'une chute[15] » ? Et c'est dans ce même récit que le narrateur dit du bien de Neuchâtel et de son lac qui n'a rien « d'alpestre[16] » – exception par rapport aux autres régions, comme on le verra.

Dans *Les Faux-Monnayeurs* (1925), Bernard écrit à Olivier, lors de son séjour à Saas-Fée (en Valais) : « Nous avons déjà fait, Édouard et moi, quelques petites courses de montagne, très amusantes ; mais à vrai dire, ce pays ne me plaît pas beaucoup ; à Édouard non plus. Il trouve le paysage "déclamatoire". C'est tout à fait ça[17]. » Un paysage moins déclamatoire et plutôt désolé se trouve décrit dans *La Symphonie pastorale* (1918). Gide y a transposé les expériences de son séjour à La Brévine, dans le village le plus froid du pays. Il y reproduit fidèlement des conflits issus du protestantisme : la culpabilité existentielle face à ses règles morales, la peur du corps, le mensonge à soi, qui résiste à l'introspection. Là aussi, l'image de la Suisse reste dans l'ensemble négative ; les gens y sont bornés, victimes de leurs passions, hypocrites – mais aussi capables d'élans de révolte (comme le fils du pasteur). Bref, l'Helvétie apporte « à tous les gestes et à toutes les pensées » un « je ne sais quoi de rauque et d'empesé[18] ».

Dans la partie médiane des *Faux-Monnayeurs*, l'ascension de l'Allalinhorn fait exception à la règle : Bernard s'y sent investi d'une grande énergie nouvelle – et dit du bien de la Suisse ! Citons ces passages de sa lettre à Olivier : « Ce qu'il y a de meilleur ici, c'est l'air qu'on y respire ; un air vierge et qui vous purifie les poumons. [...] Eh bien ! mon vieux, *je ne dirai plus de mal de la Suisse* : quand on est là-haut, qu'on a perdu de vue toute culture, toute végétation, tout ce qui rappelle l'avarice et la sottise des hommes, on a envie de chanter, de rire, de pleurer, de voler, de piquer une tête en plein ciel ou de se jeter à genoux[19]. » La montagne est désormais vue comme une sorte de *no man's land*, un lieu de résilience, qui peut provoquer l'ivresse et faire naître de bonnes résolutions. L'effort de la montée favorise les comportements énergiques, mais également la propension à l'idéalisme.

15 *Ibid.*, p. 678.

16 *Ibid.*, p. 674.

17 *Les Faux-Monnayeurs* [1925], *RR1*, p. 301.

18 *J1*, 7 août 1917, p. 1035-1036. – Au début de sa relation avec Marc Allégret, Gide l'appelle Michel, alors qu'il se donne pour nom Fabrice.

19 *Si le grain ne meurt*, *SV*, p. 301-302. C'est nous qui soulignons.

Malgré cet accès de jugement positif à l'égard des Helvètes, l'écrivain dirige son regard sur le désert plutôt que sur le paysage accidenté de la Suisse. Il a chanté la beauté exotique d'El Kantara ou de Touggourt, trouvé une esthétique toute subjective exaltant l'instant, la magie des lieux, l'enchantement à un moment où la littérature française privilégiait le durable et l'objectivité, sans oublier bien des pages sur la lumière telle qu'il l'a ressentie dans les pays où prédomine le soleil, à commencer par l'Italie. Ainsi à Capri, en parlant de la *Grotta verde* située au sud de l'île : « De l'autre côté de l'île, une autre grotte, moins connue, est exquise ; petite, étroit corridor à trois entrées ; la lumière est ainsi réfractée que seulement les rayons verts pénètrent et l'eau en est assez chargée pour que cela lui crée une espèce de phosphorescence[20]. » Cette couleur rejoint celle découverte, en moins magique, sur les hauts plateaux. Or, que se passe-t-il en Suisse ? En juin 1897, prenant des bains sulfureux avec sa femme, à Lostorf, près d'Olten, il écrit à Albert Mockel : « [...] l'eau est noire comme cette mauvaise encre[21]. »

## UN REPOUSSOIR

Pôle négatif, la Suisse forme ainsi un *repoussoir* idéal pour mettre en valeur le pôle positif. L'écrivain se plaît à s'arrêter dans le Sud, mais il se contente, le plus souvent, de « passer » en Suisse. « Tout Suisse porte en soi ses glaciers », lisons-nous dans *Si le grain ne meurt*[22] (même s'il y a des exceptions) : aller du royaume des glaciers vers les régions souriantes de l'Italie proche, permet d'accroître l'agrément des pays chauds. Ce souvenir du voyage de noces d'André et de Madeleine Gide l'illustre :

> Nous venions de Suisse, mais ne descendions pas du Saint-Gothard. L'entrée en Italie par la passe de la Maloja, par l'Engadine, est, je crois, plus saisissante encore. On laisse derrière soi Sils-Maria, où Nietzsche rongeait son frein,

20 *Feuilles de route (1895-1896)*, *J1*, Naples, 1896 (sans doute fin janvier), p. 214.

21 Lettre d'André Gide à Albert Mockel du 3 juin 1897, dans *Oltner Neujahrsblätter*, 1985, p. 50, et André Gide, Albert Mockel, *Correspondance (1891-1938)*, Genève, Droz, « Textes littéraire français », 1975, p. 191.

22 *Si le grain ne meurt*, *SV*, p. 283.

> l'austérité, la rigueur des glaciers ; et presque soudain, l'on découvre la grâce, le plaisir de vivre et l'aisance[23].

Si la montagne requiert les efforts (plutôt vains aux yeux de Gide) de la montée, les descentes vers la vallée ont quelque chose d'excitant et peuvent prendre des accents irréels, fantastiques, où la « hideur romantique » de la montagne devient « admirable » :

> Admirable descente d'Andermatt à Goeschenen, ce matin ; j'enfonçais dans un *bolge* de l'enfer du Dante. Le brouillard, que le vent glaçait, couvrait de givre mon manteau, mes gants, les cils blonds du cocher et la queue du cheval qui semblait une plume d'autruche énorme, comme dans un des *Proverbes* de Goya[24].

Faisant un détour par la peinture, le récit de Gide est relié à un souvenir du désert : « Volupté dans l'étrange, aussi extrême que celle dans le désert, lorsque, au retour de Tolga [...], la roue de la voiture soulevait une chevelure de sable ; et le crissement du traîneau dans la neige y faisait penser[25]. »

De toute façon, même en France, sa nostalgie du désert est grande. Dans *Les Nourritures terrestres*, nous lisons : « Ô paysage où mon désir s'est enfoncé ! [...] apparition [...] de la promesse illimitée[26]. » La Suisse, pays de la transition, devient aisément un seuil, une préparation vers un ailleurs plus souriant, plus sensuel. À Saint-Moritz, il écrit le 26 novembre 1895 à Paul-Albert Laurens, avant de se rendre en Italie : « La hideuse Suisse aura été pour l'Italie une préparation merveilleuse[27]. » Si le discours « sudiste » profite de descriptions élogieuses et raffinées, Gide néglige son discours helvétique, « nordiste », qui reste un anti-discours, peu consistant, souvent transitoire, expédié pourrait-on dire, favorisant le lointain, l'inaccessible, le distant – alors que l'autre joue sur la proximité.

---

23 « À Naples », *SV*, p. 984. (Conférence prononcée en juin 1950 à l'Institut français de Naples.)

24 *J1*, 29 janvier 1912, p. 707.

25 *Ibid.* Tolga se trouve près de Biskra, en Algérie. – Il est intéressant de constater que Gide déplace volontiers le discours premier par le recours à des comparaisons que rendent possible les autres arts. Ailleurs, il court-circuite ses observations en laissant entendre qu'il préfère la musique à l'architecture. Voir la lettre du 19 avril 1894 à sa mère, en parlant de Rome : « [...] je donnerai volontiers le Forum et le Colisée pour une symphonie de Beethoven. » André Gide, Juliette Gide, *op. cit.*, p. 338.

26 *Les Nourritures terrestres* [1897], *RR1*, p. 361.

27 André Gide, Paul-Albert Laurens, *op. cit.*, p. 127 (Saint-Moritz, 26 novembre 1895).

Prévalent, dans le Sud, le plaisir, la fainéantise ; c'est la santé qui prend le dessus dans le Nord. L'hygiène rend les randonnées obligatoires : « Chaque jour, malgré la hideur du pays, je m'imposais d'énormes promenades[28]. » En en parlant, l'écrivain se pose cette question : « Suis-je injuste en disant : hideur ? » Il reconnaît : « Peut-être » – et comme pour s'en excuser : « […] mais j'avais pris la Suisse en horreur[29] […]. » C'était donc un choix, à la fois personnel et artistique. La Suisse incarnait ce que Gide avait réussi à dépasser. Plus personnellement, elle représentait le souvenir de son état moral antérieur ; comme sa mère se plaisait à lui faire des recommandations de bonne conduite à l'occasion de ses cures, on pourrait relier ce souvenir à sa personne : la Suisse ne serait-elle pas en quelque sorte le pays maternel ?

Mais nous aurions tort de négliger la lucidité de l'écrivain qui dénonçait, implicitement, le piège dans lequel sont tombés de nombreux Suisses : celui de se complaire dans les jugements élogieux de leur pays à partir des impressions (élogieuses) de touristes. Quand Pierre Beausire, l'un des organisateurs des mises en scène des *Caves du Vatican* adapté pour le théâtre à Lausanne, à Genève et à Montreux en 1934, lui a rappelé sa dureté vis-à-vis de la Suisse, Gide a répondu : « On est sévère avec ceux que l'on aime[30]. »

## PAYS(AGES)

De toute évidence, l'écrivain a, par la suite, projeté sur le pays entier son déplaisir des paysages. À l'exception de Neuchâtel, aucune ville suisse ne trouve grâce à ses yeux. Lausanne ? « La Suisse de Lausanne m'a déplu – (pourtant je vis sur le lac une aube miraculeuse[31]). » Zurich lui fait l'effet d'une cité exotique ; ainsi, il note dans son *Journal*, en janvier 1912 : « Combien la sensualité invite plus à l'art que la sentimentalité, c'est ce que je me redis en me promenant dans Zurich. À vrai dire,

28 *Si le grain ne meurt*, *SV*, p. 296.

29 *Ibid.*

30 André Gide, dans *Écriture*, n° 14, 1978, p. 86.

31 Lettre d'André Gide à Henri de Régnier du 5 septembre 1894, dans André Gide, Henri de Régnier, *op. cit.*, p. 160.

je n'y comprends rien ; je me sens plus étranger à ces gens-là, et eux à moi, que je ne serais parmi des Zoulous et des Caraïbes[32]. » À Bâle, en défenseur du classicisme (nous sommes en 1927), il s'en prend au peintre Arnold Böcklin qu'il juge anti-artistique (sans saisir l'expression de l'inconscient que ce peintre favorise) : « Boecklin ne vaut guère que par ses intentions. L'enfer de l'art en est pavé[33]. » Et le 5 août 1906, voyageant entre Berne et Bâle, il écrit à Maria van Rysselberghe :

> Pour la première fois, durant un instant, j'ai vu les Alpes belles, belles à pleurer de joie. C'était à Thun, *une petite ville de charme germanique* ; penché à la fenêtre du wagon, ces hideuses masses noires et blanches, que j'habitais encore ce matin, plus distantes, pour la première fois s'attendrissaient, se volatilisaient dans un azur verdissant[34].

Dans ce cas, les montagnes deviennent belles (et donc moins effrayantes) parce qu'il s'en éloigne – elles se « volatilisent » même. Puis, un peu plus loin – on se rend compte que la montagne garde quelque chose de menaçant pour lui –, Gide reproduit ainsi la peur des massifs alpins qui a prévalu longtemps en Europe, le massif alpin apparaît comme un théâtre aux dimensions démesurées où se jouent des drames :

> N'en parlons plus. Mais comment eussé-je pu aller mieux ? dans un pays qui requérait pour l'exaspération toutes mes forces ? Un immense rire m'emplit à sentir enfin l'horreur des Alpes dans le dos[35].

Berne justement ? Le jugement est pour le moins sans équivoque : « Berne est entouré d'une campagne petite et peignée ; si j'habitais là-bas j'aurais envie de faire des saletés dans tous les coins[36]. » Ses jugements semblent toujours exaspérés, comme viscéraux, ainsi qu'on peut réagir vis-à-vis de ses parents. Cette impression se renouvelle à Lucerne : Gide y trouve la propreté excessive et n'ose jeter sa cigarette dans le lac ! Mais il y a plus grave : « Pas de graffiti dans les urinoirs. La Suisse s'en enorgueillit ; mais

32 *J1*, Zurich, janvier 1912, p. 703.

33 *J1*, 11 mai 1927, p. 35.

34 André Gide, Maria van Rysselberghe, *Correspondance 1899-1950*, éd. Peter Schnyder et Juliette Solvès, Paris, Gallimard, « Les Cahiers de la NRF », 2016, p. 228-229. C'est nous qui soulignons.

35 *Ibid.*

36 Lettre d'André Gide à Henri de Régnier du 5 septembre 1894, dans André Gide, Henri de Régnier, *Correspondance 1891-1911*, *op. cit.*, p. 160.

je crois que c'est de cela précisément qu'elle manque : de fumier[37]. » Bien des touristes vont visiter le lion de Thorvaldsen, qui commémore, dans cette ville, les mercenaires suisses au service de Louis XVI, morts lors de l'assaut des Tuileries en 1792. Or, le verdict de Gide est dépourvu de la moindre considération historique : il est *artistique* en ceci que la culture mémorielle sert de conducteur pour justifier le déplaisir procuré par la vue des montagnes :

> Quand Michelet appelle la Suisse l'autel neigeux où vient communier l'Europe, c'est parfait ; mais ces communions glacées, je les préfère intellectuelles ; une nature mystique, cela ne me plaisait qu'au pôle. Ici, l'anti-artistisme sévit ; les montagnes ont l'air d'être faites par Thorwaldsen, et le grand Lion de Lucerne ne me paraît pas beaucoup survaloir l'ours de Berne : tous deux sont de très vilains animaux[38].

Ce tableau négatif est en outre complété par le peu d'intérêt que présentent à ses yeux les habitants (hormis quelques personnalités rencontrées sur le tard), jusqu'à la langue elle-même : Gide ne fait preuve d'aucune curiosité à l'égard du plurilinguisme du pays, pour le moins original, ou de l'existence des patois en Suisse romande (encore bien ancrée au début du XX^e^ siècle) – sans parler des dialectes, très actifs en Suisse alémanique et dans le Tessin, avec leur « diglossie », c'est-à-dire le fait d'écrire dans une autre langue que celle que l'on parle, phénomène qui traverse tous les milieux sociaux. Dans une brève chronique de *La NRF*, intitulée « La Suisse entre deux langues[39] », parue en décembre 1910, Gide propose de répondre à une discussion sur les qualités littéraires des langues où, en conclusion, il accorde au français une supériorité stylistique (plutôt discutable) sur l'allemand. Il y défend l'idée selon laquelle le style est une caractéristique bien française. Mais fallait-il pour autant avancer qu'il ne faut pas penser « que chaque langue présente à l'écrivain “d'égales ressources de clarté, de

37 *J1*, 10 août 1917, p. 1036. – Voir les témoignages d'écrivains européens sur Zurich – ils reprennent en partie les mêmes « griefs » : Ute Kröger, *Nirgends Laster, nirgends Sünde. Zürich inspiriert Literaten* [*Nulle part du vice, nulle part du péché. Zurich inspire les écrivains*], Zurich, Limmat Verlag, 2012.

38 Lettre d'André Gide à Juliette Gide, 29 juin 1894, dans André Gide, Juliette Gide, *op. cit.*, p. 413. – Gide justifie son désamour par l'absence de sensualité ; la Suisse est trop chaste à ses yeux : « Je n'aime pas trop que ce soit le pays qui me l'enseigne. » *Ibid.*, p. 412.

39 « La Suisse entre deux langues » [1910], *EC*, p. 263-264.

sonorité, de ductilité, etc.[40]" » – moyen d'attribuer la palme à la langue française ? Il cite Goethe et Nietzsche, et rappelle la maîtrise du français de bien des écrivains allemands, mais cette vision ne reste-t-elle pas prisonnière d'un impérialisme culturel périmé ? Aussi, de ce désintérêt, *La NRF* se faisait-elle l'écho puisque Gide influençait largement les grandes orientations de la revue : dans l'ensemble, on y parle peu des écrivains suisses, qu'ils aient été francophones ou germanophones[41].

## LA SUISSE À TRAVERS LES RENCONTRES DE QUELQUES PERSONNALITÉS

Mais n'oublions pas que Gide a su reconnaître avant l'heure et accompagner le talent de nombre d'auteurs suisses. Il a salué l'écrivain zurichois Gottfried Keller à un moment où ce dernier était inconnu en France. Et c'est grâce à sa critique élogieuse qu'un poète neuchâtelois, Jean-Paul Zimmermann, s'est lancé dans une traduction française de ce roman biographique important[42]. Un des premiers en France (et en Suisse), il a saisi l'originalité de l'écrivain vaudois Charles Ferdinand Ramuz (1878-1947), son projet de dépasser la « langue-signe », apprise à l'école (jugée abstraite, cérébrale), au profit d'une « langue-geste », concrète, charnelle, reflétant le parler de ses compatriotes. En 1932, Gide propose à son tour, à partir de *Taille de l'homme*, méditations pessimistes de Ramuz, quelques réflexions sur la justice sociale et rappelle que, s'il défend le « communisme », c'est qu'il y a dans ce mot également « communion[43] ».

Dans la deuxième partie de sa vie, l'écrivain reçoit de nombreuses demandes d'associations d'étudiants qui voudraient l'inviter à donner des conférences. Ces lettres montrent que ce ne sont pas *a priori* les professeurs qui en ont pris l'initiative, mais des étudiants : Gide était alors

40 *Ibid.*, p. 264.

41 Voir Peter Schnyder, « Regards sur les littératures étrangères », dans Robert Kopp (éd.), *La Place de* La NRF *dans la vie littéraire du XX^e^ siècle : 1908-1943*, Paris, Gallimard, « Les Entretiens de la Fondation des Treilles », 2009, p. 371-387.

42 Zimmermann a dédicacé sa traduction de 1933 à Gide et y fait allusion. Une nouvelle édition date de 1987 : Gottfried Keller, *Henri le vert*, Lausanne, L'Âge d'Homme, « Poche suisse ».

43 *J2*, Lausanne, 30 novembre 1933, p. 435.

encore volontiers considéré comme trop anti-conformiste, d'abord au vu de ses préférences sexuelles, ensuite de son adhésion bruyante à l'idéologie communiste[44]. En Suisse romande, en dépit des exploits scéniques autour de sa pièce, les journaux ne manquaient pas d'insister là-dessus. Mais les milieux éditoriaux passaient outre et certains éditeurs, notamment zurichois, ayant compris son importance européenne, se tournent vers lui dès les années succédant à la Première Guerre mondiale, afin de lui demander de contribuer à renouer le dialogue avec l'Allemagne[45]. Gide a été sensible à ces appels. Encore ne fallait-il rien précipiter et rester prudent ! Quand, au printemps 1919, le Max Rascher Verlag (Zurich) demande au directeur des Éditions du Mercure de France s'il serait possible de publier des traductions allemandes des *Nourritures terrestres*, du *Retour de l'enfant prodigue* et d'*Oscar Wilde*, in memoriam, Gide répond à la demande de celui-ci :

> Il est évident qu'il est dans l'intérêt de la France que la pensée française pénètre dans les pays ennemis et s'y répande, mais tout de même, il y a des précautions à observer. Il importe de ne pas faire le jeu de l'Allemagne sans le savoir et de ne pas se laisser jouer par elle[46].

D'autres éditeurs proposent de publier des textes dont il serait l'auteur, le plus souvent dans un contexte européen. C'est le cas de Carl Seelig, éditeur zurichois infatigable :

> Cher Monsieur,
> D'après le conseil de mes amis Romain Rolland, Henri Barbusse, Stefan Zweig, etc. j'ai fondé, ces jours, une entreprise d'édition intitulée « Les douzes [*sic*] livres » qui doit faire paraître un seul et beau volume tous les mois. Mon but n'est pas le profit matériel, mais de réunir les meilleurs écrivains d'Europe et de leur laisser la parole dans un beau volume de 80 à 120 pages, au prix de 4 à 6 fr[47].

---

44 On peut mentionner les demandes de François Laya (Genève, 22 avril 1919), de Hannes Heuberger (Lausanne, 22 avril 1921), de Marcel Marthaler (Fribourg, 23 mai 1921), ou de René Schnyder (Berne, 18 juillet 1921). Toutes ces lettres, inédites, sont conservées par la Fondation Catherine Gide.

45 Le dossier (voir note précédente) comporte entre autres des échanges épistolaires avec Paul Budry, Marcel Gavaillet, Charly Guyot, Éric Luginbühl, Albert Mermoud, Jean Marguerat, Arnold Naville, Paul Seippel, Eugen Rentsch, Max Rychner, Martin Schlappner, Daniel Simon, Robert de Traz, Walter Widmer.

46 L. d. s. à Alfred Vallette, 11 avril 1919, inédite, Fondation Catherine Gide.

47 L. d. s. de Carl Seelig à Gide, 24 mars 1919, inédite, Fondation Catherine Gide.

Gide a su apprécier les démarches éditoriales de certains Suisses, du critique littéraire Max Rychner, de Maurice Blanc (éditeur, en 1943, de l'édition originale des *Interviews imaginaires*). En outre, il a été en contact avec des écrivains exilés, comme Thomas Mann, et a rendu visite à Hermann Hesse à Montagnola. Rappelons qu'il était lié d'amitié avec l'éditeur neuchâtelois Richard Heyd[48] et avec un zoologue de Zurich, Jean Strohl. Enfin, Denis de Rougemont et Félix Vallotton, ressortissants suisses installés à Paris, collaboraient à *La NRF*.

## « LA SUISSE EST UNE ÎLE » – GIDE, LA SUISSE ET L'EUROPE

À sa critique générale de la Suisse est venue s'ajouter, dans les années 1930, lors de son engagement communiste, une critique de l'isolationnisme helvétique, qu'il a exprimée dans quelques documents inédits. Ces considérations ont d'abord été consignées dans un cahier d'écolier, dont l'idée forte est l'insularité de la Suisse, avec d'autres pensées concernant les grands *meetings* parisiens auxquels il était censé participer. Ces notes, prises pendant les répétitions de la mise en scène des *Caves du Vatican* en Suisse romande, durant l'hiver 1933, stigmatisent la clôture du pays à un moment où le parti socialiste avait le vent en poupe au point de remporter certaines batailles électorales, à Genève et à Lausanne :

> À mon séjour à Lausanne, l'an passé, et surtout lors d'une visite à Genève, je me suis avisé de quelque chose qui a pris soudain à mes yeux l'importance d'une découverte, c'est que la Suisse est une île. Le peuple suisse vit à l'abri. Son honnêteté, sa philanthropie, sa richesse contre laquelle les vagues de la question sociale viennent se briser. [...]
>
> Il est bien rare que la fortune ne s'interpose pas entre celui qui la possède et la réalité ; fortune créée en halo doré, une sorte de suave gaine imperméable grâce à laquelle on peut sortir par le plus mauvais temps sans être mouillé[49].

48 Directeur des Éditions Ides et Calendes, il a publié le *Théâtre complet* de Gide en 8 volumes (1947-1949) et un grand nombre de plaquettes fort soignées, avec le plus souvent des textes inédits. Dans les années 1948-1949, Gide a séjourné régulièrement chez les Heyd.

49 Notes manuscrites inédites, s. d. [1934], Fondation Catherine Gide. – Ce texte a été transcrit à la fin de cette contribution (voir plus bas).

Ces réflexions soulignent un problème constant de la Suisse : son lien avec l'Europe – problème toujours d'actualité en 2016 puisque la Suisse, « cas spécial » (*Sonderfall*), reste un pays isolé qui n'a aucunement participé à la construction européenne.

## DE L'INDIVIDU À LA SOCIÉTÉ

Du rejet de la Suisse, justifié d'abord par des critères esthétiques et personnels, Gide a glissé, sur le tard, vers un rejet d'ordre social et politique. Certes, peu de temps avant de mourir, il a formulé la conviction que « le monde sera sauvé par les petits peuples[50] » – mais est-on sûr qu'il pensait alors à la Suisse ? Il a pu se servir de ce pays comme d'un *alibi* pour préserver la gestation de son œuvre et comme d'un repoussoir pour faire valoir la sensualité et le bien-être que lui ont inspirés les pays du Sud, visités et revisités régulièrement et qui l'ont aidé à développer une poétique de l'instant, où l'idée de la mort a son prix : « Une pas assez constante pensée de la mort n'a donné pas assez de prix au plus petit instant de ta vie[51]. » À ce titre, Gide a renouvelé la littérature française de son temps et a influencé la littérature européenne. C'est Maria van Rysselberghe qui a insisté sur les innovations stylistiques qui lui sont dues dès l'époque d'*Amyntas* : « Chez Gide, le rythme c'est l'essentiel : ses phrases sont comme des gestes ; toute sa force d'expansion est dans le mouvement. [...] La prose de Gide est comme une danse[52]. » On aura compris que la montagne devait moins se prêter à de tels exploits stylistiques...

La position d'André Gide vis-à-vis de la Suisse est intéressante à divers titres. Pour des raisons ouvertement artistiques, il s'est montré incurieux d'un pays dont l'identité a été d'abord une identité d'opposition : celle de

50 « Je crois à la vertu des petits peuples. Je crois à la vertu du petit nombre. Le monde sera sauvé par quelques-uns. » « Souvenirs littéraires et problèmes actuels », conférence prononcée à Beyrouth en avril et à Bruxelles en juin 1946, *SV*, p. 924. Voir également *J2*, 24 février 1946 (transcription d'une lettre à Bernard Engigner), p. 1026, où le salut peut venir des insoumis, qui sont le « sel de la terre » et « les responsables des dieux ».

51 *Les Nourritures terrestres*, *RR1*, p. 169.

52 Maria van Rysselberghe, « André Gide », dans *Il y a quarante ans*, suivi de *Galerie privée*, *Strophes pour un rossignol*, Bruxelles, Labor, Espace Nord, 2005, p. 168.

ne pas *appartenir* aux grandes puissances qui entouraient la Suisse primitive (cantons d'Uri, de Schwytz et d'Unterwalden) et la route du Gothard, vitale pour le trafic Nord-Sud. Nous avons vu que notre écrivain est resté indifférent au fonctionnement démocratique du pays depuis plusieurs siècles, même si Denis de Rougemont, collaborateur à *La NRF*, a suggéré que la Suisse pouvait fournir le modèle de l'Europe à venir. Jean Paulhan, qui a séjourné en Suisse, ou Jean Schlumberger, par exemple, ont manifesté plus d'intérêt pour le pays et pour son système politique, sa méfiance de tout centralisme au profit de hiérarchies horizontales, « plates[53] ».

André Gide n'est pas le seul écrivain à avoir critiqué la Suisse dans son ensemble, mais il y a lieu de rappeler que bien des étrangers ont fait en sorte de vivre et de travailler en Suisse, fussent-ils exilés (comme Thomas Mann) ou non (comme Hermann Hesse). Nietzsche, Rilke, Pierre Jean Jouve, Carl Zuckmayer ont écrit certaines de leurs œuvres dans les Grisons ou en Valais. Thomas Mann a fait de sa *Montagne magique* (1924), qui ressemble à Davos, un microcosme résumant l'Europe d'avant la Première Guerre. À Genève, Robert Musil a poursuivi, « dans l'isolement de l'exil, son *Homme sans qualités*, cherchant à interroger, dans une œuvre inachevable, la spiritualité de la civilisation européenne, dont il a pressenti la catastrophe[54] ».

Dès sa jeunesse, André Gide a dénoncé un certain mythe suisse, une certaine image du tourisme de masse et son lot d'émotions de commande. Il a aidé à démasquer l'« auto-malentendu » de bien des Suisses qui fondent l'image de leur pays sur les jugements (enthousiastes) des touristes. Pour un peu, il a anticipé les critiques des auteurs du XX<sup>e</sup> siècle, de Max Frisch à Peter Bichsel par exemple, qui dénoncent l'enfermement progressif d'un pays autrefois ouvert sur le monde et s'attaquent aux mythes, bien ancrés, qui masquent la vue sur les nouvelles réalités. Aussi, la critique gidienne a-t-elle mis le doigt sur l'assurance de nombreux Suisses de faire partie d'un pays « indépassable » en originalité et en beauté. Et elle n'est pas si éloignée du constat de deux spécialistes de l'imagologie suisse, Claude Reichler et Roland Ruffieux, qui rappellent que la petite bourgeoisie helvétique ne sait pas (encore) qu'elle est piégée : « Son amour

53 Voir l'essai de Jean Paulhan, *Guide d'un petit voyage en Suisse*, Paris, Gallimard, 1947. Pour ce qui est de Schlumberger, voir Peter Schnyder, « Les Affinités suisses de Jean Schlumberger », dans Gilbert-Lucien Salmon (éd.), *Jean Schlumberger et* La Nouvelle Revue française, Paris, L'Harmattan, 2005, p. 63-80.

54 Claude Reichler, Roland Ruffieux, *Le Voyage en Suisse. Anthologie des voyageurs français et européens de la Renaissance au* XX*e siècle*, Paris, Robert Laffont, « Bouquins », 1998, p. 1049.

de l'ordre et de la propreté, géraniums aux fenêtres et chromos alpestres au-dessus du canapé, sa persuasion naïve de l'excellence des institutions helvétiques sont une manière de se conformer à l'attente qu'ont les touristes étrangers visitant la Suisse[55]. » Et de renvoyer justement à Peter Bichsel et à ses essais très critiques sur son pays[56].

Mais aux dires de ces deux auteurs, les problèmes sont bien plus profonds qu'il ne paraît à première vue, car ils touchent à la culture européenne, plus précisément « à la disparition du mythe suisse dans la culture européenne[57] ». Comment ne pas y voir un malaise intellectuel profond ? C'est que la conscience populaire « refuse de prendre acte de l'effondrement des idéaux passés et préfère s'attacher aux représentations apprises[58] ». Selon Reichler et Ruffieux toujours, « l'effondrement de ce mythe signale la défaillance de la culture européenne elle-même, incapable de continuer à tenir ensemble, comme de relancer dans un imaginaire commun, les trois éléments dont les voyageurs avaient entrelacé leurs motifs : l'espoir d'une communauté libre et heureuse ; la nécessité d'un lien harmonieux avec la nature ; l'insertion, riche de sens et de responsabilité, de l'individu dans son cadre[59] ». Gide a ainsi aidé à percer à jour l'un des mythes helvètes. Au-delà de ses critiques du pays et des paysages, le mythe des Alpes sublimes et celui de l'idylle suisse ont pu lui paraître suspects. Il semble bien qu'il s'en est inspiré pour anticiper, en dénonçant une attitude isolationniste et excluante, le risque de faillite d'un modèle insulaire au cœur de l'Europe. Car malgré bien des difficultés, cette Europe se cherche une identité propre et il faut reconnaître que la Suisse n'a pas beaucoup contribué à son élaboration.

Peter SCHNYDER
Université de Haute-Alsace,
ILLE (EA 4363)

55 *Ibid.*, p. 18.
56 Peter Bichsel, *La Suisse du Suisse*, Lausanne, L'Âge d'Homme, 1970 [*Des Schweizers Schweiz und andere Aufsätze*, Zurich, Francfort s. M., Suhrkamp, 1967]. Quant à Max Frisch, on lui doit de nombreux essais critiques sur son pays, comme *Guillaume Tell pour les écoles* (Lausanne, La Cité, 1972 ; nouvelle. éd. et nouvelle trad. 2014).
57 Claude Reichler, Roland Ruffieux, *op. cit.*
58 *Ibid.*, p. 18-19.
59 *Ibid.*, p. 19.

# « LA SUISSE EST UNE ÎLE »

## Texte inédit d'André Gide

*Note. Rédigées vraisemblablement lors du 1er Congrès international des écrivains pour la défense de la culture (Paris, grande salle de la Mutualité, 21-25 juin 1934), ces notes inscrites dans un cahier d'écolier bleu classique offrent, sur trois feuillets retranscrits ci-dessous, quelques réflexions sur l'insularité de la Suisse. Gide y avait séjourné en novembre et décembre 1933 pour assister à la mise en scène des* Caves du Vatican *par les étudiants de Belles-Lettres (représentations à Montreux, Genève et Lausanne[1]). Pour plus de lisibilité, nous n'avons pas tenu compte des passages biffés, somme toute de peu d'intérêt.*

[Feuillet 1 :] À mon séjour à Lausanne, l'an passé, et surtout lors d'une visite à Genève, je me suis avisé de quelque chose qui a pris soudain à mes yeux l'importance d'une découverte, c'est que la Suisse est une île. Le peuple suisse vit à l'abri. Son honnêteté, sa philanthropie, sa richesse le prolongent et forment une sorte d'enceinte contre laquelle les vagues de la question sociale viennent se briser. – La banque suisse (citation de Siegfried[2]).

Il est bien rare que la fortune ne s'interpose pas entre celui qui la possède et la réalité ; fortune créée en halo doré, une sorte de suave gaine imperméable grâce à laquelle on peut sortir par le plus mauvais temps sans être mouillé.

L'honnêteté est une vertu qui m'est particulièrement chère au point que j'en ferais volontiers dépendre mon esthétique. Je tiens certains artistes, peintres, écrivains, musiciens, pour malhonnêtes en ceci qu'ils

1 La partie opposée de ce cahier donne quelques impressions relatives au Congrès : « En soi ce congrès ni ne m'intéresse ni ne me paraît souhaitable. » C'est donc par solidarité pour ses « camarades » qu'il a accepté de le présider.

2 Sans doute allusion à André Siegfried, sociologue et politologue, professeur au Collège de France et académicien, qui s'est intéressé également à la Suisse. Nous n'avons pas retrouvé la citation, mais Siegfried a réuni ses réflexions dans un essai intitulé *La Suisse, démocratie témoin* (Neuchâtel, La Baconnière, 1948).

veulent toujours nous en faire accroire et qu'au fond ils ne sont jamais aussi émus qu'ils ont la prétention de l'être, de sorte que pour eux, c'est paraître surtout qui importe. C'est le reproche que je fais à [feuillet 2 :] l'école romantique française (j'ajoute française, car les romantiques allemands ont des qualités et des défauts fort différents). Mais ce procès nous entraînerait trop loin. Ce que j'en dis, c'est pour prévenir toute accusation que l'on pourrait me faire de déprécier l'honnêteté. Mais l'honnêteté devient dangereuse par la satisfaction morale qu'elle nous donne. Parce qu'on est honnête, on se croit quitte. On est à couvert, à l'abri. Le reste du monde va mal. Qu'y puis-je ? J'ai fait ce que je devais. Vous n'avez rien à me dire. Être sans dette, c'est ne devoir rien à personne.

Qu'il est beau, qu'il est confortable,
De se sentir irréprochable.

Le troisième capiton isolateur, j'ai dit que c'était la philanthropie. Permettez-moi de ne l'assimiler nullement au véritable amour des hommes.

Je me trouvais à Lausanne au moment des dernières élections municipales, à Genève le jour de la prestation des nouveaux élus[3]. La surprise et l'indignation de la haute société suisse devant le résultat des élections me parut s'alimenter surtout du sentiment que la Suisse, que Genève, n'avait pas mérité cela. Je crois volontiers qu'il n'y a pas de ville en Europe où la charité, les œuvres dites « de philanthropie » soient mieux organisées, plus actives qu'à Genève ; la [feuillet 3 :] société plus secourable, et les misères mieux secourues. Moyennant quoi l'on pouvait espérer dormir en paix ; la charité permettait, assurait l'abri, le confort. De là cette protestation : Alors quoi ? nous n'avons donc pas fait assez pour les pauvres ? Nous n'avions pas assez jeté de lest ?

Comme l'Angleterre aujourd'hui commence à perdre confiance en cette insularité qui la mettait jusqu'à présent à peu près à l'abri des attaques, la Suisse commence à sentir moins imperméable cette sorte de ceinture d'or que sa richesse et ses vertus lui faisaient. Elle a connu certaines angoisses financières, m'a-t-on dit, certains désastres même, et le spectre ambigu du chômage commence à hanter certains de ses

3 Allusion aux votes de l'automne 1933 à Genève. Après une grave crise, une grève générale et une fusillade en 1932, le parti socialiste est devenu majoritaire au pouvoir, et c'est une première, avec 45 sièges sur 100 au Grand Conseil (législatif) et 4 postes de Conseillers d'État (exécutif) sur 7. Un an plus tard, le peuple suisse refusera toutefois l'initiative fiscale des socialistes.

cantons les plus laborieux[4]. Les rapports plus étroits de peuple à peuple, les communications toujours plus rapides et fréquentes et cette sorte d'internationalisme involontaire et fatal qu'on appelle solidarité forcent les plus réticents à comprendre qu'en dépit des douanes et des frontières les problèmes sociaux se propagent de peuple à peuple, et que l'on ne peut, dans un vase, maintenir un liquide à un niveau très élevé lorsque dans un vase voisin ce même liquide est à un niveau très bas, dès que s'établit entre ces vases la moindre possibilité d'échange. C'est une loi physique qu'on nous enseigne dans les premières classes et qui trouve sa constante application dans le monde intellectuel et moral aussi bien que dans le monde matériel : la loi des vases communicants. Sur les lois de la solidarité, nos yeux commencent à s'ouvrir ; mais nous avons encore beaucoup à apprendre.



4 Après des années de relative prospérité, la Suisse est touchée, dès 1931, par une crise qui trouvera son apogée dans la grande dépression de 1936, avec un taux de chômage de 4,6 % (pour 0,5 % en 1930).

# DEUXIÈME PARTIE

# DIALOGUES GIDIENS, EXPÉRIENCES EUROPÉENNES

# LA « PRÉFACE » À L'*AVERTISSEMENT À L'EUROPE* DE THOMAS MANN PAR ANDRÉ GIDE (1937)

Le premier véritable contact entre Thomas Mann et André Gide a lieu en 1929, provoqué par leur renommée universelle. Après un échange de livres, André Gide, sensible à la grandeur du *Zauberberg*[1], renoue le contact épistolaire avec son auteur, désormais Prix Nobel. Les deux écrivains entretiendront dès lors une correspondance, continuant à échanger leurs productions littéraires. Thomas Mann et André Gide se connaissent personnellement depuis 1931[2] et se reconnaissent mutuellement comme des écrivains importants. Heinrich Mann, frère aîné de Thomas Mann, avait déjà rencontré André Gide aux Décades de Pontigny à l'été 1923. Fin 1932, Thomas Mann exprime le désir d'une nouvelle rencontre à l'occasion de sa tournée de conférences début 1933 à Paris. Après la prise de pouvoir des nationaux-socialistes en Allemagne et à la suite de l'initiative de Gide, la relation entre les deux écrivains va prendre une nouvelle tournure. Pierre Masson fait une fine observation à cet égard par rapport à Gide : « Il noue aussi, en Angleterre, en Allemagne, des relations amicales qui sont presque des relations d'affaires, quand il s'agit de discuter de l'avenir de l'Europe ou du rôle de la littérature avec Edmund Gosse, Thomas Mann ou Ernst-Robert Curtius[3]. »

Au gré des circonstances, les contacts se sont multipliés entre 1935 et 1937, l'événement le plus important étant la « Préface » de Gide

---

1 *Cf.* lettre inédite d'André Gide à Thomas Mann, 5 décembre 1929, dans Mechthilde Fuhrer, *Les Relations d'André Gide et des frères Heinrich et Thomas Mann : Pionniers d'un dialogue franco-allemand*, Thèse de Doctorat (nouveau régime), Sciences de l'Homme, Université de Caen, 1996, vol. 2, p. 438-439.

2 Ils se sont rencontrés chez Félix Bertaux à Sèvres.

3 Pierre Masson, « L'Amitié face à l'Amour », *Les Sept vies d'André Gide*, Paris, Classiques Garnier, « Bibliothèque gidienne », 2016, p. 167.

à *L'Avertissement à l'Europe*[4], signal conscient émis après son voyage en URSS affirmant sa position. Avec ce geste de renoncement à sa profession de foi communiste, le « contemporain capital » devient un « témoin capital ». Il reste tout aussi actif dans le combat antifasciste et s'engage contre la guerre d'Espagne. Le 23 juin 1937 sortent les *Retouches à mon Retour de l'URSS*[5]. Ces ouvrages consomment la rupture du « contemporain capital » avec le communisme. Le 27 octobre 1937 est achevée d'imprimer la « Préface » de Gide à *L'Avertissement à l'Europe*. Il est à signaler que l'édition allemande est sortie après l'édition française[6].

Nous ignorons à quel moment André Gide a eu connaissance de la fameuse « Lettre du Nouvel An 1937 » de Thomas Mann qui le pousse à écrire sa « Préface » aux derniers écrits de celui-ci, qui cite leur rencontre de fin 1936. Gide y dit son honneur d'être préfacier :

> Désormais Thomas Mann est Tchécoslovaque. Je l'ai revu récemment à Kusnacht, aux environs de Zurich, où il s'est de lui-même exilé. J'ai retrouvé avec émotion cette douceur de manières et cette aménité exquise qui recouvrent aimablement une grande fermeté de caractère, une inflexible résolution. Celles mêmes que j'admire également chez sa femme et qui se retrouvent chez ses enfants avec, parfois, une turbulence charmante[7].

Thomas Mann réagit à l'évocation de cette dernière rencontre en répondant à ce propos : « Je suis enchanté de la note personnelle que vous avez su donner à votre "Préface" et de la façon dont vous avez su y intégrer le souvenir de votre dernière visite, si chère et si précieuse pour nous[8]. » En évoquant cette rencontre dans la « Préface », Gide rend publique non seulement son entrevue avec Thomas Mann, mais aussi l'étroitesse de leurs relations et leur solidarité.

4 « Quelques écrits récents de Thomas Mann » [1937], *EC*, p. 721-724. « *Achtung Europa* » : cette conférence de 1935 est l'un des textes politiques majeurs de Thomas Mann, conceptualisant la notion de « *Verrat am Geist* » (tragison de l'esprit) et énonçant l'Européen d'après-guerre. Cette conférence a été lue en langue française en l'absence de Thomas Mann au Congrès du Comité du *Völkerbund* à Nice du 1er au 3 mars 1935. Le texte a été repris en novembre 1936 par des journaux belges et autrichiens.

5 *Retouches à mon Retour de l'URSS* [1937], *SV*, p. 803-838.

6 Thomas Mann, *Ein Briefwechsel. Antwort auf seine Ausbürgerung* [*Une correspondance. Réponse à la déchéance de sa nationalité*], Zürich, Oprecht, 1937.

7 « Quelques écrits récents de Thomas Mann », *EC*, p. 721.

8 Lettre de Thomas Mann à André Gide, 30 août 1937, dans Mechthilde Fuhrer, *op. cit.*, p. 482.

En application du décret du 14 juillet 1933[9], Thomas Mann est déchu de la nationalité allemande le 2 décembre 1936, alors qu'il est sur le point d'écrire une lettre pour informer les autorités allemandes sur son changement de nationalité. Cette destitution entraîne la perte du titre de docteur *honoris causa*[10] qui lui avait été attribué le 3 août 1919 sur la suggestion d'Ernst Bertram – ce même Ernst Bertram qui allait jouer un rôle dans la première prise de contact entre Gide et Thomas Mann[11]. Ce dernier en est informé par une lettre datée du 19 décembre, qu'il reçoit à Noël[12]. Il envisage une réponse[13] à cette lettre à la signature illisible, rédigée par le Doyen de la faculté de Philosophie de l'Université de Bonn, le germaniste Karl Justus Obenauer[14]. Il l'écrit le jour du Nouvel An 1937. Pour la publication d'*Ein Briefwechsel*, il reproduit la lettre reçue de Bonn[15] et y adjoint sa réponse[16].

Dans cette réponse, la « Lettre du Nouvel An 1937 », Thomas Mann se définit comme un écrivain de tradition allemande, apolitique :

> Je n'aurais jamais pu imaginer, on ne m'a jamais prédit à mon berceau que, sur mes vieux jours, dépossédé et maudit par ma patrie, je vivrais en émigré, dressé dans une attitude de protestation politique dont la nécessité profonde s'imposerait à moi. Depuis mon initiation à la vie de l'esprit, je me suis

9 *Gesetz über den Widerruf von Einbürgerungen und die Aberkennung der deutschen Staatsangehörigkeit vom 14. Juli 1933* [Loi sur la révocation des naturalisations et de la déchéance de la nationalité allemande du 14 juillet 1933].

10 Cette déchéance n'est pas légale. *Cf.* Paul Egon Hübinger, *Thomas Mann, die Universität Bonn und die Zeitgeschichte. Drei Kapitel deutscher Vergangenheit aus dem Leben des Dichters. 1905-1955*, München, Wien, R. Oldenburg, 1974.

11 Lettre de Thomas Mann à André Gide du 21 janvier 1921, dans Mechthilde Fuhrer, *op. cit.*, p. 427.

12 Mais il ne le note dans son *Journal* que le 25 décembre 1936. Thomas Mann, *Journal. 1918-1921. 1933-1939*, texte établi par Peter de Mendelssohn, version française présentée et annotée par Christoph Schwerin, trad. Robert Simon, Paris, Gallimard, « Du monde entier », 1985, p. 657.

13 *Cf.* le *Journal* de Thomas Mann aux dates suivantes : 27, 28, 29 et 31 décembre 1936, *ibid.*, p. 507-508. Le dernier jour de l'année 1936, l'écrivain s'entretient avec son éditeur Oprecht qui lui a suggéré cette publication.

14 Il est professeur d'Histoire de la littérature allemande, spécialisé dans les questions relatives au classicisme et au romantisme allemands.

15 Voir aussi Thomas Mann, *Avertissement à l'Europe*, *op. cit.*, p. 13.

16 Voir aussi : *ibid.*, p. 15-25. Cette lettre est publiée pour la première fois le 21 janvier 1937 dans la *Neue Zürcher Zeitung*. Imprimée à 8000 exemplaires, 20 000 exemplaires sont rapidement vendus. La lettre, immédiatement traduite en plusieurs langues, fait le tour du monde.

> toujours trouvé à l'aise parmi les traditions spirituelles de ma nation, grâce à un accord heureux avec les aspirations de l'âme allemande[17].

Les nouvelles forces au pouvoir en Allemagne l'ont finalement contraint à aller contre sa nature. Exilé et déchu de sa nationalité, sa profession d'écrivain est désormais mise en jeu :

> Quand l'Allemagne fut tombée entre leurs mains, je voulais me taire : par ce grand sacrifice, je croyais acquérir un droit à leur silence, un droit qui me permettrait de conserver ce qui me tient à cœur par-dessus tout : le contact avec mes lecteurs d'Allemagne. Je me disais que mes livres étaient écrits pour des Allemands[18] [...].

Thomas Mann est déjà un écrivain mondialement connu et cette « Lettre du Nouvel An 1937 », intégrée dans des collections de discours et essais politiques[19] et traduite en plusieurs langues fera rapidement le tour du monde (États-Unis, Royaume-Uni, France, Danemark, Suède, Pays-Bas, Pologne, Hongrie, Tchécoslovaquie, Russie, Bulgarie, Argentine et Japon) et contribuera ainsi à accroître davantage sa célébrité[20].

André Gide préface la version française des derniers écrits de Thomas Mann parus sous le titre de *L'Avertissement à l'Europe*. Il en parle dans son *Journal* : « Et cette préface à la Lettre de Thomas Mann, que j'ai promis d'écrire !... Ah ! je voudrais crier : "Pouce", sortir du jeu. Ma table de travail (si j'ose dire) n'est pas plus encombrée que ma cervelle[21]. » C'est avec un enthousiasme inhabituel qu'il s'applique à cet écrit, comme le remarque la Petite Dame, qui note : « [...] il lit son article qui vient de paraître dans *Marianne*, préface à des écrits de Thomas Mann. Cela est certes d'un intérêt et d'un à-propos

---

17 *Ibid.*, p. 17.

18 *Ibid.*, p. 18.

19 Les livres réunissant ainsi les écrits de Thomas Mann, dans l'ordre de leur publication, sont *Ein Briefwechsel*, *op. cit.*, puis *Avertissement à l'Europe*, *op. cit.*, puis *Achtung Europa ! Aufsätze zur Zeit*, Stockholm, Bermann-Fischer, « Neue Welt », 1938. Dans ce recueil sont réunis : « Die Höhe des Augenblicks », « Appell an die Vernunft », « Achtung Europa ! », « Ein Briefwechsel », « Spanien », « Mass und Wert », « Vom kommenden Sieg der Demokratie ». « Achtung Europa ! » est repris dans Thomas Mann, *Politische Schriften und Reden*, éd. de Hans Bürgin, Frankfurt, Hamburg, Fischer, t. II, 1968.

20 *Cf.* Paul Egon Hübinger, *Thomas Mann, die Universität Bonn und die Zeitgeschichte*, *op. cit.*, p. 252.

21 *J2*, 7 mai 1937, p. 555.

suffisants, mais pourquoi ce ton solennel, décisif comme s'il apportait au monde des solutions de la plus grave importance[22] ? » Cette prise de position retentit dès les premiers mots de la préface : « Je tiens à grand honneur de préfacer ce petit livre. Thomas Mann est un des rares aujourd'hui que nous pouvons admirer sans réticences. Il n'y a pas de défaillances dans son œuvre, et il n'y en a pas dans sa vie[23]. » Puis il nomme la lettre reçue de l'Université de Bonn « un absurde camouflet du hitlérisme[24] ».

Une autre preuve de son engagement fervent en faveur de ce petit écrit, c'est qu'il veille lui-même à sa publication. Il écrit une première lettre à son confrère allemand : « Vous trouverez ci joint [*sic*] le texte de la préface que j'écrivais (et avec quelle joie !) pour le livre de vous qui doit prochainement paraître à *La Nouvelle Revue française*[25]. » Trois semaines plus tard, tout se concrétise :

> Le texte de la préface que j'ai écrite pour ce livre de vous qui doit paraître dans peu de temps à *La Nouvelle Revue française*, texte dont vous avez pris connaissance, doit paraître Mercredi prochain dans *Marianne*, et, traduit en anglais dans la revue *Life and Letters to day* [*sic*]. J'ai pensé qu'une version allemande pourrait intéresser la nouvelle revue que vous dirigez à Zürich [*sic*] et dont j'ai reçu dernièrement le premier N°[26].

Il pense à la publication dans *Mass und Wert* et à Ferdinand Hardekopf comme traducteur :

> Mon excellent traducteur et ami Ferdinand Hardekopf, que vous avez, naguère, si aimablement louangé, doit vous envoyer dans quelques jours ce texte qui, nous l'espérons tous deux, vous conviendra. Hardekopf vous demandera sans doute le texte allemand exact des quelques citations que je fais de vous – très importantes et qu'il ne doit pas chercher à retraduire du français, il va sans dire. Étant donné l'état de grand dénuement où se trouve Hardekopf, je lui abandonne la totalité du profit qui pourrait me revenir de cette traduction et, par votre entremise, je prie la revue nouvelle de se montrer ici aussi généreuse

22 24 septembre 1937. Maria van Rysselberghe, *Les Cahiers de la Petite Dame*, t. III : *1937-1945*, Paris, Gallimard, « Cahiers André Gide », 1973, p. 461. *Cf.* « Quelques écrits récents de Thomas Mann », dans *Marianne*, 22 septembre 1937.

23 « Quelques écrits récents de Thomas Mann », *EC*, p. 721.

24 *Ibid.*

25 Lettre inédite d'André Gide à Thomas Mann du 27 août 1937, dans Mechthilde Fuhrer, *op. cit.*, p. 477.

26 Lettre inédite d'André Gide à Thomas Mann du 18 septembre 1937, *ibid.*, p. 485.

> qu'elle peut se permettre de l'être en faveur de quelqu'un pour qui mon amitié et mon estime n'ont cessé de grandir[27].

Thomas Mann, de son côté, réfléchit à la publication d'une brochure politique en allemand, au moment où paraît *L'Avertissement à l'Europe* : « Un tel écrit paraît maintenant chez Gallimard, avec une préface de Gide[28]. »

André Gide a donc franchi un grand pas depuis le moment où Bermann Fischer lui avait demandé sa collaboration à la publication spéciale pour les soixante ans de Thomas Mann en 1935, période où il n'avait rien trouvé « d'héroïque » dans sa conduite[29]. La prise de parole publique de Thomas Mann – rompant ainsi son silence et se détachant par là nettement de l'Allemagne fasciste – n'avait pu que lui plaire. Cette préface est donc destinée à encourager Thomas Mann, engagé désormais dans un combat antifasciste et qui en subit toutes les conséquences.

Dans sa « Préface », André Gide attribue à Thomas Mann la « douceur de manières et cette aménité exquise qui recouvrent aimablement une grande fermeté de caractère, une inflexible résolution[30] ». Thomas Mann sait ce qu'il veut et Gide en fait l'apologie : « Thomas Mann ne se mêlait point des affaires publiques[31]. » Il lui cède aussi la parole avec un extrait de cette lettre, avant de le commenter : « "Je suis plutôt né pour témoigner dans la sérénité que dans le martyre, pour apporter au monde un message de paix que pour nourrir la lutte et la haine", nous

---

27 *Ibid.*, p. 485-486. Thomas Mann reçoit la traduction de la « Préface » de Ferdinand Hardekopf le 5 octobre1937. *Cf.* Thomas Mann. *Tagebücher, 1937-1939*, éd. Peter de Mendelssohn, Frankfurt, S. Fischer, 1980, p. 112. En date du 9 octobre 1937, Mann travaille sur les versions allemandes pour la « Préface » de Gide (*ibid.*, p. 113). Le 12 novembre 1937, Mann note la réception des exemplaires de l'*Avertissement à l'Europe* (*ibid.*, p. 128). Voir aussi le *Journal* de Thomas Mann à la date du 2 décembre 1937 : « *Es kam "Life and Letters" mit Gides Vorwort und meinem "Standards and Values"* » (« "Life and Letters" est arrivé avec la "Préface" de Gide et ma préface à "Mass und Wert" » ; Thomas Mann, *Tagebücher*, *op. cit.*, p. 137). La traduction dans cette revue américaine est de Dorothy Bussy : « Préface to Some Recent Writings by Thomas Mann » (André Gide, Dorothy Bussy, *Correspondance*, Paris, Gallimard, « Cahiers André Gide », 1982, p. 53).

28 C'est nous qui traduisons. En allemand : « *Eine solche Schrift erscheint jetzt bei Gallimard mit einem Vorwort von Gide.* » Lettre de Thomas Mann à Bermann Fischer, 15.X.37, dans Thomas Mann, *Briefwechsel mit seinem Verleger Gottfried Bermann Fischer. 1932-1955*, éd. Peter de Mendelssohn, Frankfurt, S. Fischer, 1973, p. 891.

29 *Cf.* « 29 avril », Maria van Rysselberghe, *Les Cahiers de la Petite Dame*, t. II : *1929-1937*, Paris, Gallimard, « Cahiers André Gide », 1974, p. 436.

30 « Quelques écrits récents de Thomas Mann », *EC*, p. 721.

31 *Ibid. Cf.* Thomas Mann, *Avertissement à l'Europe*, *op. cit.*, p. 17.

dit-il[32]. » Il interprète : « Sans doute ; mais il est "né pour témoigner" ; c'est là son rôle ; c'est celui de l'homme de lettres[33] [...]. » Gide donne ici sa définition de l'écrivain, dans laquelle il s'implique aux côtés de Thomas Mann qui ne s'incline pas devant les forces politiques, ce qui devient une action politique : « [...] c'est faire de la politique que de ne laisser point son esprit s'incliner[34]. » Désormais, Thomas Mann a rejoint son frère Heinrich et Gide dans le combat antifasciste.

Gide place cet engagement dans une tradition plus large, citant Sainte-Beuve qui disait d'André Chénier : « "Ce n'est point une action concertée et suivie ; c'est une protestation individuelle, logique de forme, lyrique de source et de jet, la *protestation d'un honnête homme* qui brave à la fois ceux qu'il réfute, et ne craint pas d'appeler sur lui le glaive[35]." » Ce terme d'« *honnête homme* », souligné, est hautement symbolique, et il commente : « Mann reste authentiquement du côté du spirituel : un humaniste, dans le sens le plus plein de ce mot[36]. » Il le qualifie ainsi d'écrivain engagé, d'humaniste manifestant pour la défense des valeurs universelles. L'idée de l'humanisme anime cette préface. Il cite les propos tenus par Thomas Mann lors de son allocution prononcée à Budapest dans le cadre d'une réunion de l'Institut de Coopération Intellectuelle : « L'humanisme est plutôt un esprit, une disposition intellectuelle[37] » et c'est à l'humaniste qu'incombe par les temps difficiles le rôle de défenseur de valeurs[38]. Comme André Gide, Thomas Mann repense l'humanisme à propos du personnage et de la pensée de Goethe. Au moment où Gide rédige sa « Préface », Thomas Mann abandonne ses travaux sur son sujet biblique (il travaille alors sur la tétralogie *Joseph und seine Brüder*) pour écrire *Lotte in Weimar*, roman sur la personne de Goethe.

De tout temps, les deux écrivains ont voulu être des guides pour la jeunesse. Thomas Mann avait recommandé *Les Nouvelles Nourritures* à la jeunesse : « Ce serait quelque chose pour nos jeunes gens[39] ! » Dans le

32 *Ibid.*, p. 721-722.
33 *Ibid.*, p. 722.
34 *Ibid.*
35 *Ibid.*
36 *Ibid.*
37 *Ibid.*
38 *Cf. ibid.*, p. 722-723.
39 Lettre de Thomas Mann à André Gide, 21 décembre 1935, dans Mechthilde Fuhrer, *op. cit.*, p. 473. Thomas Mann écrit cette lettre en français, geste ambitieux et amical à la fois.

même esprit, André Gide conseille, en humaniste soucieux des valeurs morales, cette lecture aux « jeunes gens[40] », afin qu'ils comprennent ce qu'est la « culture », mise en danger par « le régime hitlérien » qui fait en sorte que la « raison » n'ait plus lieu d'être. Pour conclure sa préface, il lance un appel pathétique : « Non, Thomas Mann ; non ; notre monde n'est pas encore perdu ; il ne peut l'être tant qu'une voix comme la vôtre s'élève encore pour l'avertir. Tant que des consciences comme la vôtre resteront en éveil et fidèles, nous ne désespérerons pas[41]. »

En effet, dans son livre, Thomas Mann prend parti contre l'hitlérisme et en faveur de l'Espagne. André Gide ne suit pas seulement ses activités et ses voyages, mais en s'y référant dans sa « Préface », donne aussi son approbation en s'alignant sur ce combat[42]. Il pousse de cette façon Thomas Mann au rang des défenseurs des valeurs humanistes. Tout comme par son engagement pour la publication spéciale à l'occasion du 60e anniversaire de celui-ci dans *La NRF*, il contribue ainsi à grandir internationalement son confrère allemand.

Thomas Mann a conscience de cette solidarité et de sa portée ; il perçoit le parallèle que Gide établit subtilement avec lui quand il évoque le destin de l'honnête homme. Il répond le jour même :

> Ce matin, j'ai reçu vos lignes bienveillantes ainsi que la « Préface » de mes essais, et je ne veux pas laisser passer cette journée sans vous remercier pour ce témoignage d'amitié qui attribue une valeur particulière à ma petite publication. [...] Je suis fier de tout ce que vous dites de reconnaissant et de bienveillant pour l'attitude que j'ai prise au cours des dernières années, suivant instinctivement ma nature[43].

Gide évoque en effet l'action engagée par son confrère, exempte de tout calcul personnel, témoignage de sa parfaite sincérité[44]. Thomas Mann poursuit sa lettre en ces termes :

> Et je puis ajouter que ces paroles me réjouissent pas seulement pour moi, mais aussi pour vous, dans la mesure où vos propos dissipent certains malentendus

40 « Quelques écrits récents de Thomas Mann », *EC*, p. 723.

41 *Ibid.*, p. 724.

42 Ceci fait l'écho à la « discussion publique » entre Ernst Robert Curtius, André Gide et Thomas Mann de 1922 que Thomas Mann conclut. Ici, en 1937, André Gide a le dernier mot.

43 Lettre de Thomas Mann à André Gide du 30 août 1937, dans Mechthilde Fuhrer, *op. cit.*, p. 479.

44 *Cf.* « Quelques écrits récents de Thomas Mann », *EC*, p. 722.

malheureux et stupides qui ont vu le jour dans certaines parties du public au sujet de votre pensée, de vos sentiments et de vos intentions, depuis vos écrits sur la Russie. Vos louanges sur mon petit essai à propos de l'Espagne, par exemple, montrent bien que de telles interprétations étaient erronées et stupides, et vous permettrez que cela constitue pour moi une satisfaction[45].

Il fait allusion ici à la presse fasciste allemande (et espagnole du reste) qui se sert du désaveu de Gide face au communisme en publiant des extraits de *Retour de l'URSS* à des fins de propagande. Le régime en place en Allemagne cherche à récupérer politiquement Gide en l'invitant même à participer à un « *Parteitag* » (« rassemblement du parti ») à Nuremberg. Mais Gide, qui a toujours manifesté son mépris pour ce régime, se sert consciemment de cette « Préface » comme d'un acte politique calculé :

Des « avances » indirectes ont été faites pour me donner à entendre que si je venais à Nürenberg [*sic*], pour les fêtes, j'y serais reçu avec toutes sortes d'honneurs, et comme l'hôte du gouvernement allemand !! Cette préface vient « à point » pour remettre les choses « à point ». C'est ce que j'ai répondu aux avances[46].

Sa position contre les nationaux-socialistes s'exprime clairement dans cette solidarité avec Thomas Mann. Le préfacier Gide défend la culture et les valeurs élémentaires et affiche ici la même ferveur que dans sa dénonciation du colonialisme, et du communisme en URSS. Il s'est certes détaché du communisme pour se retirer du premier rang de la scène littéraire et politique, mais sans pour autant cesser son action engagée. Cette préface en est une belle preuve. Et il est autrement significatif que les deux écrivains se trouvent là à un carrefour, où ils ont fait leurs choix politiques, en humanistes.

Thomas Mann connaît l'importance et la portée de la préface gidienne, mais trouve exagéré le jugement de Paul Desjardins dont Félix Bertaux l'informe : « Dernièrement, dans une réunion chez Paul Desjardins, j'étais heureux de constater l'immense retentissement qu'a en France votre *Avertissement à l'Europe*[47]. » Il répond en jugeant surestimée l'appréciation de Paul Desjardins :

45 Lettre de Thomas Mann à André Gide du 30 août 1937, dans Mechthilde Fuhrer, *op. cit.*, p. 479.

46 Lettre inédite d'André Gide à Thomas Mann du 18 septembre 1937, *ibid.*, p. 486. Il est question du « *Reichsparteitag der Arbeit* » qui se tenait du 5 au 9 septembre 1937.

47 Lettre de Félix Bertaux à Thomas Mann, 27 décembre 1937, dans Thomas Mann, Félix Bertaux, *Correspondances 1923-1948*, éd. Biruta Cap, New York, San Francisco, Bern,

> Ce que vous me dites de la sympathie que mon petit écrit politique, si aimablement préfacé par Gide, a pu rencontrer dans votre pays, me touche profondément. Si notre ami Paul Desjardins y voit un indice de ce qu'« en Europe quelque chose a changé », je crois que le jugement de ce vieux défenseur de la liberté et de l'humanité est un peu trop optimiste[48].

L'histoire donnera raison à Thomas Mann.

Sa prise de position est également diffusée sur les ondes et atteint un public plus large. Pierre Bertaux s'en fait le porte-parole. Suite à l'émission, Thomas Mann exprime son mécontentement :

> On comprenait très mal ; il y avait beaucoup de craquements ; je crois que Goebbels brouillait l'émission. Mais, pour dire la vérité, Pierre parlait aussi trop bas, trop vite et trop « à la légère ». Aussi, cette fois-ci, il ne parla pas encore de l'*Avertissement* ou seulement de son titre. Puisse-t-il faire plus d'honneur rhétorique à ses phrases la prochaine fois. Elles le méritent[49].

Cette critique souligne son grand attachement à cette publication.

Outre la conférence « De la République allemande », cette « Lettre du Nouvel An 1937 » marque un changement d'orientation de la vie et de l'engagement de Thomas Mann, changement qui ne passe pas inaperçu, comme le numéro spécial de *La NRF* à l'occasion de ses soixante ans et la « Préface » de Gide à *L'Avertissement à l'Europe*. Son message, sa célébrité et sa popularité y gagnent un plus grand rayonnement. André Gide y a largement contribué. Si nous cherchons à mesurer l'évolution des relations entre André Gide et Thomas Mann, à la veille

---

Baltimore, Frankfurt, Berlin, Wien, Peter Lang, « Studies in modern German literature », 1939, p. 139.

48 C'est nous qui traduisons. En allemand : « *Es hat mich im tiefsten Herzen gefreut, was Sie mir von der Sympathie sagen, die meine kleine politische Schrift, von Gide so freundschaftlich eingeleitet, bei Ihnen zu Lande gewinnen konnte. Wenn freilich unser Freund Desjardins sie als ein Merkmal dafür betrachtet, daß sich "in Europa etwas geändert" habe, so scheint mir das etwas optimistisch geurteilt von diesem alten Gardisten der Freiheit und Humanität.* » Lettre de Thomas Mann à Félix Bertaux du 4 janvier 1938, dans Thomas Mann, *Briefe 1937-1947*, éd. Erika Mann, Frankfurt, S. Fischer, 1963, p. 42 ; repris dans Thomas Mann, Félix Bertaux, *op. cit.*, p. 142-143.

49 C'est nous qui traduisons. En allemand : « *Man verstand recht schlecht, es krachte viel, ich glaube, Goebbels funkte dazwischen. Aber, die Wahrheit zu sagen, Pierre sprach auch zu leise, zu rasch, zu sehr à la légère. Auch kam er für diesmal noch nicht bis zum Avertissement oder nur bis zum Titel. Möge er das nächste Mal seinen Sätzen mehr rhetorische Ehre erweisen. Sie sind es wert.* » Lettre de Thomas Mann à Félix Bertaux du 4 janvier 1938, *ibid.*, p. 43.

de la guerre, nous pouvons clairement établir le chemin que Gide a fait vers son confrère allemand ; cet effort va grandissant au fur et à mesure que Thomas Mann, homme des lettres, devient un écrivain engagé.

Mechthilde FUHRER

# « JE NE PENSAIS PAS QUE JE POURRAIS TANT AIMER ROME »

## Ambivalence du regard chez André Gide et Maurice Denis

*Pour Marcello.*

On a du mal, en relisant les lettres que Gide adressa de Rome à sa mère, à repérer « l'extase sensorielle [...] bordée d'une secrète angoisse[1] » dont parle Frank Lestringant dans sa biographie de l'écrivain à propos du premier séjour de Gide dans la capitale italienne au printemps 1894. On croirait que le biographe évoque plutôt le troisième séjour de Gide à Rome quatre ans plus tard. Or tout sépare, dans ses écrits, qu'ils soient pages du *Journal* ou correspondances, le récit que Gide a donné de ces deux séjours à quatre années d'intervalle. Comment réconcilier en effet l'auteur de *Paludes* concluant dans son journal « décidément je n'aime point Rome[2] » avec celui de *Saül* déclarant à Marcel Drouin : « Je ne pensais pas que je pourrais tant aimer Rome, ni que j'étais capable de ce genre de passion[3] » ? Il semblerait que le biographe de Gide – mais il est loin d'être le seul – ait été victime d'un trouble de la lecture que Gide devait observer lui-même en lisant Stendhal et décrire ainsi dans sa préface à *Armance* : « [...] c'est presque toujours par ennui que [Stendhal] écrit ; mais si vif est le plaisir qu'il y prend, nous ne connaissons jamais avec lui cet ennui qui précède, mais

1 Frank Lestringant, *André Gide l'inquiéteur*, t. I : *Le Ciel sur la terre ou l'inquiétude partagée*, Paris, Flammarion, « Grandes biographies », 2012, p. 255.

2 *Feuilles de route* [1895-1896], *J1*, p. 213.

3 « "Cher vieux". Lettres à Marcel Drouin », *La Nouvelle Revue française*, n° 560, 2002, p. 2.

uniquement le plaisir[4]. » Nous avons l'habitude d'associer l'Italie, dans l'œuvre gidienne, à la notion de plaisir justement, au point d'oublier – à l'instar de Gide lecteur de Stendhal – que cela ne fut pas toujours le cas, et de loin[5]. Car c'est bien l'ennui, cet « ennui qui précède », qui caractérise les premiers textes sur l'Italie et surtout sur sa capitale. Les verbes « s'ennuyer » et « s'embêter », déclinés sur tous les modes, reviennent sans cesse sous la plume du voyageur : « [...] tout cela m'ennuie beaucoup », écrit-il à sa mère le 19 avril 1894, soit moins d'une semaine après son arrivée, « et je donnerais volontiers Forum et Colisée pour une symphonie de Beethoven. Je t'écris la pensée d'aujourd'hui, peut-être sera-t-elle peu durable – quoiqu'elle dure déjà depuis longtemps[6]. » Une lecture attentive et chronologique des textes consacrés à Rome par l'écrivain révèle en fait que ce sentiment d'ennui fut durable puisqu'il s'imposa au voyageur, contre tout autre sentiment, à deux reprises, en 1894 et en 1896, comme en témoignent les récits qu'il fit de ces deux séjours, et qu'il fallut bien attendre 1898, et donc un troisième séjour, pour que cet ennui fasse place à la « passion » pour reprendre le mot de Gide lui-même dans sa lettre à Marcel Drouin. L'objet de cet essai portera sur les différents motifs, qu'ils soient intrinsèquement ou non liés à la ville même de Rome, qui ont pu provoquer chez le voyageur cet ennui dont il ne cesse de se plaindre au fil des pages. Je tenterai de démontrer que la chronologie des faits (je veux parler ici des lieux visités avant l'arrivée à Rome), l'identité des compagnons de voyage et les activités quotidiennes du voyageur durant ses différents séjours ont joué un rôle essentiel dans

4 « Préface à *Armance* » [1921], *EC*, p. 544.

5 Les intimes de Gide n'étaient eux-mêmes pas tous d'accord entre eux sur cette question. À Jean Lambert qui, dans son *Gide familier*, indiquait que Gide n'aimait guère Rome, Robert Levesque répondit : « Je crois que c'est une légende, qui s'appuie d'ailleurs sur un texte du *Journal*. Mais vous signalez vous-même des lettres à Marcel Drouin, favorables à Rome. Maurice Denis assurait que c'est Gide qui lui révéla Rome. Il serait bon de questionner Schlumberger... (Gide me parla de leurs communs séjours à Rome). Quant à moi, j'ai été surpris à diverses reprises, et sur place, par la connaissance minutieuse et passionnée que Gide possédait de Rome. Il finissait par s'étonner qu'on lui préférât Florence. » Lettre de Robert Levesque à Jean Lambert du 8 janvier 1959, citée dans Jean Lambert, *Gide familier*, Lyon, PUL, « André Gide – Textes et correspondances », 2000, p. 204.

6 André Gide, Juliette Gide, *Correspondance avec sa mère 1880-1895*, éd. Claude Martin, Paris, Gallimard, 1988, p. 338. Le sentiment d'ennui perdure. Un mois plus tard, le 12 mai 1894, Gide se plaint de nouveau à sa mère : « Rome nous ennuie. » *Ibid.*, p. 361.

la façon dont ce dernier a pu percevoir la Ville éternelle et la décrire dans les différents récits qu'il fait de ces trois séjours. Je m'attarderai plus particulièrement, dans la seconde partie de cet essai, sur le dernier et le plus prolongé de ces trois séjours, celui que Gide fit du 16 janvier à la fin du mois de mars 1898, soit durant une dizaine de semaines. Ce troisième séjour a, en effet, la particularité de coïncider avec celui que fit également son ancien collaborateur du *Voyage d'Urien*, le peintre nabi Maurice Denis, qui rejoignit Rome le 25 janvier depuis Fiesole après avoir séjourné avec les siens chez Ernest Chausson, à la Villa Papiniano, dont il a décoré les murs de fresques.

Quelques trente ans après les faits, Gide a tenté de nuancer, dans *Si le grain ne meurt*, l'impression négative que lui laissa Rome durant son premier séjour en invoquant « l'insupportable raison de santé [qui] mettait obstacle à tout[7] ». Ce motif est certes sans aucun doute exact : dans de nombreuses lettres à sa mère, le voyageur convalescent se plaint en effet de la fatigue et prétexte un accès de faiblesse pour refuser de quitter son petit appartement de la via Gregoriana, au numéro 34, à deux pas de l'église de la Trinité-des-Monts et de la Place d'Espagne. La lecture des mémoires de 1921 permet donc au lecteur de mettre sur le compte de la maladie ce que la correspondance de 1894 laissait entrevoir comme un *a priori*, une réaction de jeunesse contre les idées reçues et sans doute la volonté de paraître original. Mais comment ne pas percevoir également chez l'individu qui lance sur un ton péremptoire (« [...] j'ai décrété que Rome m'embêtait[8] ») un cri d'indignation – voire même de rébellion – contre celle qui a tant insisté pour que son fils quitte l'Afrique du Nord afin de rejoindre l'Italie, celle qui ne cesse, dans ses lettres, de ressasser son propre voyage à Rome et les avantages qu'une telle ville peut procurer à un jeune homme en terme de culture classique. Si le voyageur exprime sans doute un sentiment ressenti véritablement lorsqu'il reproche à Rome sa « beauté si sévère » et son « architecture plutôt papale que catholique[9] », le lecteur ne peut s'empêcher de lire dans ces critiques adressées à la ville autant de reproches à la mère dont la « présence » se fait trop insistante et dont les lettres

7 *Si le grain ne meurt* [1921], *SV*, p. 289.

8 Lettre d'André Gide à Juliette Gide du 13 avril 1894, *Correspondance avec sa mère*, *op. cit.*, p. 324.

9 *Ibid.*, p. 349 et p. 355.

et les références enthousiastes à Rome qu'elles contiennent sont pour le voyageur autant de rappels du lien maternel, de cet *amor filii* dont le nom même de Rome (« *Roma* », en italien) peut être lu comme symbole sous la forme d'un palindrome ; en somme une mère trop attachante désormais pour celui qui a pu, un temps en Afrique du Nord, chercher une nouvelle forme d'amour et goûter aux avantages de l'éloignement. Aussi lorsque le voyageur proteste dans une de ses lettres que « Rome [l]'écrase un peu[10] », ne faut-il pas aussi entendre que c'est surtout la présence de cette mère qu'il juge envahissante et « un peu » écrasante (notons au passage les précautions oratoires qui trahissent la complexité des sentiments du voyageur pour sa mère et la peur de déplaire à cette dernière) ? Comme nous sommes loin de celui qui, « plein d'usage et raison », s'en retournait « vivre entre ses parents le reste de son âge[11] » !

Car c'est justement cet usage et cette raison que le voyageur rejette à Rome et qui lui font horreur tant ils lui rappellent d'où il vient, surtout après la rupture qu'a pu représenter le séjour africain précédant immédiatement le séjour romain. Pour la mère de Gide, le voyage à Rome doit inspirer à ce dernier « de grandes choses simples, nobles, compréhensibles de tous, – non plus un passe-temps et un exercice de style, mais ayant une portée véritable[12] » et, ces « grandes choses », c'est bien sûr à Rome que le jeune homme les trouvera et certainement pas en Afrique du Nord où ses sens ne peuvent que s'étioler et son inspiration déchoir : « Cela me fait trembler [écrit Madame Gide à son fils] qu'à force de causer de choses rares et subtiles, vous n'arriviez à quintessencier votre talent en subtilités, en apocalypse, en mysticisme sublunaire, et que le bon sens et la raison n'y trouvent pas toujours leur compte[13]. » À travers les siècles, les paroles de la mère de Gide (« bon sens » et « raison ») font écho à celle du protagoniste du poème de Du Bellay, à cette tradition classique de la connaissance et de la sagesse qu'incarne Rome et ses artistes depuis toujours. « Leur œuvre

10 Lettre d'André Gide à Juliette Gide du 25 avril 1894, *Correspondance avec sa mère*, *op. cit.*, p. 346. Ce sentiment se retrouve encore chez certains auteurs contemporains, par exemple chez Valentine Goby : « Ce que je sais de Rome m'écrase, voilà, cette ville pèse le poids de mon ignorance. » Valentine Goby, *Petit éloge des grandes villes*, Paris, Gallimard, « Folio », 2007, p. 108.

11 Joachim Du Bellay, « Heureux qui, comme Ulysse, a fait un beau voyage », 1559.

12 Lettre de Juliette Gide à André Gide du 24 mai 1894, *Correspondance avec sa mère*, *op. cit.*, p. 379.

13 *Ibid.*, p. 378.

me paraissait appartenir au passé[14] » écrira bien plus tard l'auteur de *Si le grain ne meurt*. Ce passé, pétri de culture latine justement et qu'il retrouve encore chez Stendhal, entre désormais en conflit avec l'homme véritable qu'il a cru découvrir en Afrique du Nord : « [...] les *Promenades dans Rome* de Stendhal [...] me déplaisent fort, mais il parlait en ces pages de la formation de Rome, de ses enceintes primitives[15]. » De « formation », d'« enceintes », le voyageur africain grisé de nature et de liberté ne veut plus entendre parler ; il s'agit au contraire de fuir, de désapprendre, de poursuivre ce que le séjour africain a fait surgir afin de retrouver l'être « authentique ». Gide le sent bien à ce moment précis de son voyage, qui inscrit dans son journal la phrase suivante : « J'ai trouvé le secret de mon ennui dans Rome : je ne m'y trouve pas intéressant[16]. » Combien lui paraît plus intéressant celui qu'il était en train de devenir il y a encore peu de l'autre côté de la Méditerranée. Le choc du retour est tel que le voyageur se sent amputé d'une partie essentielle de son être. Car s'il se trouve à Rome, son esprit est ailleurs[17]. « Je vois Rome à travers Stendhal, malgré moi[18]. » Ce « malgré moi » est à prendre au sens le plus fort : Gide voit Rome, vit Rome, mais sans le vouloir, contre son gré, à contrecœur. C'est seulement en « faisant des vers ou pensant à Virgile[19] », peut-être de tous les Latins le seul qui trouve encore grâce à ses yeux, que le voyageur réussit à trouver quelques charmes à la Ville éternelle. Les bergers du poète des *Églogues*, qui font ressurgir le souvenir des jeunes Africains, permettent de métamorphoser un instant la nature romaine en oasis

14 *Si le grain ne meurt*, *SV*, p. 290.

15 Lettre d'André Gide à Juliette Gide du 4 mai 1894, *Correspondance avec sa mère*, *op. cit.*, p. 354. Je souligne.

16 *Feuillets de route* [1895-1896], *J1*, p. 213. La même remarque revient dans une lettre à Henri de Régnier datée du 16 janvier 1896 : « J'ai compris, de Rome, le secret de mon ennui : je ne m'y parais pas intéressant. » André Gide, Henri de Régnier, *Correspondance 1891-1911*, éd. David J. Niederauer et Heather Franklyn, Lyon, PUL, « Collection André Gide – Textes et correspondances », p. 204.

17 Tous les sens de Gide sont encore hantés par son séjour africain, y compris l'ouïe : « Musique nègre ! que de fois, loin de l'Afrique, j'ai cru t'entendre, et subitement se récréait autour de toi tout le Sud ; à Rome encore, via Gregoriana, lorsque les lourds camions, descendant au petit matin, me réveillaient. Aux rebonds sourds sur les pavés, encore sommeillant, je pouvais un instant me méprendre, et puis me désoler longuement. » *Feuillets de route*, *J1*, p. 233.

18 *Feuillets de route*, *J1*, p. 213.

19 Lettre d'André Gide à Juliette Gide du 12 mai 1894, *Correspondance avec sa mère*, *op. cit.*, p. 361.

de bonheur : « Les jardins de la Villa Médicis sont beaux comme des vers de Virgile[20]. » S'efface alors la Rome chrétienne pour laisser la place un instant à la ville païenne ; encore s'agit-il d'une cité poétique où les jardins se métamorphosent en vers[21]. Parallèlement au verbe « s'ennuyer », accolé si souvent au nom de Rome, le verbe « regretter », qui vient lui faire pendant, apparaît tout aussi régulièrement sous la plume du voyageur, mais associé à l'Afrique du Nord bien entendu : « [...] je regrette Biskra[22]. »

> Nous regrettons l'Afrique à chaque instant. Je n'ai jamais rien vu de plus vilain, de plus maussade et informe que Rome ; après Tunis et Biskra n'auras-tu pas eu, revoyant une ville du Nord, un irrésistible sentiment de dégoût et d'ennui, – de laideur[23] ?

Contre toute attente, Rome devient une ville du Nord dans l'esprit du voyageur et les mots qu'il utilise pour la décrire (« vilain », « maussade »,

20 Lettre d'André Gide à Juliette Gide du 13 avril 1894, *ibid.*, p. 324. Volupté et sensualité sont au cœur de l'idée que Gide s'était faite de l'Italie, et de Rome en particulier, à partir de ses lectures, notamment au travers des *Églogues* de Virgile – « [...] quelle volupté ! » (*J1*, 10 juin 1891, p. 129) – et des *Elégies romaines* de Goethe dont il se souvient encore, en septembre 1940, comme d'un « paradis sensuel ». *J2*, 20 septembre 1940, p. 732.

21 On note encore dans une lettre à Eugène Rouart datée du 27 avril 1894 : « La Villa Médicis est merveilleuse ; il y a des jardins qui semblent des bois sacrés et où l'on ne pénètre qu'avec des clefs à privilèges. » André Gide, Eugène Rouart, *Correspondance 1893-1901*, éd. David H. Walker, Lyon, PUL, « André Gide – Textes et correspondances », 2006, t. I, p. 158. La référence aux jardins est une constante de l'évocation gidienne de Rome et sans doute la seule qui se maintienne dans un registre positif, voire même euphorique. Après les jardins de la Villa Médicis, ce sont ceux du Pincio qui reviennent le plus souvent sous la plume du voyageur comme dans cette lettre à Henri de Régnier datée du 16 avril 1894 : « "Les jardins d'où je vous écris jouissent d'une belle vue sur la ville" – dirait-on sans Flaubert ; c'est le Pincio, où je veux venir tous les jours, car l'air y est léger, moins pernicieux prétend-on que sur les six autres collines, des allées de petits chênes verts m'y invitent à la lecture et les bustes de tas de grands hommes à l'écriture plutôt. Là se bornent tous mes plaisirs et je m'abstiens des monuments. » (André Gide, Henri de Régnier, *op. cit.*, p. 132.) Le voyageur évoque encore, dans cette autre lettre à Régnier datée du 16 janvier 1896, les bois du Palatin découverts lors du premier séjour dans la Ville éternelle : « [...] je m'éprends du Palatin, car il y pousse deux palmiers, et, sur les ruines, un petit bois de chênes sacrés dont l'ombre, l'été, sur les statues, est, je me souviens, d'une légèreté et d'une transparence merveilleuse. » *Ibid.*, p. 204.

22 Dans une lettre à Henri de Régnier datée du 17 avril 1894, Gide renchérit : « Depuis que je l'ai quitté je regrette Biskra tous les jours, à chaque heure, ainsi que les Hébreux regrettaient la captivante Égypte à cause de ses oignons gras ; j'y étais bien, ah ! comme j'y étais bien ! » André Gide, Henri de Régnier, *op. cit.*, p. 133.

23 Lette d'André Gide à Juliette Gide du 18 avril 1894, *Correspondance avec sa mère*, *op. cit.*, p. 337-338.

« dégoût », « ennui », « laideur ») laisseraient plutôt penser à quelque pauvre ville industrielle et laborieuse des brumes du nord de l'Europe. C'est que le séjour africain a tout changé pour le voyageur, au point de réorganiser jusqu'à l'espace géographique qui était encore le sien avant le voyage, Rome perdant dans son esprit son statut de ville du Sud et de *caput mundi* du fait justement de son rôle de berceau de la civilisation européenne et de capitale antique et chrétienne. Rome est reléguée au Nord, plus proche de Paris et de Cuverville que de Biskra. Dès lors, elle ne fait plus le poids dans la balance : « [...] l'Afrique : nous donnerions chacun vingt Romes [*sic*] pour vingt jours de recommencements », écrit Gide en évoquant son séjour en compagnie de Paul-Albert Laurens. « Cette nuit, je me suis réveillé pleurant : j'en rêvais... je rêvais de Touzeur, que je n'ai pas vu[24]. » À Rome, le voyageur rejette la masse compacte de monuments et de palais superposés les uns sur les autres en une sorte de cité où le fardeau de l'histoire, et de la tradition en général, pèse de tout son poids sur le présent, jusqu'à empêcher l'individu d'agir, et peut-être encore davantage sur l'avenir allant jusqu'à empêcher tout désir d'altérité, toute possibilité de devenir autre que ce que furent ceux qui l'ont précédé. Rêver de Touzeur, en revanche, c'est bien sûr rêver de devenir autre et libre, c'est se projeter vers l'avenir, dans un espace vacant où tout devient possible : « Obsessions d'Orient, du désert, de son ardeur et de son *vide*[25]. »

À Rome encore, Gide rejette toute vie sociale, ayant trop peur de faire marche arrière, de rentrer dans le rang, et d'annuler ainsi les bénéfices engrangés sur le territoire africain. Il se prend à regretter :

> [...] tous ces Arabes autour de moi, qui vivaient, eux, sans pensées, avec toutes nos passions et avec d'autres morales [...]. Comprends-tu qu'à présent l'Italie (Rome, au moins) m'assomme et m'exaspère [...] ? Tout y accable (de quel poids fut pour nous, toujours, *le souvenir !*) ; la passion se cache ; *la pensée* y est sévère et diplomatique[26].

Après avoir rendu, le lendemain de son arrivée, la visite d'usage à Jean-Baptiste Guillaume, le directeur de la Villa Médicis, membre de l'Institut et grand officier de la Légion d'honneur, Gide renonce rapidement aux mondanités dans la capitale : « [...] je comprends très bien,

24 Lettre d'André Gide à Juliette Gide, 25 avril 1894, *ibid.*, p. 346.

25 *Feuillets de route*, *J1*, p. 211. C'est nous qui soulignons.

26 Lettre à Marcel Drouin du 10 mai 1894, citée dans Claude Martin, *André Gide ou la vocation du bonheur*, Paris, Fayard, 1998, p. 222-223.

je t'assure », confie-t-il à sa mère, « le genre de plaisir que l'on pourrait trouver en cette vie italienne – palais, parfaits ombrages, vie seigneuriale, amoureuse et polie[27]. » Le cœur du voyageur penche plutôt pour la vie des champs, des pâtres et des bergers de Virgile, de jeunes garçons de Biskra, loin de toute civilisation : « Rome m'écrase un peu, il est vrai ; j'aurais préféré la campagne », « voir des familles de pêcheurs ou de fermiers[28]... » Vision empreinte d'idéal et de poésie qui va jusqu'à lui faire oublier, ou même faire prendre conscience, que le sud de l'Italie est aussi le pays des contacts chaleureux, de la séduction, d'une forme relâchée et plutôt agréable de la sociabilité, de la *dolce vita*, dirions-nous aujourd'hui. L'auteur de *Si le grain ne meurt* le sait bien qui le note des années plus tard : « Les bizarreries de l'auberge, les aventures, les rencontres, si plaisantes en Italie et qui sont devenues pour moi le plus attrayant du voyage, je ne devais les connaître que plus tard[29]. »

Bien que moins documenté que celui de 1894, le séjour de Gide à Rome au début de l'année 1896 semble confirmer sa première impression : « [...] décidément je n'aime point Rome[30] » résume rapidement l'auteur dans son *Journal*. J'en viendrai donc directement au séjour de 1898 car il s'oppose, de façon étonnante, aux deux séjours précédents tant par l'esprit que dans la forme. Jugeons plutôt :

> L'exaltation que cause Rome est une exaltation si particulière que j'y étais resté réfractaire jusqu'à ce dernier voyage, ou à peu près. Maintenant j'y flotte ; j'y nage ; j'y fais la planche et des pleines eaux ! Rien de la fébrilité de Naples – c'est une sérénité tranquille et pleine. La joie même a l'air grave ;

27 Lettre d'André Gide à Juliette Gide du 25 avril 1894, *Correspondance avec sa mère*, *op. cit.*, p. 346.

28 *Ibid.*, p. 346-347.

29 *Si le grain ne meurt*, *SV*, p. 289.

30 *Feuillets de route (1895-1896)*, *J1*, p. 213. D'après Claude Martin, Gide ne serait resté que quatre ou cinq jours à partir du 17 janvier 1896 dans la capitale italienne où il loge à la pension Michel au 72 de la via Sistina, à deux pas de la via Gregoriana dans le quartier de la Trinité-des-Monts où il logeait déjà en 1894 (Claude Martin, *André Gide ou la vocation du bonheur*, *op. cit.*, p. 279). Les lettres inédites de Gide adressées à son beau-frère Marcel Drouin permettront de compléter un jour les documents relatant ce second séjour romain. On note cependant un ton plus favorable à Rome dans une lettre qu'il adresse à Francis Jammes à son arrivée dans la Ville éternelle, première amorce d'un changement d'état d'esprit : « Ici, il fait éperdument beau et mes sens et mon âme s'affolent ; je bois la lumière comme le vin trop tiède et ma sagesse en est déconcertée. » André Gide, Francis Jammes, *Correspondance 1893-1899*, éd. Pierre Lachasse et Pierre Masson, Paris, Gallimard, « Les cahiers de la NRF », 2014, t. I, p. 113.

> la méditation non soucieuse, mais sérieuse. Je ne pensais pas que je pourrais tant aimer Rome, ni que j'étais capable de ce genre de passion[31].

Le lecteur a du mal à croire que le voyageur évoque ici la ville qu'il avait tant bafouée lors de ses deux premiers séjours. La mort de sa mère, le mariage avec sa cousine et plusieurs voyages en Afrique du Nord ont sans doute modifié entre temps l'état d'esprit du voyageur. Certes, c'est en compagnie de Madeleine qu'il avait déjà séjourné dans la capitale italienne l'année précédente, mais il s'agissait de leur voyage de noces et la santé fragile des époux nécessitait encore un certain ménagement. L'amélioration de la santé de sa femme et les habitudes qu'a prises le couple font que Gide passe moins de temps aux côtés de Madeleine. Il se trouve aussi que ce séjour romain n'est pas précédé d'un de ces voyages en Afrique dont il a désormais l'habitude et qu'arrivant de Suisse par Florence, donc du Nord au Sud cette fois-ci, l'impression n'est plus la même. Rome redevient ville du Sud et reconquiert ses titres de noblesse à tel point qu'on sent poindre un regret lorsque le voyageur s'en éloigne : « Depuis que nous avons quitté Rome notre voyage est devenu si morne et dans un si vilain pays que les souvenirs de Biskra ont, tu comprends, beau jeu pour m'obséder[32] ! » Enfin, l'« exaltation » de Gide est aussi peut-être à mettre sur le compte de l'écriture : « [...] j'ai fui courageusement [la société] des nègres et [...] je m'établis à Rome pour l'hiver [...] : il s'agit avant tout de venir à bout du *Saül*[33]. » Ce voyage est donc cette fois-ci un choix délibéré et non plus un séjour imposé[34].

---

31 Lettre d'André Gide à Marcel Drouin datée du 30 janvier 1898, dans *La Nouvelle Revue française*, *op. cit.* À partir de cette époque, le mot « exaltation » est souvent associé à la ville de Rome. Dans une autre lettre à Drouin, il est question d'« extase » et de cette « exaltation qui subsiste » (André Gide, « Lettres d'Italie à Marcel Drouin » [avril 1898], *Hommage à André Gide*, Paris, *La NRF*, novembre 1951, p. 384 [numéro spécial]). En 1904, Gide écrit : « Nous attendons de Rome l'exaltation » (André Gide, « Maurice Denis », *Œuvres complètes*, Paris, La Nouvelle Revue française, 1932, t. IV, p. 418). En 1909, dans son *Journal*, Gide inscrit à la date du 2 mars cette seule phrase qui parle d'elle-même : « Départ pour Rome au comble de l'exaltation. » *J1*, p. 608.

32 Lettre d'André Gide à Eugène Rouart (début avril 1898), dans André Gide, Eugène Rouart, *Correspondance 1893-1901*, *op. cit.*, p. 464.

33 Lettre d'André Gide à Henri Ghéon, dans Henri Ghéon, André Gide, *Correspondance*, I : *1897-1944*, Paris, Gallimard, 1976, p. 150.

34 Aux « voyages forcés », Gide oppose les lieux choisis et lance l'idée d'une « influence d'élection » en évoquant le séjour de Goethe à Rome à partir de 1786 : « Lorsque Goethe, arrivant à Rome, s'écrie : *Nun bin ich endlich geboren !* "Enfin je suis né !..." lorsqu'il nous dit dans sa correspondance qu'entrant en Italie il lui sembla pour la première fois prendre

Si le résultat est le même, l'esprit est tout autre. « Aussi vais-je vivre en cloîtré durant toute cette période romaine ; je sors à peine et c'est pour ne presque rien voir[35]. » Ainsi, Gide a choisi Rome pour y composer sa pièce *Saül*, récit du roi des Israélites et du jeune et beau David dont il vient de revoir le chef-d'œuvre par Michel-Ange à Florence. Il n'est pourtant pas très sensible à la colossale statue du génie de la Renaissance. Il lui préfère celles, plus graciles et moins viriles, de Donatello et de Verrocchio que Maurice Denis a pu lui-même admirer dans la cité toscane. Fraîchement débarqué à Rome, Florence manque déjà au peintre nabi : « Il faut bien conclure que jusqu'ici je regrette Florence[36] », écrit-il. Il est curieux d'observer que la toute première impression laissée par Rome sur Maurice Denis est similaire à celle laissée sur Gide quatre ans plus tôt : l'un et l'autre lui préfèrent le lieu qui l'a précédée. Les motifs, cependant, sont tout à fait différents : « [...] je suis terriblement choqué par ce goût du XVIIe siècle qui me semble dominer ici[37] », écrit Denis. « [A]ffligé d'une foule de fontaines, façades et frontons », le peintre ne

conscience de lui-même et *exister*... voilà certes de quoi nous faire juger l'influence d'un pays étranger comme des plus importantes. – C'est, de plus, une *influence d'élection* : je veux dire qu'à part de malheureuses exceptions, voyages forcés ou exils, on choisit d'ordinaire la terre où l'on veut voyager ; la choisir est preuve que déjà l'on est un peu influencé par elle. – Enfin l'on choisit tel pays précisément parce que l'on sait que l'on va être influencé par lui, parce qu'on espère, que l'on souhaite cette influence. On choisit précisément les lieux que l'on croit capables de vous influencer le plus. » « De l'influence en littérature » [1900], *EC*, p. 405-406.

35 Lettre d'André Gide à Henri Ghéon, *op. cit.*, p. 150.

36 Maurice Denis, *Journal*, t. I : *1884-1904*, Paris, La Colombe, 1957, p. 126.

37 *Ibid.*, p. 129. Gide est, quant à lui, choqué par la façon dont les ruines de la Rome antique ont été « rafistolées » par les architectes du grand siècle et des siècles suivants : « Où je pleure, où je m'indigne, où je m'en vais, c'est quand on a rafistolé les vestiges. » (André Gide, « Lettres d'Italie à Marcel Drouin », dans *Hommage à André Gide*, *op. cit.*, p. 385.) Le voyageur se cramponne à une vision toute littéraire et passéiste de la ville, liée bien entendu à ses lectures de jeunesse, et dénonce toute trace de modernisation à la vue des rues désormais aménagées de trottoirs, des avenues nouvellement percées et bordées de nouveaux immeubles bourgeois : « [...] c'est moderne, c'est hideux » (*ibid.*, p. 386) ; « Je déteste Rome, par amour pour Goethe, pour Chateaubriand, pour Shelley, pour Keats ; pour tous ceux qui l'ont tant aimée qu'ils sangloteraient de désespoir s'ils la revoyaient aujourd'hui » (*ibid.*, p. 387) ; « [...] que Rome a dû être belle ! Je ne te parle parbleu pas de la Rome antique, mais de la Rome ruinée » (*ibid.*, p. 385). Le contraste est saisissant, par exemple, avec les vestiges de Tivoli qui, ayant su échapper aux destructions de la soi-disant civilisation moderne, rappellent sans doute au voyageur les charmes sauvages et indomptés de la nature africaine : « Mais Tivoli... ah ! cher vieux, cela est absolument merveilleux [...]. Les ruines ne sont pas belles en elles-mêmes [...] mais mangées par la végétation splendide [...]. » *Ibid.*, p. 387.

ressent pas encore cette « émotion si religieuse, écrasante et consolante, – c'est-à-dire chrétienne au plus haut degré[38] » que vont lui donner dans les jours suivants les mosaïques des basiliques romaines. Alors seulement lui apparaîtra « [l]e miracle du christianisme évident à Rome devant les ruines de ces monstrueux Césars de Suétone et de Tacite et les premières basiliques qui évoquent si exactement la beauté des Actes des apôtres[39] ». Les pages du journal de Denis, ses lettres à Vuillard et à Ernest Chausson retracent la métamorphose du peintre au contact de la Ville éternelle et des conversations qu'il y a avec Gide. À peine rentré à Saint-Germain-en-Laye, le peintre s'empresse d'exprimer à l'écrivain tout ce qu'il lui doit : « Je dis à tout le monde que [...] nos conversations sans Rome m'auraient peu servi, mais que Rome sans vous m'eut été tout à fait inutile[40]. » Paradoxalement, Gide est devenu, malgré lui, ambassadeur de Rome (« *cicerone* amical et compétent » pour reprendre l'expression de Claude Martin[41]), alors qu'il déniait quasiment tout intérêt à la ville deux ans plus tôt. Serait-ce qu'en présence du peintre français, le voyageur s'est senti plus Romain que Français ?

Dans une lettre à Gide, Denis se félicitait encore de « voir se réveiller l'ancienne sympathie de pensée, et de cœur peut-être aussi, qui fut entre nous[42] ». Si ces journées passées ensemble ont permis au peintre et à l'écrivain d'établir à nouveau des rapports, leurs conversations n'ont pas pour autant « réveillé » l'amitié d'antan ; elles n'ont pas ressuscité cette « ancienne sympathie de pensée » et encore moins « de cœur » que Denis se plaisait à évoquer dans sa lettre. Comment, en effet, Gide aurait-il pu confier certaines des questions qui l'occupent alors dans *Saül* à celui pour qui Rome se résume à « l'esprit chrétien[43] » ? Gide a peut-être compris qu'il ne parviendrait à préserver l'amitié de Denis qu'en évitant d'engager la conversation sur certaines questions d'ordre personnel, et ce au profit de réflexions plus abstraites et théoriques sur

38 Maurice Denis, *Journal*, *op. cit.*, p. 129.

39 *Ibid.*

40 Lettre du 4 mars 1898, Bibliothèque littéraire Jacques-Doucet, fonds André Gide 8309-24, dans André Gide, Maurice Denis, *Correspondance 1892-1945*, éd. Pierre Masson et Carina Schäfer avec la collaboration de Claire Denis, Paris, Gallimard, « Les Cahiers de la NRF », 2006, p. 123.

41 Claude Martin, *André Gide ou la vocation du bonheur*, *op. cit.*, p. 324.

42 Lettre du 16 novembre 1896, Bibliothèque littéraire Jacques-Doucet, fonds André Gide 8309-23, dans André Gide, Maurice Denis, *op. cit.*, p. 117.

43 Maurice Denis, *op. cit.*, p. 130.

l'art. « Cette rencontre à Rome reste pour nous le point central de notre voyage », se contente-t-il de répondre au peintre, « elle aura supprimé les quelques gênes qu'un long silence avait faites entre nous, et permis à notre ancienne amitié de repartir sur des raisons nouvelles[44] ». L'écrivain a mis beaucoup moins de zèle que le peintre à conserver les traces de leurs discussions et de leurs visites dans Rome. Ses remarques sur son séjour de 1898 se limitent à quelques paragraphes qui remplissent moins d'une page de l'édition de la Pléiade du *Journal*. Encore ses notes évoquent-elles plus volontiers la vie domestique des Gide Piazza Barberini[45]. Denis, en revanche, ne cesse de revenir dans sa correspondance et son journal sur ses promenades avec l'écrivain et les bénéfices qu'il tire de leurs conversations : « C'est grâce à lui qu[e je] subi[s] [...] le charme profond, véritablement mystérieux, de la Ville éternelle[46] », s'exclame-t-il. Quelle ironie quand on sait combien, il y a peu de temps encore, étaient compliquées les relations entre Gide et Rome. Cependant, il faut bien admettre qu'à travers ses remarques, Gide est parvenu à ébranler les convictions de Denis et ses appréhensions sur une partie de l'art italien, notamment le rôle de la nudité dans la peinture et la sculpture : « Tout bien considéré, écrit Denis, les statues antiques [...] ne sont pas déplacées dans la demeure des Papes. Le *Jugement dernier* [...] produi[t] une impression aussi religieuse que les Cimabue, les Giotto, les Angelico, ou que ces mosaïques romaines, qui joignent en d'inoubliables harmonies les traditions antiques au symbolisme chrétien[47]. » Mais plus qu'au « charme profond, véritablement mystérieux, de la Ville éternelle », c'est à celui de l'écrivain, ou de son discours, que succombe le peintre. Pour qui a lu la prose de Denis, généralement toute de retenue et de simplicité, les exclamations qui figurent alors dans son journal et sa correspondance ne peuvent que surprendre : « Je suis absolument conquis par la beauté des jardins, le luxe des fontaines, la poésie des ruines[48]. » Tout dans cette phrase, par exemple, depuis la préférence donnée à un vocabulaire euphorique jusqu'au choix des images, rappelle le style et

44 Lettre d'André Gide à Maurice Denis du 3 avril 1898, dans *ibid.*, p. 143.

45 Voir *J1*, p. 278. Le nom de Denis n'est pas mentionné dans ces notes.

46 Maurice Denis, « Les Arts à Rome, ou la méthode classique », *Le Spectateur catholique* (juillet-décembre 1898) dans *Le Ciel et l'arcadie*, éd. Jean-Paul Bouillon, Paris, Hermann, « Collection Savoir. Sur l'art », 1993, p. 56.

47 *Ibid.*, p. 69.

48 Maurice Denis, *Journal*, *op. cit.*, p. 133.

l'imaginaire du Gide des *Nourritures terrestres* publié quelques mois plus tôt, et laisse supposer l'influence diffuse de l'écrivain sur le peintre à l'insu de ce dernier. En l'espace de quelques jours, Denis a subi « le charme profond » des propos de Gide, il a été « absolument conquis » par la vision de l'écrivain. Va-t-il jusqu'à en oublier ce passage de son propre *Journal* dans lequel, quelques mois plus tôt, il jugeait les récits de Gide sur ses voyages en Algérie « d'une sensibilité excessivement orientale » à cause « des gros mots et des indications astucieuses de vices[49] » que l'écrivain se plaît à indiquer et que Denis s'obstine à ignorer ? Il faut bien se résoudre à l'évidence : le peintre est convaincu ou tente encore de se convaincre de la grandeur de « l'âme chrétienne » de Gide ou en tout cas de l'issue heureuse du combat que l'écrivain lui paraît mener contre ces démons (ceux mêmes qui hantent le roi Saül dans la pièce que Gide rédige justement à ce moment-là), démons que Denis met sur le compte d'une imagination débordante en réprouvant « une sensibilité excessivement orientale[50] ».

En réalité, les deux hommes ne parlent pas le même langage et ne portent pas le même regard sur ce qu'ils découvrent pourtant ensemble. Pour Denis, Rome est avant tout le siège de la chrétienté, un des hauts lieux du catholicisme et le catholique fervent qu'il est ne peut que s'extasier devant ce qu'il nomme « le miracle du christianisme » : « J'ai vu le pape à Saint-Pierre [...]. Quel spectacle ! C'est admirable[51]. » Gide, au contraire, pour qui « l'horrible énormité de Saint-Pierre[52] » est insupportable, conçoit ce séjour romain loin de toute référence à la religion. Et c'est justement parce que Rome est si liée au catholicisme, à son histoire, à ses valeurs, à son dogme que Gide lui préfère le symbole de la Renaissance, de la libre-pensée et de la révolution esthétique : Florence. Il suffit pour s'en convaincre de constater le décalage entre le silence et la réserve de Gide sur Rome dans son *Journal*, et le nombre de pages et la richesse des descriptions et des analyses consacrés à Florence[53]. Les pages sur la cité toscane ne laissent guère de doute quant

49 *Ibid.*, p. 223.
50 *Ibid.*, p. 109.
51 *Ibid.*, p. 135.
52 *Feuillets de route*, *J1*, p. 213.
53 Les lettres à Marcel Drouin non encore publiées à ce jour viendront peut-être bientôt modifier notre lecture. Elles constituent sans aucun doute un témoignage essentiel sur le séjour de Gide à Rome en 1898 comme l'indique Gide lui-même dans une de ces

aux motifs de l'enthousiasme de Gide. Elles regorgent de références aux sens, à la sensualité, qui en font autant de manifestations à la gloire du corps masculin. Les goûts de Gide le portent bien sûr vers le *David* de Donatello ou de Verrocchio, vers les visages des figures masculines de Filippino Lippi et Benozzo Gozzoli, vers le petit amour dansant du Musée du Bargello[54]. Ici et là, ce ne sont que « douce » et « délicate figure », « maigre corps d'enfant », « petit corps de bronze », « petit corps délicat », « grâce un peu frêle », « lignes délicieuses », « nudité ornée », « saveur des chairs[55] ». « Renaissance italienne ! Triomphe des sens », s'exclame Gide dans son *Journal*, « vous m'aurez inquiété jusqu'à l'angoisse[56]. » C'est au travers de la beauté physique dans ce qu'elle a de plus palpable – d'où la préférence donnée généralement par Gide à la sculpture au détriment de la peinture – que l'écrivain accède à la vérité ou plutôt à sa part de vérité. « La beauté est la forme visible de la vérité[57] », note Denis. Une fois n'est pas coutume, Gide ne peut que reprendre cette remarque du peintre à son compte. À l'inverse de Gide cependant, Denis – pour qui les artistes de la Renaissance sont plus « épris de beauté païenne et décorative » que de « Vérité chrétienne[58] », pour qui « [l]a peinture byzantine est assurément le type le plus parfait de la peinture chrétienne[59] » – se voit conforté dans ses convictions religieuses au contact de Rome : « L'homme s'efface dans de telles œuvres[60] » écrit-il dans ses « Notes sur la peinture religieuse ». C'est bien ce que Gide reproche à ces œuvres – d'effacer l'homme au profit de Dieu – alors que l'auteur des *Nourritures terrestres* est désormais de plus en plus convaincu que la Vérité ne peut être atteinte que par l'homme et pour l'homme.

Au terme de son voyage romain en compagnie de Gide, l'heure des bilans a sonné pour Denis :

---

lettres : « Cher vieux, ce qui est cause que cette lettre est si longue, c'est que je ne tiens aucun journal de mes découvertes en Italie ; mais je sais que tu gardes mes lettres ; donc autant t'écrire ; ça m'excite. » André Gide, « Lettres d'Italie à Marcel Drouin », *op. cit.*, p. 389.

54 *La Condamnation* et *La Crucifixion de saint Pierre* à Santa Maria del Carmine et dans les fresques relatant les épisodes de l'Ancien Testament au Campo Santo.

55 *Feuillets de route*, *J1*, p. 203, 205, 207 et 213.

56 *Ibid.*, p. 211.

57 Maurice Denis, « Les Arts à Rome, ou la méthode classique », *op. cit.*, p. 68.

58 *Ibid.*, p. 45.

59 « Notes sur la peinture religieuse », *L'Art et la vie* (octobre 1896) dans *Le Ciel et l'arcadie*, *op. cit.*, p. 41.

60 *Ibid.*, p. 33.

> Voici maintenant où le problème se corse, et c'est là ce que j'ai aperçu de si neuf à Rome [écrit le peintre à Vuillard]. [… L]'habitude du plaisir immédiat, la confiance dans l'instinct et le laisser-aller des théories ont créé un besoin insatiable de plaisir toujours plus direct, et amené un raffinement exagéré de la sensibilité[61].

« Plaisir immédiat », « besoin insatiable », « raffinement exagéré de la sensibilité » : il n'est pas difficile de constater combien l'influence de Gide est devenue pernicieuse pour Denis. Six ans après l'expérience du *Voyage d'Urien*, force est de constater que le peintre est toujours aussi mal à l'aise face à l'univers de l'écrivain et à la manie de vérité de ce dernier. On se souvient que Denis encouragea Gide à troquer le titre de « Voyage aux îles pernicieuses » pour celui du *Voyage d'Urien*, jugeant le premier sans doute trop révélateur des fantasmes de l'écrivain. Gageons que le séjour romain en compagnie de celui-ci aura fait ressurgir chez Denis certaines des réticences qui auront raison de leur amitié[62]. Comble de l'ironie, Gide écrira dans sa préface au catalogue de la première exposition personnelle de Denis en 1904 : « Nous attendons de Rome autre chose : exaltation et discipline ; – l'exaltation et la discipline de notre sensualité[63] ». Si on reconnaît bien là les deux facettes de la vie quotidienne de Gide à Rome en 1898 (exaltation des séances de photographie avec de jeunes *ragazzi* cueillis dans la rue et discipline de travail pour venir à bout de la rédaction de *Saül*), les mots « exaltation » et « sensualité » correspondaient-ils vraiment au séjour romain de Maurice Denis[64] ? Connaissant les convictions du peintre, on en doute fort.

Si, dans l'*Hommage à Cézanne* de 1901, les regards des personnages convergent en direction d'un centre nouveau, vers ce goût latin pour

---

61 *Ibid.*, p. 140.

62 Dix ans plus tard, à la lecture du *Retour de l'Enfant prodigue*, Denis se verra finalement forcé à confronter l'inévitable réalité : « […] la conclusion déçoit », note-t-il. « Entendez bien qu'au point de vue chrétien on est prévenu dès le préambule que le donateur ne fera point le geste que nous souhaitons qu'il fasse, le geste pour quoi nous prions chaque jour. » Maurice Denis, *Journal*, t. II : *1905-1920*, Paris, La Colombe, 1957, p. 64.

63 André Gide, « Maurice Denis », *op. cit.*, p. 415.

64 Déjà, l'année précédente, Denis écrivait à Gide après avoir lu *Les Nourritures terrestres* : « C'est la tristesse de l'esprit chrétien, et peut-être aussi mon amour de la rhétorique, qui m'empêchent de goûter tout votre livre […]. Je crois que vous me pardonnerez de ne pas vous dire ce que j'en aime, puisque vous le savez bien, et de vous marquer seulement ce qui m'en éloigne. » Lettre de Maurice Denis à André Gide du 16 juin 1897, dans André Gide, Maurice Denis, *op. cit.*, p. 118.

la nature et le réel, symbolisé ici par la nature morte de Cézanne au centre de la composition, il faut bien admettre que Denis ne parviendra jamais, contrairement à Gide, à se libérer. Tandis que l'écrivain s'élance sur les routes[65], c'est dans sa « retraite de Saint-Germain » que le peintre se réfugie[66]. Alors que Gide se prépare à publier *Saül* et à écrire *L'immoraliste*, c'est une trajectoire diamétralement opposée que choisit d'emprunter Denis, un itinéraire qui le mènera au rejet du monde des sens qu'a embrassé Gide, pour celui de l'esprit et de la foi. Le voyage à Rome, le « contact amoureux avec les choses » et la compagnie quotidienne de Gide, fasciné par le thème homoérotique sous-jacent de la peinture et de la sculpture italiennes, auront tout de même ébranlé un peu les convictions et la conception idéaliste de Denis qui cesse quasiment d'écrire après la publication en 1898 de son manifeste intitulé « Les Arts à Rome, ou la méthode classique », produit de ses conversations romaines avec Gide. Ce n'est qu'en 1901, c'est-à-dire après avoir complété son fameux *Hommage à Cézanne*, que le théoricien nabi reprendra enfin le chemin de l'écriture. Le silence qui entoure son retour de Rome jusqu'à l'*Hommage à Cézanne* représente une période d'un peu plus de deux années pendant lesquelles se livre, dans l'esprit du peintre, un combat intime entre la tentation de l'idéal et celle du réel, entre le goût de la théorie et celui de la nature, entre l'influence d'Odilon Redon et celle de Paul Cézanne. Gide se porte immédiatement acquéreur de l'*Hommage à Cézanne*, sans doute pour encourager le nabi à poursuivre sa quête picturale sur les traces du peintre d'Aix dont les baigneurs rappellent à l'écrivain, sinon par la forme au moins dans l'esprit, les figures radieuses des nus de la Renaissance florentine. Peine perdue puisque Denis abandonnera définitivement les modèles qui furent les siens à ses débuts pour s'orienter vers une peinture plus décorative et dont les préoccupations sont d'ordre essentiellement religieux[67]. Ayant perdu tout espoir de renouer le fil du dialogue avec son

65 À partir du mois de mars 1898, Gide est dans le Tyrol, puis en Allemagne en compagnie de Madeleine. En mars de l'année suivante, le couple retourne en Afrique du Nord pour un séjour de plusieurs semaines.

66 L'expression est du peintre lui-même dans une lettre à Gide du 26 décembre 1893 adressée à Biskra où l'écrivain s'est installé pour l'hiver (Bibliothèque littéraire Jacques-Doucet, fonds André Gide 8309-21). *Cf.* André Gide, Maurice Denis, *op. cit.*, p. 108.

67 C'est à ce titre que Denis fondera, avec Georges Desvallières, les Ateliers d'Art Sacré.

collaborateur du *Voyage d'Urien* et son compagnon du voyage romain, Gide se séparera alors de l'embarrassant *Hommage à Cézanne* pour en faire don au Musée du Luxembourg[68].

Frédéric CANOVAS
Université d'État de l'Arizona
(États-Unis)

68 Embarrassant également de par ses dimensions, car la toile ne mesure pas moins de 240 cm de largeur pour une hauteur de 180 cm.

# GIDE ET KAFKA RÉUNIS PAR LE THÉÂTRE

## *Le Procès*, un spectacle européen ?

### THÉÂTRE, SOURCE DE DÉCEPTIONS POUR GIDE

*Le Procès* de Franz Kafka a été adapté pour la scène par André Gide et Jean-Louis Barrault sur invitation du metteur en scène, leur collaboration s'est étendue de 1942, lorsque Gide quitta la France occupée, à l'automne 1947. Le spectacle, qui a pu compter sur une distribution comprenant des ex-sociétaires de la Comédie-Française[1] et d'un cadre prestigieux comme celui du Théâtre Marigny, a été un des rares succès pour Gide auteur dramatique. Cet attelage, exemplaire pour la distinction des tâches entre l'homme de scène et l'homme de lettres, a été suivi avec un grand intérêt par la presse, laissant de nombreuses traces qui méritent un regard approfondi[2].

Le rapport qu'André Gide entretient avec le théâtre est rempli de moments de grand enthousiasme et de cuisantes déceptions. Jean Claude parle de « rapports […] pas simples » et d'une attitude « face à la pratique dramatique » qui est « loin d'être exempte de contradictions[3] ».

---

1 Madeleine Renaud, André Brunot et Jean-Louis Barrault pour ne citer que les plus connus.

2 On signale ici, mis à part les travaux de Jean Claude sur le théâtre d'André Gide dont il sera souvent question par la suite, trois contributions sur le spectacle : Christiane Ravy, Gilbert Ravy, *Kafka mis en scène*, Mont-Saint-Aignan, Publication de l'Université de Rouen, 1987, p. 7-25 ; Dominique Jardez, « *Le Procès* de Gide et de Barrault », dans Philippe Zard (éd.), *Sillage de Kafka*, Paris, Éditions le Manuscrit, 2007, p. 468 ; Vincenzo Mazza, « Gide face au *Procès.* Le récit kafkaïen au double passage de l'écrivain et de Jean-Louis Barrault pour sa transposition scénique », dans Greta Komur-Thilloy, Pierre Thilloy (éds), *André Gide ou l'art de la fugue. Musique et littérature*, Paris, Classiques Garnier, « Bibliothèque gidienne », 2017, p. 137-149.

3 Jean Claude, *André Gide et le théâtre*, Paris, Gallimard, « Cahiers André Gide », 1992, t. I, p. 30.

Cependant, pour essayer de comprendre certaines des raisons de cette affection intermittente de Gide à l'égard du théâtre, il faudrait lui laisser la parole au moins deux fois. D'abord, voyons ce que reporte le *Journal* de Dorothy Bussy en août 1922, peu de temps après la tardive mise en scène de *Saül* par Copeau au Vieux Colombier :

> J'étais parti pour le théâtre. De Max[4] avait accepté *Saül*. S'il avait pu le jouer, j'aurais peut-être fait du théâtre. Qu'est-ce cela aurait donné[5] ?

Ensuite, voici la préface à *Saül* à l'occasion de sa publication dans le *Mercure de France*, le 14 avril 1904 :

> Voici déjà six ans que cette pièce fut écrite. Si je ne la publiai pas aussitôt, c'est que j'écrivis non pour le livre, mais pour la scène, et que, durant assez longtemps, je ne désespérai pas de l'y voir monter. Aucun directeur de théâtre cependant ne s'étant décidé à la prendre, je me décide enfin à la laisser paraître ainsi ; non point que je sois las d'attendre – mais, en dehors de la valeur de l'œuvre, j'estime que sa date importe [...]. Certains amis, qui sont de la partie, m'avertissent qu'il ne faut que de l'inédit pour la scène, et qu'en publiant mon *Saül*, je dois résigner tout espoir de le voir jamais représenté. Tant pis[6].

Avant d'arriver à l'adaptation du *Procès* par Gide et Jean-Louis Barrault, il faut rappeler que ce projet a des racines profondes, de même que l'intérêt que porte Gide à Kafka. Il s'agit d'un véritable engagement et d'un engagement européen que l'auteur poursuit envers Kafka, et cela dès les années trente. Un geste qui confirme cet intêret pour l'auteur de langue allemande est sa signature du *Hinweis auf Franz Kafka* que Max Brod avait soumis à l'attention de Jean Paulhan dans une lettre du 4 février 1931. Le projet de Brod visait à favoriser la publication des ouvrages posthumes de Kafka. Il avait demandé leur soutien à deux écrivains reconnus en France, Gide et Valéry, mais finalement seul Gide signera[7].

---

4 Édouard De Max (1869-1924), comédien célèbre pour son emploi en tant que tragédien lyrique, entre à la Comédie-Française en 1915. Il a été dirigé également par André Antoine.

5 André Gide, Dorothy Bussy, *Correspondance*, Paris, Gallimard, « Cahiers André Gide », 1979, t. I, août 1922, p. 522. *Saül*, drame en cinq actes. La pièce, dédiée au comédien De Max, est rédigée en 1898 et publiée en 1903. Cependant, la création n'arrivera qu'avec Jacques Copeau, au Vieux Colombier, à la fin de la saison 1921-1922.

6 « Préface de l'édition de 1904 » [1904], *Saül*, dans *RR1*, p. 773.

7 Alexandre Vialatte, Jean Paulhan, *Correspondance 1921-1968*, éd. Denis Wetterwald, Paris, Julliard, 1997, p. 79, 83-84.

Trois collaborations achevées et trois projets non aboutis marquent l'histoire des rapports entre Gide et Jean-Louis Barrault[8]. Afin de faire comprendre la portée de cette entente avec Barrault, qui commence en 1942 et se prolonge jusqu'à la fin de la vie de Gide, Jean Claude qualifie ce rapport comme celui d'« un nouveau tournant », d'« une nouvelle carrière », avant d'affirmer que « ce renouveau d'intérêt, Gide le connait d'abord grâce à Jean-Louis Barrault[9] ».

## *LE PROCÈS* AU MARIGNY

Évoquons à présent le spectacle. Comment se sont déroulées les représentations ? La générale du *Procès* a eu lieu le vendredi 10 octobre 1947 au théâtre Marigny avec une distribution qui prévoyait Barrault dans le rôle de Joseph K..., Madeleine Renaud dans le rôle de Léni, la bonne de l'avocat, et André Brunot dans celui du peintre Titorelli. Il y a aussi un rôle pour la fille de Copeau, Marie-Hélène Dasté et un pour Marcel Marceau, qui crée son célèbre personnage Bip pendant son court passage de deux années au sein de la Compagnie Renaud-Barrault.

Nous sommes là dans la deuxième année de vie de la compagnie de Barrault et sa femme et *Le Procès* est joué en alternance[10] avec *Hamlet*, traduit d'ailleurs par Gide, et *Les Fausses confidences* de Marivaux qui formaient un seul spectacle avec *Baptiste*, la pantomime de Jacques Prévert tirée des *Enfants du Paradis*. La réception critique du spectacle fut excellente. Celle du public fut bonne. Au total, entre le 10 octobre 1947 et le 22 avril 1948, *Le Procès* a été représenté 43 fois. Le succès de deux nouvelles mises en scène de Barrault, *Amphitryon* de Molière et surtout *Occupe-toi d'Amélie* de Georges Feydeau, a néanmoins empêché la complète exploitation du *Procès*.

---

8 Parmi les projets inaboutis, citons la reprise d'*Antoine et Cléopâtre*, *Œdipe* que Gide avait laissé en exclusivité à Jean Vilar et enfin la traduction d'*Arden de Feversham*.

9 Jean Claude, *op. cit.*, p. 201.

10 Exception encore aujourd'hui pour une compagnie privée et non subventionnée. Barrault suit les enseignements de Jacques Copeau sur l'alternance. Voir : Jean-Louis Barrault, *Nouvelles réflexions sur le théâtre*, Paris, Flammarion, « Bibliothèque d'esthétique », 1959, p. 22-23.

*Le Procès* a été repris pendant la saison 1949-1950, toujours au Théâtre Marigny, pour seulement quatre représentations entre octobre et novembre 1949. Il y eut une dernière reprise en octobre 1961, dans le cadre institutionnel de l'Odéon-Théâtre de France dont Barrault était directeur depuis l'automne 1959.

## DERRIÈRE KAFKA, LES HORREURS DE LA GRANDE GUERRE…

Afin de cerner l'origine des atmosphères étouffantes mises en scène par l'auteur des *Métamorphoses*, nous empruntons les propos de l'auteur autrichien Rudolph Kassner, formulés dans une étude parue entre août et septembre 1954 dans la revue *Merkur, Deutsche Zeitschrift für europäisches Denken*[11], qui mettent en relation les zones de guerre avec l'univers kafkaïen. On rappelle ici que la rédaction du *Procès* date de la Grande Guerre. Cet article qui a pour titre « Swift, Kafka et Gogol », vraisemblablement encore inédit en France dans son intégralité, utilise la notion de « *no man's land* » :

> On a appelé le monde kafkaïen un *no man's land*. On sait que le mot date de la première guerre [*sic*] mondiale et désigne ce morceau de terrain situé entre deux rangées de tranchées ennemies et déchiqueté et labouré par les explosions de grenades de toute sorte. Lorsqu'il est question d'une personnalité comme celle de Kafka, qui a produit ses œuvres les plus importantes pendant les années des tranchées, juste avant, ou juste après, le mot, le concept même de « *no man's land* » peuvent donner lieu à diverses interprétations[12] […].

Et cet espace périlleux qui n'est pas celui de l'homme, car l'homme y est chassé et à la fin éliminé, devient au théâtre une tentative d'en faire un lieu de réflexion, une réflexion qui arrive cette fois avec l'adaptation de Gide et Barrault, après une autre guerre, la Seconde Guerre mondiale. *Le Procès* représente alors non seulement l'absence de justice dans l'état bureaucratique et policier qui est celui des régimes totalitaires, mais

11 Revue allemande pour la pensée européenne.

12 Rudolph Kassner, « Fin ou limite », dans *Cahiers Renaud-Barrault*, n° 50, 1965, p. 59.

également un creuset de frayeurs différentes qui, d'apparence, peuvent être interprétées comme une extension de cauchemars ou de névroses individuels, bien qu'elles trouvent leurs racines dans l'histoire de l'Europe ravagée par la Première Guerre mondiale.

De régimes totalitaires, d'Occupation et de bureaucratie, il sera question aussi dans *L'État de siège*, spectacle présenté dans le même théâtre Marigny en octobre 1948, qui est le résultat d'une autre collaboration de Barrault, celle avec Albert Camus. En sachant l'intérêt que l'auteur de *La Peste* porte à Kafka, la proximité temporelle entre les deux spectacles et le lien personnel à Barrault lui-même, on ne peut pas s'empêcher de penser que toute la deuxième partie de *L'État de siège*, celle consacrée à la mise en place d'une bureaucratie inhumaine à travers la Peste personnifiée, a été influencée par *Le Procès*.

## *LE PROCÈS* DEVANT LA PRESSE

L'intérêt de la presse à l'égard du spectacle tiré du *Procès* de Kafka est indéniable, il suffit de considérer le fonds Renaud-Barrault de la BnF, où l'on a à disposition à peu près 250 textes – articles, essais, entrefilets et caricatures – tout cela en au moins cinq langues différentes[13]. La presse annonce le spectacle dès janvier 1947. Dans *Lyon libre*, un journaliste anonyme annonce *Le Procès* pour la fin février. Il devait constituer le quatrième spectacle de la saison 1946-1947, la première de la compagnie Renaud-Barrault[14]. Le « dispositif scénique » est présenté comme « extrêmement perfectionné ». Dans une « distribution nombreuse », il s'agira d'une « pièce à un seul personnage, celui de Joseph K, rôle écrasant qu'assumera Jean-Louis Barrault[15] ». Nonobstant une annonce plutôt prématurée, de nombreuses informations définissent correctement le spectacle qui, en revanche, constituera la première création de la deuxième saison de Barrault au théâtre Marigny.

13 BnF : Département des Arts du spectacle : fonds Renaud-Barrault, 4 -COL-178 (211).

14 [s. n.], « Jean-Louis Barrault va monter *Le Procès* d'après Franz Kafka », dans *Lyon libre*, 21 janvier 1947.

15 *Ibid.*

Dans la même période, c'est le premier traducteur de Kafka en France qui écrit un long article apte à présenter davantage l'audacieuse opération d'adaptation ainsi que l'auteur du roman. Alexandre Vialatte raconte que sa première rencontre avec Kafka date de vingt ans auparavant, quand un facteur allemand qui « avait la tête de Bismarck[16] » lui porta un livre rouge : *Le Château*. Vialatte, fasciné dès les premières pages, trouve dans cette lecture la confirmation d'être face à un auteur important, faisant suite à l'avis positif donné par le dramaturge Bernard Zimmer. La décision de le traduire en français est immédiate et Vialatte continue son récit en racontant comment Jean Paulhan a essayé de faire connaître l'œuvre de Kafka en demandant à sept écrivains de s'exprimer sur l'auteur pragois[17]. De ce lot d'hommes de Lettres, Gide fait assurément partie. Une note dans son *Journal* témoigne notamment de son intérêt : « Je relis *Le Procès* de Kafka avec une admiration plus vive encore, s'il se peut, que lorsque je découvris ce livre prestigieux[18]. » Et s'il a dû attendre la proposition de Barrault pour donner une contribution sur Kafka et pour Kafka en langue française, Vialatte est conscient que la découverte de l'auteur du *Procès* par le lecteur français est réservée aux initiés :

> Kafka devint alors un auteur pour initiés, puis un écrivain pour auteurs. Il créa une contagion. Des gens qui ne l'avaient jamais lu se mettaient à écrire comme lui. On pourrait reconnaître à ces signes qu'il exerçait une occulte influence. Bref il y avait de l'Odradek dans l'air. Sans doute est-il à l'origine des curiosités qui ont amené le règne de l'existentialisme et à ce titre, responsable des modes littéraires d'aujourd'hui. En tout cas il fut un ferment. Il devint une religion. Il y eut un fétichisme Kafka. Avec un contre fétichisme : on vit des revues se demander sérieusement, en plusieurs numéros et sur plusieurs colonnes, s'il fallait brûler Franz Kafka, coupable de tristesse et d'individualisme. Condamné par la Gestapo et brûlé par

16 Alex [*sic*] Vialatte, « Témoignage sur le "Procès" », dans *Spectateur*, 25 février 1947. L'article est accompagné d'une photo de Gide par Richard Heyd qui, entre autres, a établi la publication du théâtre complet de Gide entre 1947 et 1949.

17 Vialatte dédiera à Jean Paulhan sa traduction du *Procès*, publiée en 1933 avec une préface de Bernard Groethuysen, préface qui ne satisfaisait pas pleinement Gide. Voir : *J2*, 28 août, 1940, p. 726. Le traducteur de Kafka, au moment de la mise en scène de Barrault du *Château* au théâtre Sarah Bernhardt, fournit une contribution plus étoffée du même récit, publiée dans la revue dirigée par Barrault. Voir : Alexandre Vialatte, « L'empereur a dépêché un de ses messagers », dans *Cahiers Renaud-Barrault*, n° 20, 1957, p. 3-11.

18 *J2*, 28 août, 1940, p. 726.

> les communistes, il survécut sournoisement. Mais il ne fut pas lu du gros public. (M. Gallimard me le prouve chaque année en m'envoyant mes comptes d'auteur[19].)

Vialatte souligne pourtant que nonobstant son influence, Kafka n'est pas encore devenu un classique et il envisage qu'avec un spectacle, à travers *Le Procès*, Kafka pourra enfin atteindre le grand public dans un souffle libéré des frontières intra-européennes :

> Aujourd'hui cependant Kafka, mis au théâtre, couvre d'affiches les couloirs du métro. Odradek court de gare en gare, le long du rail électrisé, dans les souterrains de céramique. Demain le grand public verra *Le Procès*. Après-demain on en parlera dans tous les journaux quotidiens et le lendemain chez ma crémière. *Le Procès* est devenu un titre commercial. Ce n'est plus un poison nègre, une recette javanaise, ce n'est plus une mélinite obscure, mystérieuse et confidentielle dont on se parle entre initiés. C'est une bombe qui va éclater. Que s'est-il passé ? Le public est mûr : la guerre, la gestapo [*sic*], l'angoisse, la mode de l'existentialisme, le côté prophétique de Kafka, tout l'a préparé à comprendre, et les adaptateurs possèdent des noms célèbres. [...] Kafka débarque dans le théâtre de Paris comme un Martien. La pièce qu'on répète en ce moment se propose dans l'optique du chef-d'œuvre étranger, c'est-à-dire adaptée par Gide et par Barrault sur des planches qui vibrent encore des applaudissements d'*Hamlet*. Barrault fait répéter, avec autorité, avec scrupules et imagination. Il vit la pièce, il l'anime, il la danse et il la fait tourner comme une toupie à fouet[20].

*Le Procès* ou Kafka tout entier, selon Vialatte, est enfin devenu accessible à cause des épreuves auxquelles l'homme a dû faire face pendant la Deuxième Guerre mondiale ; et pourtant, cette angoisse trouve ses sources dans les atrocités d'une autre guerre : la Première.

---

19 Alex [*sic*] Vialatte, « Témoignage sur le "Procès" », *op. cit.* Odradek est le personnage d'un court récit de Kafka resté inachevé, *Die Sorge des Hausvaters* (*Le Souci du père de famille*).

20 *Ibid.*

## DÉCLARATIONS DES AUTEURS À LA VEILLE DE LA CRÉATION

En approchant la date de la première du spectacle, c'est André Gide lui-même qui rend hommage à Barrault dans une version qui diffère légèrement de la préface à l'adaptation datée de décembre 1946 :

> Les difficultés d'une telle adaptation me parurent d'abord insurmontables. C'était faire injure à Jean-Louis Barrault. À mon retour en France en 1945, il revint à la charge. Il avait travaillé de son côté et me remit un scénario déjà détaillé. Beaucoup plus conscient que moi des ressources et des possibilités de la mise en scène, il affrontait les pires difficultés dont je viens de vous parler avec une hardiesse, une ténacité que, seul, je n'aurais pas osée. Il ne s'agissait plus que de couvrir de chair le squelette qu'il m'apportait, ce que je fis tout aussitôt avec enthousiasme. Au surplus, m'effaçant le plus possible pour céder la place à Kafka, je me servis autant que je le pouvais de l'excellente traduction de Vialatte. Si cette tentative hardie, nous dit alors M. André Gide, remporte le succès que je crois qu'elle mérite (car je la tiens pour extraordinaire dans sa forme, la présentation, sa portée) c'est à Jean-Louis Barrault surtout, comme initiateur et réalisateur aussi bien que comme interprète, qu'en devra revenir l'honneur[21].

Gide peut donner une suite à son désir de travailler sur Kafka, de contribuer à sa vulgarisation, de mettre son empreinte et de fournir une lecture d'un ouvrage de l'auteur en langue allemande et, *last but not least*, de faire du théâtre avec une conviction encore plus vive après les succès de ses traductions de Shakespeare montées par Barrault[22]. Le metteur en scène est prodigue de déclarations dans les jours qui précèdent la création. Un journaliste s'interroge sur les raisons qui ont conduit à adapter *Le Procès* :

21 Robert Kemp, « M. André Gide nous parle du *Procès* de Kafka », dans *Le Monde*, 2 octobre 1947. Pour la préface de Gide, on signale les deux éditions de référence : *Le Procès*, Pièce en deux parties tirée du roman de Franz Kafka d'après la traduction d'Alexandre Vialatte par André Gide et Jean-Louis Barrault, dans *Le Théâtre complet d'André Gide*, éd. Richard Heyd, Neuchâtel, Paris, Ides et Calendes, 1947, p. 122-124 ; *Le Procès*, Pièce tirée du roman de Kafka (traduction Vialatte) par André Gide et Jean-Louis Barrault, Paris, Gallimard, 1947, p. 7-9.

22 *Antoine et Cléopâtre*, dernière mise en scène Barrault à la Comédie-Française, a été présenté le 30 avril 1945 ; *Hamlet*, premier spectacle de la Compagnie Renaud-Barrault, a été présenté le 17 octobre 1946 au Théâtre Marigny.

> Je ne suis pas de ceux qui vouent Kafka au bûcher. Kafka est à notre génération ce que Dostoïevski était à celle de Claudel. Je trouve particulièrement actuels les problèmes posés par *Le Procès*, et c'est en 1942, sous l'occupation [*sic*] qu'on en parlait avec Gide. *Le Procès* c'est au fond la question juive : la société rejette sans cesse celui qui veut s'incorporer à elle, cette solitude involontaire et inévitable. Mais ce problème coïncide avec celui de l'homme moderne. On est coupable d'exister, sans justification possible, puisqu'on ne sait pas pourquoi on est coupable, pourquoi on existe[23]…

Barrault avoue que le spectacle pourrait surprendre par la présence de quelques moments hilarants, paradoxaux seulement en apparence, car il s'agit d'un humour noir. Ils provoquent une mise à distance du spectateur :

> Je crois que j'aurai réussi à ne pas trahir Kafka si le public rit. Le rire doit être au fond de l'angoisse, et la pièce est pleine d'humour noir. Il n'y a là aucun romantisme. C'est du cirque, le cirque sinistre de la rue. Il faut qu'en sortant, les gens, rencontrent dans la vie quotidienne des circonstances qui leur fassent dire : « Tiens ! c'est du Kafka ! » Du Kafka, tant que durera cette forme de société[24].

Le spectacle vise donc à inculquer aux spectateurs une expérience qui relève d'une relation évidente, celle avec la société contemporaine qui trouverait en Kafka un des auteurs définissant efficacement ses qualités les plus expressément absurdes. Barrault ajoute, dans un registre plus pragmatique, des détails qui aident à comprendre le travail de collaboration et le processus pour arriver au spectacle :

> Une véritable toile d'araignée, les fils sont embrouillés, j'arrive à peine à m'y reconnaître. On a dû recommencer trois fois l'adaptation avec Gide depuis février. Cela représente quatre fois plus de travail qu'*Hamlet*. Kafka se rebiffe à tout instant, le sujet s'écroule derrière vous, et les personnages s'échappent en un clin d'œil… Ça me plaît beaucoup[25] !

Pour difficile qu'il soit de comprendre les tâches exactes du travail réparti entre Gide et Barrault, les déclarations qui se multiplient dans les jours qui précèdent la générale montrent d'abord que la presse est

23 Jacques Derogy, « "Je ne trahirai pas Kafka en faisant rire le public" nous déclare Jean-Louis Barrault », dans *Franc-Tireur*, 4 octobre 1947.

24 *Ibid.*

25 *Ibid.*

très attentive à cette production et que l'effort des auteurs du spectacle pour ne pas être répétitifs les oblige à fournir d'autres éléments de leur travail. Pour Barrault, *Le Procès*, en collaboration avec Gide,

> [...] s'est fait en quelque sorte par paquets. Je lui ai envoyé d'abord mon travail de découpage scénique. Puis il me l'a retourné habillé de son texte. Nous nous sommes ainsi renvoyé la balle trois ou quatre fois, chacun remaniant son ouvrage en conséquence des retouches du partenaire. Nous partions évidemment de deux pôles différents et le résultat est une synthèse de nos deux efforts convergents[26].

Camus, dans son essai sur Kafka qui n'a pas pu être publié dans la première édition du *Mythe de Sisyphe* parce que l'auteur pragois était à l'index pendant l'Occupation, met l'accent sur une sorte d'universalité occidentale de la condition du personnage central de l'ouvrage de Kafka :

> Par un paradoxe singulier, mais évident, plus les aventures du personnage seront extraordinaires, et plus le naturel du récit se fera sensible : il est proportionnel à l'écart qu'on peut sentir entre l'étrangeté d'une vie d'homme et la simplicité avec quoi cet homme l'accepte. Il semble que ce naturel soit celui de Kafka. [...] Il vit et il est condamné. Il l'apprend aux premières pages du roman qu'il poursuit en ce monde et s'il essaie d'y remédier, c'est toutefois sans surprise. Il ne s'étonnera jamais assez de ce manque d'étonnement.

Ce que Camus explique en ces termes :

> C'est à ces contradictions qu'on reconnaît les premiers signes de l'œuvre absurde. L'esprit projette dans le concret sa tragédie spirituelle. [...] Dans *Le Procès*, le héros aurait pu s'appeler Schmidt ou Franz Kafka. Mais il s'appelle Joseph K... Ce n'est pas Kafka et c'est pourtant lui. C'est un Européen moyen. Il est comme tout le monde[27].

Pour l'auteur de *La Peste* également, la prose de Kafka devient un test décisif pour se positionner face à l'absurdité, non seulement des guerres, mais d'une vie quotidienne qui doit tenir compte des dangers et des conséquences des totalitarismes en Europe.

---

26 Eugène Borel, « Jean-Louis Barrault veut faire rire au *Procès* de Kafka » dans *Gavroche*, 9 octobre 1947.

27 Albert Camus, « L'Espoir et l'absurde dans l'œuvre de Franz Kafka », *Œuvres complètes*, Paris, Gallimard, « Bibliothèque de la Pléiade », 2006, t. I, p. 306-309.

## DU TEXTE À LA SCÈNE

Le spectacle est analysé par la presse avec une attention inégale en ce qui concerne le texte et la mise en scène considérée, surtout dans une première période après la Libération, comme un danger potentiel pour un bon texte et pour un bon écrivain. Cela engendre deux groupes de journalistes avec des positions très distinctes. D'un côté, ceux qui considéraient les metteurs en scène comme Barrault trop autonomes, trop audacieux et souvent trop peu respectueux du texte dramatique. Une plume qui n'a pas été toujours en faveur d'une mise en scène trop articulée est celle de Jean-Jacques Gautier, qui, tout en reconnaissant l'ampleur du projet, lutte contre un théâtre qui ne met pas au centre du spectacle le texte :

> Sans doute, nous trouvons-nous en présence d'une œuvre importante dont il ne conviendrait de parler qu'après mûre réflexion. […] Mais il n'en demeure pas moins qu'en sortant d'un spectacle, si vaste soit-il, vous comme moi, nous éprouvons une impression. Je vais essayer de résumer la mienne. […] Je crois pouvoir affirmer que, en dépit de toute sa valeur philosophique, l'œuvre que nous a présentée hier soir Jean-Louis Barrault n'est pas théâtrale. Et toute la peine prise, tout le zèle et toute la hardiesse du metteur en scène, tout l'inestimable courage déployé par ses collaborateurs n'y changeront rien. Ils ne me rendront pas plus sensible le propos de Kafka. […] J'admire le talent de ceux qui ont écrit la pièce. J'estime la vaillance et la conviction de ceux qui l'ont défendue. Je ne puis que reconnaître la force entrainante du mouvement dans lequel elle est jouée. J'avoue que l'ingéniosité et l'ampleur de certains décors de Labisse[28] m'ont frappé. Je ne puis écrire que cette histoire me touche, ni que nous ayons assisté à une pièce : ce n'est pas mon sentiment. Ou alors, si, demain notre théâtre se réclame d'œuvres du même genre – relevant visiblement d'une esthétique d'Europe centrale – il me semble que les salles se videront de toute une énorme quantité de bonnes gens de spectateurs qui n'ont pas reçu la « formation philosophique[29]… »

Il n'est pas question ici de se pencher sur le théâtre considéré comme intellectuel et élitiste, qui devait regrouper sans grandes distinctions les

28 Félix Labisse, peintre et décorateur pour le théâtre, a collaboré à maintes reprises avec Barrault depuis la toute première mise en scène d'*Autour d'une mère* en juin 1935 au théâtre de l'Atelier.

29 Jean-Jacques Gautier, « *Le Procès* tiré du roman de Kafka par André Gide et Jean-Louis Barrault », dans *Le Figaro*, 11 octobre 1947.

différents propos des ouvrages philosophiques et des pièces de Camus et de Sartre. Cela étant dit, il est indiscutable que l'œuvre de Kafka est associée à l'existentialisme. C'est l'autre chef de file de la presse de l'époque, Robert Kemp, qui souligne le lien entre une pensée qui date du début du siècle et le courant philosophique plus actuel :

> Un érotisme secret circule dans *Le Procès*. L'angoisse humaine se métamorphose en impatience sensuelle. Mais on ne nous le fait pas trop sentir... Kafka a envoûté la génération présente. L'existentialisme est peut-être le vrai crime, contre le bonheur, contre l'espèce, contre l'hygiène des esprits. [...] À condition de résister aux gaz délétères asphyxiants d'une œuvre pareille ; à la dominer comme un jeu entre les jeux de l'intelligence humaine, et du judaïsme dans l'humanité, il faut l'accepter[30]...

En contraste avec maintes expressions de méfiance et d'hésitation à l'égard d'un théâtre réputé intellectuel ou intellectualiste, un nombre important de journalistes a valorisé les efforts de Gide et Barrault de fournir, avec le texte et les choix de mise en scène, un spectacle dans lequel l'angoisse de Joseph K. pouvait être vue et entendue :

> Je me méfie terriblement des machineries, mais rien ne pouvait mieux convenir à créer l'atmosphère du cauchemar que ces changements à vue dans la pénombre que Jean-Louis Barrault à utilisés avec une science exacte des effets (non pas l'effet pour l'effet, mais l'effet effectif, si j'ose dire[31]).

## GIDE-BARRAULT : UNE COLLABORATION EXEMPLAIRE ?

La collaboration de Gide et Barrault pour *Le Procès* représente probablement un modèle efficace envisageable si l'on songe au rapport entre un dramaturge et un metteur en scène, et on peut aisément affirmer que Barrault a été le metteur en scène de référence pour l'écriture de Gide pour le théâtre. Gide et Claudel sont les écrivains avec lesquels

30 Robert Kemp, « *Le Procès* de Kafka au Théâtre Marigny », dans *Le Monde*, 12 octobre 1947.

31 André Alter, « *Le Procès* de Kafka adapté par André Gide et Jean-Louis Barrault », dans *L'Aube*, 14 octobre 1947.

Barrault a su établir des liens productifs en transposant sur la scène des ouvrages qui n'avaient jamais été montés auparavant, et tout cela en travaillant en étroite collaboration avec les écrivains et en les poussant à travailler les textes à plusieurs reprises.

Une lettre inédite de Gide à Barrault qui date du 4 décembre 1945 donne la mesure, d'un côté, de l'attention que l'auteur de *Paludes* a pu porter au travail d'adaptation, et de l'autre, d'une implication qui ne concerne pas seulement la rédaction des répliques des personnages du *Procès*, mais également le spectacle :

> Mon cher Jean-Louis Barrault, le grand discours de K. devant la foule a besoin d'être expliqué, motivé par avance, en faisant valoir le caractère impulsif de K. De là certaines modifications du dialogue avec Madame Grubach ; d'où la feuille ci-jointe, qui doit remplacer la page 9. Votre ami, André Gide[32].

Cette lettre est envoyée juste un mois après la « mémorable lecture[33] », comme Barrault l'appelle, qui a eu lieu le 7 novembre 1945[34].

Le metteur en scène reporte les détails de cette rencontre qui représente un des tournants de leur fréquentation. À la fin de la lecture, qui sert à Barrault pour montrer à Gide son projet de mise en scène pour *Le Procès*, il y a un véritable coup de théâtre :

> Au moment précis où Joseph K… meurt égorgé par les argousins en murmurant « Comme un chien », voilà que le lustre se détache et reste suspendu au-dessus de la ma tête par le seul soutien du fil électrique de la lampe ! Gide bondit, au comble de l'exaltation : C'est un signe, il est favorable, je marche avec vous. Comptez sur moi[35] !

L'anecdote marque le début d'une collaboration qui rassemblera l'Europe centrale et la France, l'histoire de l'Europe de la première moitié du XX<sup>e</sup> siècle et une remise en question de la condition humaine, qui nécessiterait une étude plus approfondie, étant donné la quantité

32 BnF : Département des Arts du spectacle : fonds Renaud-Barrault, 4 -COL-178 (1897).

33 Jean-Louis Barrault, *Souvenirs pour demain*, Paris, Seuil, 1972, p. 198.

34 Jean Claude, « "Deux jeunes gens des *Faux-monnayeurs*" : André Gide et Jean-Louis Barrault », dans *Bulletin des amis d'André Gide*, n° 126/127, 33e année, 2000, p. 258. La lecture commentée de la correspondance entre Gide et Barrault et des pages de Jean Claude sur le travail autour du *Procès* est incontournable pour entamer toute exégèse du spectacle et de la nature de leur collaboration. Voir : Jean Claude, *ibid.*, p. 233-288 ; Jean Claude, *André Gide et le théâtre*, *op. cit.*, p. 213-223, 485-497.

35 Jean-Louis Barrault, *Souvenirs pour demain*, *op. cit.*, p. 197-198.

de documents d'archives encore à exploiter. *Le Procès*, adapté par André Gide et Jean-Louis Barrault, est représentatif du désir de donner au théâtre une matière neuve, et du dépassement des distinctions liées à des parcours et hiérarchies professionnels distincts, de la part de deux auteurs qui appartiennent à des générations différentes.

Vincenzo MAZZA
Université Paul-Valéry –
Montpellier 3

# L'ŒDIPE DE GIDE, UN HÉROS NIETZSCHÉEN

Avec *Œdipe*, paru en 1930, quatre ans avant *La Machine infernale* de Jean Cocteau en 1934, Gide hérite d'une tradition millénaire, tant mythique que littéraire qui se trouve au fondement de la tradition théâtrale européenne depuis la tragédie de Sophocle. En 1920, Gide entreprend de moderniser le sujet d'*Œdipe* en le faisant dialoguer avec deux grands penseurs allemands. Il place son héros tragique sous un éclairage « goethéen[1] » au début de la pièce, pour en faire un « Œdipe glorieux[2] » dans une « optique païenne[3] ». Mais, au-delà de la référence à Goethe, il semble que l'auteur de *L'Immoraliste* ait également placé son héros sous le signe de Nietzsche, l'autre grand penseur allemand avec lequel il a dialogué tout au long de son œuvre. L'une des voies de la modernisation de la tragédie de Sophocle repose pour une part sur une réappropriation personnelle et nietzschéenne du mythe, axée sur le combat d'un héros empruntant certains traits du « surhumain » contre le dogmatisme religieux. Comme il le note dans son *Journal*, Gide choisit de montrer le conflit entre « celui qui se soumet à Dieu et celui qui oppose à Dieu l'Homme[4] ». Il a voulu montrer dans sa pièce l'homme qui s'établit en face des dieux en opposant la pensée libre au dogmatisme. Dans la dramatisation d'un combat « nietzschéen » entre Œdipe, représentant de l'affirmation de soi et de la vie ascendante, et un Tirésias christianisé

1 Le projet de la pièce naît en 1920, comme en témoigne une conversation d'André Gide avec Roger Martin du Gard : « Mon intention, voyez-vous, serait de présenter au début un Œdipe rayonnant, fier de sa réussite, actif, ignorant tout souci : un Œdipe "goethéen" » qui, à la suite de l'intervention « d'un Tirésias chrétien [...] se trouverait totalement dépossédé de son bonheur, [...] du fait que l'optique chrétienne aurait remplacé l'optique païenne » André Gide dans Roger Martin du Gard, *Notes sur André Gide*, 22 mars 1920, *Œuvres complètes*, Paris, Gallimard, « Bibliothèque de la Pléiade », 1955, t. II, p. 1364-1365.

2 *Ibid.*

3 *Ibid.*

4 *J2*, 22 janvier 1932, p. 341.

qui exhorte chacun à la pénitence, il nous semble que le dramaturge met particulièrement en avant la pensée de la création de soi. Se croyant bâtard, Œdipe revendique, à l'instar de nombreux personnages gidiens, ce statut qui fait de lui un homme sans Dieu ni maître.

Pourtant le projet d'*Œdipe* a donné lieu à des infléchissements de sens de la part de son auteur, comme en témoignent les notes de son *Journal*. Gide fait de son héros un porte-parole ambigu comme s'il avait projeté de montrer la fragilité de l'édifice du surhumain selon Nietzsche ainsi que sa difficile mise en œuvre. Qu'en est-il alors du dénouement de la pièce, peut-on encore parler d'une victoire du héros nietzschéen ?

## NIETZSCHE OU L'ENTRE-DEUX DE LA PHILOSOPHIE ET DE LA LITTÉRATURE

Dans un premier temps, nous verrons dans quel contexte l'œuvre de Nietzsche, à la charnière entre littérature et philosophie, a été reçue en France et notamment par le jeune Gide. Cette œuvre « a d'abord été l'objet d'une première réception plus “littéraire” que philosophique[5] ». En effet, l'auteur a longtemps été perçu davantage comme un poète que comme un philosophe, ce qui l'a tenu éloigné des institutions universitaires, au profit d'une réappropriation par les milieux artistiques et littéraires français. Jacques Le Rider suggère qu'une des raisons de cette réception plus littéraire que philosophique serait liée à son premier traducteur, Henri Albert, qui « veillera à toujours présenter Nietzsche comme un penseur, un écrivain et un poète[6] ». Comme le note Louis Pinto, le philosophe allemand a la particularité de « déjoue[r] les oppositions entre le champ philosophique et le champ littéraire[7] ». C'est en raison de cet entre-deux nietzschéen qu'il y a pu avoir une liberté d'approche et d'appropriation de sa pensée par les non-spécialistes en philosophie que sont les écrivains

5 Philippe Raynaud, « Nietzsche, la philosophie et les philosophes », dans Friedrich Nietzsche, *Œuvres*, Robert Laffont, « Bouquins », 1993, t. II, p. 1.

6 Jacques Le Rider, *Nietzsche en France, de la fin du* XIX*e siècle au temps présent*, Paris, Presses universitaires de France, « Perspectives germaniques », 1999, p. 56.

7 Louis Pinto, *Les Neveux de Zarathoustra. La réception de Nietzsche en France*, Paris, Seuil, 1995, p. 91.

français, et tout particulièrement André Gide. Capable de lire l'allemand, il lui voue une admiration précoce dans les dernières années du XIXe siècle, même s'il est difficile de dater le moment de sa découverte de Nietzsche du fait des témoignages contradictoires de l'écrivain lui-même.

Nietzsche est d'abord reçu en France par l'intermédiaire du wagnérisme. Mais les admirateurs du compositeur allemand se détournent vite du penseur qui ose le critiquer alors même qu'il se prétendait être son ami. Outre la *Revue Blanche* et le *Mercure de France* qui accueillent les traductions des œuvres de Nietzsche par Henri Albert à partir de 1898, la diffusion de sa pensée est restreinte à de petites revues d'avant-garde comme *Le Banquet*, *L'Ermitage*, *La Plume* ou *Le Centaure*. Il reste un auteur confidentiel jusqu'au début du XXe siècle[8]. Mais Geneviève Bianquis montre qu'il existait en France une sorte de pré-nietzschéisme latent, avant même la traduction et la diffusion des ouvrages du philosophe[9]. Les premiers admirateurs enthousiastes de l'auteur appartiennent aux cercles symbolistes et n'ont pas forcément lu son œuvre, qui ne sera traduite au Mercure de France qu'assez tardivement au tournant du siècle, mais ils lui savent gré avant tout de son admiration pour Baudelaire. Ils projettent sur lui leurs propres préoccupations et annoncent la célèbre affirmation de Paul Valéry : « Nietzsche n'est pas une nourriture, c'est un excitant[10]. » C'est presque mot pour mot ce que déclare Gide dans une lettre à Angèle datée de 1899 : « [...] je l'attendais avant de le connaître [...], il me semblait qu'il excitait *mes* pensées[11]. »

L'arrivée de Nietzsche en France se produit ainsi dans un contexte favorable à ses idées et répond à l'attente de la jeunesse intellectuelle et artistique. Depuis le tournant de 1848, la France est tentée par le nihilisme, le désenchantement politique et militaire : le « sacre de l'écrivain » et la religion humanitaire débouchent alors « sur un vide désespérant[12] ». On trouve un accent schopenhauerien chez Renan : « Ô abîme, tu es le dieu unique... Tout n'est ici que symbole et songe. Les dieux passent comme

8 Voir Pierre Vebert, « Fragments de Nietzsche », dans *La Revue Blanche*, août-septembre 1892, n° 11 et novembre 1892, n° 13.

9 Voir Geneviève Bianquis, *Nietzsche en France. L'Influence de Nietzsche sur la pensée française*, Paris, Librairie Félix Alcan, 1929.

10 Paul Valéry, *Quatre lettres de Paul Valéry au sujet de Nietzsche*, Paris, L'Artisan du Livre, « Cahiers de la quinzaine », 1927, p. 11.

11 « Lettre à Angèle [VI] », 10 décembre 1899, *EC*, p. 39-40.

12 Daniel Lindenberg, *Les Années souterraines 1937-1947*, Paris, La Découverte, « Textes à l'appui / L'Aventure intellectuelle du XXe siècle », 1990, p. 30.

les hommes. La foi qu'on a eue ne doit jamais être une chaîne. On est quitte envers elle quand on l'a soigneusement roulée dans le linceul de pourpre où dorment les dieux morts[13]. » Ainsi que chez Barrès : « La France se meurt, jeune homme, ne troublez pas son agonie[14]. » Des poètes comme Baudelaire se tournent vers la religion de l'art et considèrent les valeurs bourgeoises et l'idée de progrès avec mépris, « cette idée grotesque qui a fleuri sur le terrain pourri de la fatuité moderne[15] ».

Ainsi, les admirateurs de Nietzsche trouvent dans sa lecture matière à « réenchanter » l'homme et son milieu, avec son mystère et sa grandeur. Ils y trouvent également une critique des valeurs bourgeoises, capitalistes et productivistes. La virulence des critiques de Nietzsche contre la religion chrétienne lui attire d'ailleurs les foudres des écrivains catholiques français, comme Jean Bourdeau, fervent wagnérien, qui est le premier à écrire un article sur lui en français en 1888, ainsi que Paul Claudel ou François Mauriac. Une trentaine d'années plus tard, en 1927 au moment où Gide reprend son travail sur *Œdipe* commencé en 1920, Jean de Pierrefeu affirme que le philosophe allemand a été comme « une ligne de démarcation entre notre âge moderne et le précédent[16] » notamment dans « le changement total d'orientation dans le domaine de la morale[17]. »

## GIDE LECTEUR DE NIETZSCHE

Gide n'a laissé que « quelques réflexions éparses[18] » sur le philosophe allemand, mais « ses réflexions prouvent qu'il avait de son œuvre une connaissance approfondie[19] » comme le note Peter Schnyder. On le constate

13 Ernest Renan cité par Daniel Lindenberg, *op. cit.*, p. 30.

14 Maurice Barrès cité dans *ibid.*

15 Charles Baudelaire cité dans *ibid.*

16 Jean de Pierrefeu cité par Angelika Schober dans *Nietzsche et la France. Cent ans de réception française de Nietzsche*, Doctorat d'État de Langues et Littératures allemandes sous la direction de François Muller, Université Paris-Ouest Nanterre, 1990, p. 62.

17 *Ibid.*

18 Peter Schnyder, « Gide lecteur de Nietzsche », dans Madeleine Bertaud (éd.), *Travaux de littérature*, t. III : *Offerts en hommage à Noémi Hepp*, Paris, ADIREL, Les Belles Lettres, 1990, p. 203.

19 *Ibid.*, p. 221.

particulièrement dans sa « Lettre à Angèle » datée de janvier 1899, dans laquelle il livre des analyses très fines et novatrices, notamment au sujet de *L'Origine de la tragédie* qu'il a vue en pionnier comme le portique et l'annonce de toute l'œuvre ultérieure. Avant même de l'avoir lu, il note qu'il était déjà préparé à recevoir son influence : « L'influence de Nietzsche a précédé chez nous l'apparition de son œuvre ; celle-ci tombe en terrain préparé[20]. » De manière ambivalente, il récuse et admet tout à la fois cette influence, qui semble se jouer à son corps défendant : « [...] j'ai beaucoup réfléchi à cette question des "influences[21]" », dit-il en évoquant un double mouvement d'adhésion et de refus. Il reconnaît que sans cette influence, l'expression de sa pensée « eût peut-être été différente », mais non sa pensée elle-même qui n'en « eût pas été beaucoup gênée ». Gide a pu paraître effrayé de la proximité de sa pensée avec celle de l'auteur de *La Naissance de la tragédie*, comme si en le lisant, il craignait d'être « dépossédé[22] » de sa pensée la plus intime : « Nietzsche me rend fou ; pourquoi a-t-il eu lieu ; j'eusse follement voulu l'être ; je découvre avec jalousie une à une toutes mes secrètes pensées[23] », avoue-t-il en 1898 dans une lettre à Marcel Drouin. Et il ajoute : « Il m'attire à la façon des vertiges[24]. »

Cette « influence » du philosophe sur l'auteur des *Nourritures terrestres* semble particulièrement jouer le rôle d'un révélateur de lui-même. Plutôt que de voir dans la notion d'influence une action unilatérale et dominatrice, dans un rapport hiérarchisé entre un « hypertexte » et un « hypotexte » – pour reprendre la terminologie de Gérard Genette dans *Palimpsestes* – Gide préfère y déceler une rencontre et une révélation : « Les influences agissent par ressemblance » comme des miroirs qui nous montrent « ce que nous sommes d'une façon latente[25] », déclare-t-il dans *Prétextes*. Il reconnaît que davantage qu'une influence, le philosophe allemand a pu jouer le rôle d'une autorisation à poursuivre la voie d'un homme libre. Il apprécie particulièrement sa hardiesse, son courage à

20 « Lettre à Angèle [VI] », *EC*, p. 35.
21 *J2*, 4 novembre 1927, p. 56.
22 Pour reprendre l'expression de Peter Schnyder dans « Gide lecteur de Nietzsche », *op. cit.*, p. 204.
23 Lettre d'André Gide à Marcel Drouin du 28 mars 1898, cité dans Peter Schnyder, *ibid.*, p. 208.
24 *Ibid.*
25 « De l'influence en littérature » [1900], *EC*, p. 406.

concilier de manière authentique sa pensée et ses choix de vie jusqu'au bout, malgré les épreuves : « La grande force de Nietzsche… Combien je me sens empêché sans cesse par la sympathie. Sentir sans cesse que ma pensée peut et doit meurtrir ceux que j'aime. Ceux qui vont de l'avant sans crainte de blesser autrui, je les admire et je les envie[26]. » Certes, il va progressivement renoncer au féroce et tragique bonheur de Nietzsche, au profit d'un bonheur plus serein et rayonnant, sur le modèle de saint François : « Mon Dieu, donnez-moi d'être heureux, non plus de ce tragique et féroce bonheur de Nietzsche que j'admire pourtant[27] », s'écrie-t-il dans son *Journal* en 1921. Le bonheur n'est plus alors considéré par Gide comme quête et conquête, mais comme don, comme si « le temps d'apprentissage dans l'atmosphère nietzschéenne sembl[ait] passé[28] », selon Pierre Boudot. Et pourtant, il semble bien que « Gide oscille entre un pôle d'admiration et un pôle de dénégation[29] » comme le remarque Peter Schnyder. On retrouve dans sa pièce *Œdipe* cette ambivalence dans les références à Nietzsche. Il a non seulement mis dans son personnage beaucoup de lui-même, mais aussi de nombreuses références à la pensée du philosophe, de façon inextricable.

Le héros de la tragédie doit beaucoup à son auteur, selon le postulat nietzschéen suivant lequel l'œuvre est indissociable de la vie de son auteur qui doit l'écrire avec son sang[30]. « Ah ! ce que je regrette de n'être pas monté sur les planches quand j'étais jeune ! Ce que je voudrais jouer Œdipe moi-même[31] ! », s'écrie le dramaturge après une représentation de sa pièce par Georges Pitoëff. En 1918, il voit en Œdipe une sorte d'*alter ego* quand il apprend, bouleversé, que sa femme a détruit toute leur correspondance : « Je me comparais à Œdipe lorsqu'il découvre soudain le mensonge sur lequel est édifié son bonheur[32] » écrit-il dans *Et nunc manet in te.*

---

26 André Gide cité par Pierre Boudot, *Nietzsche et l'au-delà de la liberté. Nietzsche et les écrivains français de 1930 à 1960*, Paris, Aubier Montaigne, 1970 p. 42.

27 *Ibid.*

28 *Ibid.*

29 Peter Schnyder, *op. cit.*, p. 221.

30 « Écris avec ton sang », exhorte Zarathoustra dans l'œuvre éponyme de Nietzsche (« Lire et écrire », *Ainsi parlait Zarathoustra*, dans *Œuvres*, Paris, Robert Laffont, « Bouquins », 2000, t. II, p. 32).

31 André Gide, *Œdipe. Brouillons et textes inédits*, éd. Clara Debard, Paris, Honoré Champion, « Textes de littérature moderne et contemporaine », 2007, p. 118.

32 André Gide, *Et nunc manet in te* [1951], dans *J1*, p. 1076.

Gide a beaucoup mis de lui-même dans la pièce, en particulier à l'acte I, où « Œdipe est le reflet de la position contemporaine de son créateur sur la religion[33] ». Il ne cache pas son mépris élitiste du « populo [qui] préfère toujours à l'explication naturelle l'interprétation mystique[34] », évoquant le rejet nietzschéen du troupeau et de l'instinct grégaire des faibles qui cherchent refuge dans la religion[35]. Jean Claude souligne que dans le manuscrit Doucet de la pièce, se trouve une réplique d'Œdipe très hostile envers la piété manifestée par ses sujets : « La piété de mon peuple a quelque chose [...] d'intolérablement abject[36]. » Au rebours de l'emprise religieuse qui asservit, son héros Œdipe rêve d'une future « humanité désasservie[37] » selon son néologisme, libre de toutes entraves, y compris religieuses. La genèse de la pièce, bien étudiée par Clara Debard dans son étude, montre cependant la fidélité de Gide à la progression dramatique de la tragédie de Sophocle, dont le dénouement consacre le malheur du héros, selon une trajectoire qui va du bonheur païen au malheur chrétien.

## DU BONHEUR PAÏEN AU MALHEUR CHRÉTIEN

Publié en 1930, *Œdipe* a commencé à germer dans l'esprit de Gide dès sa jeunesse, en 1896, lorsqu'il l'évoque dans son *Journal* pour le comparer à Macbeth[38]. Il y repense en 1910, comme l'attestent les entretiens de Pontigny où il expose la différence dramaturgique entre *Hamlet* et *Œdipe* : si dans

33 André Gide, *Œdipe*, *op. cit.*, p. 91.

34 Dans un brouillon d'*Œdipe* conservé à la Bibliothèque Jacques Doucet, cité dans *ibid.*, p. 83.

35 Il faut cependant nuancer la lecture nietzschéenne anti-chrétienne de la pièce car Gide utilise le dialogisme propre au genre théâtral pour suggérer des voies différentes et sortir du manichéisme ; par exemple, Antigone qui apparaît d'abord comme une chrétienne intransigeante, évolue au fil de la pièce pour montrer, *in fine*, un christianisme plus humain, détaché de l'institution mais fidèle à l'esprit évangélique, lorsqu'elle quitte Tirésias pour devenir le guide de son père aveugle.

36 Jean Claude, *André Gide et le théâtre*, Paris, Gallimard, « Les Cahiers de la NRF », 1992, t. II, p. 63.

37 André Gide, *Œdipe*, *op. cit.*, p. 194.

38 *Feuillets*, s. d., *J1*, p. 301.

*Hamlet*, « c'est le caractère lui-même qui doit nécessiter l'évènement[39] », en revanche dans *Œdipe*, « l'évènement révélateur [a] eu lieu déjà[40] », si bien que le drame correspond « à l'éclairement progressif[41] » de cet évènement. Pour Gide, Œdipe « passe, du bonheur dans l'ignorance, à la connaissance malheureuse[42] ». Il faut noter que le héros de Sophocle est également une référence majeure de Nietzsche dans *La Naissance de la tragédie* où il l'évoque à plusieurs reprises comme le héros tragique par excellence.

Le projet de la pièce se précise en 1920, comme l'indiquent les conversations entre Gide et Roger Martin du Gard. Gide souhaite « présenter au début un Œdipe rayonnant, fier de sa réussite, actif [...], "goethéen[43]" ». L'adjectif « goethéen » équivaut pour Gide à « Grec » et « païen », s'opposant à « chrétien ». Mais l'intervention « d'un prêtre, un Tirésias chrétien[44] » va déposséder de son bonheur « cet Œdipe glorieux[45] ». Le prêtre chrétien Tirésias « modifie l'éclairage du fait que l'optique chrétienne aurait remplacé l'optique païenne[46] ». La cécité d'Œdipe correspondrait dès lors au « désir de s'évader [...] hors du présent [...] qui lui a été gâté sans recours[47] ». Tandis que l'exposition du drame montre le bonheur d'Œdipe, le dénouement consacre l'aveuglement. Si Gide conserve la progression dramatique de la révélation du poids des évènements passés sur le présent des personnages, il ajoute une opposition actancielle novatrice et audacieuse entre le paganisme heureux d'Œdipe et le christianisme ascétique et moralisant du prêtre Tirésias. Il rejoint par là une thématique chère à Nietzsche, pour lequel la religion chrétienne, et Platon qui l'annonce, ont mis fin à l'heureuse union des Grecs avec la terre et les dieux du paganisme. Gide donne ainsi une place beaucoup plus importante au prêtre chrétien Tirésias que chez Sophocle où il se contentait d'annoncer au héros sa vérité avant de disparaître. Le dialogue entre Œdipe et Tirésias occupe dans la pièce de Gide une place centrale et semble éclipser celui entre le héros et Créon.

---

39 *Ibid.*, p. 660.
40 *Ibid.*
41 *Ibid.*
42 *Ibid.*
43 André Gide, cité par Roger Martin du Gard, *op. cit.*, p. 1364.
44 *Ibid.*
45 *Ibid.*
46 *Ibid.*
47 *Ibid.*

## ŒDIPE DE GIDE, UN HÉROS NIETZSCHÉEN

L'une des voies de la modernisation d'*Œdipe* par Gide nous semble ainsi passer par le combat du surhumain contre le dogmatisme religieux[48]. Comme il le note dans son *Journal*, Gide choisit de montrer le conflit entre « celui qui se soumet à Dieu et celui qui oppose à Dieu l'homme[49] ». Comme dans *Prométhée*, la tragédie d'*Œdipe*, c'est « l'homme [qui] s'établit en face des dieux[50] ». « Opposer la pensée libre à leur système [dogmatique], la pensée ouverte à la pensée fermée, cela reste une chose qui ne laisse pas encore de me préoccuper aujourd'hui[51] », confie-t-il, laissant envisager de la sorte un combat nietzschéen entre Œdipe, représentant de l'affirmation de soi et de la vie ascendante, et Tirésias qui exhorte chacun « à la pénitence, car coupable, chacun l'est devant Dieu[52] ».

Bien des éléments de la pièce font d'Œdipe un héros nietzschéen, vainqueur de monstres, et dont la profession de foi est toute nietzschéenne au début de la pièce : « [...] je suis surtout heureux de ne devoir rien qu'à moi-même. Le bonheur ne me fut pas donné ; je l'ai conquis[53] », déclare-t-il, conscient d'être en proie à un « vertige d'orgueil[54] ». Créon le décrit comme un énergique à l'« esprit novateur[55] », qui recherche « l'initiative » et la « nouveauté[56] ». On pense à la formule d'Ernest

48 À la réception de la pièce, deux critiques ont perçu les réminiscences nietzschéennes. Jacques-Émile Blanche y retrouve « la doctrine nietzschéenne », tandis que le philosophe Félicien Challaye identifie un « Œdipe nietzschéen ». Il a été particulièrement sensible « à ce qu'Œdipe dit de sa rencontre avec le Sphinx : à toutes les questions, la même réponse : l'Homme » (cité par Clara Debard [éd.], André Gide, *Œdipe*, *op. cit.*, p. 106-107). On sait que l'un des principaux enjeux pour Nietzsche dans son époque marquée par le nihilisme est de redonner sa dignité et sa force à l'homme dans sa réalité corporelle et contradictoire.

49 *J2*, 22 janvier 1932, p. 341.

50 Maria van Rysselberghe, *Les Cahiers de la Petite Dame : notes pour l'histoire authentique d'André Gide*, t. II : *1929-1937*, Paris, Gallimard, « Cahiers André Gide », 1974, p. 33.

51 André Gide, « Avec Gide », février 1929, dans Léon Pierre-Quint, *André Gide, l'homme, sa vie, son œuvre*, Paris, Stock, 1952, p. 461.

52 André Gide, *Œdipe*, *op. cit.*, Acte I, p. 153.

53 *Ibid.*, p. 139.

54 *Ibid.*

55 *Ibid.*, Acte II, p. 168.

56 *Ibid.*, p. 167.

Seillière qualifiant Nietzsche de « professeur d'énergie[57] » pour toute une génération d'écrivains au tournant du siècle, bien souvent issus de la bourgeoisie, et conquis par les promesses nietzschéennes de libération de la morale et de l'atmosphère étouffante et matérialiste de leur temps.

L'auteur de *L'Immoraliste* et des *Nourritures terrestres* trouve particulièrement dans Nietzsche une philosophie de la création de soi et de l'affranchissement vis-à-vis des maîtres, des pères et des repères. Se croyant bâtard, à l'instar de nombreux héros gidiens[58], Œdipe fait l'éloge de ce statut qui fait de lui un homme sans Dieu ni maître : au lieu de « singer [l]es vertus[59] » des pères, « le fil est rompu. Jailli de l'inconnu plus de passé, plus de modèle[60] » et dès lors tout est à créer, « à inventer, à découvrir[61] », « personne à qui ressembler que moi-même[62] », déclare-t-il en célébrant la « vaillance[63] » toute nietzschéenne de celui qui fait table rase des valeurs ancestrales pour se créer. S'il a fui à vingt ans la cour du roi Polybe, son père adoptif, symbole d'une vie toute tracée, faite de confort et de repos, c'est pour « ne posséder plus rien que [s]a force, mais riche de toutes les possibilités de [s]on être[64]. » Œdipe apparaît comme le créateur de lui-même, sculpteur au marteau de sa vie comme d'une œuvre dont il est l'artiste.

Dans sa pièce, Gide crée d'autres oppositions à des niveaux secondaires de l'intrigue entre les tenants de la joie ou de la libre pensée que sont Ismène, Étéocle et Polynice, et les tenants de la religion ascétique, incarnés par Antigone, et dans une moindre mesure Jocaste. Étéocle et Polynice se font à plusieurs reprises les porte-paroles de la pensée de Nietzsche. « Le bien, le mal…Tu n'as que ces mots dans la bouche[65] », reproche Polynice à Antigone, alors qu'il professe : « Je crois moins volontiers aux dieux qu'aux héros[66]. » À Antigone qui lui

57 Ernest Seillière, cité par Paolo D'Iorio et Gilbert Merlio (éds), « Introduction », *Le Rayonnement européen de Nietzsche*, Paris, Klincksieck, « Germanistique », 2004, p. 11.

58 Comme Lafcadio Wluiki dans *Les Caves du Vatican*, Bernard et le fils de Laura dans *Les Faux-Monnayeurs*, et le futur Thésée.

59 *Œdipe*, *op. cit.*, p. 173.

60 *Ibid.*

61 *Ibid.*

62 *Ibid.*

63 *Ibid.*, p. 174.

64 *Ibid.*, p. 204.

65 *Ibid.*, p. 179.

66 *Ibid.*, p. 191.

reproche d'être heureuse alors qu'« il y a sur cette terre [...] plus de tristesse que de joie[67] », Ismène répond : « C'est en moi-même qu'est la joie, et je l'entends chanter dans mon cœur[68]. » Elle ajoute, dans une métaphore alcyonienne : « Ma joie est une chose ailée[69] », comme le Zarathoustra de Nietzsche, étoile dansante au-dessus du chaos du monde. Ces « joutes » secondaires redoublent le conflit qui oppose Œdipe à Tirésias que Gide présente comme l'homme chrétien du ressentiment qui « ne peut pas admettre [...] le bonheur d'Œdipe[70] ». Pour lui, le bonheur orgueilleux de celui-ci est « impie », et son souhait est de le « fêler[71] ». Son ami le plus helléniste, Jean Schlumberger, conseille à Gide « de rendre bien éclatant le triomphe d'Œdipe sur Tirésias au troisième acte[72] », pensant que Gide allait consacrer la victoire du héros païen nietzschéen sur les forces ascétiques du ressentiment chrétien, incarnées par Tirésias.

## ÉCROULEMENT DU SURHUMAIN OU TRIOMPHE DU PESSIMISME DE LA FORCE ?

Le projet d'*Œdipe* a donné lieu à des infléchissements du sens de la part de son auteur, comme en témoignent les notes de son *Journal*. Pour Clara Debard, Gide fait de son héros « un porte-parole ambigu[73] » comme s'il avait projeté de montrer la fragilité de l'édifice du surhumain selon Nietzsche ainsi que sa difficile mise en œuvre. Deux voies se présentaient à lui après la révélation de la terrible vérité par Tirésias : « présenter Œdipe

67 *Ibid.*, p. 183.

68 *Ibid.*

69 *Ibid.*, p. 184.

70 André Gide cité dans Léon Pierre-Quint, *op. cit.*, p. 459. Tirésias déclare que « son bonheur est impie », et qu'il faut « fêler un peu ce bonheur » qui repose sur l'orgueil et non l'humilité (*Œdipe*, *op. cit.*, Acte I, p. 162). Il faut noter quelques références claudéliennes au *Soulier de satin*, paru en 1929, l'année de la rédaction d'*Œdipe*. Tirésias compare Œdipe, tel Rodrigue, à « un vase clos » qu'il faut fêler, car « par cette inquiète fêlure, Dieu pénétrera dans son cœur » (*ibid.*, p. 162).

71 *Ibid.*

72 Jean Schlumberger, cité par Clara Debard, *ibid.*, p. 27.

73 Clara Debard, *ibid.*, quatrième de couverture.

comme un personnage vaincu ou vainqueur[74] ». À partir de 1927, Gide envisage un infléchissement du sens du dénouement. Le sous-titre *Œdipe ou le triomphe de la morale*, qu'il envisage, suggère l'échec de la libération d'Œdipe, ses yeux crevés signifiant alors un aveuglement intellectuel du personnage et non plus le symbole d'un renouveau qui rendrait au héros sa vision optimiste du monde. Perdant ses illusions, Œdipe se crève les yeux pour ne plus contempler l'abîme du désespoir et recherche la « nuit peuplée de souvenirs heureux, qui seule peut lui rendre sa vision optimiste du monde, et le goût de vivre[75]. » Il s'éloigne alors de la conception nietzschéenne du courage du héros dans *La Naissance de la tragédie* qui doit se montrer suffisamment fort pour affronter la vérité dionysiaque du monde – ce que Nietzsche a qualifié de « pessimisme de la force » dans la seconde préface de l'œuvre. Le sujet d'*Œdipe* offre ainsi à Gide l'occasion de montrer la confrontation soudaine du héros à l'abîme, ce que Nietzsche décrit comme l'élément dionysiaque de la tragédie : la belle apparence apollinienne laisse place à la contemplation dionysiaque horrifiée de l'abîme du réel. « Le personnage ôte progressivement tous ses masques pour se découvrir tel qu'il est[76] », note justement Clara Debard. L'insoutenable vérité à laquelle il se confronte fait songer à la conception d'Antonin Artaud, autre grand lecteur de Nietzsche, selon laquelle la vie est toujours la mort de quelqu'un. En l'occurrence, la vie, ou le bonheur d'Œdipe sur le trône de Thèbes auprès de Jocaste, ne pouvait s'établir que sur la mort, non seulement du Sphinx, mais aussi sur celle du roi son père dont il va prendre la place, sur le trône de Thèbes et dans la couche de sa propre mère. C'est cette cruelle vérité dont il prend peu à peu conscience à l'acte II : « Ce trône et cette couche, pour les avoir, il fallait d'abord les vider. Seul le meurtre du roi a permis que je les obtienne[77] », réalise-t-il avec effroi[78].

Dans cette optique, la construction du surhumain à laquelle correspond Œdipe à l'acte I, se révèle être un leurre, car elle est bâtie

74 *Ibid.*, p. 64.
75 *Ibid.*, p. 16.
76 *Ibid.*, p. 64.
77 *Ibid.*, Acte II, p. 209.
78 Dans *Le Mythe de Sisyphe*, Camus évoque la tragédie d'*Œdipe* comme une tragédie de la connaissance absurde : « À partir du moment où il sait, sa tragédie commence. » (*Essais*, Paris, Gallimard, « Bibliothèque de la Pléiade », 1965, p. 97.) Héros de l'absurde, Œdipe prend violemment conscience que le monde dans lequel il vivait jusque là n'a pas de sens.

sur le mensonge, le voilement d'une vérité atroce. Le triomphe de la religion, envisagé un temps par Gide, pourrait bien entraîner l'échec du surhumain de Nietzsche et sa volonté d'être à soi-même son propre créateur, qui semble difficilement conciliable avec la reconnaissance d'une fatalité toute puissante dont Œdipe est le jouet. Désormais Gide envisage comme titre non plus *Le Nouvel Œdipe*, mais *La Conversion d'Œdipe*, comme il l'annonce dans son *Journal*[79]. Le surhumain semble laisser place au converti dans ce nouveau projet. Clara Debard analyse cet infléchissement du sens de la pièce comme un durcissement de Gide depuis 1926 de sa « critique de la religion[80] », de sorte qu'il choisit de montrer à travers son héros « le symbole tragique de tout homme qui, en quittant métaphoriquement sa demeure royale pour le "palais de la foi", sacrifie son être[81] ».

Gide envisagerait ainsi un écroulement de la construction du surhumain. Il confie explicitement : « Œdipe est le surhomme. Il a pris conscience de sa grandeur par sa victoire sur le Sphinx. Il est admiré par ses enfants. Et toute cette noblesse, toute cette haute construction qu'est Œdipe va s'écrouler en quelques instants. – Quoi ! s'écrieront ses enfants, tout cela n'était élevé que sur un mensonge, que sur un crime[82]. » Alors qu'il est en train de rédiger la pièce en 1930, Gide reprend dans son *Journal* une réflexion nietzschéenne de *Par-delà le bien et le mal*, sur le paradoxe de la religion chrétienne qui consacre la victoire des faibles sur les forts : « [...] le grand grief que l'on peut avoir contre la religion chrétienne, c'est de sacrifier les forts aux faibles[83] », note-t-il. La conversion d'Œdipe, héros païen et affirmateur, en chrétien terrassé par la fatalité, montre en acte ce sacrifice des forts aux faibles.

Pourtant, plusieurs éléments du dénouement à l'acte III dans la version finale laissent à penser que Gide conserve finalement à son héros le « pessimisme de la force » que Nietzsche admirait chez les Grecs avant le socratisme[84]. Asservi par une fatalité tragique qui le dépossède de sa liberté, Œdipe trouve néanmoins la force de se surmonter et de

79 *J2*, 10 mai 1927, p. 35.
80 Clara Debard, dans Gide, *Œdipe*, *op. cit.*, p. 16.
81 *Ibid.*
82 André Gide, dans Léon Pierre-Quint, *op. cit.*, p. 459.
83 *J2*, 10 août 1930, p. 225.
84 À la réception de la pièce, mise en scène par Georges Pitoëff en 1931, Dorothy Bussy exprime sa satisfaction de voir que Gide n'a pas montré « la défaite d'Œdipe » : « Il finit

s'affirmer jusqu'au bout, et malgré tout, comme un créateur de sa destinée. Il continue à manifester le courage de la lucidité tragique, propre au Grec de la tragédie eschyléenne, notamment dans sa confrontation avec Jocaste qui représente l'aveuglement volontaire face à une vérité trop cruelle : « Ô malheureux Œdipe ! qu'avais-tu besoin de savoir ? J'ai fait ce que j'ai pu pour t'empêcher de déchirer le voile[85] », déplore-t-elle en faisant peut-être allusion au nécessaire voile de Maya décrit par Schopenhauer permettant de rendre le monde supportable. Au nom de son bonheur présent avec elle, Jocaste supplie en effet Œdipe ne pas chercher à savoir qui est le meurtrier du défunt roi. « N'auras-tu pas pitié de ton bonheur[86] ? », demande-t-elle. Mais Œdipe refuse « un bonheur fait d'erreur et d'ignorance[87] », c'est « bon pour le peuple » déclare-t-il orgueilleusement[88], lui n'a « pas besoin d'être heureux[89] ». Ce refus élitiste du bonheur commun est un postulat que Gide partage avec Nietzsche. Le philosophe a toujours conspué la recherche du bonheur, reposant sur le confort domestique bourgeois qu'il voyait fleurir dans ce siècle industriel qu'il exécrait, comme contraire à toute grandeur véritable. Il déplore la faiblesse croissante des hommes, car « ce qu'on désire aujourd'hui, c'est le bien-être, une aisance qui satisfasse les sens. Tel est le premier vœu de chacun. Par suite, on marche vers un esclavage spirituel tel qu'on en a jamais vu[90]" ».

Au rebours, l'héroïsme de la lucidité, le courage de la pensée qui ose affronter une vérité souvent insoutenable, car constitutive du réel, est ce qu'il admire le plus dans les tragédies de Sophocle et Eschyle. Pour Nietzsche, si les Grecs avaient la force d'affronter l'horreur de la connaissance tragique, c'est que leur pessimisme, loin de conduire au nihilisme, correspondait à un pessimisme de la force, lié à une vie surabondante. Or Œdipe possède ce pessimisme de la force dont parle Nietzsche dans la seconde préface de *La Naissance de la tragédie* : « Je

aussi fièrement qu'il commence, triomphalement uni à Antigone », lui écrit-elle (citée par Clara Debard dans André Gide, *Œdipe*, *op. cit.*, p. 102).

85 *Ibid.*, Acte III, p. 220.

86 *Ibid.*, p. 211.

87 *Ibid.*

88 *Ibid.*

89 *Ibid.*

90 Friedrich Nietzsche, *La Volonté de puissance* [1937], t. II, livre 4 : « Midi et éternité », ch. 2 : « Le vingtième siècle », § 88, 1881-1882, trad. Geneviève Bianquis, Paris, Gallimard, « Tel », 1995, p. 300.

veux [...] descendre au plus bas du gouffre[91] », affirme-t-il au moment de nommer l'innommable du parricide et de l'inceste. Le dénouement fondé sur l'ultime péripétie de l'aveuglement volontaire d'Œdipe semble alors consacrer la victoire du héros qui s'accomplit dans un acte « héroïque et surhumain » à la hauteur de sa démesure : « Je ne sais quoi d'héroïque et de surhumain me tourmente. Je voudrais inventer je ne sais quelle nouvelle douleur. Inventer quelque geste fou qui vous étonne tous, qui m'étonne moi-même et les dieux[92] », s'écrie-t-il dans un ultime défi avant de se crever les yeux. Créon décrit ainsi l'ultime geste de défi d'Œdipe, marqué davantage par une énergie triomphante que par le désespoir : « Œdipe, s'élançant à son tour, s'empare du manteau royal, en arrache les agrafes d'or et les enfonce férocement dans ses yeux, dont l'humeur au sang mêlée [l']éclabousse et ruisselle sur son visage[93]. » Bourreau volontaire de lui-même, il s'immole de manière héroïque : « C'est volontiers que je m'immole. J'étais parvenu à ce point que je ne pouvais plus dépasser qu'en prenant élan contre moi-même[94]. »

Ainsi, il nous semble que Gide conserve jusqu'au bout à son personnage une cohérence de caractère proche de l'*ethos* nietzschéen du surhumain tel que Gide l'a interprété dans une conférence sur Dostoïevski :

> Ici encore, je voudrais apporter une retouche à propos de la doctrine du « surhomme » et m'élever contre une opinion trop souvent accréditée [...] ; le surhomme de Nietzsche [...] s'il a pour devise le : « Soyez dur », si souvent cité, souvent si mal interprétée, ce n'est pas contre les autres qu'il exercera cette dureté, c'est contre lui-même. L'humanité qu'il prétend surpasser, c'est la sienne. [...] Nietzsche propose une affirmation de soi, il y voit le but de la vie[95].

En conclusion, Gide a mis beaucoup de lui-même dans son personnage, notamment la volonté de s'affirmer et de cultiver la joie, en s'opposant à une conception austère du christianisme. Son héros s'inscrit dans la lignée des personnages gidiens qui s'affranchissent de toute tutelle dans un acte d'auto-engendrement. Face à un Tirésias christianisé, Gide choisit de représenter un Œdipe « goethéen » et païen. Si Œdipe est de l'aveu de l'auteur proche du surhumain de Nietzsche, l'interprétation

91 André Gide, *Œdipe*, *op. cit.*, Acte III, p. 212.

92 *Ibid.*

93 *Ibid.*, p. 225.

94 *Ibid.*, p. 229.

95 André Gide, « Dostoïevski, VI » [1923], *EC*, p. 640-641.

du dénouement de la pièce est cependant loin d'être univoque, à l'image de la constante oscillation de Gide entre admiration pour Nietzsche et dénégation de son influence. La genèse de la pièce montre qu'à partir de 1927 il a été tenté de représenter la défaite de son héros païen et nietzschéen contre les forces ascétiques du ressentiment chrétien, incarnées par Tirésias. Le sous-titre *Œdipe ou le triomphe de la morale*, qu'il envisage alors, suggère l'échec de la libération d'Œdipe. Les yeux crevés du dénouement signifient dès lors l'aveuglement intellectuel du personnage qui refuse de contempler l'abîme du réel que révèlent le parricide et l'inceste. Il s'éloigne alors de la conception nietzschéenne du héros énoncée dans *La Naissance de la tragédie*, qui doit être suffisamment fort pour affronter la vérité dionysiaque du monde, aussi terrible soit-elle. Dans cette optique, la construction du surhumain au premier acte s'apparente à un édifice fragile bâti sur le mensonge ou le voilement d'une vérité atroce. Plutôt que créateur de lui-même et de sa destinée, Œdipe apparaît soumis à une fatalité toute puissante dont il est le jouet.

Cependant, plusieurs éléments du dénouement dans la version finale donnent à penser que Gide conserve finalement au héros le « pessimisme de la force » que Nietzsche admirait chez les Grecs. L'ultime péripétie de l'aveuglement volontaire d'Œdipe le montre s'accomplissant dans un ultime acte héroïque de défi et de victoire sur lui-même, lui permettant de trouver la force de se surmonter et de s'affirmer jusqu'au bout. De ce point de vue, la pièce témoigne de la prégnance du modèle goethéen et nietzschéen, montrant à quel point la littérature et la pensée allemandes occupent une place spécifique dans le panthéon personnel et dans l'élaboration de l'œuvre de Gide, l'Européen.

Marie-Gabrielle Quentin
de Gromard
Université Paris-Sud –
Paris-Saclay

# GIDE – *NOSFERATU*, ACTE GRATUIT ET SÉDUCTIONS DU CINÉMA

Gide, on le sait, fut un grand amateur de cinéma ; un amateur qui mentionne volontiers dans son *Journal* les films qu'il a vus, aimés ou détestés. Le plus souvent, les jugements du diariste sont néanmoins très laconiques. À propos de *Sous les toits de Paris* de René Clair, vu à Tunis le 15 novembre 1930, nonobstant son enthousiasme il s'en tient à ce seul commentaire : « Sans doute un des meilleurs films français ; peut-être le meilleur[1]. » Quant à la condamnation du *Metropolis* de Fritz Lang, elle est aussi concise que sans appel : « Film allemand d'un mauvais goût parfait et colossalement stupide[2] », lit-on en date du 19 avril 1927. Gide se risquera néanmoins l'année suivante à assister une nouvelle fois à la projection d'un film « expressionniste » allemand, le *Nosferatu* de Murnau qu'il vit à Paris en février 1928. Si le passage du *Journal* qui s'y rapporte est plus réfléchi, il ne qualifie pas réellement son auteur comme penseur *du* cinéma ; il se prête en revanche parfaitement à montrer à quel point la pensée d'un écrivain, de 1895 à la fin des années 1920, put être déjà informée *par* le cinéma. Selon le théoricien allemand des médias Friedrich Kittler, qui accompagnera notre réflexion dans cet article, au cours de cette période les écrivains se seraient trouvés confrontés à un choix : soit se faire fournisseurs de scénarios pour le cinéma naissant, soit refuser le film en se mettant en quête de formes « pures » de littérature[3]. De *Paludes* aux *Faux-Monnayeurs*, de la théorie de l'acte gratuit à la construction de certaines scènes et de certains personnages, Gide – ainsi que nous voulons le montrer – nous semble de fait mener un long débat avec le cinéma en tant qu'il concurrence, noyaute, voire vampirise la littérature. À moins

1 *J2*, 15 novembre 1930, p. 238.

2 *J2*, 19 avril 1927, p. 29.

3 Friedrich Kittler, *Médias optiques. Cours berlinois 1999*, Paris, L'Harmattan, « Esthétiques », série « Esthétiques allemandes », 2015, p. 49.

que celle-ci ne parvienne à le séduire, le domestiquer, le transformer jusqu'à le rendre digne d'elle…

## « FILM ALLEMAND, ASSEZ MÉDIOCRE »

À défaut de l'avoir vu en entier, chacun connaît certains plans, certaines scènes ou images du film qui, le premier, popularisa un nouveau genre promis à une descendance pléthorique : *Nosferatu le vampire* ou *Nosferatu, eine Symphonie des Grauens* (*Nosferatu, une symphonie de l'horreur*). Sorti sur les écrans en 1922, le film muet tourné par Friedrich Wilhelm Murnau proposait une adaptation non autorisée – nous y reviendrons – du roman *Dracula* de Bram Stoker, paru en 1897. Reprenant dans ses grandes lignes le texte original, il transpose néanmoins l'action en 1838 dans la ville hanséate imaginaire de Wisborg, où les personnages évoluent dans des intérieurs très Biedermeier. Le commis Hutter, fraîchement marié à la belle Ellen, part pour les Carpates où il doit rencontrer le comte Orlok – clairement identifié comme le vampire – qui souhaite faire acquisition d'une propriété à Wisborg. Lors de la transaction, Orlok aperçoit une miniature d'Ellen qui le décide à concrétiser ses plans au plus vite. S'engage alors une course contre la montre pour rejoindre la cité hanséate : par voie de terre pour Hutter, par voie de mer pour le vampire, voyageant dans son cercueil en compagnie de rats pestiférés. Dès l'arrivée du navire, la peste s'installe en ville tandis qu'Orlok scrute de derrière les vitres brisées de sa nouvelle résidence les faits et gestes d'Ellen. Le salut ne viendra que du *Buch der Vampyre* (*Le Livre de vampires*) que Hutter rapporte des Carpates, et dans lequel Ellen apprend que seul le sacrifice d'une femme au cœur pur triomphera du monstre. Dans la dramatique scène finale, elle lui abandonne alors gorge et sang pour le retenir jusqu'à l'aube, jusqu'à ce que les premiers rayons du soleil ne le fassent disparaître dans une volute de fumée, mettant un terme à l'épidémie de peste.

Devant un tel scénario, le jugement de Gide est tout d'abord laconique : « Hier : *Nosferatu, le vampire.* / Film allemand, assez médiocre » ; toutefois le diariste poursuit : « mais d'une médiocrité qui force à réfléchir, et qui invite à imaginer mieux[4] ». Sa critique porte essentiellement sur ce que le film a d'« expressionniste ». Gide s'agace du fait qu'on lui mette sous le nez de grands gestes de terreur, des attitudes, des mimiques à la limite de la caricature. Il note que l'expression excessive de la terreur qui assaille les protagonistes lui interdit de s'identifier avec eux. Esprit classique que l'on ne peut pas ne pas associer avec l'art de la litote, Gide ne goûte guère ces films qui semblent s'adresser à un public qui, pour comprendre, « a besoin qu'on lui épelle les sentiments et ne sait lire que les majuscules[5] ». Il est vrai que ce dernier commentaire du *Journal* ne vise pas ici *Nosferatu*, mais le vampirisme de la propagande antisémite nazie de *Jud Süß* (*Le Juif Süß*), un film tourné par Veit Harlan en 1940 sur commande de Joseph Goebbels lui-même.

Gide propose ensuite sa propre version de l'histoire du vampire : « Si je devais recomposer le film[6] », écrit-il… Et ce qu'il faut comprendre par « recomposer », c'est avant tout écrire un autre scénario plutôt que de monter un autre film. De fait, sa critique ne concerne pas du tout ce que l'on pourrait appeler avec Dominique Nogues, la « *cinématographicité* du film[7] », c'est-à-dire la spécificité du média, mais uniquement des questions de « stratégie narrative », quelque chose qui aurait donc aussi bien pu l'intéresser dans une pièce de théâtre ou dans le roman de Stoker lui-même. Et ce qu'il réécrit, c'est en premier lieu le personnage de Nosferatu. Ce dernier, que l'on sait d'entrée de jeu être le vampire, aurait dû, pour plus d'efficacité narrative, apparaître sous les traits d'un jeune homme inoffensif, prévenant et charmant, au lieu d'un vieillard griffu, au regard mauvais et aux dents acérées. Le vampire, explique-t-il, doit tout d'abord séduire, et c'est seulement son baiser qui doit se transformer en morsure. Suit le deuxième point de la critique qui porte sur le fantastique. Gide se plaint ici encore de la « pesanteur vraiment allemande[8] » de la démonstration qui, d'entrée de jeu, table sur l'explication surnaturelle. Le diariste souligne que l'explication naturelle devrait, dans un conte fantastique bien construit, être « *presque*

4 *J2*, 27 février 1928, p. 72.
5 *J2*, 5 janvier 1942, p. 799.
6 *J2*, 27 février 1928, p. 72.
7 Dominique Nogue, « Gide et le cinéma », dans Claude Martin (éd.), *André Gide 9 :* Corydon, Si le grain ne meurt, Les Faux-Monnayeurs *: regards intertextuels*, Paris, Minard, « La Revue des lettres modernes », série « André Gide », 1991, p. 154.
8 *J2*, 27 février 1928, p. 73.

suffisante » ; « *presque* » de manière à ce que le doute subsiste et que « le sceptique soit précisément celui qui ne s'en contente pas[9] », tandis que l'esprit positiviste, au contraire, fera en dernier lieu figure de naïf. Quant au troisième et dernier point, il concerne le rapport d'Orlok à Ellen Hutter. Gide imagine ici qu'il eût été plus judicieux que le vampire, monstre hideux aux yeux de tous, fût à ceux de la jeune femme – et aux siens seuls – un séduisant garçon, et que ce dernier cédât lui-même au charme de sa victime jusqu'à désirer devenir « l'être exquis » dont il n'aurait dans un premier temps eu que l'apparence ; un être exquis qui finira par mourir au moment où le coq se met à chanter, suscitant dès lors « soulagement et regret » chez les spectateurs. Gide de conclure alors, péremptoire : « Bref un film complètement manqué. » Et d'arguer encore que Goethe, dans son *Erlenkönig*, avait représenté les choses de manière autrement plus efficace : l'enfant s'y trouvant « moins terrorisé que charmé[10] » – tout l'effroi étant pour le père seul.

Référence littéraire allemande classique donc *versus* film expressionniste aux lourds relents de fantastique romantique ? Les choses ne sont pas si simples, car si la critique de Gide ne porte que sur l'écriture du film, il n'est pas dit que son regard n'ait pas déjà reçu la morsure mortelle du cinéma qui en serait dès lors le maître. Un regard qui aurait en outre imaginairement anticipé *Nosferatu*, ne pouvant plus que se désoler du résultat offert en pâture aux pupilles des spectateurs.

## ACTE GRATUIT ET CINÉMA MUET

Concernant Gide, la critique a peu souligné le fait que ses années de jeunesse et de formation coïncident avec des développements spectaculaires dans les techniques des médias. Que l'on pense ici aux travaux d'Étienne-Jules Marey et d'Eadweard Muybridge dans les années 1880, qui les premiers tranchent dans le réel pour en découper le mouvement. Que l'on pense à la toute première séance du cinématographe des frères Lumière, le 22 mars 1895, qui reconstitue techniquement le

9 *Ibid.*
10 *Ibid.*

mouvement à l'écran. Mais le jeune Gide, il faut bien le dire, ne semble pas s'inquiéter de la révolution optique engagée par ces techniques et par leurs appareils, pas plus que par leur possible impact sur la pensée et la perception humaine. Englué dans les cénacles littéraires du symbolisme finissant, il cherche un exutoire en écrivant *Paludes*, paru l'année de la présentation du cinématographe. Peut-on imaginer contraste plus saisissant qu'entre ce texte marécageux et narquois, et l'évidence lumineuse du cinéma ? À moins que le sens du saugrenu dont Gide fait preuve ne corresponde déjà à la drôlerie biscornue que produit à la même époque le réarrangement du visible dans certains films, tels que les prestidigitations cinématographiques d'un Méliès par exemple. Arrêtons-nous un instant sur le fameux *Escamotage d'une dame* (1896) et demandons-nous : comment ce dernier est-il réalisé ? Le truc est l'« arrêt de caméra ». Arrêt : transformation du plateau – la dame s'en va, remplacée par son squelette ; reprise du tournage – la dame reprend sa place. Ne reste alors plus qu'à supprimer les images surexposées que provoquent l'arrêt et le redémarrage de l'appareil. Et le résultat, s'il ébahit, c'est qu'il rend pour la première fois le réel optique contingent, c'est-à-dire reconstructible à merci. Cette technique d'escamotage, Gide l'avait déjà décrite par le menu et faite sienne dans *Paludes*, où elle porte le nom d'« acte gratuit ». Relisons la définition qu'en donne le philosophe Alexandre :

> Il me semble, Monsieur, que ce que vous appelez acte libre, ce serait, d'après vous, un acte ne dépendant de rien ; suivez-moi : *détachable* – remarquer ma progression : *supprimable*, et ma conclusion : *sans valeur*. Rattachez-vous à tout, Monsieur, et ne demandez pas la *contingence* ; d'abord vous ne l'obtiendriez pas – et puis : à quoi ça vous servirait-il[11] ?

Le jeune Gide ne se livre-t-il pas ici à un numéro philosophico-littéraire d'escamotage du sens, de la morale et des valeurs qui assurent le *continuum* de l'existence pour en proposer une reconstruction parfaitement gratuite ? De Gide à Méliès – et c'est ce qui importe ici – la technique employée est rigoureusement la même pour un résultat identique : détacher puis supprimer un élément de la chaîne des relations et des valeurs afin de révéler la contingence du réel.

Par-delà la coïncidence historique entre la naissance du cinéma et la formulation de l'acte gratuit, peut-on envisager que le premier réalise

11 *Paludes* [1895], *RR1*, p. 284. C'est nous qui soulignons.

pratiquement ce que le second implémente dans une théorie ? Là où Gide cherche à penser la gratuité du sens, depuis 1895, les caméras sont capables de stocker sur du celluloïd la diffusion non moins gratuite de la lumière dans l'espace. Le film, comme le dit Kittler, s'accommode du « pur hasard d'une prise de vue au cinéma ou d'un réglage de caméra[12] ». Certes, le cinéaste procède toujours à une mise en scène, à un cadrage, à un montage, mais le procédé physico-chimique à l'œuvre au moment où la lumière affecte la pellicule n'est quant à lui tributaire d'aucun sens ; il ne dépend littéralement « de rien » d'esthétique, ni *a fortiori* de moral. La plume de l'écrivain ne peut stocker que ce qui d'une information est, comme le dit encore Kittler, apte à « franchir le goulet d'étranglement du signifiant[13] » : pas le réel, mais le sens, pas la gratuité contingente de l'être, mais l'idée, pas l'instant singulier, mais la généralité d'un temps abstrait. C'est notamment pour cette raison que la discussion du narrateur de *Paludes* avec Alexandre ne peut conduire qu'à un silence poli : « [...] de ce qu'il dit je me méfie toujours ; à ce qu'il dit je ne réponds jamais[14]. » Ce dont le narrateur (et Gide avec lui) a pris conscience, c'est qu'aucune explication, comme le dit le texte liminaire de la sotie, n'atteint jamais « *CELA* », c'est-à-dire le réel, la gratuité, le bruit du monde que la pellicule stocke – même dans un film muet – en deçà de toute « sémiotique du film », de tout sens et de tout langage.

Élie Faure, dans son *Introduction à la mystique du cinéma*, soulignait en 1934 déjà le lien de la gratuité – ou ce qu'il appelle ici « hasard » qui accompagne toute capture du réel sur pellicule – avec la production cinématographique :

> Hasard. Comme sans doute en bien des films [...] où la perfection des moyens techniques et la puissance des éclairages provoquent *mécaniquement* des effets qu'on croyait réservés à la fantaisie géniale des peintres, alors qu'ils n'étaient que le témoignage d'une sensibilité visuelle et spirituelle supérieure à celle du commun. Hasard ? Ce sont ces hasards sans cesse répétés qui nous révèlent le cinéma et le révèlent à lui-même. Nous n'avons rien à lui apprendre. Il a *tout* à nous apprendre. Nous travaillons sous sa dictée[15].

12 Friedrich Kittler, *op. cit.*, p. 66.

13 Friedrich Kittler, *Grammophon, Film, Typewriter*, Berlin, Brinkmann und Bose, 1986, p. 12.

14 *Paludes*, *RR1*, p. 284.

15 Élie Faure, « Introduction à la mystique du cinéma », dans *Ombres solides (Essais d'esthétique concrète)*, Paris, Malfère, 1934, p. 176.

Et le critique de poursuivre à propos de la captation technique du réel, que celle-ci :

> n'ajoute rien à l'objet, qu'elle ne fait qu'enregistrer. Mais, en soumettant de la sorte aux appréciations de l'esprit l'enchevêtrement infini des éléments qui le forme, elle permet à la fois à l'esprit d'en perfectionner les moyens pour s'annexer des réalités nouvelles et de s'élancer, appuyée sur ces réalités nouvelles, vers des hypothèses nouvelles et des rapports nouveaux dont la complexité naît sans arrêt d'elle-même et s'accroît indéfiniment[16].

Étrangement, le cinéma est ici doté d'une capacité « spirituelle supérieure » à l'homme – celle de capter l'être en sa gratuité, celle de capter « *CELA* » dont toute explication ne peut que « restreindre le sens[17] ». Le cinéma éclaire des faits, des actions ou des comportements invisibles à l'œil assujetti à la reconnaissance de formes et au sens ; il permet la représentation d'une gratuité que l'esprit, pour la première fois, pourra envisager en tant que telle.

Si *Paludes* a révélé la gratuité de « *CELA* », il appartient toutefois au *Prométhée mal enchaîné* de représenter un acte gratuit et de le discuter. Le cinéma au demeurant, Élie Faure le dira à sa manière, est un feu prométhéen : « Comme il arrive toujours pour les grandes choses, le cinéma dépasse déjà de très loin le but que poursuivaient ceux qui l'inventèrent. Ainsi du feu, la seule découverte *capitale* que l'homme ait faite jusqu'au cinéma précisément, et qui est devenue le cœur de la civilisation matérielle entière[18]. » Arrêtons-nous sur le prologue de la sotie de 1899 qui décrit « cinématographiquement » un acte gratuit que tout le texte, dès le premier chapitre, aura pour tâche de discuter : « Au mois de mai 189…, deux heures après midi, on vit ceci qui put paraître étrange », lit-on au début du livre qui s'ouvre en proposant au lecteur le récit suivant :

> Sur le boulevard qui mène de la Madeleine à l'Opéra, un monsieur gras, entre deux âges, que rien ne signalait d'ailleurs que sa peu commune corpulence, fut abordé par un monsieur maigre, qui, souriant, et sans songer à mal croyons-nous, remit au premier un mouchoir que celui-ci venait de laisser tomber. Le monsieur corpulent remercia sans phrases et allait continuer sa route quand, se ravisant, il se pencha vers le maigre et dut lui demander un

16 *Ibid.*
17 *Paludes, RR1*, p. 259.
18 Élie Faure, *op. cit.*, p. 177.

> renseignement, que celui-ci dut lui donner, car sortant aussitôt de sa poche une encre portative et des plumes le monsieur gras les tendit sans plus de façons au monsieur maigre, ainsi qu'une enveloppe qu'il tenait jusqu'alors à la main. Et ceux qui passaient purent voir l'homme maigre y écrire aussitôt une adresse.

Et c'est à ce point que cette histoire anodine prend tout son intérêt :

> – Mais ici commence l'étrangeté de l'histoire, qu'aucun journal pourtant ne consigna : le monsieur maigre, après avoir rendu la plume et l'enveloppe, n'avait pas eu le temps de sourire un adieu, que le monsieur gras, en guise de remerciement, lui colla brusquement sa main sur la joue ; puis sauta dans un fiacre et disparut, avant qu'aucun des spectateurs attirés (j'en étais), revenu de sa surprise, n'ait eu l'idée de l'arrêter[19].

Dans ce passage, l'aperception est entièrement visuelle, offerte à un regard aussi général qu'impersonnel : « [...] *on* vit ceci qui put paraître étrange ». Et ce qui est étrange, c'est tout d'abord le fait que l'on n'entende rien. Pour décrire la scène, le regard n'est-il pas contraint de se servir de verbes modaux reconstruisant hypothétiquement la sonorisation absente : il « *dut* lui demander un renseignement, que celui-ci *dut* lui donner », l'interaction ayant ainsi bel et bien eu lieu « *sans phrases* ». C'est ensuite de lettres qu'il sera question, le personnage maigre écrivant une adresse sur l'enveloppe que lui tend le personnage gras. Or, une fois de plus, le narrateur est contraint de se fier à ce que d'autres, plus proches de l'action, « purent voir ». Il ne semble quant à lui pas capable de s'approcher suffisamment pour voir ce que l'homme maigre écrit, et pour cause ! Il ne possède aucune autonomie de mouvement, son regard est fixé sur la position de l'anonyme et inamovible « on ». Comme les protagonistes, il n'a pas d'identité ; il ne retrouve un « je » que lorsque le fiacre s'est éloigné et se retrouve au milieu « des spectateurs attirés (*j'*en étais) ». Dès lors on ne s'étonnera pas que le public n'ait pas tenté de rattraper le « gifleur », seule une métalepse lui aurait en effet permis d'entrer dans l'écran où, dès le début, se jouait la scène muette filmée par une caméra statique, fondant en une perspective unique tous les regards des spectateurs. En un mot : ce que décrit Gide ici, c'est une séance de cinéma, plus précisément, il décrit une scène de cinéma muet, une scénette de quelques minutes, un mini sketch que l'on pourrait

19 *Le Prométhée mal enchaîné* [1925], *RR1*, p. 469.

décrire en empruntant une phrase à la Petite Dame : « Tout ça, en vitesse, joyeux, un peu clownesque, – très cinéma[20]. » Et pourquoi ce mode de narration cinématographique s'est-il imposé à l'auteur, sinon parce qu'il y décrit l'acte gratuit, acte qui ne peut faire l'objet d'une discussion avec un philosophe, et qui ne peut être saisi que par des médias à même de capter la diffusion contingente du réel ?

Cet acte, comme le réel que capte le cinéma, est incompréhensible, c'est une gifle venue d'ailleurs qui fait littéralement sauter le cours des choses. Dès lors, comme porté par le titre du texte lui-même (*Le Prométhée mal enchaîné*), il se produit un problème d'enchaînement des séquences : c'est ce qu'on appelle, au cinéma, « un faux-raccord ».

Dès le premier chapitre de la sotie, la parole reprend néanmoins ses droits, et avec elle la pensée et les catégories de l'identité. On quitte la scène muette et gratuite pour entrer dans l'espace des spéculations, des discussions et des rationalisations. Plus précisément, *Le Prométhée* part d'une foule allant et passant sans détermination aucune pour assister au développement de trois manières d'assumer une détermination. La sotie mène donc du don gratuit de l'existence accordé par les dieux, à la prise de conscience par chacun d'une dette impossible à rembourser – jusqu'à en être écrasé comme Damoclès mourant, à s'en accommoder comme Coclès « fermant » un œil, ou à la transmuer en art comme Prométhée écrivant des romans avec les plumes de son aigle après l'avoir mangé. Si le point de départ est donc une gratuité indéterminée, rien ne la décrit mieux que le mouvement de la foule que l'on rencontre dès le premier chapitre. Sans revenir sur le fait que les boulevards, la foule et les fiacres, furent l'un des thèmes privilégiés des frères Lumière, la description que le garçon en donne est une fois encore celle d'un spectacle cinématographique : cette foule ne va nulle part et ne vient de nulle part, elle passe et repasse, elle tourne en boucle dans la projection sans fin d'un même segment de film : « Si Monsieur les voyait repasser comme moi tous les jours, il pourrait aussi bien demander d'où ils viennent. Ça doit être tout un puisqu'ils repassent tous les jours[21]. » Or dans cette foule, les uns et les autres

20 Maria van Rysselberghe, *Les Cahiers de la Petite Dame*, t. I : *1918-1929*, Paris, Gallimard, « Cahiers André Gide », 4, 1976, p. 203.

21 *Le Prométhée mal enchaîné* [1925], *RR1*, p. 470.

sont à la recherche de « leur personnalité » ou « idiosyncrasie[22] ». Où la trouveront-ils ?

On se souvient par exemple que le *Prometheus* de Goethe déjà formait des hommes : « *Hier sitz' ich, forme Menschen / Nach meinem Bilde*[23]. » Former des hommes c'est les former à son image, mais c'est encore et surtout les former au sens allemand de la *Bildung* weimarienne. Selon Raymond Trousson, le Prométhée de Goethe c'est « Goethe même, artiste de génie » ou « la transposition poétique de Goethe lui-même en tant qu'artiste créateur[24] ». Lissant les aspérités et irrégularités de la glaise, le poète est un démiurge sculpteur de vers où s'énonce la forme de l'humanité entière. « Prométhée – l'homme – est éternel tel qu'il est dans son principe[25] », ajoute Trousson. Or des vers ne sont pas des hommes ; n'est homme que celui qui, littéralement, se laisse former par eux. Du strict point de vue média-technique, se laisser former par des vers signifie en premier lieu savoir lire, c'est-à-dire être déjà le « sujet de l'alphabétisation générale » qui se met en place au cours des longues années de la vie de Goethe. Car la *Bildung*, souligne Kittler, « ne signifie ni plus ni moins que se laisser former ou déformer par l'alphabet, comme la glaise par Prométhée[26] ». C'est dans l'alphabet, ou, plus précisément, dans l'exercice de la lecture et de l'écriture que l'homme atteint sa forme la plus universelle ou son « humaine condition ». L'allégeance portée à une telle « condition » exclut toutefois les idiosyncrasies, les mots ne désignant jamais de singularités. Le *Prometheus* de Goethe forme des hommes, pas des personnes. Or, comment saisir le point où, comme le dit Damoclès, « chacun ne ressemble à personne[27] » ? Cette question, une fois de plus, ne fait sens qu'au regard des développements techniques contemporains des réflexions du jeune Gide. La personnalité ne peut de fait être approchée que par des médias opérant en deçà de la généralité des signes du

22 *Ibid.*

23 « Ici je demeure, forme des hommes / à mon image », dernière strophe, vers 52, du *Prométhée* de Goethe. C'est nous qui traduisons.

24 Raymond Trousson, *Le Thème de Prométhée dans la littérature européenne* [1976], Genève, Droz, 2001, p. 317.

25 *Ibid.*, p. 322.

26 Friedrich Kittler, « Fiktion und Simulation », dans *Aisthesis. Wahrnehmung heute oder Perspektiven einer anderen Ästhetik*, Leipzig, Reclam, 1998, p. 200.

27 *Le Prométhée mal enchaîné*, *RR1*, p. 474.

langage et des vers ; par des médias qui, à l'instar de la photographie et du cinéma (sans parler du phonographe), stockent directement le réel où les singularités sont conservées – révolutionnant au passage toutes les techniques d'identification des individus[28].

Le Prométhée de Gide abandonne ses « chaînes, tenons, camisoles, parapets et autres scrupules[29] » dans lesquels nous verrions volontiers ces vers, hémistiches, césures et rimes plates ou croisées, qui sont le lieu de la formation d'hommes. Et il ne se désenchaîne pas, comme le voulait Houdar de La Motte, pour laisser la place à la « Déesse majestueuse » de « l'Éloquence libre[30] », mais pour se pencher sur la gratuité et la singularité de chacun, soit sur ce qui échappe – comme le dit encore le Zeus de la sotie – aux « relations » ; ce qui est donc gratuit et par conséquent également « réversible » – réversibilité dont les frères Lumière notamment, dans *Démolition d'un mur*, avaient donné la preuve éclatante en 1896 déjà, en montrant un mur se reconstituer de lui-même après avoir été détruit à coups de masse. Là où le cinéma fondait dans un premier temps en un seul regard la foule des spectateurs ahuris, il se révèle dans un second temps comme le moyen le plus puissant de stockage de toutes les idiosyncrasies personnelles. Au cinéma, la foule réversible et les individus les plus singuliers se rencontrent ; c'est là sans doute la particularité la plus étonnante du nouveau média. Gide n'en était-il du reste pas parfaitement conscient ? Après avoir revu, à Neuchâtel, *La Ruée vers l'or*, il note dans son *Journal* :

> Suarès boude Charlot par orgueil. Injustifiable résistance. Cas unique où l'on peut épouser l'opinion populaire. Et pas de malentendu. Nous rions et nous amusons, toi et moi, de la même chose. Communion possible et dont il sied de profiter. Cela est si bon de pouvoir ne point mépriser ce que la foule admire[31] !

Rapprocher le cinéma et l'acte gratuit n'est donc pas aussi délibéré que cela aurait pu paraître. D'une certaine manière, ce que Gide pense tout d'abord comme acte gratuit, c'est cet espace cinématographique qui échappe au langage, aux « relations », au sens et bien entendu également à la morale. Cet espace ou cette foule sans « je », mais où chacun apparaît

28 Voir Friedrich Kittler, *Médias optiques*, *op. cit.*, p. 66 et p. 163-171.
29 *Le Prométhée mal enchaîné*, *RR1*, p. 470.
30 Antoine Houdar de La Motte, *Œuvres*, Paris, Chez Prault l'aîné, 1753, t. I, p. 532.
31 *J2*, 19 avril 1927, p. 29.

néanmoins dans sa singularité la plus essentielle. Et si la singularité dont il est question ici échappe au langage, c'est évidemment parce qu'elle est désir imprononçable, comme nous l'avons montré ailleurs[32].

## LAFACADIO PROJECTIONNISTE

Concernant le désir de Gide, si celui-ci a contre lui, comme le dit Claudel, à la fois « la raison naturelle et la Révélation[33] », c'est certainement parce qu'il tient du démon. En cela, il se doit de demeurer aussi muet que les films de Murnau, car intolérable ou pour le dire en roumain « *nesuferi't* », ce que l'on ne peut souffrir, d'où dérive vraisemblablement le nom de « Nosferatu » lui-même. Quel est cependant le lien entre le vampire, le cinéma et l'acte gratuit ? Tournons-nous vers *Les Caves du Vatican*, dont la parution précède de huit ans la sortie du film de Murnau et venons-en directement à la fameuse scène du meurtre.

Lafcadio est dans le train : il se laisse aller à certains souvenirs homoérotiques de jeunesse, se remémorant notamment le curé de son village auquel il n'aurait pas su déplaire : « Que j'ai de mal à ne paraître pas séduisant[34] », s'exclame-t-il. Et le jeune homme, imaginant les moyens de se rendre repoussant, poursuit en expliquant qu'il ne va tout de même pas se mettre à « manger de l'ail » – détail qui se passe ici de commentaire. Entrée dans le compartiment d'Amédée Fleurissoire. Fleurissoire avait été attiré par « la jeune grâce de Lafcadio[35] » et le voit comme un aimable garçon, bien mis, et au regard candide. Lafcadio quant à lui considère le nouveau venu d'un œil morne, mesurant en silence toute la distance qui le sépare moralement et physiquement de lui, le rejetant hors de sa rêverie érotique : « Pense-t-il que je vais l'embrasser ! » Puis, sans raison apparente, il se dit : « Il serait bien surpris sans doute d'apprendre que je sais lire écriture ou imprimé,

32 Voir Slaven Waelti, *Klossowski, l'incommunicable. Lectures complices de Gide, Bataille et Nietzsche*, Genève, Droz, 2015.

33 Paul Claudel à André Gide, dans Léon Émery, *Claudel*, Lyon, Les Cahiers libres, 1966, p. 220.

34 *Les Caves du Vatican* [1914], *RR1*, p. 1130.

35 *Ibid.*

couramment, *à l'envers ou par transparence*, au verso dans les glaces ou sur les buvards[36] ». Si les projecteurs de cinéma parlaient, ils ne décriraient pas mieux leur activité : le « je » s'assimile ici à une lampe projetant sa lumière sur la « glace » ou, pour le dire en langage technique, sur le miroir elliptique placé au fond de la lanterne du projecteur. La lumière reflétée par le miroir elliptique converge alors vers le film, c'est-à-dire l'écriture déposée sur la pellicule de celluloïd « transparente » qu'elle lit « à l'envers » ou à l'endroit, le sens de défilement n'ayant aucune importance pour la machine.

Le texte se poursuit avec l'épisode du cachou et la réaction de Fleurissoire qui, comme l'a souligné Iris Roebling, gracie son futur meurtrier : « Grazio ! grazio[37] ! », au lieu de refuser poliment en articulant dans un italien correct : « *Grazie*[38] ». Lafcadio renonce alors à tout contact avec « le tapir » Fleurissoire et fait mine de vouloir dormir, mobilisant pour cela d'autres souvenirs ou plus précisément « un rêve d'un souvenir de sa jeunesse[39] ». C'est alors que lui apparaît « ce château perdu des Karpathes », où il vécut avec sa mère et avec l'oncle Wladimir dont le prénom rappelle ici Vlad III l'Empaleur, le modèle historique du Dracula de Bram Stoker. Le souvenir renvoie au premier été qu'il passa loin de sa mère, se trouvant ainsi entièrement livré à l'oncle inquiétant. L'ambiance est onirique et cauchemardesque. Elle a si peu à envier au château du comte Orlok que l'on en accuserait volontiers Gide de plagiat par anticipation. Chez Murnau, Hutter plein de terreur ferme la porte de sa chambre pour échapper au vampire qui hante le château. La porte s'ouvre d'elle-même. Le monstre émacié apparaît dans l'embrasure et son ombre s'étend progressivement sur le jeune homme endormi. On ne le voit se relever qu'après avoir satisfait sa soif de sang. Chez Gide, Lafcadio ne sait s'il est éveillé ou s'il rêve quand il découvre son oncle « au chevet de son lit », son oncle « plus gigantesque encore que de coutume, fait comme un cauchemar, drapé dans un vaste caftan couleur rouille, la moustache retombée et coiffée d'un extravagant bonnet de nuit dressé comme un bonnet persan, qui

36 *Ibid.* C'est nous qui soulignons.

37 *Ibid.*, p. 1131.

38 Iris Roebling, *Acte Gratuit. Variationen einer Denkfigur von André Gide*, Munich, Wilhelm Fink, 2009, p. 47.

39 *Les Caves du Vatican*, *RR1*, p. 1131.

l'allonge jusqu'à n'en plus finir[40] ». Lafcadio pense tout d'abord que ce dernier vient lui annoncer la maladie ou la mort de sa mère, mais Wladimir, un doigt sur la bouche, lui impose le silence et l'invite à le suivre. Intrigué, le jeune garçon n'éprouve pas de craintes particulières, il se laisse mener en silence à travers les pièces du château éclairées par la lanterne sourde de son guide. Et il semble bien que les protagonistes se donnent toutes les peines du monde pour que cette scène demeure muette, évitant de faire craquer les marches de l'escalier, ne s'autorisant qu'un « petit soupir du nez ». Après avoir traversé une pièce « baignée d'une tranquillité surnaturelle », ils parviennent enfin dans la « salle à manger[41] » où l'oncle sort une bouteille de tokay du buffet. Il en sert deux verres, invite l'enfant à y tremper un petit biscuit et à trinquer avec lui avant de le raccompagner dans sa chambre. Fin de la scène. Lafcadio n'aura le lendemain plus qu'à se demander s'il n'a pas tout simplement rêvé.

On a depuis longtemps observé que le cinéma expressionniste allemand proposait des images de rêve ou de cauchemar, dont *Nosferatu*, après *Der Student von Prag* (*L'Étudiant de Prague*, 1913) ou *Der Golem* (*Le Golem*, 1915), n'était que le dernier avatar. Le désir, de toute évidence, se cache dans des images qui échappent à la parole, pour ne pas dire à la censure du moi. C'est du moins là la découverte essentielle dont Freud fit part dans sa *Traumdeutung* en 1900. Or, ici également, la proximité des dates ne doit rien au hasard. Si de tels films portent à l'écran les thèmes les plus prisés de la littérature romantico-fantastique de Hoffmann à Maupassant – doubles invisibles, êtres-mécaniques, femmes-fantômes – la psychanalyse en offre les clés de lectures cliniques dans les nouvelles notions de *Spaltung* (« division du moi »), de *Verdrängung* (« le refoulement ») ou d'*Unheimliche* (« l'inquiétante étrangeté »), etc. Si pour Todorov, Freud implémente de fait la littérature fantastique dans l'inconscient[42], les films muets, note Kittler, implémentent à leur tour « dans une positivité technique, ce qui n'a pas de mots et qui n'est pas reconnu par Sa Majesté le moi[43] ». En d'autres termes, la pensée de

40 *Ibid.*

41 *Ibid.*, p. 1132.

42 Voir Tzvetan Todorov, *Introduction à la littérature fantastique*, Paris, Seuil, « Poétique », 1970.

43 Friedrich Kittler, « Romantik–Psychoanalyse–Film : eine Doppelgängergeschichte », dans *Draculas Vermächtnis*, Leipzig, ReclamVerlag, 1993, p. 93.

Freud non moins que celle de Gide, son cadet d'une dizaine d'années, sont toutes deux filles du cinéma. Et si l'on devait, pour reprendre les expressions de la *Traumdeutug*, voir derrière le « contenu manifeste » du film de Murnau un « contenu latent », une pensée du film comme il y a une « pensée du rêve », que verrait-on ? Sans doute, dans la figure de Nosferatu, comme le souligne Ioana Crăciun, un « phallus surdimensionné, mis en scène comme un lingam ambulant[44] » ? La chercheuse de rappeler la « raideur » du comte Orlok qui hante les couloirs de son château, « sa silhouette émaciée et inquiétante, logée dans l'arc ogival de la porte étroite de la chambre de Hutter », et la soudaine et littérale « érection » de tout son corps « hors de son cercueil » dans les cales du voilier en route vers Wisborg. De toute évidence, de telles scènes invitent à une lecture érotique, conclut Crăciun. Érotique et politique, car ce qui est en jeu, c'est également « le pouvoir absolutiste du phallus » qu'elle met en lien avec la « phallocratie wilhelminienne, dont les allemands allaient douloureusement éprouver le potentiel de destruction au cours de la Première Guerre mondiale[45] ». Gide ne termine-t-il pas du reste ses *Caves* sur un chant de clairon « dans les casernes[46] » ?

Revenons à la lecture de la scène qui conduit à l'acte gratuit. Le soir tombe, le train où se trouvent Lafcadio et Fleurissoire poursuit sa course, quand, « tout à coup, au plafond voûté du wagon, l'électricité jaillit[47] », lumière dont Amédée va tester les divers modes (lustre central, veilleuse azurée, appliques pariétales), ce qui a le don d'irriter Lafcadio toujours en train de faire semblant de dormir. Peu importe : tout est désormais en place pour la réalisation de l'acte gratuit qui s'apparentera à une projection de film. Si l'acte est encore un instant différé, c'est uniquement parce qu'il n'a pas encore levé « les paupières[48] » : l'objectif est encore obstrué. Lorsqu'il ouvre enfin les yeux, Lafcadio découvre Fleurissoire devant la vitre, cherchant son reflet afin de boutonner son faux col. Mais il constate également que la lumière, toujours en mode veilleuse, est trop faible pour que la projection, à proprement parler, puisse commencer : « Il n'y voit pas assez », commente-t-il avant de

44 Ioana Crăciun, *Die Dekonstruktion des Bürgerlichen im Stummfilm der Weimarer Republik*, Heidelberg, Universitätsverlag Winter, 2015, p. 109.

45 *Ibid.*, p. 110.

46 *Les Caves du Vatican*, *RR1*, p. 1176.

47 *Ibid.*, p. 1133.

48 *Ibid.*

« [redonner] de la lumière ». Dès lors, c'est le train tout entier qui se transforme en film. Comme le dit explicitement le texte :

> Le train longeait alors un talus, qu'on voyait à travers la vitre, éclairé par cette lumière de chaque compartiment projetée ; cela formait *une suite de carrés clairs qui dansaient le long de la voie* et se déformaient tour à tour selon chaque accident du terrain. On apercevait au milieu de l'un d'eux, *danser l'ombre falote de Fleurissoire* ; les autres carrés étaient vides[49].

Chaque « carré » est ici une image distincte sur la pellicule, et celle-ci lancée à la bonne vitesse devant la lumière réactivée par Lafcadio fait apparaître un simulacre : « l'ombre falote de Fleurissoire » qui n'est techniquement que sa projection cinématographique. Quant au fait que Lafcadio ne projette, lui, pas d'ombre, cela ne fait que confirmer sa profonde intimité avec le vampire. Mais ce qui est plus important est le fait que là où la caméra de Méliès ou des Frères Lumière, là où le regard du prologue du *Prométhée mal enchaîné* demeuraient parfaitement statique, la fiction des *Caves* se rend solidaire des nouveaux usages mobiles de la caméra, eux-mêmes solidaires des nouveaux modes de déplacement automobiles, autant que du développement du chemin de fer. Fleurissoire quant à lui passe *dans* le film, devient un personnage de cinéma et entre donc dans le domaine de la saisie gratuite et muette du réel – gratuité dont il ne va pas tarder à faire les frais – littéralement « projeté » hors du train. Or juste avant de passer à l'acte, le héros s'interroge encore quant à savoir s'il aura le cran de mener son projet à bien. N'y a-t-il pas, note-t-il, « entre l'imagination d'un fait et… » La phrase s'interrompt sur ces trois points de suspension. S'agit-il ici de la différence entre « l'imagination d'un fait » et « sa réalisation » ? Ce serait mal comprendre le texte. La différence est celle de « l'imagination d'un fait », imagination qui s'apparente à une projection mentale devant un œil intérieur, et « voir un film », soit la projection d'un film sur sa propre rétine. Lafcadio ne tranche pas, n'a pas besoin de trancher, puisqu'il se trouve déjà dans un film, un film muet. Quand il poussera sa victime, le futur meurtrier note : « […] même on n'entendrait pas un cri[50] ». Et de fait, poursuit le texte, Fleurissoire « ne poussa pas un cri ».

49 *Ibid.*, p. 1134. C'est nous qui soulignons.
50 *Ibid.*

Au terme de ce parcours, on voit donc se rassembler les thèmes du rêve, du vampire et de l'acte gratuit, qui tous ne sont en dernier lieu que les masques ou les espèces sous lesquels se désigne, au cours du premier quart du XXe siècle, un nouveau média : le cinéma muet. Or ce cinéma, compris comme un ensemble de techniques et comme conditionnement optique, pénètre – a toujours déjà profondément pénétré – dans l'œuvre de Gide. En cela, le jugement qu'il porte sur le film de Murnau n'est pas si « purement littéraire » qu'on a bien voulu le penser ; il est le fruit d'un esprit déjà conditionné par le nouveau dispositif optique cinématographique. Après *Paludes*, *Le Prométhée mal enchaîné* et *Les Caves du Vatican*, Gide prendra finalement conscience du fait que le cinéma a littéralement colonisé – pour ne pas dire vampirisé – les terres du roman. Comme il le glisse sous la plume d'Édouard dans *Les Faux-Monnayeurs*, « les événements extérieurs, les accidents, les traumatismes, appartiennent au cinéma ; il sied que le roman les lui laisse[51] ». Et Édouard se prend alors à rêver à une littérature pure, ou, comme il le dit, un « roman *pur* » sur le modèle de la peinture que la photographie aurait débarrassée du souci de représenter le monde. Mais ce roman dit « *pur* » ne constitue-t-il pas un contresens ou tout du moins un malentendu ? Son rêve n'est-il pas déjà entièrement conditionné par le développement du cinéma ? Le rêve de pureté, dans tous les domaines, ne naît-il pas toujours au moment où l'on prend conscience de la relative impureté de toute chose ? Quant à Édouard, à qui Gide prête cette réflexion, il la confie lui-même à un carnet alors qu'il se trouve… dans un train ; un train en marche vers une modernité où ce sont les médias techniques qui déterminent le champ de ce qui peut être dit, écrit, pensé et représenté, et non plus la plume de l'écrivain[52]. Gide n'abandonne-t-il pas du reste quasiment l'écriture romanesque après la prise de conscience des *Faux-Monnayeurs* ? – un abandon qui coïncide en outre avec le développement du cinéma parlant au milieu des années 1920.

Pour en revenir à la critique de *Nosferatu* dans le *Journal*, Pierre Klossowski s'était plu à voir dans la description du lien de séduction entre le vampire et sa victime – le vampire se faisant séduisant jeune homme aux yeux de la jeune femme alors que tous ne voient en lui

51 *Les Faux-Monnayeurs* [1925], *RR2*, p. 227.
52 Friedrich Kittler, *Grammophon, Film, Typewriter*, *op. cit.*, p. 3.

qu'un « monstre hideux » – « un reflet de la propre image de Gide dans l'esprit des bien-pensants, sinon tout au moins de son propre démon[53] ». Or, ce jeu entre victime et séducteur, entre l'apparence, le désir et le regard extérieur, nous semble illustrer en dernier lieu également le rapport du cinéma à la littérature. Le cinéma vampirise la littérature (on ne compte plus les adaptations des *Trois mousquetaires* ou du *Comte de Monte-Cristo*, sans parler de celles de *Dracula* !) comme Orlok vampirise Ellen, somnambule assaillie de cauchemars. Le salut ne vient que du livre rapporté par Hutter des Carpates – ou des « Karpathes » comme l'écrit Gide – où Ellen découvre que son sacrifice mettra fin à l'épidémie de peste. La bataille est celle du livre *versus* le film – la peste n'est-elle pas ici la version moderne de l'épidémie contagieuse de théâtre qui avait saisi Rome au temps de saint Augustin[54] ? Chez Murnau, le livre et le film, au terme du long métrage, se suppriment mutuellement : *Nosferatu* boit le sang du *Dracula* de Stoker, tandis que Florence Stoker, la veuve de Bram, obtiendra en justice la destruction du film – jugement qui ne put que partiellement être mis en œuvre, des copies du film ayant déjà été distribuées[55]. Chez Gide, les choses ne se limitent pas à cette suppression mutuelle, car à la guerre entre médias se superpose un rapport de séduction. Le vampire est, comme il le dit, « victime volontaire et séduite », tandis que la jeune femme cède « aux charmes du vampire » qui, à ses yeux, est un « être exquis ». Ce regard de la littérature informe à son tour le cinéma qui tente alors de se hisser à la hauteur de celui qu'il se trouve être à ses yeux. Un cinéma domestiqué par la littérature, c'est à cela que se prend à rêver Gide. Un cinéma qui, lorsque la lumière réapparaît dans les salles obscures, fasse naître chez les spectateurs « soulagement » et « *regret* », qui jouent ici le rôle de la terreur et de la pitié dans la tragédie classique.

Slaven WAELTI
Université de Bâle

53 Pierre Klossowski, *Un si funeste désir*, Paris, Gallimard, 1963, p. 83.

54 Voir Saint Augustin, *La Cité de Dieu*, L. III, Ch. XVII.

55 Voir Ernest Prodolliet, *Nosferatu. Die Entwicklung des Vampirfilms von Friedrich Wilhelm Murnau bis Werner Herzog*, Freiburg, Universitätsverlag, 1980, p. 34.

# TROISIÈME PARTIE

# REFLETS EUROPÉENS

# GIDE EN POLONAIS

## INTRODUCTION

Le titre de cette contribution annonce que la réflexion sur la « présence polonaise » de l'auteur des *Caves du Vatican* concernera la partie de son œuvre accessible en langue polonaise, autrement dit : ses œuvres traduites dans cette langue.

Je tiens à préciser d'emblée que l'approche que je propose ne porte pas sur la traduction comprise comme texte, ou résultat de l'opération traduisante, mais comme publication, ou résultat de l'activité éditoriale (qui conditionne le fonctionnement public – la diffusion – du texte). C'est cet aspect de la traduction que soulignent aussi Blaise Wilfert-Portal et Claire Guérin :

> Les traductions dont parlent les études de traduction sont en effet, dans la très grande majorité des cas, d'abord des livres, des articles, des chapitres, des extraits de livres et plus généralement des pages imprimées. Avant que d'être des systèmes de signes justiciables d'une lecture esthétique, idéologique ou linguistique qui décide d'en ignorer la forme matérielle, elles sont des objets la plupart du temps marchands. À ce titre, elles ont presque toujours un prix, qui présélectionne inévitablement leur public, un format qui présume pour une part des conditions de lecture, une page de couverture qui les présente à leurs lecteurs potentiels et oriente leur lecture par les dispositifs formels qui la signalent à l'attention. Elles sont le résultat d'un travail de traduction, où peuvent se repérer parfois un ou plusieurs traducteurs, recrutés ou confirmés par un éditeur qui assume le principe de la publication et assure sa diffusion[1].

1 Blaise Wilfert-Portal, Claire Guérin, « La traduction littéraire en France, 1840-1915 : un projet d'histoire quantitative, transnationale et cartographique », *Artl@s Bulletin*, vol. 1, Issue 1, Fall 2012, disponible sur le web : <http://www.artlas.ens.fr/IMG/pdf/Traduction_litteraire_en_francais.pdf >. [Consulté le 15/04/2016.]

Considérer une traduction comme une publication invite naturellement à recourir à des outils appropriés. Par la suite, je vais d'abord soumettre à un examen bibliométrique[2] les notices réunies dans une liste bibliographique des traductions polonaises des œuvres de Gide publiées sous forme de livre (sont donc exclues des analyses les traductions des extraits publiées dans des revues[3]) ; celle-ci a été dressée à partir des données contenues dans les bibliographies[4] et dans les catalogues de quatre bibliothèques : Bibliothèque Nationale polonaise, Bibliothèque Jagellonne, Bibliothèque de l'Université de Wroclaw, Bibliothèque Ossolineum de Wroclaw. Ceci permettra de faire des constatations de nature quantitative sur la présence de Gide en Pologne.

Mais les analyses quantitatives ont, bien sûr, leurs limites : leurs résultats (chiffres présentés sous forme de tableaux ou graphiques) ne peuvent être traités que comme des indices ou manifestations de phénomènes dont la nature ou la motivation demande à être expliquée. Aussi, pour que les chiffres « parlent » et éclairent, les résultats des analyses quantitatives seront-ils soumis, dans un deuxième temps, à des interprétations qualitatives qui s'appuieront sur les éléments du contexte des phénomènes étudiés.

Les traductions polonaises de l'œuvre de Gide seront ainsi placées dans trois contextes, chacun permettant de mettre en relief un autre volet de l'objet étudié (traduction comme livre). Le premier consiste dans ce que les spécialistes appellent « la chaîne du livre » dont les maillons sont : (1) la création (auteurs, illustrateurs, traducteurs...), (2) l'édition

2 Le terme de « bibliométrie » (*bibliometrics*) a été proposé en 1969 par Alan Pritchard qui l'a défini comme une « application des méthodes mathématiques et statistiques aux livres et autres moyens de communication ». Alan Pritchard, « Statistical bibliography or bibliometrics », *Journal of Documentation*, 1969, p. 4 (cité d'après Marta Skalska-Zlat, *Bibliometryczne badania rozwoju dyscypliny naukowej*, Wrocław, Wyd. U. Wr., 1993, p. 6). Depuis, le terme a été souvent redéfini, mais la définition de Pritchard en reste le cœur, divers ajustements servant surtout à souligner que la bibliométrie, qui se pratique à partir des bibliographies, permet de saisir et caractériser divers mécanismes régissant le processus de la communication écrite.

3 Telle la traduction des passages de *Corydon* traduits par Wojciech Śmieja dans *Ha !art*, n° 19A, 2004, p. 120-130.

4 *Bibliografia Polska 1901-1939*, t. 9, Warszawa, Biblioteka Narodowa, 2007 ; *Bibliografia literatury tłumaczonej na język polski wydanej w latach 1945-1976*, I, Warszawa, Czytelnik, 1977 ; *Bibliografia literatury tłumaczonej na język polski wydanej w latach 1945-1976*, II, Warszawa, Czytelnik, 1978 ; *Bibliografia literatury tłumaczonej na język polski wydanej w latach 1977-1980*, III, Warszawa, Czytelnik, 1983.

(éditeurs, directeurs de collection…), (3) l'impression, (4) la distribution (libraires, distributeurs, grossistes), (5) la lecture (lecteurs, public des bibliothèques[5]…) ; je me limiterai ici à l'observation de chaque livre à travers les paramètres liés à la création et à l'édition. Le deuxième contexte est celui de toutes les traductions polonaises des œuvres de Gide que l'on peut examiner dans une saisie globale. Le troisième, enfin, est celui des traductions polonaises des œuvres littéraires françaises publiées à la même époque que celles de Gide, leur présence relevant de la vie littéraire polonaise[6]. En réunissant les observations portant sur les trois contextes, on peut essayer de révéler les facteurs qui régissent l'« intraduction[7] » de l'œuvre de Gide en Pologne.

## LECTURE GLOBALE DES NOTICES BIBLIOGRAPHIQUES

La lecture de la liste bibliographique des traductions de Gide en polonais révèle que la première a été publiée en 1901 et la dernière en 2007 ; sur plusieurs dizaines de titres originaux, vingt-cinq ont été traduits par un des treize traducteurs (il faut remarquer que *Les Faux-Monnayeurs* doivent leur version polonaise à un tandem, Jarosław Iwaszkiewicz et Helena Iwaszkiewiczówna), et publiés par une des dix-neuf maisons d'édition concernées (auxquelles il faut ajouter deux traductions publiées dans une revue et deux autres dans un supplément à une revue). Parmi ces maisons, une (Czytelnik) a à son actif neuf publications (six titres, dont un publié trois fois, et un deux fois), une (Wydawnictwo Literackie) en a quatre (deux titres, un publié trois fois), trois en ont deux (deux titres

5 Voir Mauro Rosi, « Politiques culturelles et traduction », dans *Les Nouveaux Cahiers franco-polonais*, 7 : *Aspects sociologiques et anthropologiques de la traduction*, 2008, p. 161-168.

6 J'envisage la traduction (littéraire) comme un phénomène qui doit être considéré comme propre à la culture réceptrice.

7 J'utilise le terme d'« intraduction » dans le sens défini par Valérie Ganne et Marc Minon : « L'"intraduction" représente les livres traduits dans la langue du pays d'édition à partir d'une œuvre écrite dans une langue originale étrangère. L'"extraduction" représente, en revanche, les livres "exportés" d'un pays et traduits dans une ou plusieurs langues étrangères. » Valérie Ganne, Marc Minon, « Géographies de la traduction », dans Françoise Barret-Ducrocq (éd.), *Traduire l'Europe*, Paris, Payot, « Documents », 1992, p. 58.

différents), et quatorze n'ont publié qu'un seul titre. Dans dix-sept cas, un titre apparaît dans une collection réunissant généralement des œuvres connues, comme *Arcydzieła Literatury Światowej* (« Chefs-d'œuvre de la littérature mondiale ») ou *Biblioteka Klasyki Polskiej i Obcej* (« Bibliothèque des classiques polonais et étrangers »). Une seule œuvre a fait l'objet d'une retraduction. La traduction d'un titre a été publiée dix-huit fois (*Les Caves du Vatican*), celle d'un autre, huit fois (*Les Faux-Monnayeurs*), et six traductions ont été rééditées une fois ; toutes les autres n'ont été publiées qu'une seule fois.

À partir de ces constatations très générales, on peut conclure que l'œuvre de Gide n'est accessible en polonais que partiellement, qu'elle est dispersée entre divers éditeurs et traducteurs, et que son intraduction ne semble pas avoir suivi un programme préétabli des agents qui en étaient responsables. Elle est néanmoins présentée comme un acquis reconnu de la littérature mondiale.

## ÉTUDE DÉTAILLÉE

L'étude détaillée suivra la chronologie de la publication des traductions de l'œuvre de Gide en Pologne. L'intraduction de Gide est répartie sur trois périodes qui correspondent aux aléas de l'histoire politique de la Pologne :

- la première commence en 1901, avec la première traduction, et finit en 1939, année du début de la Seconde Guerre mondiale[8] ;
- la deuxième : de 1939/1945 à 1989, correspond à la guerre et à l'époque de la Pologne populaire, pendant laquelle le marché éditorial a été soumis aux règles de la planification centrale de l'État et à la censure politique préventive[9] ;
- la troisième : de 1989 à nos jours est la période où le marché éditorial polonais redevient libre et s'inscrit de plus en plus dans le mécanisme global de production des biens culturels.

Cette partition, qui ne s'appuie pas sur des critères de nature littéraires ou historico-littéraires, est motivée par le fait que les années 1939,

8 On pourrait parler, pour cette période, de la « traduction – introduction ».

9 On pourrait parler, pour cette période, de « traduction sous contrainte », selon l'expression empruntée à Ioana Popa. Voir Ioana Popa, *Traduire sous contraintes. Littérature et communisme (1947-1989)*, Paris, Éditions du CNRS, « Culture & société », 2010.

1945 et 1989 ont été marquées par des événements à l'origine de revirements ou ruptures géopolitiques dont les conséquences touchent aussi les mécanismes régissant les échanges littéraires, dont ceux qui se font par le biais de la traduction[10]. L'évolution ou le fonctionnement de ces mécanismes se fait de façon propre à chaque période.

## 1901-1939 : PRÉSENTATION ET CONSÉCRATION

Ce qui frappe lorsqu'on examine la liste des traductions publiées dans la première période (voir le tableau 1, p. 245 : « 1901-1939 : période de présentation et consécration »), c'est leur nombre relativement restreint et leur irrégularité. On remarque aussi la présence de trois textes dramatiques à côté des romans et d'un « récit de voyage ». En effet, Gide fait son entrée en polonais en tant qu'auteur de la pièce *Philoctète*, traduite par Zenon Przesmycki, dit Miriam, poète, traducteur, critique d'art, fondateur de la revue artistique *Chimera* ; c'est aussi dans cette revue qu'il publie sa deuxième traduction de Gide, *Le Prométhée mal enchaîné* qui, trois ans plus tard, paraîtra aussi sous forme de livre publié à Lwów. La troisième œuvre, *La Porte étroite*, traduite en polonais par Juliusz German, écrivain reconnu en son temps et traducteur, sort aussi à Lwów, en 1912, et marque la fin de ce qui pourrait être appelé « la première phase » de l'intraduction de Gide en Pologne, ou plutôt dans la langue polonaise (voir 1901, 1904 et 1912 dans le tableau 1, p. 245). En en effet, en 1912, la Pologne n'existe pas en tant que pays indépendant, et la vie littéraire polonaise (en langue polonaise) se répartit sur plusieurs villes appartenant à la Russie (Varsovie), l'Autriche (Lwów) ou la Prusse (Poznań), chaque pays ayant ses propres mécanismes de marché éditorial (dont la censure).

En 1918, la Pologne retrouve son indépendance et construit ses propres institutions culturelles dont le fonctionnement détermine aussi les choix

10 La pertinence de la chronologie politique dans l'exploration des transferts culturels peut susciter des réserves ; elle trouve cependant une confirmation dans les analyses des échanges entre les pays séparés par le Rideau de fer, telles celles faites par Ioana Popa sur l'intraduction des littératures est-Européennes en France ; elle explique son choix de la façon suivante : « Les crises politiques ont cependant pour propriété de synchroniser les rythmes sectoriels, contrairement aux contextes routiniers, où ils tendent à être spécifiques en raison du degré d'autonomie relative atteint par les différentes sphères de l'espace social. En outre, dans des contextes où cette autonomie est [...] puissamment affectée, la temporalité propre des univers littéraires et culturels prend en compte celle du politique, et *a fortiori* s'y aligne pendant les conjonctures critiques ». *Ibid.*, p. 162.

éditoriaux. Ceux-ci sont conditionnés avant tout par la situation économique du « nouveau » pays et de sa population. L'achat de livres n'est pas, bien sûr, la première préoccupation des personnes même les plus aisées : il suffit de dire que, selon les statistiques, dans la période 1918-1939, les personnes éduquées n'ont pas dépensé plus de 2,5 zlotys par mois dans l'achat de livres[11]. Le marché du livre est donc un marché difficile. Or, comme l'a montré Pierre Bourdieu, l'éditeur (comme tout « producteur culturel ») est un personnage *double*. Il doit concilier l'art et l'argent, et se plier à des stratégies situées entre deux extrêmes : « [...] la soumission réaliste ou cynique aux considérations commerciales et l'indifférence héroïque ou insensée aux nécessités de l'économie[12]. » Si nous en croyons l'auteur des *Règles de l'art*, « l'éditeur – homme de commerce, plongé, comme le marchand de tableaux, dans l'économie anti-économique de l'art pur, penchera vers l'un ou l'autre pôle, et réalisera une combinaison plus ou moins réussie de ces deux sentiments aussi inconciliables, sociologiquement, que l'eau et le feu, l'amour pur de l'art et l'amour mercenaire de l'argent[13] ».

Le déchirement entre l'amour de la littérature – vocation qui consiste à enrichir le répertoire culturel[14] par des œuvres de valeur – et la recherche du bénéfice mercantile devient plus marqué quand il est question de littérature traduite. L'éditeur, par ailleurs conscient du fait qu'il opère dans le champ des biens symboliques, se réfère dans ses choix à des critères hétérogènes comme la rentabilité à court terme (privilégiant les *best-sellers* qui ne sont pas nécessairement la « meilleure des littératures », mais qui permettent, selon la terminologie de Bourdieu, une accumulation rapide de capital économique), et la constitution d'un catalogue, correspondant à l'accumulation (lente) de capital symbolique (basé sur la valeur littéraire[15]).

11 Andrzej Zawada, *Dwudziestolecie literackie*, Wrocław, Wydawnictwo Dolnośląskie, 1995, p. 178.

12 Pierre Bourdieu, *Les Règles de l'art. Genèse et structure du champ littéraire*, Paris, Seuil, « Libre examen. Politique », 1992, p. 18 *sq.* et p. 301.

13 Pierre Bourdieu, « Une révolution conservatrice dans l'édition », *Actes de la recherche en sciences sociales*, n° 126-127, 1999, p. 16.

14 Le terme de « répertoire » est utilisé dans le sens défini par Itamat Even-Zohar : « [...] *the aggregate, or the accepted stock of options utilized by a group, and by its individual members, for the organization of life* » (« l'ensemble ou réservoir admis d'options employées par un groupe et par les individus qui le composent pour organiser leur existence »). Itamar Even-Zohar, « The Making of Culture repertoire and the Role of Transfer », dans *Target*, n° 9 : 2, 1997, p. 355.

15 Voir Johan Heilbron, Gisèle Sapiro, « La traduction littéraire, un objet sociologique », dans *Actes de la recherche en sciences sociales*, n° 144, 2002, p. 3-5.

Dans la Pologne des années qui nous intéressent, une des formes de conciliation de « l'amour pur de l'art et l'amour mercenaire de l'argent » tient dans les collections, souvent très bon marché (telle *Biblioteka Groszowa*, « Bibliothèque à un grosz »), adressées à des lecteurs aux goûts bien définis, qui contiennent dans de nombreux cas des traductions. Celles de la littérature française y sont bien présentes : leur nombre est de 1129 titres traduits (ce qui fait du français la deuxième langue source, après l'anglais, avec 1989 titres[16]) ; parmi les auteurs traduits, on trouve des « classiques », tels Diderot, Balzac, Flaubert, Dumas, et – surtout – les auteurs contemporains : Bernanos, Céline, Claudel, Colette, Malraux (avec trois à cinq titres traduits), France, Maurois, Mauriac, Rolland, mais aussi Dekobra, Leroux, Margueritte, Morand, Marcel Prévost… (avec neuf, quinze titres, ou plus). On voit, avec une telle sélection, que les éditeurs « investissent » plutôt dans les « valeurs sûres » : les œuvres des écrivains consacrés (des prix Nobel, membres de l'Académie), ou la littérature populaire qui trouvera facilement des lecteurs.

Cette situation peut expliquer la très faible présence de Gide dans la « deuxième phase » de l'intraduction de son œuvre en Pologne. En 1929, soit dix-sept ans après la dernière traduction, la maison varsovienne Rój (fondée en 1925 et ayant comme ambition de propager la littérature contemporaine polonaise et mondiale – c'est ici que paraissent *Ferdydurke* de Gombrowicz ou les traductions des œuvres de Mann, Proust, Gorki…) publie *Les Faux-Monnayeurs* et, huit ans plus tard, *Les Caves du Vatican*, deux œuvres qui ont fait l'objet de controverses en France, mais qui ont contribué à renforcer la position de leur auteur dans le champ littéraire français. Les deux traductions ont été publiées dans la collection *Dzieła XX Wieku* (« Œuvres du XXe siècle »), ce qui peut être considéré comme une consécration de leur auteur dans le champ littéraire polonais. Les traducteurs sont un autre facteur de consécration : l'écrivain et poète reconnu Jarosław Iwaszkiewicz et sa sœur Helena pour la première, et pour la seconde Tadeusz Żeleński (Boy), écrivain, critique et traducteur éminent, fondateur de la célèbre *Bibliothèque de Boy*, réunissant plus de cent traductions d'œuvres françaises, toutes de sa plume. Dans les deux cas, donc, on peut parler de « consacrants consacrés », pour utiliser la formule de Pascale Casanova, qui les caractérise comme

16 Données empruntées à Jan Wnęk, *Polskie przekłady literatury zagranicznej 1918-1939*, Kraków, Wydawnictwo MCDN, 2006, p. 333.

« les consacrants dont le pouvoir de consécration dépend du degré de leur propre consécration. Ces consacrants, qu'on pourrait aussi nommer "consacrants charismatiques", consacrent à titre personnel[17] ».

Le traducteur d'*Œdipe* et *Perséphone*, Roman Kołoniecki, peut aussi être considéré comme « consacrant consacré » ; les drames ont été publiés dans les années 1930 dans la *Biblioteka Drogi*, supplément du mensuel *Droga*, une des plus importantes revues culturelles polonaises de cette époque[18].

Le *Retour de l'URSS* peut également être traité comme une traduction consacrée. De la plume de Jan Emil Skiwski, critique de renom, publiciste de droite dans la revue culturelle *Pion*, elle attire l'attention de tous ceux qui observent de manière critique la vie du premier pays communiste.

Enfin, il est intéressant de présenter ici quelques éléments de la préface dont le traducteur Tadeusz Żeleński dote la traduction des *Caves du Vatican* (le seul paratexte qui accompagne une traduction). Publiée en 1937, la même année que celle du *Retour de l'URSS*, elle ne tient pas encore compte de la désillusion que l'écrivain exprime dans ce récit de voyage. En effet, dès le premier paragraphe, le préfacier souligne la nécessité de situer les *Caves* dans leur époque et dans l'ensemble de l'œuvre gidienne, car « cet écrivain très intéressant n'a jamais été l'auteur de livres à prendre séparément ; pour bien les comprendre, il faut connaître leur rapport et le moment de chacun. C'est toujours Gide lui-même qui est le protagoniste le plus intéressant de son drame intérieur[19]. »

Sans cette mise en perspective temporelle, le livre serait, selon Boy, incompréhensible, surtout confronté avec le Gide enthousiaste du communisme russe. Cette sorte de « justification » se prolonge dans les remarques sur l'écrivain lui-même (auteur « difficile », écrivain français le plus influent, *spiritus movens* du centre intellectuel qu'est devenue *La NRF*, « la pensée la plus attentive et la plus courageuse de la France ») qui, ayant surmonté le « complexe » lié à sa sexualité, a vu, dans la « religion sociale », l'objet auquel il a pu se donner en entier. On trouve aussi des éléments de l'interprétation de la sotie : elle devance

17 Pascale Casanova, « Consécration et accumulation de capital littéraire. Traduction comme échange inégal », dans *Actes de la recherche en sciences sociales*, *op. cit.*, p. 18.

18 Les textes de Gide apparaissent à côté de ceux, entre autres, de Shaw, Cocteau, O'Neill.

19 *Lochy Watykanu*, p. 5. C'est nous qui traduisons.

son temps et son personnage principal devient « très actuel » après la Grande Guerre, offrant un *alter ego* à un jeune Radiguet ou un jeune Cocteau, pour lesquels Gide le quinquagénaire devient ainsi un « auteur programmatique ».

Vues ainsi dans leur ensemble, les traductions des œuvres de Gide publiées dans cette première période de son intraduction en polonais font de l'écrivain un auteur de qualité, voire élitaire. La publication de son œuvre en traduction – qui suit de peu celle de l'original[20] – peut certainement contribuer au capital symbolique de l'éditeur, sans grand risque de pertes économiques.

## 1945-1989 : RATTRAPAGE ET CONSÉCRATION D'UN « CLASSIQUE »

La deuxième période de l'intraduction de l'œuvre gidienne en Pologne (voir le tableau 2, p. 246 : « 1945-1989 : période de rattrapage et consécration d'un "classique" ») attire l'attention par la date de la première traduction publiée ; en fait, il s'agit d'une réédition – vingt ans plus tard ! – de la traduction des *Caves du Vatican* par Boy, la même qui clôt la période précédente.

Cette longue absence de traductions s'explique par des facteurs externes. D'abord, la guerre 1939-1945 et l'occupation allemande ne sont pas propices à la vie littéraire (même si des éditions clandestines existent et si certaines publient des traductions, ce qui arrive rarement, leurs intérêts portant sur d'autres questions que celles qu'aborde l'auteur de *Paludes* ou de *L'Immoraliste*). On pourrait donner les mêmes raisons à son absence dans les premières années d'après-guerre, mais d'autres facteurs sont plus importants : rappelons que, dès 1944, en dépit de la résistance des opposants au communisme, la Pologne se trouve soumise au pouvoir soviétique qui impose aux Polonais ses modèles dans tous les domaines. Le marché éditorial, après une brève période de liberté relative, doit lui aussi appliquer les règles de la planification centralisée. Celle-ci se réalise par la fermeture ou la nationalisation des maisons

20 Remarquons que, à part *Les Caves du Vatican*, le décalage entre la parution de l'original et celle de la traduction ne dépasse pas quatre ans, et dans le cas du *Retour de l'enfant prodigue*, les deux paraissent la même année (ce qui peut s'expliquer par l'utilisation de l'œuvre à des fins idéologiques, le traducteur étant connu pour ses positions nationalistes, voire fascisantes).

d'édition existantes ou la création de nouvelles maisons appartenant à l'État (dont les grandes : PIW, créée en 1946, Czytelnik, qui à partir de 1950 se fait « spécialiste » des belles-lettres, Książka i Wiedza... – on trouve leurs noms dans le tableau 2, p. 246) qui, dorénavant, se voient attribuer des tâches correspondant à leur profil ; elles sont aussi contraintes de réaliser un plan comprenant un nombre imposé de titres, d'auteurs, un certain volume de tirage et de papier. Cette planification doit servir les intérêts de l'État ; elle est donc soumise à des contraintes de nature idéologique et politique, dont l'instrument primordial est la censure à caractère préventif : ne sont autorisées à la publication que les œuvres qui servent la construction du socialisme et la lutte des classes. Ceci fait naître rapidement des mécanismes d'autocensure chez les éditeurs mêmes, qui ne proposent à la publication que des ouvrages qu'ils espèrent conformes à la ligne des autorités politiques. Le pouvoir des éditeurs, souligné par Bourdieu, se voit donc fortement réduit dans la Pologne d'après-guerre.

L'apogée de l'offensive du communisme, suivie d'une radicalisation des actions conduisant à la soumission totale de la vie littéraire (et donc aussi des traductions) aux contraintes imposées par l'État et le parti communiste (Parti Ouvrier Unifié Polonais – POUP), est atteinte en 1949. Cette année-là se tient le Congrès des Écrivains Polonais qui proclame le réalisme socialiste comme seul critère de valeur d'une œuvre.

La situation change au milieu des années 1950. Suite à la mort de Staline (1953) et à une certaine libéralisation de la politique internationale soviétique, suite aussi, plus directement, au XX^e^ Congrès du Parti Communiste Soviétique (février 1956), au cours duquel les crimes staliniens ont été dénoncés (rapport de Khrouchtchev), des voix critiquant le régime s'élèvent de plus en plus souvent, au sein du POUP et dans la presse, pour prendre la forme d'une révolte ouvrière à Poznań en juin 1956, révolte qui se propage dans tout le pays. Suite à celle-ci, des changements essentiels ont lieu au comité central du POUP en octobre 1956. Ce dégel politique entraîne aussi un dégel dans la vie culturelle, qui se traduit par une ouverture aux pays occidentaux, et par un nombre plus important de traductions d'auteurs occidentaux, dont les Français. Ainsi, dès 1957 et 1958, paraissent, traduits rapidement, les romans de Sartre, de Beauvoir, Camus, Robbe-Grillet, Sarraute, Duras, Butor, Yourcenar, mais aussi ceux de Sagan, Bazin, Daninos, Aymé, Simenon ou Arnaud. À côté de la « grande littérature », on traduit donc aussi du divertissant, de la sensation, du roman policier. Ainsi se manifestent les efforts des éditeurs qui tentent de rattraper le retard dû à l'emprise des principes staliniens sur la vie littéraire.

Je ne ferai que mentionner l'apparition, dès 1978, des maisons clandestines qui, échappant à l'emprise de la censure, offrent un terrain de relative liberté, les perturbations que vit le marché éditorial dans les années 1980 – suite à l'instauration de la loi martiale en 1981 – et les problèmes économiques qui ont une action directe sur l'achat des droits d'auteur.

Les conditions esquissées ci-dessus sont des raisons probables de l'absence longue de l'auteur du *Retour de l'URSS* dans les catalogues des éditeurs polonais, malgré sa consécration mondiale par le Prix Nobel en 1947. En effet, ni l'esthétique ni le contenu de l'œuvre de Gide ne correspondent aux idées des dirigeants politiques d'avant 1956[21].

L'action des changements politiques se manifeste avec la réédition des traductions de trois romans par la maison Czytelnik dès 1957 et 1958 ; mais les lecteurs polonais pourront bientôt connaître d'autres œuvres (*L'École des Femmes*, 1960 ; *Si le grain ne meurt*, 1962), publiées par le même éditeur dans la traduction de Julian Rogoziński (1912-1980), traducteur reconnu, considéré comme « successeur » de Tadeusz Żeleński.

Ainsi, commence la phase que l'on pourrait qualifier de rattrapage : les années suivantes apportent d'autres traductions : *Isabelle* (1969) ; *Les Nourritures terrestres* (1981) ; *La Symphonie pastorale* (1982), et en 1984 dans un volume intitulé *Immoralista i inne utwory* (*L'Immoraliste et autres œuvres*) sont réunis *Le Traité du Narcisse*, *Le Voyage d'Urien*, *La Tentative amoureuse*, *Paludes*, *Le Prométhée mal enchaîné*[22], *El Hadj* ; *L'Immoraliste*, *Le Retour de l'enfant prodigue* et *Thésée*. Il est intéressant de remarquer que ce volume appartient à la collection « Retro », se distinguant par une maquette de couverture caractéristique, dans laquelle sortent aussi des œuvres de Huysmans, Mirbeau, Larbaud, Edith Wharton, Henry James, etc. Gide reçoit ainsi le cachet de « grand classique ».

21 Pour ce qui est de la consécration par le Prix Nobel, elle fait l'objet de trois notes dans la presse, dont deux la commentent dans une optique catholique. *Cf.* Mieczysław Chomicz, dans « La Réception d'André Gide dans la presse polonaise de l'après-guerre [1945-1979] », *Romanica Wratislaviensia*, XX, 1983, p. 274.

22 La seule œuvre retraduite.

En tout, on constate que treize volumes portant le nom d'auteur de Gide sont publiés dans la période 1945-1989. Mais il faut remarquer tout de suite que dans huit cas, il s'agit de rééditions (quatre fois *Les Caves*, trois fois *Les Faux-Monnayeurs*, accompagnés deux fois de la traduction du *Journal des Faux-Monnayeurs*). Si l'éditeur le plus actif est Czytelnik (avec sept titres publiés, dont trois contiennent les premières traductions de diz œuvres, puisque le volume *Immoralista i inne utwory* en réunit huit à lui seul), il n'a l'exclusivité ni des titres retraduits, ni des nouvelles premières traductions, ni du traducteur. Il serait donc difficile de parler d'une action éditoriale programmée ayant pour but de compléter l'image de l'œuvre du prix Nobel 1947 pour le public polonais. La quasi-absence de péritextes éditoriaux va aussi dans ce sens. En effet, deux volumes seulement sont dotés d'une préface : *Les Faux-Monnayeurs* (1958) et *Immoralista i inne utwory* (1984).

L'auteur de la première, Julian Rogoziński, est en même temps traducteur du *Journal des Faux-Monnayeurs* repris dans le même volume. Il présente brièvement la personne et l'œuvre de Gide et les liens étroits entre celle-ci et la vie de l'écrivain, en soulignant la position du personnage dans vie littéraire française de son époque – une position d'autorité basée sur l'érudition, « l'honnêteté de la pensée », la richesse des acquis dans divers domaines (création littéraire, critique, traduction) ; il fait aussi une présentation sommaire du roman et du journal, en constatant que le caractère précurseur du premier devient saillant quand on le relit plus de trente ans après sa publication. Enfin, en parlant de la totalité de l'œuvre de Gide, il remarque la position centrale qu'y occupe le *Journal* de l'écrivain.

Lech Budrecki, préfacier de *Immoralista*, après une caractérisation nécessairement sommaire des œuvres successives de Gide, se concentre sur la place du Prix Nobel de 1947 dans la littérature. Il remarque que déjà au moment de la remise du prix, l'auteur des *Paludes* était un écrivain « appartenant au passé », oublié ou rejeté par les générations suivantes d'écrivains français. Mais il reste « une grandeur de l'histoire littéraire » qui a sa place dans la culture universelle ; et même si aujourd'hui cette grandeur est « en *stand-by* », elle peut être réactivée par des événements à venir.

## APRÈS 1989 : ENTRE LA RECHERCHE DU PRESTIGE ET L'INTÉRÊT RÉVEILLÉ

Une telle « réactivation » a peut-être eu lieu en Pologne dans la période d'après 1989 (voir le tableau 3, p. 248 : « Après 1989 : entre la recherche du prestige et l'intérêt réveillé »), avec la traduction de *Dostoïevski : articles et causeries* (en 1997) et sa réédition six ans plus tard, précédée par la traduction du *Journal* (1992). Une troisième œuvre traduite est *Notes sur Chopin* (1938) ; la traduction sort en 2007 et est à ce jour la dernière publication de Gide en polonais.

À part ces trois nouvelles traductions, neuf titres réédités sont sortis depuis 1989 (dont quatre fois *Les Caves* et trois fois *Les Faux-Monnayeurs*). On pourrait donc parler d'une présence constante de Gide sur le marché polonais, mais une présence qu'on aurait envie de qualifier de « répétitive ». Avant de la commenter, une présentation rapide de la situation de l'activité éditoriale est nécessaire.

Les bouleversements politiques de l'année 1989 ont pour conséquence une libéralisation et une intégration progressive de la Pologne dans les réseaux d'échanges mondiaux ; pour le marché éditorial, ils se traduisent par le passage d'une organisation hautement surpolitisée, esquissée ci-dessus, à un mode de fonctionnement propre à l'économie de marché ; les éditeurs recouvrent ainsi leur double fonction décrite par Bourdieu.

Une conséquence immédiate en est l'émergence pléthorique de petites maisons d'édition privées ; parmi elles, il faut remarquer les presses parallèles (clandestines) créées avant 1989, dotées d'un fort capital symbolique, et parfois aussi d'un capital économique, qui, désormais, rejoignent l'espace légal. On observe aussi la présence grandissante de capitaux étrangers. Quant aux maisons d'État, un certain nombre d'entre elles disparaissent, souvent pour des raisons économiques, ne sachant pas se mouvoir sur un marché régi par la concurrence.

La traduction, dans cette première période, est un moyen d'accumuler du capital symbolique, mais aussi parfois – surtout pour les nouvelles maisons – économique : on réédite des « classiques » passés dans le domaine public, on investit dans les traductions de nouveaux *best-sellers*. L'anticipation du profit que l'éditeur estime pouvoir en retirer semble aussi être un des critères de sélection des titres traduits du français : il s'agit de choisir des « placements sûrs » : littérature populaire (Dumas, Jacq, Villiers, Jacquemard), littérature pour de jeunes lecteurs (lectures scolaires comme Balzac ou Camus ; best-sellers comme *Le Petit Nicolas* de Goscinny et Sempé), « classiques » dont la présence au catalogue rehausse l'image de marque de l'éditeur tout en réduisant les coûts, puisqu'il s'agit (le plus) souvent de rééditions de traductions existantes[23].

La publication des œuvres de Gide en polonais s'inscrit parfaitement dans cette logique de choix « prudents », qui, sans entraîner de frais importants, permettent d'escompter des bénéfices.

Les trois nouvelles traductions mentionnées paraissent dans des maisons entrées sur le marché éditorial après 1989 : Krąg et Wydawnictwo KR sont « héritières » des maisons clandestines, à fort capital symbolique et avec un catalogue d'œuvres de qualité (littérature, histoire dans le cas de la première, philosophie, psychanalyse pour l'autre) ; Oficyna Artystyczna Astraia, fondée en 2006, est une petite maison d'édition avec un public de niche, publiant des livres très soignés, reflétant les goûts de ses propriétaires, dont celui pour la musique. Il faut souligner que les trois titres intraduits après 1989 ne sont pas des œuvres de fiction, et que le choix de les publier semble répondre à la demande d'un public bien ciblé et plutôt restreint de connaisseurs. Il semble d'autant plus important de remarquer l'intérêt porté par les lecteurs aux réflexions de Gide sur Dostoïevski, qui a conduit à une réédition de la traduction[24] – un intérêt qui semble indiquer que la pensée gidienne réserve des éléments susceptibles d'attirer l'attention de nouveaux lecteurs.

Parmi les maisons qui publient les neuf rééditions sorties depuis 1989, seule Czytelnik avait déjà publié Gide dans la période précédente. Zakład Narodowy im. Ossolińskich – wydawnictwo est une autre maison « ancienne », en fait bien plus ancienne que Czytelnik. Faisant partie de la Fondation Ossolineum, créée en 1817, elle a été nationalisée après 1950, mais depuis 1989, elle est partiellement reprivatisée, tout en continuant d'être subventionnée par l'État. Depuis 1919, elle publie la très prestigieuse collection « Biblioteka Narodowa », réunissant les

---

23 Voir à ce propos Elżbieta Skibińska, « Le Roman français dans l'espace éditorial polonais après 1989 », dans Maryla Laurent (éd.), *La Littérature française en traduction*, Paris, Numilog, 2010, p. 131-149.

24 Dans un autre ordre d'idées, je dois mentionner que les exemplaires que j'ai empruntés à la bibliothèque universitaire portent de nombreuses marques ou traces de lectures intenses : annotations dans les marges, certaines étant de vrais palimpsestes lorsqu'un lecteur entre en discussion avec son prédécesseur. C'est bien là un exemple d'activation de Gide-penseur, mentionnée plus haut.

chefs-d'œuvre de la littérature polonaise et mondiale accompagnés d'un appareil critique soigné (comparable à la « Bibliothèque de la Pléiade »). C'est dans cette collection que sortent, en 2003, *Les Faux-Monnayeurs*, accompagnés du *Journal des Faux-Monnayeurs*. Gide atteint ainsi le sommet de sa consécration en Pologne.

Mais les rééditions de ses œuvres sont présentes aussi dans les catalogues d'éditeurs que l'on pourrait qualifier de commerciaux : Vadium, Wydawnictwo Thesaurus Press, Kantor Wydawniczy SAWW, Zielona Sowa, TMM Polska/Planeta Marketing : Axel Springer Polska. Certains (tel Vadium) ont déjà disparu, d'autres augmentent leur production. Ils ont en commun l'accumulation de capital économique et symbolique par la publication d'œuvres reconnues (et appartenant au domaine public), à moindres frais.

Souvent placées dans des collections de classiques ou de chefs-d'œuvre de la littérature polonaise et étrangère, les œuvres de Gide sont rarement accompagnées d'une préface ou postface[25]. La postface de *L'Immoraliste* (Zielona Sowa, 2006) rappelle d'abord la mise à l'index de son œuvre, souligne la relation « harmonieuse » entre la biographie de Gide et le contenu de son œuvre, les éléments qui la rapprochent de celle de Dostoïevski, les circonstances de la genèse de *L'Immoraliste*, pour ensuite en proposer une lecture « actuelle », dans la perspective d'un lecteur du début du XXIe siècle, par exemple comme récit de la recherche de la volupté avec la mort en toile de fond. Les remarques finales concernent la technique d'écriture de Gide qui, selon le préfacier, après les acquis des existentialistes, d'un Genet ou encore d'un Houellebecq, ne peut plus être attractive pour le lecteur d'aujourd'hui.

## POUR CONCLURE

Je prendrai comme base de conclusion de mes analyses le fait que parmi les dizaines d'œuvres de Gide, vingt-cinq ont été traduites et publiées en tout trente-et-une fois. Et même si la publication ne se fait

25 Je ne parlerai pas ici, pour des raisons naturelles, de tous les paratextes qui entourent *Les Faux-Monnayeurs* dans la collection « Biblioteka Narodowa ».

pas de façon systématique et régulière (comme le montre l'histogramme reproduit à la fin de cet article [p. 249] : « Nombre de titres publiés selon la décennie »), à partir de 1957, les nouvelles traductions et (surtout) les rééditions des traductions existantes assurent une présence constante de Gide sur le marché polonais. L'examen des titres traduits montre que ce qui constitue le tronc de l'œuvre gidienne est accessible au lecteur polonais qui ne peut pas la lire dans l'original. Les dates de publication des nouvelles traductions révèlent un lent rattrapage : peu à peu, la liste de titres disponibles se rallonge, et ce, même dans les dernières années. Il faudrait ici remarquer aussi l'aspect « matériel » de cette présence, se traduisant par le tirage de chaque titre publié. Dans la deuxième période, celle des années 1945-1989, le nombre est obligatoirement indiqué dans « l'ours » du livre, et il est facile de savoir que la première réédition des *Faux-Monnayeurs* a été imprimée en 20 250 exemplaires, le volume *Immoralista i inne utwory* de 1984, en 30 320 exemplaires, et le tirage de la troisième réédition des *Caves du Vatican* après la guerre, en 1973, en 50 283 exemplaires. Après 1989, les tirages ne sont plus publiés, mais on peut supposer que sur le marché actuel, ils sont loin d'atteindre le même volume. C'est le nombre de rééditions qui peut servir d'indicateur de l'intérêt des éditeurs. Avec quatre rééditions des *Caves* et trois des *Faux-Monnayeurs*, on peut dire que ces romans continuent d'assurer la présence de Gide en Pologne.

Mais il y a plus : ce sont ces deux œuvres (rappelons : dix-huit rééditions des *Caves*, huit des *Faux-Monnayeurs*) qui décident de l'image polonaise de Gide émergeant de l'analyse de la présence éditoriale de son œuvre : celle d'un écrivain « classique », désuet, mais dont la recherche esthétique et la réflexion morale lui ont assuré une place stable dans l'histoire de la littérature française ou de la littérature européenne.

Elżbieta SKIBIŃSKA
Université de Wrocław (Pologne)

# ANNEXE

| Date de parution de la traduction | Œuvre traduite | Traducteur | Éditeur | Décalage entre la parution de l'original et celle de la traduction |
|---|---|---|---|---|
| 1901 | *Filoktet* (*Philoctète* 1899) ; *Prometeusz źle spętany* (*Le Prométhée mal enchaîné*, 1899) | Zenon Przesmycki (Miriam) | Revue *Chimera* | 2 ans |
| 1904 | *Prometeusz źle spętany* (*Le Prométhée mal enchaîné*, 1899) [sous forme de livre] | Zenon Przesmycki (Miriam) | Księgarnia H. Altenberg, Lwów | |
| 1912 | *Ciasna brama* (*La Porte étroite*, 1909) | Juliusz German | Księgarnia Polska B. Połoniecki (Lwów) ; E. Wende (Warszawa) | 3 ans |
| 1929 | *Fałszerze* (*Les Faux-monnayeurs*, 1925) | Iwaszkiewicz Jarosław et Helena Iwaszkiewiczówna | Rój, Warszawa | 4 ans |
| 1933 | *Edyp* (*Œdipe*, 1931) | Roman Kołoniecki | Biblioteka Dramatyczna „Drogi" ; nr 5 | 2 ans |
| 1936 | *Persefona* (*Perséphone*, 1934) | Roman Kołoniecki | Biblioteka Dramatyczna „Drogi" ; nr 12 | 2 ans |
| 1937 | *Powrót z Z.S.R.R.* (*Retour de l'URSS*, 1936) | Jan Emil Skiwski | Biblioteka Polska, Warszawa | 1 an |
| | *Lochy Watykanu* (*Les Caves du Vatican*, 1914) | Tadeusz Żeleński (Boy) | Rój, Warszawa | 23 ans |

TAB. 1 – 1901-1939 : période de présentation et consécration.

| Date de parution de la traduction | Œuvre traduite | Traducteur | Éditeur | |
|---|---|---|---|---|
| 1957 | *Lochy Watykanu* (*Les Caves du Vatican*) | Tadeusz Żeleński (Boy) | Czytelnik | réédition |
| 1958 | *Ciasna brama* (*La Porte étroite*) | Juliusz German | Czytelnik | réédition |
| | *Fałszerze* (*Les Faux-monnayeurs*, 1926) ; *Dziennik* Fałszerzy (*Le Journal des* Faux-monnayeurs, 1926) | Iwaszkiewicz Jarosław et Helena Iwaszkiewiczówna ; Julian Rogoziński. (*Journal*) | Czytelnik | Réédition + traduction du *Journal des* Faux-monnayeurs |
| 1960 | *Szkoła żon i inne opowiadania* (*L'École des Femmes*, 1929) | Julian Rogoziński | Czytelnik | |
| 1962 | *Jeżeli nie umiera ziarno...* (*Si le grain ne meurt*, 1921) | Julian Rogoziński | Czytelnik | |
| | *Lochy Watykanu* (*Les Caves du Vatican*) | Tadeusz Żeleński (Boy) | Państwowy Instytut Wydawniczy | réédition |
| 1969 | *Izabella* (*Isabelle*, 1911) | Julian Rogoziński | Książka i Wiedza | |
| 1973 | *Lochy Watykanu* (*Les Caves du Vatican*) | Tadeusz Żeleński (Boy) | Wydawnictwo Literackie | réédition |
| 1978 | *Fałszerze* (*Les Faux-monnayeurs*) ; *Dziennik* Fałszerzy (*Le Journal des* Faux-Monnayeurs) | Iwaszkiewicz Jarosław et Helena Iwaszkiewiczówna ; Julian Rogoziński. (*Journal*) | Czytelnik | réédition |
| 1981 | *Pokarmy ziemskie* (*Les Nourritures terrestres*, 1897) | Maria Leśniewska | Wydawnictwo Literackie | |
| 1982 | *Symfonia pastoralna* (*La Symphonie pastorale*, 1919) | Marian Miszalski | Państwowy Instytut Wydawniczy | |

| | | | | |
|---|---|---|---|---|
| 1984 | *Immoralista i inne utwory (Traktat o Narcyzie; Podróż Uriana; Próba miłosna; Mokradła; Prometeusz źle skowany; El Hadżi; Immoralista; Powrót syna marnotrawnego; Tezeusz)* (*Traité du Narcisse*, 1891; *Le Voyage d'Urien*, 1893; *La Tentative amoureuse*, 1893; *Paludes*, 1895; *Le Prométhée mal enchaîné*, 1899; *El Hadji*, 1899; *L'Immoraliste*, 1902; Le Retour de l'enfant prodigue, 1912; *Thésée*, 1946) | Izabella Rogozińska | Czytelnik | |
| 1985 | *Lochy Watykanu* (*Les Caves du Vatican*) | Tadeusz Żeleński (Boy) | Wydawnictwo Literackie | réédition |
| 1986 | *Symfonia pastoralna* (*La Symphonie pastorale*, 1919) | Marian Miszalski | Wydawnictwa Artystyczne i Filmowe | réédition |
| 1987 | *Fałszerze (Les Faux-monnayeurs)* | Iwaszkiewicz Jarosław et Helena Iwaszkiewiczówna | Ludowa Spółdzielnia Wydawnicza | réédition |

TAB. 2 – 1945-1989 : période de rattrapage et consécration d'un « classique ».

| Date de parution de la traduction | Œuvre traduite | | Éditeur | |
|---|---|---|---|---|
| 1992 | *Dziennik* (*Journal*) | Joanna Guze | Krąg | |
| | *Próba miłosna, czyli Traktat o czczej żądzy : opowiadania* (*La Tentative amoureuse*) | Izabella Rogozińska | Vadium | réédition |
| | *Lochy Watykanu* (*Les Caves du Vatican*) | Tadeusz Żeleński (Boy) | Wydawnictwo Thesaurus Press | réédition |
| 1993 | *Lochy Watykanu* (*Les Caves du Vatican*) | Tadeusz Żeleński (Boy) | Kantor Wydawniczy SAWW | réédition |
| 1995 | *Fałszerze* (*Les Faux-monnayeurs*) ; *Dziennik* Fałszerzy (*Le Journal des Faux-monnayeurs*) | Jarosław Iwaszkiewicz, Helena Iwaszkiewiczówna Julian Rogoziński (*Journal*) | Muza | réédition |
| 1997 | *Dostojewski : artykuły i wykłady* (*Dostoïevski : articles et causeries*, 1964) | Karolina Kot | Wydawnictwo KR | |
| 1999 | *Lochy Watykanu* (*Les Caves du Vatican*) | Tadeusz Żeleński (Boy) | Czytelnik | réédition |
| 2003 | *Dostojewski : artykuły i wykłady* | Karolina Kot | Wydawnictwo KR | réédition |
| | *Fałszerze* (*Les Faux-monnayeurs*) ; *Dziennik* Fałszerzy (*Le Journal des Faux-monnayeurs*) | Iwaszkiewicz Jarosław, Helena Iwaszkiewiczówna Julian Rogoziński (*Journal*) | Zakład Narodowy im. Ossolińskich | réédition |
| 2004 | *Lochy Watykanu* (*Les Caves du Vatican*) | Tadeusz Żeleński (Boy) | Zielona Sowa | réédition |
| 2006 | *Immoralista* (*L'Immoraliste*) | Izabella Rogozińska | Zielona Sowa | réédition |
| 2007 | *Fałszerze* (*Les Faux-monnayeurs*) | Jarosław Iwaszkiewicz, Helena Iwaszkiewiczówna | TMM Polska/ Planeta Marketing : Axel Springer Polska | réédition |
| | *Notatki o Chopinie* (*Notes sur Chopin, Revue internationale de musique*, 1938) | Magdalena Musiał | Oficyna Artystyczna Astraia | |

TAB. 3 – Après 1989 : entre la recherche du prestige et l'intérêt réveillé.

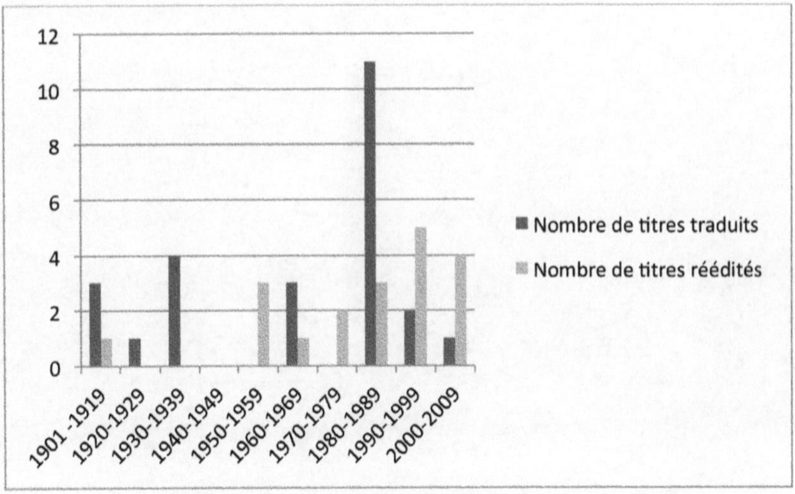


Histogramme – Nombre de titres publiés selon la décennie.

# LA RÉCEPTION D'ANDRÉ GIDE EN LITUANIE

Après être restée une province de l'Empire russe durant tout le XIXe siècle, la Lituanie conquiert son indépendance et devient une République parlementaire au lendemain de la Première Guerre mondiale. Ses liens culturels avec la France, importants depuis l'épisode napoléonien[1], consolidés à la fin du XIXe siècle – quand se diffusent les traductions de nos romanciers réalistes et naturalistes – s'intensifient d'autant que beaucoup d'écrivains, d'étudiants, d'élèves officiers et de futurs prêtres séjournent à Paris ou dans nos grandes villes de province, et que les deux États, après quelques différends au début des années vingt à propos du statut des territoires de Memel et de Vilnius, scellent leur entente cordiale durant la décennie suivante[2]. Une prestigieuse chaire de philologie romane est créée dès 1922 à l'Université de Kaunas, la nouvelle capitale ; en outre, plusieurs centaines d'élèves suivront bientôt les cours et conférences de langue et de civilisation françaises que propose la Société lituano-française de la ville, fondée en 1923 ; une librairie française ouvre ses portes au début des années trente ; en 1937, le français s'imposera comme première langue étrangère dans les lycées, devançant l'allemand. Des intercesseurs « militants » venus de France, tels l'universitaire Jean Meuvret[3], l'enseignant (et futur ministre) Raymond Schmittlein[4] ou le

1 Lire le chapitre intitulé « Bonaparte en Lituanie : les échos de la période française dans la littérature » dans l'ouvrage d'Irena Buckley et Marie-France de Palacio, *L'Eden lituanien et la Babylone française. Les contacts culturels franco-lituaniens au XIXe siècle*, Paris, Classiques Garnier, « Perspectives comparatistes », 2012, p. 29-44.

2 L'historien Julien Gueslin a consacré plusieurs études aux relations franco-lituaniennes durant l'entre-deux-guerres ; citons « Entre illusion et aveuglement : La France face à la question lituanienne (1920-1923) », dans *Cahiers lituaniens*, n° 2, 2001, p. 11-20 et « La Lituanie et la culture française pendant la première indépendance (1918-1940) », dans *Cahiers lituaniens*, n° 8, 2007, p. 13-20.

3 Auteur d'une *Histoire des pays baltiques*, Paris, A. Colin, 1934.

4 À lire, de Corine Defrance : « Raymond Schmittlein (1904–1974) : médiateur entre la France et la Lituanie », dans *Cahiers lituaniens*, n° 9, 2008, p. 18-23.

journaliste-écrivain Jean Mauclère[5], déploient sur place beaucoup d'énergie pour favoriser les échanges (auxquels contribuent aussi de grands linguistes originaires de Suisse, tels les professeurs Joseph Ehret, Alfred Senn et Franz Brender). En une vingtaine d'années, grâce aux efforts et à l'enthousiasme d'une poignée de francophones, plusieurs dizaines de nos écrivains sont traduits en lituanien (directement à partir du français, et non plus du russe, comme cela pouvait être le cas précédemment) : parmi les anciens, Molière, Baudelaire, Jules Verne ; chez les contemporains : Max Jacob, André Maurois, Maurice Maeterlinck, Saint-John Perse, etc. ; en outre, paraissent en revue des textes de Marcel Proust, Paul Valéry, Jacques Maritain ou Oscar Milosz (écrivain lituanien d'expression française et chef de la légation lituanienne aussitôt après l'indépendance[6]) ; le grand quotidien national *Lietuvos Aidas* (« *Écho de Lituanie* »), dirigé par le très francophile Valentinas Gustainis, s'intéresse aux lettres françaises. André Gide est évidemment un auteur connu : déjà, au temps de la domination russe, des revues lituaniennes clandestines imprimées en Prusse orientale, telle *Varpas*, avaient cité son nom et présenté ses premiers livres ; les écrivains francophiles (comme Antanas Vaičiulaitis, Juozas Paukštelis, Petras Vaičiūnas, Balys Sruoga, Vincas Putinas ou Petras Cvirka) parlent de lui dans leurs cénacles ; la presse culturelle rend compte régulièrement de ses publications ; son influence est certes de moindre importance que celles de Jacques Maritain, Paul Claudel ou François Mauriac dans ce petit pays rural assez conservateur et encore très marqué par le catholicisme ; le « contemporain capital » n'a pas d'épigones déclarés parmi les auteurs à succès ; il n'empêche qu'une partie de la jeunesse et de l'intelligentsia progressiste est séduite autant par sa liberté de ton dans l'approche des questions éthiques, voire par ses engagements politiques et son adhésion éphémère au communisme, que par sa contribution à la réflexion sur les évolutions nécessaires du genre romanesque. Relativisons tout de même les préjugés à son endroit, tant négatifs que positifs : il n'y avait guère que quelques milliers d'érudits intéressés par la littérature moderne dans la Lituanie de l'entre-deux-guerres et il n'est pas certain qu'avant la parution des très sérieuses traductions des *Caves du Vatican*

5 À lire, de Thierry Laurent, *Jean Mauclère (1887-1951) : une vie d'écriture*, Paris, L'Harmattan, « Mare balticum », 2011.

6 Au chapitre III (intitulé « La Première indépendance ») de mon livre *Échanges littéraires franco-lituaniens, XIX*^e^ *et XX*^e^ *siècles* (Paris, Connaissances et Savoirs, 2009, p. 29-42), je montre l'importance de la présence culturelle française dans le Kaunas d'avant 1939.

en 1933 chez Žodis puis au sein d'un unique ouvrage de *La Symphonie pastorale* et d'*Isabelle* en 1938, les non francophones se soient fait une idée claire et nuancée de l'écrivain français. On notera d'ailleurs que ce ne sont pas les œuvres les plus subversives aux plans idéologique et moral (telles *Les Nourritures terrestres*, *L'Immoraliste* ou *Corydon*) que font connaître ces premières traductions, ce qui tient sans doute moins au hasard qu'à la prudence éditoriale ; elles devaient néanmoins intéresser, et sans doute séduire, tout autant l'avant-garde, amatrice de récits démystificateurs et d'innovations formelles, que les esthètes, voire les néo-classiques, découvreurs de cette quête d'une écriture pure, délicate et élégante appelée « atticisme » par Gide lui-même ; les comptes rendus de ces publications qu'en font de prestigieuses revues comme le mensuel *Židynis*[7] (« *Le Foyer* ») et l'hebdomadaire *Naujoji Romuva* (« *Nouvelle Romunva* ») sont plutôt enthousiastes ; signalons d'ailleurs que parmi les contributeurs de ce dernier périodique figurait Juozas Keliuotis, grand journaliste et homme de lettres qui s'intéressait à l'œuvre de Gide, qu'il avait rencontré à Paris[8].

Suite au cynique « Pacte de non-agression germano-soviétique » d'août 1939, l'Armée rouge occupe les États baltes dès l'automne suivant ; deux ans plus tard, c'est la Wehrmacht qui conquiert ces territoires ; en 1945, l'URSS impose la création de trois Républiques socialistes soviétiques. Dès lors, la réception de l'œuvre d'un écrivain comme Gide en Lituanie est assez comparable à ce qu'elle fut dans toute l'Europe orientale. En effet, à l'époque communiste, les programmes scolaires et universitaires se ressemblaient partout et les points de vue officiels des idéologues de Moscou quant à la valeur des artistes et des écrivains occidentaux s'imposaient à tous. Là où le russe n'était pas langue maternelle, les auteurs étrangers du vingtième siècle n'étaient que très rarement traduits dans la langue nationale, *a fortiori* quand il s'agissait d'ennemis supposés ou avérés du système socialiste ou de la pensée marxiste-léniniste. Les traductions russes diffusées en URSS et dans les « démocraties populaires »

---

7 Cette revue était dirigée par Vincas Putinas, poète et prosateur, auteur du premier grand roman psychologique lituanien : *Altorių šešėly* (« À l'ombre des autels ») ; d'aucuns verraient peut-être dans ce récit aux accents autobiographiques un aspect gidien, puisque c'est l'histoire d'un prêtre soumis aux tentations de la chair. Le livre, paru en 1933, a beaucoup choqué les milieux conservateurs.

8 À lire en lituanien, d'Elina Naujokaitienė : *Prancūziškoji topika Juozo Keliuočio neokatalikybės ir modernizmo apologetiko*, Colloquia, Lituanistika/Lithuanian studies, Lietuvių, 2003.

s'accompagnaient de commentaires « incontestables » censés guider le lecteur ou l'étudiant. Les textes étaient souvent amputés de nombreux passages. Certes, à partir des années soixante-dix, et surtout sous l'ère Gorbatchev, les jugements et les analyses se nuancèrent, davantage de livres furent découverts (au grand jour ou clandestinement), les traductions autorisées se multiplièrent (et plus exclusivement en russe). Il n'empêche qu'il faudra attendre l'effondrement du bloc communiste au début de la décennie quatre-vingt-dix pour qu'enfin une vision moins partielle et moins partiale de la littérature et de la philosophie de l'Ouest soit donnée. C'est même avec une curiosité et un intérêt particuliers que la jeunesse voulut alors mieux connaître ceux des penseurs français qui avaient dénoncé les formes marxistes du totalitarisme, au premier rang desquels Gide et Camus[9].

Alors que la lecture et la traduction en russe de certains livres de Gide étaient encouragées (tel *Voyage au Congo*, critique des excès du colonialisme français) en URSS jusqu'en 1936, l'anathème a été brutalement jeté sur sa personne et ses livres aussitôt après la publication du *Retour de l'URSS* en novembre de cette année-là, puis de *Retouches à mon Retour de l'URSS* en juin 1937 : au temps du stalinisme triomphant, il était inadmissible qu'un intellectuel de gauche osât dénoncer l'imposture et même les monstruosités du soi-disant « paradis des travailleurs[10] ». Dès lors, les personnes qui s'intéressaient à la littérature française et qui le connaissaient ne pourraient plus le mentionner ouvertement dans leurs travaux. Les allusions occasionnelles à Gide dans la presse générale ou littéraire allaient toutes le dénigrer et même l'injurier ; ce fut notamment le cas en 1947 avec l'attribution du Prix Nobel de littérature puis à l'occasion de sa mort en 1951 : la presse communiste du monde entier (qu'il s'agisse du journal français *L'Humanité* ou bien de *Tarybų Lietuva*, « *Lituanie soviétique* ») se faisant l'écho des propos manichéens tenus dans

9 Sur le fonctionnement et la force de la propagande à l'ère soviétique, lire « Présence et force de l'idéologie », la dernière partie de l'ouvrage d'Andrea Graziosi, *Histoire de l'URSS*, Paris, PUF, « Nouvelle Clio », 2010. – Voir aussi l'article éclairant d'Antonin Marot, « Dissidence et contre-culture en URSS », en ligne : <https://scribium.com/antonin-marot/a/dissidence-et-contre-culture-en-urss/>. [Consulté le : 9/07/2016.]

10 Sur le cas de Gide, lire l'article de Martine Sagaert, « *Retour de l'URSS* » dans, *Dictionnaire Gide*, éd. Pierre Masson, Jean-Michel Wittmann, Paris, Classiques Garnier, « Dictionnaires et Synthèses », 2011, p. 349-351 et, plus généralement, l'ouvrage de Fred Kupferman, *Au pays des Soviets. Le voyage français en Union soviétique 1917-1939*, Paris, Gallimard, « Archives », 1979.

la très officielle *Pravda*[11], répète à l'envi que c'est un écrivain décadent et réactionnaire, traître du peuple français dans la guerre contre le fascisme, et passe sous silence l'originalité de son œuvre littéraire.

Même avec la déstalinisation consécutive de l'arrivée au pouvoir de Nikita Khrouchtchev, Gide reste impubliable, *a fortiori* intraduisible en russe ou en lituanien. L'historiographie littéraire communiste lui attribue sans cesse l'incapacité de reconnaître ce qu'il y a de nouveau dans l'URSS et le présente invariablement comme porteur des pires tares : individualiste bourgeois, nihiliste, décadent, nietzschéen. Il n'empêche qu'il est davantage question de lui – et plus précisément de son esthétique littéraire – dans de nombreux articles publiés en russe (notamment sous l'égide de l'Institut de philosophie de l'Académie des Sciences de l'URSS ou alors par la revue *Inostrannaia literatura*, « La littérature étrangère ») ainsi que dans des manuels d'histoire littéraire, tels *La Littérature française contemporaine* par Inna Dmitrievna Chkounaieva (1961) ou *Le Roman français contemporain* par Elena M. Evnina (1962), qui paraissent à Moscou avant d'être acheminés vers les bibliothèques universitaires des États frères. Par ailleurs, l'écrivain respecté Ilya Ehrenbourg fait paraître à Moscou en 1961 *Les Années et les hommes* ; tout en le critiquant, il y parle de Gide sans haine et évoque son fameux voyage de 1936 en terre soviétique.

Au cours des années soixante-dix, des journaux clandestins, installés à Moscou ou à Leningrad (berceau de la contre-culture), parviennent à diffuser en Russie, en Ukraine et dans les pays baltes des morceaux choisis d'œuvres interdites. De leur côté, les Lituaniens de la diaspora, fort nombreux aux États-Unis et, dans une moindre mesure, en Europe de l'ouest, font parvenir eux aussi des publications « politiquement incorrectes » de l'autre côté du « Rideau de fer », jusqu'à leur pays natal. Il est donc fort possible que des francophones aient pu découvrir des extraits de *Retour de l'URSS* par l'un de ces biais. Les étudiants en langue française (mais eux seuls) pouvaient lire certains livres de Gide en version d'origine, accompagnés bien sûr de leurs commentaires officiels. Les traductions lituaniennes parues avant-guerre n'étaient accessibles dans les dépôts spéciaux des bibliothèques qu'à des personnes « autorisées » ayant reçu un agrément du KGB. Genovaitė Dručkutė, aujourd'hui titulaire d'une chaire de

11 « Un traître prix Nobel », tel est le titre d'un sévère article de la *Pravda* publié à la fin de l'année 1947.

littérature française à l'Université de Vilnius et traductrice éminente[12], a conservé ses notes d'un cours sur Gide donné le 4 mai 1978 en quatrième année d'études françaises par sa professeure, Mme Galina Bauzytė : il est présenté comme l'un des auteurs les plus représentatifs du roman moderne ; ses idées esthétiques et philosophiques sont longuement présentées ; une analyse assez approfondie de quelques œuvres est proposée (*Les Faux-Monnayeurs*, *Si le grain ne meurt*, *Les Nourritures terrestres*, *L'Immoraliste*, *La Porte étroite* et *Les Nouvelles Nourritures*). Voici les mots de conclusion, à la fois bienveillants et prudents, qui peuvent faire sourire : « En 1936, il a visité l'URSS, mais il n'y a pas trouvé la liberté morale à laquelle il s'attendait. Il a renoncé aux idéaux communistes. Il se prononçait pour la liberté totale et pour l'anarchie dans la vie personnelle de l'homme. »

Gide demeure un auteur officiellement (et « théoriquement ») proscrit dans la Lituanie des années quatre-vingt. Alors qu'en RDA et en Pologne quelques traductions ou études paraissent au grand jour – même si de façon fragmentée et aléatoire[13] –, franchissant ensuite clandestinement les frontières des États-frères, l'Union soviétique reste ferme dans ses interdits. Il s'avère néanmoins que dans le microcosme des milieux « académiques », laissant de côté les jugements préconçus, beaucoup de spécialistes de littérature approfondissent l'analyse de l'esthétique gidienne, que ce soit dans les fictions en prose ou les écrits autobiographiques ; ils bénéficient d'un climat de relative libéralisation – et donc de plus de liberté de parole – en terre balte qui va s'accentuant au fil de la décennie tandis que le système politique, économique et social en décomposition est de plus en contesté de l'intérieur. Les salles de cours, les centres de rencontres des intellectuels, les revues scientifiques, voient s'exprimer, sous des formes et des tonalités diverses, un esprit de dissidence contre lequel les autorités de Vilnius, devenues assez « molles », peinent à réagir dès lors que dans une publication quelconque on ne va pas jusqu'à glorifier idéologiquement un auteur mal aimé, se contentant de rendre compte d'un éventuel talent d'artiste, aucun ennui ne s'ensuit. S'engouffrent dans la brèche les universitaires francophiles amateurs de Gide, Céline, André Breton, Albert Camus, Maurice Blanchot, Drieu La Rochelle et autres auteurs politiquement incorrects.

12 Par exemple *Les Lais* de Marie de France ou *Les Justes* de Camus.

13 À lire : Brigitte Sändig, « André Gide dans l'ancienne RDA », dans *Bulletin des Amis d'André Gide*, n° 112, XXIVe année, octobre 1996, p. 323-332. Voir aussi, dans ce même volume, l'article d'Elżbieta Skibińska : « Gide en polonais ».

En mars 1990, la Lituanie est la première République socialiste soviétique à oser proclamer son indépendance. Après un an et demi de bras de fer avec Moscou, celle-ci est finalement reconnue en septembre 1991. D'emblée, le nouvel État démocratique se tourne vers l'Ouest et va sceller en quelques années des liens politiques, diplomatiques, militaires, commerciaux et culturels avec les États-Unis et l'Union européenne. La pensée de l'intelligentsia libérale, désormais dominante dans les médias et l'enseignement, en vient à mépriser ou à fustiger les écrivains occidentaux – notamment français – qui, dans le passé, se sont faits, d'une façon ou d'une autre, les défenseurs zélés ou les complices tacites du totalitarisme « rouge », tels Romain Rolland, Paul Éluard, Louis Aragon, Jean-Paul Sartre et Simone de Beauvoir. À l'inverse, le courage et la lucidité de ceux qui, à l'instar de Gide, André Malraux, Albert Camus ou Czesław Miłosz ne se sont pas longtemps laissés bercer d'illusions à propos des régimes communistes et en ont dénoncé tout le mal font qu'on les place volontiers sur un piédestal et que, dès le début de la décennie, on entreprend de les présenter au grand public lettré et de les honorer. On pourrait d'ailleurs se demander si quelqu'un comme Gide n'est pas davantage remis à la mode pour son image de militant de la liberté que pour ses talents d'écrivain. Quoi qu'il en soit, une nouvelle traduction de *La Symphonie pastorale* paraît en 1994[14] chez Tyto Alba (qui a publié aussi George Sand, Colette et Milan Kundera[15]). L'année suivante, c'est au tour de *L'Immoraliste* d'être traduit chez Alma littera[16] puis, en 1996, aux *Faux-Monnayeurs* de paraître chez Vaga[17]. En 1997, est réédité chez Regnum Fondas le livre de 1938 contenant les traductions de *La Symphonie pastorale* et d'*Isabelle* ; la presse culturelle a évidemment consacré des articles à Gide en ces occasions, qu'il s'agisse de *Metai* (« *L'Année* »), mensuel publié par l'Association des écrivains de Lituanie, de *Naujasis Židinis-Aidai* (« *Nouveau Foyer-Echos* »)

14 Traduit par Diana Bučiūtė, également traductrice de romans (*Climats* d'André Maurois ou *Le Mystère Frontenac* de François Mauriac), d'essais philosophiques (comme *La Pesanteur et la Grâce* de Simone Weil) ou de livres d'histoire (tel *L'Imaginaire féodal* de Jacques Le Goff).

15 On notera que dès 1991, alors que le communisme s'effondre dans une Union soviétique agonisante, *La Porte étroite* et *Les Faux-Monnayeurs* sont traduits en russe et paraissent à Moscou.

16 Traduit par Lolija Spurgienė.

17 Le traducteur en est Pranas Bieliauskas, qui a également adapté en lituanien de très nombreux romans français (tels *La Princesse de Clèves* de Mme de La Fayette, *La Prisonnière* et *Albertine disparue* de Marcel Proust, *L'Amant* de Marguerite Duras ou *Rue des boutiques obscures* de Patrick Modiano).

ou d'autres périodiques plus confidentiels. On peut estimer à quelques milliers le nombre d'exemplaires vendus de ces traductions depuis deux décennies, ce qui est à la fois peu (vu de France) et relativement important par rapport à l'ensemble des Lituaniens lecteurs de romans étrangers. Dans les manuels d'histoire littéraire comme dans les programmes universitaires des facultés de lettres de Vilnius, Kaunas et Šiauliai, Gide est très présent, bien moins toutefois que des auteurs comme Marcel Proust et Albert Camus – souvent présentés par les professeurs de littérature comme les deux écrivains majeurs du vingtième siècle – ou, parmi les contemporains, Michel Houellebecq et Patrick Modiano. On le met en avant en tant que représentant du roman moderne et d'ailleurs, son roman le plus analysé en classe de français est *Les Faux-Monnayeurs*[18]. On peut espérer que de nouvelles traductions – plus aucune depuis vingt ans alors que des centaines de romans français ont été dans le même temps adaptés en lituanien –, des thèses de doctorat – nous n'en avons pas recensé – ainsi que des colloques, des monographies ou des essais le fassent mieux connaître ; en effet, les non-francophones qui souhaiteraient découvrir toute son œuvre ou simplement comprendre son importance dans la vie intellectuelle occidentale d'avant 1950 doivent recourir à des traductions russes, allemandes, anglaises, éventuellement polonaises. Il faut également noter – ou regretter, diront certains – que subsistent encore aujourd'hui dans la mentalité lituanienne des préjugés moralistes ou religieux qui, si anachroniques ou surprenants qu'ils paraissent aux yeux des Européens de l'ouest et de l'élite cultivée de Vilnius, ne favorisent guère l'ouverture d'esprit et la bienveillance à l'égard de tout ce qui semble un tantinet hardi ou choquant, tels le relativisme et le scepticisme philosophiques ou, surtout, la liberté dans les mœurs.

Thierry Laurent
Université Paris IV-Sorbonne,
CRLC (EA 4510)
Université de Haute-Alsace,
ILLE (EA 4363)

18 Information recueillie auprès de notre collègue Vytautas Bikulcius, directeur du département de français à l'Université de Vilnius.

# LA RÉCEPTION D'ANDRÉ GIDE PAR LE SURRÉALISME SERBE

Il est intéressant de noter que le *leader* et théoricien principal du surréalisme serbe, Marko Ristić, a découvert les noms et les premiers textes de Gide et Breton en même temps et au même endroit – dans le magazine littéraire suisse *L'Éventail*, pendant son exil à Genève durant la Première Guerre mondiale[1]. Tous les éléments de cette synchronisation ou coïncidence littéraire sont indicatifs : la guerre, le mouvement d'exil, le support de cette découverte (le magazine littéraire) ont joué sur l'apparition de ces deux influences littéraires.

La Première Guerre mondiale a été une force d'internationalisation paradoxalement très importante dans les communications entre les avant-gardes européennes. La guerre et l'exil de la jeunesse serbe (qui s'était déplacée vers la France et la Suisse pour y terminer ses études) ont été déterminants dans l'intensité des échanges entre les artistes avant-gardistes français et serbes pendant les premières années d'après-guerre. L'une des caractéristiques du surréalisme serbe est précisément cette forte interrelation avec le mouvement de Breton pendant les années 20, bien avant l'internationalisation globale du mouvement surréaliste des années 30[2].

1 Dans son « journal ultérieur parisien », intitulé *12 C* et publié pendant les années soixante, Ristić a écrit à propos du magazine *L'Éventail* : « Combien de noms ai-je vus pour la première fois précisément dans ce magazine de Genève [...] parmi lesquels il revient à certains d'avoir à jamais étoilé mon ciel mental », entre autres : « GIDE (ainsi que dans sa traduction, WALT WHITMAN et le *Chant de moi-même* qui m'a perturbé et transporté) ; ANDRÉ BRETON (son essai sur Apollinaire, paru dans le nº 15 d'octobre 1918, était le premier essai publié de Breton) ». Marko Ristić, *12 C (Pariz, 8.11-12.12.1962) : naknadni dnevnik*, Sarajevo, Oslobođenje, 1989, p. 229. Cet article est réalisé dans le cadre du projet nº 178024 aidé par le Ministère Serbe de l'Education et de la Science.

2 Sur l'histoire du surréalisme serbe et ces interrelations avec le mouvement français, voir les textes suivants : Hanifa Kapidzic-Osmanagic, *Le Surréalisme serbe et ses rapports avec le surréalisme français*, Paris, Société Les Belles Lettres, « Publications de l'Université de Dijon », 1968 ; Jelena Novaković, *Recherches sur le surréalisme*, Sremski Karlovci, Novi Sad, Izdavačka knjižarnica Zorana Stojanovića, 2009 ; Milanka Todić, *Nemoguće : Umetnost nadrealizma*, Beograd, Muzej primenjene umetnosti, 2002 ; Sanja Bahun-Radunovic,

Gide était également conscient du destin spécifique de la Serbie en guerre et avait idée d'écrire ou d'éditer un livre sur ce sujet à *La NRF*[3].

Malgré le fait qu'elles n'étaient ni de même type ni de même intensité, les influences bretonienne et gidienne coexistaient chez les surréalistes serbes, et en particulier dans l'œuvre de Marko Ristić, qui fut lecteur, traducteur et critique des œuvres de Gide du début jusqu'à la fin de sa réception active et époquale en littérature serbe et yougoslave.

## RÉCEPTION DE GIDE ENTRE 1923 ET 1968

L'analyse de l'accueil fait à Gide par la culture serbe du XX^e^ siècle démontre avant tout à quel point son œuvre a été une sorte d'indicateur de l'évolution et des changements de la poétique littéraire et de la politique culturelle. Peu de personnalités littéraires ont obtenu ce statut particulier au XX^e^ siècle : au regard des perspectives de la littérature serbe aussi bien qu'européenne, on pense en premier lieu à Gide, Proust et Joyce. Pendant l'Entre-deux guerre et juste après la Seconde Guerre mondiale, la réception des œuvres littéraires,

« When the Margin Cries : Surrealism in Yugoslavia », dans *RiLUnE*, n° 3, 2005, p. 37-52 et Biljana Andonovska, « How Many Pages in a Single Word : Alternative Typo-poetics of Surrealist Magazines », dans *Tijdschrift voor Tijdschriftstudies*, n° 33, 2013, p. 5-17. Voire aussi Henri Béhar, Jelena Novaković, Branko Aleksić (éds), *Mélusine*, n° 30 : *Surréalistes serbes*, Lausanne, L'Âge d'Homme, 2010.

3 Un entretien avec André Gide intitulé « André Gide arrive à Belgrade », publié en 1937 dans le journal *Vreme*, rapporte les paroles de Gide disant « qu'il aime les Serbes depuis 1916, lorsqu'il a lu les nouvelles de notre hécatombe [...]. Il voulait, m'a-t-il dit, écrire un livre sur cette épopée à paraître aux Éditions *La Nouvelle Revue française*, mais à cette époque aucun livre sur la guerre n'aurait été accepté. Cette ancienne affinité l'a amené à nous expliquer son livre [*Retour de l'U.R.S.S.*]. » Miodrag Mihajović Svetovski, « Andre Žid dolazi u Beograd », dans *Vreme*, n° 5418, 14 février 1937, p. 15. Rastko Petrović, l'un des plus importants écrivains de l'avant-garde serbe, a aussi décrit sa rencontre avec Gide : « Il m'a raconté qu'il a traversé notre pays durant son voyage à Constantinople, sans descendre du train ; que des romanciers célèbres [...] journalistes pendant les guerres des Balkans, l'avaient chaudement encouragé à visiter notre région ; que enfin durant la guerre il avait lu dans le *Journal de Genève* des lettres qui décrivaient la retraite à travers l'Albanie écrites d'une manière sublime et émouvante [...]. Il a tenté d'inciter *La Nouvelle Revue française* à publier ces articles dans un livre à part entière. » Rastko Petrović, « Jedan sat sa... ! », dans *Vreme*, n° 2173, 6-9 janvier 1928, p. 21. Toutes les traductions du serbe dans l'article sont les nôtres.

et surtout les œuvres avant-gardistes et progressistes n'étaient pas seulement le fait d'histoires littéraires et esthétiques, mais aussi un facteur de dynamique sociale plus vaste et complexe, les valeurs littéraires côtoyant les implications politiques, socio-idéologiques et culturelles. C'est précisément sur ce point que se situe l'intervention la plus importante des surréalistes quant à la compréhension et à l'accueil d'André Gide.

## LES ANNÉES VINGT

Concernant l'accueil de Gide par le milieu littéraire serbe, les années vingt ont été marquées par l'apparition des premières traductions et des premières critiques de grande portée[4]. Mis à part un court texte paru en 1911, les « Pages du journal de Lafcadio[5] » (1923), extraites de la revue proto-surréaliste parisienne *Littérature* et traduites par Ristić, représentent la première traduction de Gide en Serbie publiée dans les journaux d'après-guerre. Elle a été publiée dans la petite revue avant-gardiste *Les Chemins* (*Putevi*), où l'on trouvera aussi la première traduction de Breton en serbe[6]. Dans les années vingt, l'intérêt de Marko Ristić et de son entourage pour Gide s'est formé autour du surréalisme français et dans sa première phase, cet accueil dressera les contours d'une alliance éphémère entre les dadaïstes et les surréalistes français et Gide, l'un des rares écrivains de la période précédente considéré comme un facteur incontestable d'un espace « où se rejoignent le passé et le présent, où s'opèrent les échanges, la relève et les règlements de comptes entre deux générations[7] ». Cette influence de Gide, comme l'écrira Ristić, a surtout

---

4 Nos conclusions sur l'accueil des œuvres de Gide sur le plan quantitatif et chronologique sont basées sur les éléments contenus dans la thèse de Slađana Prica, *André Gide dans les traductions en serbe et dans la critique littéraire* : Slađana Prica, *Andre Žid u srpskoj prevodnoj književnosti i književnoj kritici*, Magistarska teza, mentor Jelena Novaković, Filološki fakultet Univerziteta u Beogradu, 1995, 288 p. Voir aussi : Nermin Vučelj, « La réception de Gide en Yougoslavie », dans Nermin Vučelj, *Andre Žid i poetika : ogled iz estetike književnog stvaranja*, Novi Pazar, Narodna biblioteka « Dositej Obradović », 2010, p. 137-141.

5 Andre Žid, « Stranice iz Lafkadievog dnevnika », dans *Putevi*, n. s., n° 2, 1923, p. 17-19.

6 Andre Breton, « Delovi iz Andre Bretona », dans *Putevi*, n. s., n° 1, 1923, p. 11-12.

7 Marko Ristić, « André Gide na vidiku » [1929], *Od istog pisca : umesto estetike*, Novi Sad, Matica srpska, 1957, p. 116. Sur Gide et le dadaïsme/surréalisme voir : Marie-Rose Carre, « *La NRF* et André Gide face à l'insurrection Dada », dans *The French Review*, n° 1, octobre 1965, p. 57-68 et David Haberstich « Gide and the Fantasts : The Nature of Reality and Freedom », dans *Criticism*, n° 2, 1969, p. 140-150.

été une « influence corrosive[8] » provoquant l'inquiétude et la méfiance envers l'éthique et la psychologie traditionnelle.

Lorsqu'en 1929, Ristić va traduire *Les Caves du Vatican*, ce sera dans le but de « payer une sorte de dette à Lafcadio avec six années de retard[9] ». Cette traduction publiée en 1930, bien qu'officiellement la deuxième, sera la première véritable traduction d'une œuvre de Gide en langue serbe[10] que Ristić fera suivre d'une analyse extensive et systématique de l'œuvre littéraire de l'auteur, la première du genre dans la critique serbe. Gide étant « presque totalement inconnu » dans le milieu serbe, Ristić a cherché dans sa « Préface » à délimiter en même temps « la place de Gide dans le panorama de la littérature française contemporaine » et « cette ligne par laquelle son activité s'est déroulée et a évolué[11] ». En 1929, Ristić a aussi publié l'essai « André Gide en vue[12] », où il livre ses réflexions sur l'importance de l'écrivain pour l'esprit moderne et l'orientation de la nouvelle génération littéraire. Quand Ristić écrit cet article, l'enthousiasme pour celui-ci et la force de séduction de Lafcadio ont sensiblement diminué pour « des jeunes intellectuels un peu plus informes » et « progressistes[13] » ; mais conscient de l'importance générale de Gide pour l'esprit moderne, Ristić ne parle pas au nom ni de ses goûts personnels ni du moment de sa propre évolution créative, mais il donne une vision objective, presque historique, destiné à un public plus large de la culture serbe.

Avec ces deux traductions et les essais critiques de Ristić, les années 1929-1930 peuvent donc être considérées comme le point culminant dans l'accueil des œuvres de Gide[14]. Pour les surréalistes,

8 Marko, Ristić, « André Gide na vidiku », *op. cit.*, p. 121.

9 *Id.*, « Napomena uz drugo izdanje ovog prevoda », dans Andre Žid, *Podrumi Vatikana*, Beograd, Kosmos, 1955, p. 239.

10 Une année avant la publication de la traduction des *Caves du Vatican* par Ristić, chez l'éditeur Rad. Vasić a traduit *L'École des femmes*. La qualité de cette traduction étant discutable, elle ne restera qu'un fait de l'histoire littéraire. La traduction des *Caves du Vatican* de Ristić était, elle, une véritable traduction littéraire et restera l'unique traduction de cette œuvre de Gide en serbe, rééditée à plusieurs reprises au cours du XX^e^ siècle. La traduction d'une autre œuvre de Gide en serbe n'apparaîtra qu'après la Deuxième Guerre mondiale.

11 Marko Ristić, « Predgovor » [1930], dans Andre Žid, *Podrumi Vatikana*, Beograd, Kosmos, 1955, p. 8.

12 Marko Ristić, « André Gide na vidiku », *op. cit.*, p. 114-131.

13 Marko Ristić, « Napomena uz drugo izdanje ovog prevoda », *op. cit.*, p. 238.

14 L'importance de l'année 1929 est aussi suggérée par Slađana Prica, *op. cit.*, p. 23.

il reste surtout l'auteur de soties, le père de Lafcadio, l'explorateur de *l'acte gratuit* et de la *disponibilité*, « héros idéal de la psychologie et de l'anti-psychologie moderne[15] ». Et les parutions périodiques restent le médium principal et optimal d'échanges interculturels à la fois fragmentaires, rapides et effectifs.

## LES ANNÉES TRENTE

Le point central de la réception de Gide dans les années trente a été assez différent. Son œuvre, comme son action à cette époque, fait l'objet d'une réception essentiellement idéologico-sociologique[16]. Le mouvement surréaliste avait alors déjà éclaté et les surréalistes s'étaient soit rapprochés du parti communiste, soit – comme Marko Ristić – avaient choisi d'adopter la position bretonienne. L'événement-clé sur lequel les intellectuels et la gauche se sont polarisés a été la publication de *Retour de l'U.R.S.S.*, qui, dès 1937, a fait l'objet de traductions et parutions en continu dans le journal *Samouprava* (n^os^ 19 à 34). Le texte de Gide a encouragé la droite et provoqué de violentes réactions à gauche ; la polémique dure de 1936 à 1938, et son écho est perceptible jusqu'en 1940. Parmi les anciens surréalistes représentés par M. Ristić et ĐJovanović, deux courants dans la réception de Gide se distinguent alors.

Ristić participe à la polémique avec son texte « Gide se renouvelle, mais ne se change pas[17] », publié dans l'influent journal *Politika* (1936), où il tente de livrer une approche objective et modérée de l'écrivain. Selon Ristić, Gide a constamment évolué et répondu aux défis de son temps ; cette dialectique de l'*opus* de Gide a fasciné les critiques surréalistes et ils ont essayé de l'expliquer au travers d'une perspective propre aux années trente. S'il ne faut pas minimiser les critiques authentiques faites par Gide (sa critique du colonialisme dans ses récits de voyage en Afrique ainsi que son adhésion à l'idéologie de gauche), dans son *Retour* l'écrivain fustige le nouveau système révolutionnaire, alors même qu'il ne possède pas (selon Ristić) les connaissances nécessaires pour le comprendre ni pour juger de la situation en Russie. Comme le suggère le titre de l'article, Gide *se renouvelle, mais ne se change pas*, donc son adhésion

15 Marko Ristić, « André Gide na vidiku », *op. cit.*, p. 123.

16 Voir Nermin Vučelj, *op. cit.*, p. 137-138.

17 Marko Ristić, « André Gide se obnavlja ali ne menja » [16 décembre 1936], *Ljudi u nevremenu*, Zagreb, Kultura, 1956, p. 131-141.

au communisme est seulement une manifestation protéenne de son ancienne « éthique de l'inconstance, de l'instabilité, de l'inacceptation, du *non-conformisme*[18] ».

De son côté, le communiste et ex-surréaliste Đorđe Jovanović a vertement attaqué Gide, tout d'abord dans un texte paru dans la revue *Naša stvarnost* (n° 13-14, 1938[19]), ensuite dans la brochure « André Gide ou la Faiblesse de l'individualisme décadent[20] » (1940). L'essai de Jovanović a été la première monographie et étude exclusivement consacrée à Gide en Serbie[21]. À charge contre l'« individualisme décadent » et l'« humanisme abstrait » de Gide, ce livre couvre néanmoins l'analyse de son *opus* en prose dans sa quasi-totalité et reste une entreprise interprétative unique en son temps. Selon l'auteur, à ce moment Gide était sans doute « l'ennemi de la classe à laquelle il voudrait se rattacher depuis peu », mais cela ne rend pas « son œuvre automatiquement ennemie », parce que « dans sa plus grande part elle n'est pas étrangère au prolétariat, car par sa ligne fondamentale elle représente quelques efforts libérateurs, même vains, mais qui par leur vanité sont précisément caractéristiques et éloquents[22] ». Dans l'œuvre de Gide se sont « accumulées et entrelacées presque toute la problématique et la mythologie de la décadence », et quand Jovanović désigne « la fuite, l'immoralisme et l'acte gratuit » comme « trois sujets principaux » de son œuvre, qui « notamment après la guerre » sont devenus « des systèmes et mouvements à part entière[23] », il est clair qu'en le jugeant, l'auteur juge sa propre jeunesse surréaliste et ses ex-compagnons littéraires.

Caractéristique d'une époque de l'interprétation des œuvres de Gide, le texte de Jovanović sera réédité en 1951, et restera donc présent dans les polémiques du monde culturel yougoslave des années cinquante, qui a fait revivre l'esprit et les confrontations intellectuelles des années trente.

---

18 *Ibid.*, p. 134.

19 L'orientation de la revue *Notre réalité* (*Naša stvarnost*, 1936-1939), lancée et éditée par l'ex-surréaliste Aleksandar Vučo, était basée sur le programme du Front populaire, de la gauche internationale et antifasciste. Dans cette revue (n° 7-8, 1937) l'ex-surréaliste Dušan Matić a publié le texte « Sur le roman contemporain français », où il envisage aussi l'art romanesque de Proust et Gide.

20 Đorđe Jovanović, *Andre Žid ili Nemoć dekadentnog individualizma*, Beograd, Naša stvarnost, 1940.

21 Slađana Prica, *op. cit.*, p. 54, 248.

22 Đorđe Jovanović, *op. cit.*, p. 10-11.

23 *Ibid.*, p. 15.

## LES ANNÉES CINQUANTE

Après la Deuxième Guerre mondiale, la culture yougoslave a été dominée pendant quelques années par le système « agit-prop » et le paradigme soviétique. Mais après la résolution du Komintern en 1948 et la rupture avec Staline, la situation culturelle et politique change progressivement et la Yougoslavie entre dans un processus de libéralisation et de modernisation qui va déterminer sa position politico-culturelle « non alignée » dans la seconde moitié du XX$^{e}$ siècle. Même si le processus de libéralisation était motivé par des raisons politiques, il s'est surtout exercé dans le domaine culturel, où il a été articulé comme une demande de dépolitisation des arts et d'installation du *pluralisme esthétique*.

Dans ce contexte, le seul fait de publier des écrivains du cercle occidental était signe d'une orientation culturelle plus générale. La réception de Gide devient alors très intensive et se déplace vers le centre du champ culturel ; beaucoup d'« écrivains célèbres, critiques reconnus et publicistes affirmés » y participent ; elle se déroule également « au niveau de la traduction » de ses œuvres et « au niveau de la valorisation critique » de ces créations, avec « toute une variation d'approches différentes de son œuvre[24] ».

De nombreux articles surréalistes de la période de l'entre-deux-guerres, ainsi que ceux sur Gide seront republiés à cette époque. Dans la réédition des *Caves du Vatican* (1955), on trouve la postface où Ristić apostrophe à nouveau son attitude envers le père de Lafcadio. Dans l'esprit antistaliniste des années cinquante, Ristić n'hésite pas à confesser que les « constatations » de Gide sur la situation en URSS étaient « malgré le manque de connaissances politiques de Gide [...], en fait exactes[25] ». En 1953, il a aussi réédité son traité littéraire *Préface pour quelques romans inédits* de 1935, accompagné par le *Journal de cette Préface*[26]. Les catégories génériques du titre de cette œuvre sont ouvertement et intentionnellement gidiennes[27]. Même si on trouve au cœur de l'argumentation de ce traité la défense de Proust contre les attaques de la gauche, Gide et Joyce y

24 Slađana Prica, *op. cit.*, p. 249.

25 Marko Ristić, « Napomena uz drugo izdanje ovog prevoda », *op. cit.*, p. 243.

26 Marko Ristić, *Predgovor za nekoliko nenapisanih romana i Dnevnik tog predgovora (1935)*, Beograd, Prosveta, 1953.

27 Sur les catégories gidiennes et les titres, voir également son essai de 1929, « Le Journal de la préface pour *Les Caves du Vatican* ».

sont aussi impliqués et mentionnés. La forme du *journal* était aussi l'un des liens intimes entre Gide et Ristić, leader du surréalisme serbe, mais aussi « l'un des personnages les plus importants de l'entier processus de la réception d'A. Gide parmi les Serbes[28] ». Ristić a, lui aussi, tenu un Journal toute sa vie[29], et son exploration du procédé diaristique comme forme littéraire a significativement marqué ses essais après la Deuxième Guerre mondiale. Dans le texte écrit pour la réédition des *Caves du Vatican*, Ristić déclare que le *Journal* restera « probablement l'œuvre la plus importante de Gide », « le témoignage important et durable [...] de l'histoire d'une pensée et du monde où cette pensée s'est exercée » qui, par « la pureté du style et l'artifice d'illumination et d'orchestration des faits de la vie » est une véritable « œuvre d'art[30] ».

Durant cette période, ce sont les traductions maintenant complètes des sotties de Gide (*Paludes* en 1954, *Le Prométhée mal enchaîné* en 1955) qui avec la traduction des *Faux-Monnayeurs* (1952) ont attiré la plus large attention des critiques[31]. *La Symphonie pastorale* (1952), *Les Nourritures terrestres* et *Les Nouvelles Nourritures* (1958) ont aussi été traduites. Plusieurs récits de Gide seront publiés sous le titre commun de *L'Immoraliste*[32] (1956) que l'ex-surréaliste Dušan Matić préfacera[33] ; cette préface, étant le texte le plus complet sur la vie et l'œuvre de Gide, sera abondamment réimprimée durant les décennies suivantes. La femme de Matić, Lela, qui avait déjà traduit le *Manifeste* de Breton (1961), traduira également une chrestomathie d'essais de Gide (sous le titre *Les Limites de la littérature*, 1967). Les représentants de la nouvelle génération tels que Radomir Konstantinović, Bora Ćosić et Danilo Kiš, se sont joints au processus d'accueil de son œuvre.

Cette intensification et accumulation d'activités littéraires autour des œuvres et de la figure de Gide seront un geste culturel significatif

---

28 Slađana Prica, *op. cit.*, p. 248.

29 Ristić a périodiquement publié les extraits de ses journaux intimes, qui sont maintenant préservés dans son héritage à l'Académie serbe des sciences et des arts ; ils ne sont actuellement pas disponibles pour les recherches.

30 Marko Ristić, « Napomena uz drugo izdanje ovog prevoda », *op. cit.*, p. 243.

31 Voire Slađana Prica, *op. cit.*, p. 249.

32 Cet ouvrage inclut : *L'Immoraliste, La Porte étroite, Isabelle, La Symphonie pastorale, L'École des femmes, Robert, Geneviève* et *Thésée.* Après ce « boom » de traduction des années cinquante, l'importante traduction suivante sera la sélection du *Journal* de Gide (1982).

33 Dušan Matić, « Uvodna beleška za ponovno čitanje Andre Žida », dans Andre Žid, *Imoralist*, Beograd, Nolit, 1956, p. 5-22.

dans le contexte des luttes entre les tendances conservatrices et les tendances libératrices qui dominent la vie culturelle des années cinquante. Si, comme l'a écrit Ristić, on peut apprendre beaucoup de Gide « par une lecture attentive de la seule bibliographie de ses publications[34] », la même chose pourrait être dite à propos de l'ensemble des bibliographies des années cinquante en Serbie. Une recherche bibliographique sur la fréquence et la dynamique de l'accueil des œuvres de Gide offre des résultats intéressants. L'intérêt croissant pour l'écrivain, démontré par les traductions de ses œuvres et les critiques à leur propos, s'est manifesté depuis 1952, année historiquement reconnue comme décisive dans la libéralisation de la culture yougoslave. Cet engouement atteindra son point culminant en 1955, lorsque seront publiés dix-sept textes sur Gide, alors qu'il diminuera l'année suivante et après 1967 – l'année « sous le signe de Gide[35] » – on trouvera difficilement plus d'un texte publié par an. Dès 1968, Gide semble sorti de l'horizon littéraire : sa réception ne fait plus partie de la vie culturelle active, impliquant traductions, critiques et polémiques littéraires dans les parutions périodiques, et elle se déplace vers l'espace académique des recherches spécialisées et historico-littéraires[36].

Ce bref aperçu de sa réception démontre à quel point l'œuvre de Gide, ainsi que l'attitude de l'avant-garde littéraire envers lui, a été un puissant facteur culturo-politique et esthétique. Les deux périodes d'après-guerre pourraient avoir mis en valeur son œuvre afin d'assurer une transition vers des projets plus avant-gardistes, déterminés par des visions individuelles ou culturelles au sens plus global. Les surréalistes, lecteurs de Gide de longue date, ont été le principal lien de cette entremise et de la reconnaissance du travail de Gide dans les années cinquante, marquant une continuité entre la réception du Gide d'avant et d'après la Seconde Guerre mondiale.

34 Marko Ristić, « André Gide na vidiku », *op. cit.*, p. 127.

35 Nermin Vučelj, *op. cit.*, p. 140.

36 « Les années soixante sont marquées par la parution d'une nouvelle génération de spécialistes, théoriciens et historiens de la littérature française, les romanistes des Universités de Belgrade et de Sarajevo, qui recherchent systématiquement l'œuvre de Gide », parmi lesquels S. Prica souligne les contributions de Slobodan Vitanović (auteur de l'étude *Andre Žid i francuski klasicizam* [*André Gide et le classicisme français*], Belgrade, Filološki fakultet, 1967), de Mihailo Pavlović et de Midhat Šamić. Slađana Prica, *op. cit.*, p. 250.

## GIDE ET L'ANTIROMAN SURRÉALISTE

Les interrelations entre la prose de Gide et deux (anti)romans surréalistes serbes – *Racine de la vision* (*Koren vida*, 1928) d'Aleksandar Vučo et *Sans mesure* (*Bez mere*, 1928) de Marko Ristić – sont moins connues et presque totalement inexplorées, même dans la littérature serbe. À la différence des romans surréalistes français de la même période, les passages gidiens dans les romans surréalistes serbes sont plus visibles, explicites ou indispensables pour la compréhension et l'interprétation des procédés utilisés.

### *RACINE DE LA VISION* ET « L'ÉTHIQUE ANTI-ÉTHIQUE » DE *L'IMMORALISTE*

*L'Immoraliste* d'André Gide est la seule référence intertextuelle explicite du roman d'Aleksandar Vučo *Racine de la vision.* Le roman de Vučo construit sa structure narrative sur une association de fragments enchaînés (mélangeant des techniques proustiennes et bretoniennes de mémoire involontaire et affective) qui forment une sorte de *récit traumatique* dont la principale idée est mise en évidence par le titre – *Racine de la vision* en tant que *racine de l'identité.* Les personnages de ce roman lyrico-symbolique et autofictionnel ne portent pas de noms et le mimétisme est fortement refoulé. L'expérience de la Première Guerre mondiale et de l'exil du héros dans le sud de la France est articulée de façon fragmentaire, suggestive, fantasmatique.

Vučo emploie la référence gidienne à l'un des moments décisifs de son roman, où le héros-narrateur doit articuler et surmonter par la narration elle-même un puissant événement existentiel – la mort de son père, puis ensuite celle de son frère aîné. La spécificité de tout ce passage sur l'Œdipe familial est l'inscription « brutale » de la référentialité dans la narration, qui tente par ailleurs d'éviter l'illusion mimétique. Dans le cas de la mort de son père, le narrateur introduit subitement une référence calendaire, contraire à la temporalité circulaire du trauma qui détermine et domine tout le récit. Le moment de la mort de son frère qui s'ensuit porte l'action clé du genre – l'instauration d'un « pacte autobiographique[37] » – et ce,

37 Voir à ce propos Philippe Lejeune, *Le Pacte autobiographique*, Paris, Seuil, 1975.

dans une situation narrative qui, malgré toutes ses différences, est très proche de la manière ambivalente dont Proust introduit le pacte autobiographique dans *La Recherche* : il n'existe qu'un seul endroit, à peu près au tiers de la narration, où le héros-narrateur anonyme est interpellé avec le nom de l'auteur du roman. C'est précisément à ce point névralgique du genre et de la structure romanesque que réside la référence intertextuelle à *L'Immoraliste* de Gide. En recevant les biens posthumes de son frère décédé, c'est *L'Immoraliste* de Gide que le narrateur trouve enveloppé dans la chemise de son frère. Le *corps du livre* prend la place du *corps du frère*. Le livre lui-même était le plus solide lien symbolique entre le narrateur et son frère, la seule offrande faite à son frère, l'objet symbole de l'orientation idéologique et éthique de la nouvelle génération et le « testament » du frère aîné à son cadet. Il s'agit d'un procédé raccourci, subtil et suggestif de caractérisation et de motivation qui suggèrent « la nouvelle fraternité » de la génération avant-gardiste d'après-guerre comme une alliance autour d'un livre, son programme existentialiste et poético-éthique.

Mais les fonctions de *L'Immoraliste* de Gide dans ce roman surréaliste ne se limitent pas à cette mention de la référence intertextuelle. La vie et la mort du frère du narrateur suivent le modèle thématique de *L'Immoraliste* – son frère mobilisé meurt de tuberculose en Afrique du Nord. Le roman d'avant-guerre de Gide apparaît comme une anticipation ironique des expériences au travers desquelles passeront les jeunes soldats durant le cataclysme de la guerre. Le motif de la tuberculose revient encore à un autre moment névralgique du roman, lorsque le héros adresse une longue apostrophe narrative, quasi-sadique au corps endormi (ou peut-être mort) d'un jeune homme tuberculeux. À la destruction radicale de la mort, la guerre et les maladies auxquelles ils ont été exposés, les jeunes répondent par « l'éthique anti-éthique » (Ristić), par la révolte, la sensualité et la vitalité, trouvant dans la « puissante sauvagerie » (Gide) et la conversion immoraliste de Gide une représentation de la situation générale existentielle et spirituelle de la nouvelle génération. En s'adressant au jeune tuberculeux dénué de tous sentiments conventionnels et avec une motivation homoérotique dissimulée, le narrateur de *Racine de la vision* se place sur un plan comparable à ce que Marceline appelle la « doctrine du présent » qui « supprime les faibles[38] », ou ce que lui-même affirme comme étant

38 Andre Žid, *Imoralist*, Beograd, Nolit, 1956, p. 107.

« l'amour purifié par la haine[39] ». Ce discours que le héros réserve au jeune tuberculeux fait fonction de critique de l'aliénation qui constitue l'un des liens les plus profonds entre *L'Immoraliste* et *Racine de la vision*. La critique de l'hypocrisie bourgeoise et de l'aliénation humaine étant un grand thème de la théorie du roman européen moderne, de Hegel à Lukács et Goldmann, elle est aussi le champ commun entre la poétique surréaliste et la prose de Gide.

## L'ANTIROMAN *SANS MESURE* ET LA MÉTAFICTION GIDIENNE

Le second modèle du roman surréaliste belgradois, l'« antiroman » encyclopédiste et métafictionnel *Sans mesure* (1928) de Marko Ristić, nous ramène aux *Faux monnayeurs* de Gide. Nous savons que *Les Faux-Monnayeurs* était une des références importantes de Sartre dans sa préface du *Portrait d'un inconnu* de Nathalie Sarraute[40] (1948), où le terme « antiroman » a été introduit dans le vocabulaire critique moderne. Le fait que Marko Ristić utilise déjà le terme « anti-roman » pour désigner son œuvre *Sans mesure* en 1928[41], indique le déplacement poétique – du surréalisme vers le modèle gidien – au cœur de notre argument. Quand son antiroman a été republié en 1962, au sommet de la vague des

39 Voici un passage illustratif dans lequel le héros de *Racine de la vision* s'adresse au corps d'un tuberculeux, dont il a partagé le lit (« j'ai dormi près de toi dans le même lit parce que tu m'avais abordé par hasard et proposé de partager une chambre ») : « Je suis là, je sens que je suis là tout près de toi, toi qui aujourd'hui, voûté, a tant craché de sang sur l'herbe tendre et claire. Je suis allongé près de toi et de mes doigts je caresse tes cheveux. Je te déteste, je te hais, je te foulerai jusqu'à faire gicler ton sang, armé du ciel renversé que je porte en moi [...]. De mon épaule je touche ton épaule, comme j'ai pu le faire avec tant de gens que je déteste du fond de mon âme tel un troupeau [...]. Je te déchire la poitrine lentement et insidieusement [...] si bien que jamais tu ne comprendras que je veux te torturer, te martyriser jusqu'à la folie. Écoute-moi, je vais t'apprendre doucement, mot après mot, que tu es un malade sans plus d'espoir, que je le sais depuis longtemps déjà et que je suis indiciblement heureux car auprès de toi la respiration devient une célébration suprême. » (Aleksandar Vučo, *Koren vida*, Beograd, S. B. Cvijanović, 1928, p. 84-85.)

40 Voir à ce propos Jean-Paul Sartre, « Préface », dans Nathalie Sarraute, *Portrait d'un inconnu*, Paris, Gallimard, 1956, p. 7-14.

41 Dans un document inédit du septembre 1928, conservé dans l'héritage de Marko Ristić à l'Académie serbe des sciences et des arts (fond 14882). Dans l'œuvre elle-même, Ristić le nomme « roman sans roman », avec allusion au premier antiroman dans la littérature serbe, *Roman sans roman* (1838) de Jovan Sterija Popović, réalisé dans la tradition du roman comique et satirique des XVII^e^ et XVIII^e^ siècles, où la tradition antiromanesque trouve son autre source.

discussions sur le nouveau roman français, les critiques reconnaissent que *Sans mesure* peut être considéré comme un hybride des procédés romanesques de Breton et de Gide[42].

L'antiroman de Ristić était une véritable métafiction avant-gardiste, un roman sur le roman et un roman sans roman, un mélange de discours critique et de discours fictionnel, basé sur la *mimésis* du *processus* plus que la *mimésis* du *produit* littéraire[43]. Le protagoniste principal de son antiroman s'appelle Roman, c'est un héros allégorique défini comme un genre, et qui doit incarner l'histoire et les transformations, au sein de la littérature européenne, de la *romance*[44], depuis le roman courtois médiéval en passant par le roman gothique et romantique jusqu'au roman surréaliste. *Sans mesure* a été essentiellement la narrativisation et la concrétisation imaginative de deux propositions du *Manifeste* de Breton : la critique du roman réaliste, et l'affirmation du roman gothique et romantique. Mais le résultat poétique dans l'antiroman de Ristić était très loin des romans surréalistes français de Breton (*Nadja*, 1928) et Aragon (*Le Paysan de Paris*, 1926), ainsi que de celui de Vučo. Sa narration n'est pas autobiographique, mais si elle est une discussion, un roman-essai sur le destin du nouveau romantisme et de la mythologie moderne, elle est livrée comme la problématique auto-référentielle du genre du roman. *Sans mesure* possédait une structure complexe, encyclopédiste, érudite et intertextuelle, proche de l'expérimentation joycéienne[45], et une structure métafictionnelle proche du roman de Gide.

Lorsque Ristić, immédiatement après la sortie de son antiroman, a traduit Gide et écrit un large article portant sur son œuvre littéraire, il a également livré quelques remarques sur *Les Faux-Monnayeurs*. Celles-ci pouvaient difficilement cacher sa parenté avec le procédé gidien, même s'il ne revendique pas les parallèles entre son roman et celui de Gide.

---

42 Branimir Donat, « Onirocritique ili doba sumnje ? », dans *Delo*, n° 8-9, 1963, p. 1014.

43 Pour une distinction entre *romance* et *novel* voir Linda Hutcheon *Narcissistic narrative : The Métafictional Paradox*, Waterloo, Ont., Wilfrid Laurier University Press, 1980.

44 La perspective de Ristić nous donne la possibilité de reconnaitre que la critique de Breton sur le genre du roman était plus complexe que la critique du roman réaliste et naturaliste, c'est-à-dire qu'elle était basée sur une division plus profonde entre les surgenres de « *romance* » et de « *novel* ».

45 Ristić était aussi l'auteur du premier article sur Joyce et *Ulysses* en Serbie, fondé sur deux sources : l'article de Valéry Larbaud sur Joyce (1922) et les extraits d'*Ulysses* traduits dans la revue parisienne *Commerce* (1924). Marko Ristić, « Pogled na Džemsa Džojsa », dans *Pokret*, n° 35-36, décembre 1924, p. 178-179.

Cependant, même dans sa façon de prendre des distances, sa description du procédé gidien dans *Les Faux-Monnayeurs* laisse entrevoir l'influence sur sa propre expérience d'écriture de *Sans mesure*. Ristić estime que la spécificité des *Faux-Monnayeurs* réside dans le fait qu'il s'agit de la première tentative de Gide d'écrire un roman, ce qui pose au premier plan le problème du genre littéraire, « donc c'est avant tout, et malgré la complexité des événements, personnalités et relations décrits – un roman sur le roman, le roman sur le problème du "roman pur[46]" ». Quand il écrit que « de cette façon Gide a aussi en même temps inséré dans son roman la critique de ce roman[47] », Ristić ne fait que paraphraser l'énoncé de son propre antiroman, ou il déclare aux lecteurs : « Voilà dans ce même livre à la fois l'histoire et la critique de ce livre[48]. » L'importante caractéristique des métafictions de Ristić et Gide est leur aspect explicite et ouvert où la figure d'écrivain, de créateur du texte qui se développe face au lecteur, est présentée et exposée comme l'un des facteurs décisifs de la construction romanesque. Dans ce domaine Ristić est plus radical que Gide et plus résistant à la fabulation, mais ce radicalisme avant-gardiste se réalise sur le terrain typiquement gidien du roman sur le roman.

## CONCLUSION

Les antiromans surréalistes belgradois nous montrent dans quelle mesure la prose de Gide était au carrefour des modèles romanesques expérimentaux et innovants entre les deux guerres mondiales. La présence de Gide au milieu de la nouvelle génération n'était pas seulement intellectuelle, elle se situait également dans le domaine des recherches de formes littéraires expérimentales. D'ailleurs, il serait intéressant de comparer son influence sur le roman surréaliste serbe et sur le roman surréaliste français, car l'accueil de l'œuvre de Gide par le surréalisme serbe a rendu possible et visible un déferlement d'influences plus

46 Marko Ristić, « André Gide na vidiku », *op. cit.*, p. 130.
47 *Ibid.*
48 Marko Ristić, *Bez mere* [1928], Beograd, Nolit, 1986, p. 203.

difficile à imaginer dans l'espace de la littérature française, où Gide et les surréalistes ont travaillé dans un même champ culturel, là où leurs visions littéraires pouvaient être compétitives, plus proches et pour la même raison plus éloignées. Éloignement et étrangeté, regard lointain et oblique, bien que la situation réceptive du surréalisme serbe ait créé un espace productif pour des alternatives littéraires ouvrant des potentialités inattendues, soulignant une liaison plus intime entre Gide et la prose surréaliste. Il s'agit là peut-être d'un privilège spécifique aux « petites cultures », qui sont parfois celles qui montrent la littérature européenne comme un véritable palimpseste et rhizome de rencontres et influences littéraires. La barrière de la langue et le fait que beaucoup de ces œuvres serbes ou provenant de langues européennes « mineures » ne soient pas traduites, ne permettent généralement pas de prendre la mesure complète d'un réseau d'échanges, de contacts et de discussions intellectuelles réellement vivant, et ayant une influence notable sur la reconstruction de nos identités culturelles distinctes.

Gide, au travers des surréalistes belgradois, a été, dans la culture serbe du XX^e^ siècle, un point nodal de ces échanges et de ces réciprocités culturelles.

Biljana ANDONOVSKA
Institut de Littérature
et d'Art de Belgrade (Serbie)

# ANDRÉ GIDE, « HOMME OCCIDENTAL » EN CROATIE

André Gide représente depuis longtemps le contemporain capital pour les intellectuels des Balkans. Déjà, l'essai d'Antun Bonifačić (1929), qui l'érige en premier exemple de « l'homme occidental » (le deuxième exemple étant Henry de Montherlant), témoigne de la pertinence de son influence[1]. La comparaison des nombreuses traductions et rééditons de Gide dans les Balkans et les textes sur Gide[2] met en évidence que « l'insaisissable Protée » a engendré une multitude d'échos protéiformes, autant par son œuvre que par sa vie, bien que des nuances visibles existent entre ses lectures croates, serbes et bosniaques.

Une bonne partie de ses traducteurs répètent le périple gidien du « Subjectif[3] » et de ces lectures (si la traduction peut être qualifiée de « lecture spécifique ») naissent des textes, prolifiques et divergents. En 1937 paraît la traduction anonyme et tronquée intitulée *Les Communistes déçus : témoignage décevant de l'écrivain communiste André*

1 « De l'influence en littérature » a d'ailleurs été traduit en 1924, par Sv. Živković, avec une préface d'Ivan Nevistić.

2 Selon Mate Ujević, jusqu'en 1945, cent-vingt-et-un écrits de Gide paraissent en Yougoslavie et, au total, quarante-quatre traductions (dont deux tiers en Croatie). Mate Ujević, « Bibliografski podaci o francuskoj književnosti kod Jugoslavena », dans *Enciklopedija Jugoslavije*, t. VIII, Zagreb, Leksikografski zavod FNRJ, 1958.

3 Le « Subjectif » est le cahier des lectures de Gide, qu'il a tenu quatre ans – à partir d'octobre 1889, marqué par sa réussite scolaire (son baccalauréat de philosophie) et ses rêves sur sa vocation, qu'il partage avec son ami Pierre Louÿs, jusqu'en octobre 1893 (date de son départ pour l'Algérie). Le « Subjectif » a été publié dans les *Cahiers André Gide 1* en 1969 et introduit par le texte de Jacques Cotnam au titre significatif : *Le « Subjectif » d'André Gide ou les lectures d'André Walter (1889-1893).* Le « Subjectif » serait peut-être le premier document qui fait voir que le jeune Gide n'est pas si loin de son premier double romanesque. Les deux, André Gide et André Walter, puisent la plupart de leurs élans dans les livres. Ses lectures, « à sauts et à gambades », à la Montaigne, semblent avoir déterminé ses débuts littéraires et la découverte de sa vocation. L'écriture naît de la lecture, comme le rappelle aussi *Les Mots* de Sartre. La jouissance gidienne d'écrire, son *désir d'œuvre* est née de son plaisir de lire.

*Gide sur l'URSS*[4], qui annonce une année cruciale pour la réception gidienne dans les Balkans. En fait, en 1940, deux textes – celui de Đorđe Jovanović en Serbie, sur l'impuissance de l'individualisme décadent[5], et celui de Radica Bogdan (écrivain croate, diplomate yougoslave et émigré croate), le fameux chapitre sur Gide (« Između večnog odlaska ») du livre *L'Agonie de l'Europe*[6] – font voir la diversité de son influence en Croatie, majoritairement littéraire et esthétique, et de son impact éthique, moral et social, non nécessairement socialiste ou communiste. Or, la réduction de la figure gidienne à un symbole de renversement des enjeux – de l'esthétique au politique, du littéraire au social – n'a pas lieu en Croatie. Gide demeure décidément multiforme et ses lectures, au moins les plus pertinentes, ne se confinent pas au choix des volets strictement « politiques » ou profondément « littéraires ». L'âge d'or représente l'année 1980, quand sortent chez Otokar Keršovani (Rijeka) huit volumes de ses œuvres.

Cette réflexion tente ainsi d'aller au-delà du travail de Nermin Vucelj[7] – qui avançait que, pendant l'entre-deux-guerres, la réception serbe de Gide était plutôt socio-idéologique, tandis que la réception croate, enrichie d'études et de traductions, était esthétique, occupée par les valeurs formelles de son œuvre – pour relier les traductions les plus anciennes[8] – celles de *La Porte étroite* (Antun Bonifačić, 1929), avec le sous-titre étrange *Le Roman des deux âmes apeurées (un livre de filles)*, de *La Symphonie pastorale* (Ljubo Wiesner, 1931) et du *Voyage au Congo* (Dragan Težak *et al.*, 1934) – avec les traductions et les rééditions les plus récentes – celles du *Traité du Narcisse* (Tina Andrijić, Dragutin Lučić-Luce, 2003), des *Faux-Monnayeurs* (Dane Smičiklas, 1952/2004),

4 *Razočarani komunisti : porazno svjedočanstvo komunističkoga pisca André Gide-a o Sovjetskoj Rusiji*, Zagreb, CCA « Domagoj », Choir DMZ Mosk, 1937. Cette première traduction tronquée laisse voir toute l'étendue de la lecture dite idéologique et du pouvoir de la censure.

5 Đorđe Jovanović, *Andre Žid ili Nemoć dekadentnog individualizma*, Belgrade, [s. n.], série « Naša stvarnost », 3, 1940.

6 María Zambrano, *L'Agonie de l'Europe – La Agonía de Europa*, éd. bilingue, trad. de M. Poumier, Valence, Editorial UPV, « Letras humanas », 2004.

7 Nermin Vučelj, « La Réception d'André Gide en Yougoslavie », dans *Bulletin des Amis d'André Gide*, vol. 32, n° 142, Université de Nantes, Centre d'Études gidiennes, 2004, p. 201-205.

8 L'œuvre de Charles Gide, *Les Sociétés coopératives de consommation* (Paris, Armand Colin, 1904), est traduite en 1923 par Mihajlo Ilić (*Potrošačke zadruge*, Belgrade, Vuk Karadžić).

de *La Porte étroite* (Antun Bonifačić, 1929/2007), de *Paludes* (Nikica Rilović, 2010) et d'*Isabelle* (Željka Miškec, 2012) – tout en identifiant le manque étrange du *Journal*[9] en Croatie.

## DE BENJAMIN AUX TROIS TRADUCTIONS CROATES DU *RETOUR DE L'URSS*

> Je la compare [la pensée gidienne] à un fort : aussi inextricable dans son plan d'ensemble, semée de défenses intérieures et de bastions avancés, aussi rigoureuse avant tout dans la forme et aussi parfaite dans l'organisation de sa finalité dialectique[10].

> Si les questions sociales occupent aujourd'hui ma pensée, c'est aussi que le démon créateur s'en retire. Ces questions n'occupent sa place que l'autre ne l'ait déjà cédée. Pourquoi chercher à se surfaire ? Refuser de constater en moi ce qui m'apparaît en Tolstoï : une indéniable diminution[11] ?

Le point de départ de cette enquête sur Gide « l'Européen », sur ses traductions croates et sur son influence de « médiateur » capable de reconnaître le « partage des voix », de lâcher prise et ne pas monopoliser le sens, est peut-être quelque peu inattendu : il s'agit de Walter Benjamin et ses deux articles sur Gide, « Conversation avec André Gide[12] » et « André Gide et son nouvel adversaire[13] ». Ces textes nous permettront d'introduire notre hypothèse de départ : même si l'accueil de l'écrivain souffre d'une certaine simplification concernant l'existence

9 Les deux seules traductions existantes étant celle du *Journal 1889-1949* (choix, traduction et préface de Živojin Živojinović, Belgrade, Nolit, 1982) et celle d'*Et nunc manet in te accompagné du journal intime* (*Et nunc manet in te praćeno intimnim dnevnikom*, traduit par Gordana Stojković *et al.*, Novi Sad, 1982), publiées en Serbie.

10 Walter Benjamin, « Conversation avec André Gide », *Œuvres*, trad. de M. de Gandillac, Rainer Rochlitz et Pierre Rusch, Paris, Gallimard, « Folio essais », 2000, t. II, p. 30-31.

11 *J2*, 19 juillet 1932, p. 377. Passage cité par Walter Benjamin dans « André Gide et son nouvel adversaire », *Œuvres*, *op. cit.*, t. III, p. 155.

12 Publié pour la première fois dans *Die Literarische Welt*, 17 février 1928.

13 Walter Benjamin, « André Gide et son nouvel adversaire », d'abord publié sous le titre « Lettre de Paris », dans *Das Wort*, année 1936, fascicule n° 5 (novembre 1936), repris dans *Œuvres*, *op. cit.*, t. III, p. 152-169.

d'un premier et d'un second Gide (tout comme il existe un premier et un second Barthes), certains lecteurs contemporains montrent un Gide qui reste à la fois « actuel » et « inactuel ».

Le premier entretien de Benjamin avec Gide a lieu à l'hôtel du Potsdamer Platz lors de sa visite à Berlin pour une conférence en janvier 1928. Benjamin y présente Gide comme le « plus singulier des écrivains vivants[14] », qui refuse la gloire et l'Académie, et en fait ainsi un anti-D'Annunzio. Benjamin met en valeur son rayonnement à l'étranger[15] et déploie la réflexion de Gide sur sa propre réception : « Jusqu'en 1914, il est resté fermement convaincu qu'on ne le lirait qu'après sa mort[16] », écrit-il. Et de reporter plus loin les mots de l'écrivain lui-même : « Ayant choisi une direction, je l'ai toujours suivie jusqu'au bout, pour pouvoir me tourner ensuite avec la même résolution dans la direction opposée[17]. » Puis :

> Mon œuvre a quelque chose d'un taillis dans lequel il n'est pas aisé de dégager mes traits décisifs. En cela, je suis patient. « Je n'écris que pour être *re*lu[18]. » Je compte sur le temps qui suivra ma mort. Seule la mort fera ressortir de l'œuvre la figure de l'auteur. Alors on ne pourra plus méconnaître l'unité de mes écrits. Il est vrai que je n'ai pas atteint cette unité par la voie la plus facile[19].

---

14 Walter Benjamin, « Conversation avec André Gide », *op. cit.*, p. 30. « Car tel que je le vois devant moi, assis sur une marche de son *bow-window*, le dos appuyé au siège d'un fauteuil, un foulard brun autour du cou et les mains étendues sur le tapis ou jointes autour des genoux, Gide suffit bien pour se poser lui-même les questions et pour y répondre. [...] Il est fascinant d'observer son visage, ne serait-ce que pour y suivre le jeu changeant de la malice et de la bonté, dont on serait tenté de dire qu'elles habitent les mêmes plis de sa peau et se partagent fraternellement son expression. Et les instants les moins appréciables ne sont pas ceux où une malicieuse anecdote vient éclairer ses traits d'une joie sans mélange. » *Ibid.*, p. 31.

15 « Ce qui hérissait le plus les adversaires du jeune Gide, c'était de constater qu'à l'étranger on s'intéressait plus à lui qu'à eux. » (*Ibid.*, p. 32.) Très tôt traduit en Allemagne, Gide, traducteur lui-même, est l'ami de ses premiers traducteurs, de Rilke jusqu'à sa mort, et des Autrichiens Rudolf Kassner et Franz Blei. Sur son approche traductologique, « sourciste », sans « francisation », voir ses débats avec Roger Martin du Gard, « cibliste », de début août 1929, quand Gide, la Petite Dame et Marc viennent passer quelques jours au Tertre chez Martin du Gard (Maria van Rysselberghe, *Les Cahiers de la Petite Dame*, t. II : *1929-1937*, Paris, Gallimard, « Cahiers André Gide », 1974, p. 24-26).

16 Walter Benjamin, « Conversation avec André Gide », *op. cit.*, p. 31-32.

17 *Ibid.*, p. 38.

18 *Journal des Faux-monnayeurs*, *RR2*, p. 536. Cité par Walter Benjamin, *ibid.*

19 *Ibid.*, p. 37.

En revendiquant le « refus fondamental du *juste milieu*[20] » de Gide, Benjamin interroge la possibilité d'aborder la dialectique gidienne « non comme une méthode de l'intellect, mais comme le souffle vital et la passion de cet homme ». « Gide ne semble pas vouloir me contredire », écrit Benjamin, « lorsque je conjecture que là est la raison de toutes les incompréhensions et d'un certain nombre d'inimitiés qu'il a rencontrées sur sa route[21] ». Il le peint en passionné qui gère son image de soi.

Dès ce premier entretien, Gide met en avant que son influence sur les générations à venir a incité l'ouverture vers les pays et les langues étrangers[22], et le fait que, déjà à l'époque de son article sur les *Déracinés* de Barrès paru en 1897 dans *L'Ermitage*, il refuse le nationalisme, si ce n'est pour ses leçons de « botanique[23] ». « Apprendre » et « intégrer[24] » seraient les maîtres-mots d'un des « grands éducateurs de la France[25] » qui rappellent Pascal et qui, « malgré toute la malice de sa conversation, malgré cette souveraine ironie », ne peut pas se départir, non pas de l'immoral, mais du « sérieux[26] ».

Dans ce texte, Benjamin mentionne l'ânesse de Balaam de Gide, le romancier Henri Béraud, auquel Gide finit par envoyer une somptueuse boîte de chocolats Pihan avec une carte : « Non, non, je ne suis pas un ingrat[27] », pour développer ce thème dans son deuxième article,

20 *Ibid.*

21 *Ibid.*

22 « Lisez le *Voyage de Sparte* de Barrès, vous comprendrez ce que je veux dire. Ce que Barrès voit en Grèce, c'est la France, et là où il ne voit pas la France, il prétend n'avoir rien vu » (*ibid.*, p. 36). Ou encore : « [...] le fait justement de m'être écarté de ma langue maternelle qui m'avait fourni l'élan nécessaire pour maîtriser une langue étrangère. Dans l'apprentissage des langues, le plus important n'est pas quelle langue on apprend ; abandonner la sienne, voilà ce qui est décisif. D'ailleurs, c'est seulement alors qu'on la comprend vraiment » (*ibid.*, p. 35-36). En citant Louis-Antoine de Bougainville (« Lorsque nous quittâmes l'île, nous l'appelâmes l'île du Salut »), Gide dit : « Ce n'est qu'en quittant une chose que nous la nommons » (*ibid.*). Tout cela devait convenir à l'auteur de « La tâche du traducteur » (« *Die Aufgabe des Übersetzers* »).

23 *Ibid.*, p. 36. Il renvoie à ce fait, comme le mentionne aussi Walter Benjamin, le 23 juillet 1934 (publié dans les *Nouvelles pages de journal (1932-1935)*, Paris, Gallimard, 1936).

24 *Ibid.*, p. 37-38.

25 *Ibid.*, p. 39.

26 *Ibid.*

27 Henri Béraud, en s'opposant à Gide, semble lui avoir rendu le plus grand service. Benjamin précise : « Aux lecteurs des journaux français, Béraud a si longtemps répété que rien n'était plus sot, plus ennuyeux et plus dépravé que les livres de Gide, qu'il a fini par éveiller leur intérêt et que les gens se sont demandé : qu'est-ce donc exactement que cet André Gide que les gens convenables ne doivent lire à aucun prix ? Lorsque, bien des

« André Gide et son nouvel adversaire », avec la figure de Thierry Maulnier, réactionnaire et fasciste « intellectuel », selon lui, et auteur des *Mythes socialistes* parus en 1936 chez Gallimard. Tout en arrivant à des conclusions pertinentes sur la culture fasciste[28] – culture paradoxale parce que relevant de l'esthétisme décadent « en théorie » et s'incarnant « en pratique » comme un art monumental de propagande –, Benjamin fait ressortir les positions réactionnaires de Maulnier, qui accuse Gide d'avoir « trahi » la culture et de l'avoir « livrée » au communisme[29]. En évoquant l'« apologie de la misère » qui traverserait toute son œuvre, il insiste en revanche sur la continuité du développement de la pensée gidienne, continuité qui se donne comme une « évolution » et est confirmée, en tant que telle, par son *Journal*[30].

Cependant, Benjamin reconnaît la multiplicité de son œuvre, tandis que la conclusion de Vučelj pour la Croatie s'avère être pour le moins approximative, quand on se tourne vers la réception elle-même. Le *Retour de l'URSS* et ses *Retouches à mon Retour de l'URSS* sont sortis en trois éditions différentes en Croatie, ce qui demeure un phénomène très rare sur le petit marché éditorial croate.

La première traduction du *Retour*, anonyme, est publiée par Knjižara Ćelap[31] en 1937. L'incitation vient probablement de Miroslav Krleža, que l'éditeur connaît depuis le lycée[32] et qui a, lui aussi, voyagé en URSS et publié son *Excursion en Russie* en 1926[33]. Vu les réactions dans les revues yougoslaves, la publication semble un succès : entre 1936 et

années plus tard, Béraud écrivit dans un nouvel emportement que ce Gide, en plus de tout le reste, se montrait ingrat envers ses bienfaiteurs, l'écrivain, pour désarmer cet âpre reproche, lui envoya une somptueuse boîte de chocolats Pihan. Avec une carte portant ces mots : "Non, non, je ne suis pas un ingrat." » *Ibid.*, p. 32.

28 Voir Philippe Lacoue-Labarthe, Jean-Luc Nancy, *Le Mythe nazi* [1991], Paris, L'Aube, 2016.

29 Walter Benjamin, « André Gide et son nouvel adversaire », *op. cit.*, p. 156.

30 *Ibid.*, p. 154.

31 Les Éditions Knjižara Ćelap ont été fondées en 1918 par Đorđe Ćelap (né à Vinkovci). En 1926, ce dernier va ouvrir une librairie, qui sera confisquée après la Deuxième Guerre mondiale et intégrée aux Éditions Mladost. De 1918 à 1945, *Knjižara Ćelap* va publier une quarantaine de livres, dont la moitié constituent des œuvres littéraires (la littérature française n'est représentée que par trois œuvres : les récits de voyage de Gide, le *Britannicus* de Racine en 1940 et le *Tartuffe* de Molière en 1938).

32 Le premier livre que Ćelap publie est justement *Hrvatska rapsodija* (1918) de Krleža, accompagné de *Kraljevo* et de *Cristoval Colon*.

33 Sur *L'Excursion en Russie*, voir Aleksandar Flaker, *Riječi slika, grad, rat : hrvatske intermedijalne studije*, I, Zagreb, Durieux, 2009, et Maja Vukušić Zorica, « Les pérégrinations de Gide et de Krleža : les Russies ou les lignes de fuite du référent (*Retour de l'URSS*,

1939 paraît une bonne quarantaine d'articles sur Gide, dont trente-trois associés à ses récits de voyage en URSS, la plupart étant des comptes rendus, et quelques-uns traitant de ses prises de position politiques[34].

Quinze ans après cette première traduction, en 1952[35], Nakladno poduzeće Glas rada[36] publie la traduction de ces deux textes par Vladan Desnica[37], écrivain, critique, scénariste et traducteur croate[38]. Cette deuxième traduction semble le fruit des conjonctures sociales et politiques : après la création du Kominform, l'exclusion yougoslave en 1948 et l'épuration « anti-titiste » qui s'ensuit, la Yougoslavie se tourne vers l'Occident économiquement et culturellement, en délaissant l'URSS stalinienne. Gide est intéressant en tant qu'auteur français dont le texte est teinté d'un ton anti-soviétique. La préface de cette nouvelle

---

*Retouches à mon Retour de l'URSS* et *L'Excursion en Russie*) », *Les Cahiers ERTA*, n° 3, 2013, p. 143-159.

34 Voir Ivo Horvat (éd.), *Bibliografija rasprava, članaka i književnih radova.* 1, *Nauka o književnosti*, 1/3 : *Historija stranih književnosti*, Zagreb, Izdanje i naklada leksikografskog zavoda FNRJ, 1959.

35 En 1952-1953, quatre traductions de Gide voient le jour : trois récits de voyage aux implications politiques (*Retour de l'URSS*, *Retouches à mon Retour de l'URSS* et *Voyage au Congo*) et un roman (*Les Faux-Monnayeurs*). Le *Voyage au Congo* a été traduit par Drago Ivanišević et Drago Težak – il s'agit de la réédition du récit de voyage dont la première traduction remonte à 1934. *Les Faux-Monnayeurs* ont été traduits par Dane Smičiklas, et préfacés par Tin Ujević, l'un des écrivains les plus connus de la première moitié du XX^e^ siècle. Ce texte d'Ujević a déjà été publié dans la revue *Republika* (voir Tin Ujević, « André Gide », *Eseji, rasprave, članci*, II, Zagreb, Znanje, 1965, p. 35-45). En 1974, *La Porte étroite* est traduit par I. Klarić *et al.* Entre 1952 et 1977, les éditeurs serbes ont publié dix traductions des ouvrages de Gide. En Croatie, les traductions suivantes voient le jour : *L'Immoraliste* et *La Porte étroite* (1925), *La Symphonie pastorale* (1931), *Le Retour de l'Enfant prodigue* (1932), *Le Voyage au Congo* (1934), *Retour de l'URSS* (1937), *Les Faux-Monnayeurs* (1939).

36 Les récits de voyage gidiens correspondent bien à la politique éditoriale de *Glas rada*, qui était un petit éditeur, dont l'activité comprend, pendant la courte période de son existence (1946-1953), une centaine d'ouvrages, pour la plupart des œuvres littéraires, mais aussi des ouvrages qui traitent les thèmes sociaux et politiques (la révolution, le marxisme, le communisme et le socialisme, l'exil politique en Hongrie, le Kominform, les rapports entre l'Église et l'État, l'autogestion, etc.).

37 En 1953, Desnica écrit un article ironique sur le caractère éphémère de certains écrivains en Europe, où il cite ceux qui affirment que Gide n'est pas moderne, et que l'intérêt a été ressuscité « pour une période courte et assez modestement » par sa mort (Vladan Desnica, « Lađe i galebovi », dans Dušan Marinković [éd], *Hotimično iskustvo : diskurzivna proza Vladana Desnice*, Zagreb, V.B.Z. / SKD Prosvjeta, 2005, p. 103-105).

38 Dans les années 1950 et 1960, Desnica a traduit plusieurs auteurs de l'italien, du russe et du français (Jean Paulhan, Marcel Aymé et Gide). Voir Dušan Marinković, « Biografija Vladana Desnice », dans Dušan Marinković (éd.), *ibid.*, p. 240.

édition confirme l'existence de raisons politiques à cette réédition : l'auteur, Rudi Supek, membre du Parti communiste français, a refusé, en 1948, de prendre ses distances envers Tito lors du conflit yougoslave et soviétique, et il revient en Yougoslavie. Supek considère les positions politiques gidiennes comme celle d'un « intellectuel bourgeois » face au communisme. Il affirme, dans sa préface à la traduction[39], que l'on doit prendre en considération la critique gidienne de l'URSS, quelque imprégnée qu'elle soit de l'individualisme bourgeois, car son anti-soviétisme – et même son anti-marxisme – ne se réduit pas à un anti-communisme sans reste[40]. Le témoignage gidien est conçu comme la condamnation de la forme soviétique, voire stalinienne du communisme, mais non comme la condamnation du communisme en tant que tel.

On pourrait dire que la traduction de Desnica[41], jugée très réussie, fidèle à l'original, est motivée par des raisons politiques, comme le choix du texte et de l'éditeur semble le confirmer. L'exclusion du Parti communiste yougoslave du *Kominform*, en juin 1948 à Bucarest, jugé trop éloigné de la vision soviétique, scelle à la fois l'orientation « anti-titiste » des membres et la volonté de la Yougoslavie de l'époque de se rapprocher de l'Ouest. Gide, avec le regard critique qu'il porte sur l'URSS, était donc dans une position parfaite pour être publié. Or cette hypothèse n'exclut pas l'existence de motifs supplémentaires : Sanja Roić, dans son article sur Desnica et Silone, stipule que le choix de Desnica a probablement été inspiré par l'anthologie de Silone, *Uscita di sicurezza*, parue en 1949 et où figurait justement ce texte de Gide[42]. Deux faits confirment d'ailleurs cette hypothèse complémentaire : dans la bibliothèque personnelle de Desnica, il n'y a pas de livres de

---

39 Rudi Supek, « O A. Gidu i *Povratku* », dans André Gide, *Povratak iz SSSR i Dopune mom Povratku iz SSSR*, trad. de R. Supek et V. Desnica, Zagreb, Glas rada, 1952, p. XXI.

40 *Ibid.*, p. XXIII.

41 Les traductions du cercle culturel de Split ne peuvent pas être définies comme étant le choix des éditeurs, des traducteurs ou d'un tiers. Voir Sanja Šoštarić, « Francuska književnost u prijevodima pripadnika Splitskog kulturnog kruga », dans Drago Roksandić, Ivana Cvijović Javorina (éds), *Desničini susreti 2015 : Split i Vladan Desnica (1918-1945) : umjetničko stvaralaštvo između kulture i politike*, Zagreb, FF, Centar za komparativnohistorijske i interkulturne studije (à paraître).

42 Sanja Roić, « Dva pisca na meti kritike : Desnica i Silone », dans Drago Roksandić, Magdalena Najbar-Agičić, Ivana Cvijović Javorina (éds), *Desničini susreti 2009, Zbornik radova*, Zagreb, Plejada, 2011, p. 105.

Gide[43], et, la même année, en 1952, il publie la traduction du roman de Silone, *Il Pane e il Vino*, chez le même éditeur.

La troisième traduction, celle de Darko Gašparović, fait partie intégrante d'un grand événement dans la réception gidienne en Croatie : la publication des huit volumes d'œuvres choisies de l'écrivain par la maison d'édition Otokar Keršovani en 1980.

Ainsi, ces trois traductions, la première justifiée par les connaissances personnelles de l'éditeur (Krleža) et des mobiles commerciaux (son succès en France), la deuxième, motivée par des raisons politiques (le conflit entre la Yougoslavie et l'URSS), enfin la troisième poussée par des raisons culturelles (le nombre restreint d'œuvres gidiennes disponibles en croate), racontent en filigrane la consécration de l'œuvre de Gide en Croatie, finalement advenue en 1980.

## DE BONIFAČIĆ ET RADICA À KRLEŽA

Entre les deux éditions du *Retour*, celle de 1937 et celle de 1952, il n'y a eu qu'une seule traduction publiée de Gide : celle, en 1939, des *Faux-Monnayeurs* par Antun Bonifačić.

Bonifačić a écrit deux essais, études sur les écrivains français contemporains, Gide et Montherlant, qui ont été publiés dans le livre *Ljudi Zapada*[44]. Eu égard au contexte historique et l'époque, à la fin des années vingt, l'interprétation de Bonifačić est, selon Tomasović[45], bien fondée tout en étant imprégnée de traits individuels ; de plus, comparé avec l'essai sur Montherlant, beaucoup moins connu en Croatie, le texte sur Gide, d'une quarantaine de pages, parvient déjà à cerner la

43 Voir « Popis kućne biblioteke Vladana Desnice », dans Dušan Marinković (éd.), *Hotimično iskustvo. Knj. Druga*, *op. cit.*, p. 251-279.

44 Antun Bonifačić, *Ljudi Zapada, eseji o Andréu Gideu i Henry de Montherlantu*, Zagreb, Tiskara, « Merkantile » (Jutriša i Sedmak), 1929. L'essai sur Gide, son portrait, était déjà sorti dans la revue *Jugoslavenska njiva* en 1925. Le jeune professeur des études romanes et poète, après avoir soutenu sa thèse « Les Éléments romantiques chez Gustave Flaubert » à l'Université de Zagreb en 1924, a fait des études pendant trois ans à la Sorbonne, et a traduit Flaubert, Gide, Montherlant et Malraux.

45 Mirko Tomasović, « Bonifačić o Gideu i Montherlantu », dans Mirko Tomasović, *Slike iz povijesti hrvatske književnosti*, Zagreb, Matica hrvatska, 1994, p. 94.

figure auctoriale. Bien qu'il comprenne juste onze points et tout en ne succombant ni à la tentation du biographisme ni au sensationnalisme journalistique, ce texte constitue une sorte de mini-monographie de l'écrivain. Bonifačić se propose d'y montrer la figure de Gide dans sa totalité, son « évolution » et ses choix spirituels, éthiques, sociaux et esthétiques. Tout comme Benjamin, Bonifačić voit dans ces derniers, non pas une « marche en crochet », « par saccades » de l'esprit gidien, mais de la suite dans les idées et la logique « derrière » ses choix. Il peint le contexte et son initiation à la littérature et met en avant ses auteurs de prédilection : Pascal, Racine, Goethe, Montaigne et Dostoïevski. Il rappelle aussi son rapport avec Nieztsche, Wilde, l'opposition à Barrès, la prise de distances avec Hérédia, la rupture avec Mallarmé, ses amitiés avec Claudel, Jammes, Louÿs, sans oublier d'introduire aussi son amour précoce pour Flaubert qui, selon lui, est synonyme de la totalité artistique, de l'art pour l'art. Dans ce texte, Gide est présenté comme le maître de ce qui est nouveau et libre. Son point de départ serait le principe de vie, et son but lointain le bonheur[46], qui ne peuvent pas être mesurés sur une échelle morale – impossibilité ou difficulté qui font précisément l'objet de sa fascination. Selon Bonifačić, Gide définit l'œuvre d'art, à la suite des parnassiens, comme une synthèse de l'art et de la vie. C'est pourquoi il favorise Gide et Flaubert, au détriment des romantiques, confirmant la veine dite « classique » de la littérature croate comme un *signum temporis*, qui voit dans le « classicisme » le meilleur « modernisme » possible.

Pour son étude sur Gide, Bonifačić lit les auteurs contemporains (Jacques Rivière, Georges Gabory, Roger Martin du Gard, François Mauriac, Charles Du Bos), et quoique Krleža, Ristić et Šrepel[47] aient déjà écrit sur Gide (à l'époque sept de ses œuvres ont été traduites), Bonifačić affirme que les interprétations de l'écriture gidienne sont mutuellement exclusives et contradictoires. Selon lui, le problème des exégètes de cette génération est non seulement « l'absence » d'une clé unique pour lire son œuvre, mais également le fait qu'ils la cherchent. En fait, l'interprétation de Gide souffre d'une certaine conception des études littéraires qui les réduisent à l'étude des thèmes gidiens. Une bonne partie des écrivains de l'époque s'adonnent à la critique dite

46 *Ibid.*, p. 95.
47 *Ibid.*

impressionniste, qui repose sur le principe de l'*Einfühlung* (ils lisent en s'identifiant à l'écrivain).

Or, Bonifačić n'est pas Nathanaël ; il ne s'abandonne pas autant et tient sa distance critique. En nommant Gide « le Grec de l'époque moderne, le rabbin, le maître des âmes affamées, pas satisfaites de la jeune intelligentsia française à travers laquelle ils doivent passer pour trouver la voie vers eux-mêmes[48] », il pose cette question : « Quel est le message de Gide ? » Sa réponse est que le surhomme nietzschéen serait un homme normal, et que l'homme normal serait malade[49]. L'hédonisme serait, selon le critique, une recette occidentale. Quand il met l'accent sur le rapport obsessionnel de Gide au sexe en expliquant que l'écrivain ne peut pas admettre sa propre « anormalité[50] », il essaye de déplacer la position du « normal », moyennant l'idée du surhomme et de la maladie. Il appelle à l'aide Freud et identifie des « tendances perverses » dans le texte gidien, qu'il ne développe pas – modestie oblige. Il le considère comme l'artiste par excellence, et voit en lui l'avatar de la crise spirituelle des intellectuels français, auxquels il attribue des connotations extrêmes de l'« occidentalisme ». Il décèle une tendance gidienne à créer un roman semblable à celui de Dostoïevski – *Les Faux-Monnayeurs* serait « stylistiquement parfait », mais le roman n'atteindrait pas le niveau du roman-fleuve russe[51]. En se référant à une bonne quantité de textes de Gide, depuis *Les Cahiers d'André Walter* jusqu'à *L'École des femmes* et *Montaigne*, publié en 1929, au moment de la rédaction de son étude, Bonifačić insiste sur les traits classiques et moralistes de Gide[52].

À l'encontre de Bonifačić, qui insiste sur le côté « classique » de Gide, Bogdan Radica va lui donner une tout autre allure. Entre 1935 et 1938, Gide va rencontrer plusieurs fois Bogdan Radica, l'un des

48 *Ibid.*, p. 96.

49 *Ibid.*

50 Cette « anormalité » rappellerait la dynamique foucaldienne du « normal » et de l'« anormal », et l'*historicité* des « normaux » et des « anormaux » à l'aube de l'époque moderne. Peut-être la figure foucaldienne la plus proche de Gide serait celle de « l'enfant masturbateur », confiné à l'enfermement, dont la seule « liberté » consiste à écrire quotidiennement sa « lettre de malade », le seul « remède » devant sortir de la pénitence, du repentir, et de l'analyse de ses propres « obsessions » (*cf.* Michel Foucault, *Les Anormaux, Cours au Collège de France, 1974-1975*, Paris, Éditions de l'EHESS / Gallimard / Seuil, « Hautes Études », 1999.)

51 *Ibid.*

52 *Ibid.*, p. 98.

plus illustres représentants du cercle culturel de Split[53]. L'*Agonie de l'Europe* de Radica, publiée en 1940 à Belgrade en cyrillique et en serbe[54], comprend le chapitre sur Gide, « André Gide između večnog odlaska[55] ». L'entrevue de celui-ci avec Radica est l'un des rares textes du livre ayant déjà été publiés en croate, dans le numéro de Noël de la revue *Obzor* de Zagreb, en 1936. Radica affirme que, bien qu'âgé, Gide est toujours travaillé par la curiosité, l'aventure et le mouvement éternel, qu'il est non seulement marqué par la littérature, mais aussi par la vie. Or, Radica conclut que ce dernier n'écrit presque plus, bien que son *Journal* soit publié, de mois en mois, dans *La NRF*[56]. Pour boucler son article, Radica va utiliser ce que Gide lui aurait dit lors de cette entrevue – qu'il n'a plus rien à dire au monde et à l'Europe[57]. Toutefois, le lecteur ne peut échapper à l'impression que Radica joue sur les mots de Gide. Car, selon lui, l'Occident lui-même ne peut plus rien donner d'original, rien d'essentiellement nouveau à l'Europe et au monde[58], car la question majeure de l'Europe est celle de la crise de l'homme[59]. Selon lui, la Nouvelle Europe devrait se fonder sur un personnalisme fraternel et communautaire[60]. Radica nomme Gide un « précurseur du personnalisme », qui travaillerait sur la dernière défense, une défense définitive de l'Occident afin d'instaurer, contre les chaînes barbares et païennes du totalitarisme quel qu'il soit, l'impératif catégorique de

53 Bogdan Radica (Split, 1904–1993), écrivain et publiciste croate, diplomate yougoslave, qui a émigré après 1945 aux États-Unis, où il demeure jusqu'à sa mort. Professeur d'Histoire à Farleigh Dickinson University (New Jersey), il a été très prolifique – sa bibliographie comprend presque deux-mille unités et quatre livres, d'où sa biographie, écrite par Anté Kadić.

54 Bogdan Radica, *Agonija Evrope : razgovori i susreti*, Belgrade, Geca Kon, 1940 ; édition croate : *Agonija Europe : razgovori i susreti*, Disput, Zagreb, 2006. La « (re ?)croatisation » du texte a entraîné une vraie polémique : voir le texte de Nikica Mihaljević, « Agonija 'Disputove' Agonije Europe », dans *Gordogan*, n° 15-18, automne-hiver 2008-2009, année 6-7 (n° 59-62, année 25-26), p. 77-119 et la réponse de Josip Pandurić, l'éditeur de la nouvelle édition (« *Caf caf caf* Radicina nadripisara, Odgovor Nikici Mihaljevicu na gordoganski autodafe nad Disputovom *Agonijom Europe* », dans *Gordogan* n° 19-22 [63-66], hiver-automne 2010, année VIII [XXVII], p. 196-206). Le livre sort à Belgrade en 1994 et en 1995 (deux éditions) ; une quatrième édition a été entamée en 2003, en 2 tomes, mais le deuxième n'est pas sorti.

55 *Ibid.*, p. 167. Le titre dans la nouvelle édition est « Između vječnog odlaska i povratka ».

56 Bogdan Radica, *op. cit.*, p. 179 pour l'édition serbe ; *op. cit.*, p. 134 pour l'édition croate.

57 *Ibid.*, p. 180 ; p. 135.

58 *Ibid.*, p. 187 ; p. 140.

59 *Ibid.*, p. 188 ; p. 141.

60 *Ibid.*, p. 192 ; p. 143.

l'indépendance et de la liberté de la personne humaine. Il considère le récit de son voyage en URSS plus important pour Paris et l'Occident que pour la Russie. Pour lui, Gide est une « figure profondément sincère de l'ascète, du penseur et du mystique[61] ». Il introduit le parallèle avec la *Défense de l'Occident* d'Henri Massis (1927), d'après lui l'exemple parfait d'une pensée occidentale superficielle, limitée de manière typiquement latine et essentiellement sans intérêt, ne comprenant pas le grand drame entre la Russie et l'Europe, le grand drame de l'Occident et l'Orient[62].

L'impératif de l'ouverture de l'Ouest à l'Autre, identifiée chez Gide, se retrouve chez Radica, pour qui l'écrivain français est à la fois un héraut du personnalisme et un défenseur de la liberté de l'homme. C'est ce que va développer dans une perspective différente Miroslav Krleža, en utilisant l'exemple du *Voyage au Congo*.

Krleža écrit « André Gide sur le Congo », publié pour la première fois dans la revue *Hrvatska revija* en 1929[63]. Pour Krleža, chez Gide, face au réel, « l'illusion équatoriale romantique se transforme en une jungle cruelle et sanglante pleine de caoutchouc où meurent des esclaves tatoués[64] » craignant la moindre réaction de « l'Européen ». Dès lors, il lui fait porter le fardeau identitaire de l'Européen privilégié, qui ne peut qu'*imaginer* – et d'une façon décidément insuffisante – le malheur des colonisés. Or, quoiqu'il exprime ses réserves par rapport à l'esthétisme gidien, « l'Ordre », « l'Harmonie », « la Culture des valeurs spirituelles », Krleža, du point de vue de son propre engagement, voit avec sympathie l'écrivain qui, au lieu du « rêve équatorial scintillant au clair de la lune », vit l'enfer raciste. Il parle d'un coup de théâtre, de la transformation de l'esthète d'une soixantaine d'années,

61 *Ibid.*, p. 184 ; p. 138.

62 *Ibid.*, p. 183 ; p. 138. Au déferlement des critiques s'ajoute celle de René Guénon, tirée de *La Crise du monde moderne* (Paris, Bossard, 1927), qui fait ressortir les contradictions confirmant que l'insurrection contre le monde moderne ne peut pas réussir, si l'on ne sait pas précisément contre quoi se battre. Massis, à l'encontre de Gide, dit vouloir se battre contre l'Orient, mais ne fait que critiquer ses fantaisies pseudo-orientales et ses propres théories occidentales, qui se répandent sous des étiquettes louches, et qui ne sont pour lui que l'un des nombreux produits du déséquilibre de l'époque contemporaine (René Guénon, *Kriza modernog svijeta*, Zagreb, Fabula nova, 2005, p. 129).

63 Miroslav Krleža, « André Gide o Kongu », dans Miroslav Krleža, *Rainer Maria Rilke, eseji i članci*, I, Sarajevo, NIŠRO « Oslobođenje », 1979, p. 201-209 (précédemment publié dans *Hrvatska revija*, II/1929 [IX], n° 9, p. 540-543, et Miroslav Krleža, *Eppur si muove, studije i osvrti*, Zagreb, Biblioteka nezavisnih pisaca, 1938).

64 *Ibid.*, p. 203.

du « solipsiste Européen typique » qui écrit « pour soi » et qui, tout imbibé de nature, contemple le paysage avec La Fontaine à la main[65], en un homme qui, face à ce Congo devenu dépôt mortuaire[66], vision d'horreur, de sang et de violence, « doit parler ». Krleža rappelle le cas de Richard Huelsenbeck, l'un des fondateurs du dadaïsme, qui, après avoir « oublié les non-sens dada », écrit de bons récits de voyage dans le sillage de la *Neue Sachlichkeit*[67]. En voyageant en tant que chirurgien de marine sur le bateau d'une compagnie maritime de Hambourg, ce dernier écrit *Afrika in Sicht* qui, selon Krleža, reflète que les prises de position de ce dernier, dégoûté par le « progrès » amené en Afrique, sont quelque peu extrêmes, « dada[68] ».

L'article de Krleža sur Gide montre, non pas ses propensions littéraires, mais ses positions sociales. Écrit dans le style de la critique impressionniste, avec un clair engagement émotif, mais dont la composition est plutôt ébouriffée, s'éloignant des usages du compte rendu, ce texte lui offre l'occasion de constater que le récit de voyage de Gide met en avant son inaptitude à s'occuper des questions sociales des colonisés de manière compétente. Si Krleža regarde positivement l'évolution du parcours gidien, il accuse néanmoins l'écrivain d'appartenir à la classe qui ne pourrait jamais comprendre le colonialisme. Pourtant, tout en l'accusant de se perdre devant la masse des questions concrètes, et en qualifiant son « excursion dans l'engagement » d'échec, il va quand même « racheter » Gide[69]. Faisant foi au pouvoir visionnaire de l'appel poétique, Krleža considère la volte-face (*voltafaccia*) de Gide comme un geste de révolte et comme une « déception sanglante » personnelle en confirmant la valeur de son témoignage sur le « chaos politique, moral, colonial et impérialiste contemporain[70] ».

65 *Ibid.*, p. 204.

66 *Ibid.*, p. 205.

67 La « Nouvelle Objectivité » est un courant artistique en Allemagne, apparu dans les années 1920, qui succède à l'expressionnisme et en découle en partie (dans la peinture, comme une réaction à l'art abstrait). Ce courant est caractérisé par un retour au monde des *realia*, qui ne passent pas au travers du prisme du sujet écrivant, et représente le réel sans fard.

68 Miroslav Krleža, « André Gide o Kongu », *op. cit.*, p. 206.

69 Vers la fin de l'article, Krleža va considérer Gide comme « perdu » et sans talent pour cette sorte d'exploits, ce qui l'amène à une réflexion sur la question du talent, toujours ouverte selon lui.

70 *Ibid.*, p. 207.

En rappelant que Gide a toujours écrit pour ceux qui vont venir, avec le désir de « durer », Krleža dit aussi qu'il lui préfère les journalistes, dont la voix s'entend immédiatement, tout en étant également destinée à disparaître dès qu'elle se fait entendre[71]. De plus, « ce monsieur conservateur », déprimé moralement et politiquement, déçu que ses lettres en Afrique ne comptent pas, déçu de ne pas avoir d'influence[72], est pour le critique le « représentant le plus typique d'un latinisme pur, fermé et ancien[73] » pour qui, outre les légendes de La Fontaine, il y existe aussi celle de l'Afrique sanglante[74]. En introduisant le commentaire de Raymond Poincaré à la mention du nom de Gide[75] (que Poincaré a cité d'après J. Bückler), selon lequel les romanciers n'ont pas de pertinence politique, Krleža termine son article sur le constat que ces romanciers, écrivant pour la postérité et essayant d'éclairer leur propre époque, mais ne pouvant en même temps rien dire de positif sur le colonialisme, ne font que confirmer le constat de Poincaré lorsqu'il commente la politique coloniale.

71 *Ibid.* Il faudrait se rappeler ses mots du *Journal* : « J'écrivais : "J'appelle journalisme tout ce qui intéressera demain moins qu'aujourd'hui." Aussi rien ne me paraît plus absurde à la fois et plus justifié que ce reproche que l'on me fait aujourd'hui de n'avoir jamais su *m'engager.* Parbleu ! Et c'est bien par où diffèrent le plus de nous les leaders de la nouvelle génération, qui jaugent une œuvre selon son efficacité immédiate. C'est aussi bien à un succès immédiat qu'ils prétendent ; tandis que nous trouvions tout naturel de demeurer inconnus, inappréciés et dédaignés jusqu'à passé quarante-cinq ans. Nous misions sur la durée, préoccupés uniquement de former une œuvre durable, comme celles que nous admirions, sur lesquelles le temps n'a que peu de prise et qui aspirent à paraître aussi émouvantes et aussi actuelles demain qu'aujourd'hui. Toutefois, lorsque besoin était de *témoigner*, je n'avais nullement craint de m'engager ; et Sartre le reconnaissait avec une bonne foi parfaite. Mais les *Souvenirs de* [*la*] *cour d'assises*, non plus que la campagne contre les *Grandes compagnies concessionnaires* du Congo, ou que le *Retour de l'URSS* n'ont presque aucun rapport avec la littérature. » *J2*, 19 janvier 1948, p. 1057-1058.

72 Miroslav Krleža, art. cité, p. 206.

73 *Ibid.*, p. 207.

74 *Ibid.*

75 *Ibid.*, p. 208.

## GIDE L'EUROPÉEN
## OU SUR LE « PARTAGE DES VOIX »

> … bref, […] j'avais « tendu mes filets trop haut », comme disait Stendhal ; beaucoup trop haut. Mais les poissons-volants sont les seuls qui m'intéressent ; et, pour capturer des bancs de sardines, merlans ou maquereaux… j'aime autant en laisser le profit à d'autres. Je n'écris que pour ceux qui comprennent à demi-mot[76].

Pour essayer de cerner la question de la réception de Gide en Croatie, il faudrait rappeler la réponse « Gide et nous » d'Auguste Anglès dans les *Entretiens sur André Gide*[77], où il affirme que c'est l'ouverture de ce « classique » vers le social – vers le colonialisme et le communisme – qui est *événement*[78]. Ainsi, depuis ses *Souvenirs de la cour d'assises* (1914), qui commencent précisément par cette phrase : « Sans doute ces questions sont "dans l'air[79]" », Gide décline à la fois l'actualité et l'inactualité[80], bien que son *Journal* et l'histoire entretiennent des rapports difficiles depuis le début, comme l'a montré Éric Marty[81]. À ce propos, Anglès met en valeur la *tonicité* de Gide, celle « qu'on lui trouve lorsqu'on

76 *J2*, 23 juin 1930, p. 209-210.

77 Auguste Anglès, « Gide et nous », dans Marcel Arland et Jean Mouton (éds), *Entretiens sur André Gide*, Paris, La Haye, Centre culturel international de Cerisy-la-Salle, Mouton & Co, 1967, p. 243-264.

78 Anglès affirme que, « déjà, autour de 1938, quand on a commencé à parler de Sartre, quand on s'est mis à parler de la littérature engagée (le mot d'engagement est né dès ce moment dans le groupe "Esprit"), on a senti un certain décrochage de Gide par rapport à l'actualité. Cependant, la publication du *Journal*, en 1939, préparé par Gide lui-même (et transgressant en quelque sorte le journal *intime* comme genre, en reposant la question de l'adresse), a donné une sorte de relance à la présence de Gide : pendant les années d'occupation, le *Journal* se vendait au marché noir comme le beurre ou le beefsteack, et c'est assez exceptionnel pour une œuvre littéraire. » *Ibid.*, p. 250.

79 Appendice à *Souvenirs de la cour d'assises* [1913], *SV*, p. 63.

80 Voir Daniel Sangsue, « Actualité et inactualité chez le *contemporain capital* » dans Gilles Bonnet, *L'Inactualité : La littérature est-elle de son temps ?*, Paris, Hermann, « Savoir. Lettres », 2013, p. 95-108. Et Gide de préciser : « *Actuel*, à vrai dire je ne cherche pas à l'être, et, me laissant aller à moi-même, c'est bien plutôt *futur* que je serais. » *Journal des Faux-monnayeurs* [1926], *RR2*, p. 523. Rappelons aussi le constat de Georges Poulet qui affirmait que « ce que Gide enseigne encore merveilleusement, c'est à nous détacher de l'*actualité* pour nous retrouver dans l'*actuel*. » Georges Poulet, *Revue neuchâteloise*, n° 46 : *Gide en 1969*, printemps 1969, p. 10 et 16 ; cité dans Daniel Sangsue, art. cité, p. 108.

81 Voir Éric Marty, *L'Écriture du jour. Le* Journal *d'André Gide*, Paris, Seuil, 1985.

marche avec lui dans toutes les directions à la fois[82] », en confirmant de la sorte le caractère d'« inquiéteur[83] », et l'actualité de l'écrivain, les mêmes dont il s'agit chez Frank Lestringant[84]. Cette « paternité sans repos, cet anti-quiétisme », tel que l'appelle Anglès et qui conjugue « un usage gauchissant (pas gauchissant au sens politique !) des mots[85] », Gide se l'approprie dans une lettre à Mauriac, publiée dans *La NRF*, qu'il signe « Votre ami d'extrême milieu[86] ». Cette signature souligne son refus du « juste milieu » qui, dans l'une de ses interprétations, pourrait sous-entendre une certaine résignation à ne pas agir. Cette formule est donc également une appropriation de la position d'inquiéteur qui fait appel à l'action, à la *tonicité*, à la voix, qui est toujours aussi sociale, et donc éminemment politique. En tout cas, cette tonicité, qui détermine aussi les fluctuations de son influence en France, car chez Gide « la déclaration est toujours rectification » (« il se refuse à la facilité des *extrêmes extrêmes* », tout en courant le danger, « de ne plus sentir la tension de cette attitude et d'en faire un *juste milieu*[87] ») ne menace pas son accueil favorable en Croatie.

Or, Gide, « l'homme occidental », n'y est ni un esthète ni un dandy. Il n'est ni un « socialiste » d'*apparatchik* ni un « révolutionnaire ». La figure gidienne y conjugue toutes les facettes d'un « contemporain capital » non accablant, d'un intellectuel qui ne veut pas faire école, d'un écrivain qui promet un engagement tout *autre*, bref d'un Européen qui, à travers ses différentes lectures et traductions de ses œuvres finit par poser la question de la pluralité d'imaginaires et de lectures, voir de la réception de son image et de ces textes : quel Européen pour quels Européens ?

Gide « l'Européen » en Croatie pourrait être donné comme l'exemple de la façon dont le *performatif* derridien hanterait toujours le *constatif*, relevant « l'itérabilité », la « citationnalité » du signe, qui, d'ailleurs,

82 Auguste Anglès, *op. cit.*, p. 256.

83 Caractère dont plusieurs textes font état, de *L'Inquiète paternité* de Jean Schlumberger jusqu'aux *Nouveaux prétextes*, dans lequel Gide lui-même note cette phrase d'Anatole France (*Le Jardin d'Épicure*, 6e édition, Paris, Calmann-Lévy Éditeur, 1895) : « Une chose surtout donne de l'attrait à la pensée des hommes, c'est l'inquiétude. » André Gide, « Journal sans dates », II, *Nouveaux prétextes*, Paris, Mercure de France, [1918], p. 166.

84 Frank Lestringant, *André Gide l'inquiéteur*, Paris, Flammarion, « Grandes biographies », 2 t., 2011 et 2012.

85 Auguste Anglès, *op. cit.*, p. 260.

86 André Berge se l'approprie à sa suite (*ibid.*, p. 262-263).

87 Nous réprenons ici les mots de Auguste Anglès et d'André Berge. *Cf. ibid.*

explique son pouvoir performatif ; c'est la recontextualisation nécessairement toujours nouvelle qui entraîne toujours un décalage[88]. Autrement dit : si, selon Benjamin, la dialectique est l'approche gidienne par excellence, l'accentuation des oppositions qui travaillent son œuvre et que la plupart des exégètes gidiens mettent en valeur, ferait oublier le rapport, la médiation et l'échange entre sujets qui adviennent grâce et à travers l'œuvre littéraire. Toute étude sur l'accueil des écrivains à l'étranger ne devrait pas, par conséquent, se réduire uniquement à un « exotisme » qui accentuerait l'« extériorité » de ce partage. Comme le dit Jean-Luc Nancy, il faudrait analyser l'« entre », le moment de l'extériorité « valant effectivement de manière essentielle, et si essentielle qu'il ne se rapporte plus à aucun "moi", ni individuel, ni collectif[89] ». Cette médiation elle-même annoncerait une herméneutique qui articule le partage des voix, et ce qui se communique serait une manière d'être hors de soi, avec l'autre. Ainsi l'herméneute ne devrait-il pas définir *ce qui* est dit, mais faire voir son désir de dire. Les exégètes croates ont essayé de le faire – de Bonifačić (classicisme teinté d'hédonisme) à Krleža (colonialisme) en passant par Radica (personnalisme), en saisissant de la sorte le défi que Gide formule ainsi : « Je n'écris que pour ceux qui comprennent à demi-mot[90]. » Ces trois-là semblent avoir su repérer moins le bruissement que le chuchotement de la langue gidienne, car ils y dévoilent, chacun à sa manière et de façon presque opposée, l'invocation gidienne de la liberté – moins dans un sens sartrien que dans celui d'un « passer outre » qui révèle les paradoxes qui épaississent son œuvre.

Le message d'*Ion* de Platon, selon Nancy, est que ni l'auteur ni le commentateur ne sont maîtres du sens ; que le sens, en un mot, n'est pas « appropriable » ; qu'il ne préexiste pas à l'*hermeneia*, pas plus qu'il n'y advient à la fin, car « *nous* sommes le sens, dans le partage de nos voix[91] ». Dès lors que l'on prend acte de l'altérité *du* sens (et non d'un sens venant de l'autre), l'autre, dans l'entretien, ne peut jamais être compris ni signifié, mais seulement annoncé[92]. Aussi l'herméneutique devient-elle communication dans le sens non plus de transmission ou

---

88 Jacques Derrida, *Limited Inc*, Paris, Galilée, 1990.

89 Jean-Luc Nancy, *Être singulier pluriel*, Paris, Galilée, « La Philosopie en effet », 1996, p. 49-50.

90 *J2*, 23 juin 1930, p. 210.

91 Jean-Luc Nancy, *Le Partage des voix*, Paris, Galiée, « Débats », 1982, p. 83.

92 *Ibid.*

d'expression, mais d'un rapport à la « limite », rappelant la logique de Bataille[93], de l'extrême ouverture paradoxale, nietzschéenne, quelque étrange que l'évocation de ce nom puisse paraitre ici. Gide semble suivre le précepte de Rilke : « Je ne peux penser plus heureux savoir / que cet unique-ci : / qu'il faut devenir un initiateur. / Un qui écrit le premier mot derrière un / séculaire / tiret[94]. » Gide affirme : « Je ne cherche pas à être de mon époque ; je cherche à déborder mon époque[95]. » Et il le fait toujours, survivant aux interprétations des critiques croates. Précurseur des approches non seulement dites « modernes », mais même « postmodernes » dans le domaine des *postcolonial*, des *queer* et même des *gender studies* à travers la lecture *ironique*, présente en germe dans les motifs chez Bonifačić, Radica et Krleža, Gide jette le gant à la figure des exégètes postmodernes, car, face à la postmodernité, il est moderne, et face à la modernité, il est postmoderne. La facilité de l'épithète d'un charme désuet ne fait que mettre en valeur un fait simple : Gide demeure irréductible et là gît son possible.

Maja VUKUŠIĆ ZORICA
Université de Zagreb (Croatie)

93 Georges Bataille, *L'Expérience intérieure*, Paris, Gallimard, « Les Essais », 1943.
94 Rainer Maria Rilke, *Notes sur la mélodie des choses*, Paris, Allia, 2008, p. 9.
95 *J1*, 18 avril 1918, p. 1063.

# ANDRÉ GIDE ET LA REVUE *LA VOCE* (1908-1916)

## Histoire d'un rapport européen

> J'ai gardé de Florence un trop merveilleux souvenir pour ne point désirer y revenir [...]. Que devient Vannicola ? Vous me feriez grand plaisir en m'écrivant quelques nouvelles de vous, de lui et de *La Voce*[1].

C'est au début du XX^e^ siècle qu'on situe la naissance des rapports d'André Gide avec *La Voce*, revue culturelle et littéraire de grande importance dans le contexte du renouveau et du développement de la littérature italienne. Dans le présent article, on essaiera de parcourir la chronologie des liens établis par Gide avec le groupe d'intellectuels qui animent la revue, ainsi que les rapports personnels qu'il noue avec certains d'entre eux en particulier. Parmi ces rapports, nous nous concentrerons notamment sur le rapport avec Giuseppe Vannicola : ami de Gide, personnalité excentrique, on lui doit le seul article entièrement consacré à l'écrivain dans les colonnes de *La Voce.*

Tout d'abord, il est utile d'esquisser un « état de l'art » de la réception d'André Gide en Italie dans les années qui font l'objet de notre réflexion. Son œuvre est lue par le public italien à partir des toutes dernières années du XIX^e^ siècle. C'est en 1895 que, d'après la *Bibliographie de Gide en Italie* d'Antoine Fongaro[2], son nom est cité pour la première fois dans la presse italienne. Après cette date, les occurrences se multiplient : dans un premier temps, Gide n'est cité que dans le cadre d'articles généraux consacrés à la littérature française ; mais bientôt, une place lui est accordée à plein titre dans les pages de la presse, qui

1 Lettre d'André Gide à Giovanni Papini du 7 juin 1912, dans Alain Goulet, *Giovanni Papini, juge d'André Gide*, Sainte-Foy-les-Lyon, Centre d'études gidiennes, Université Lyon II, 1982, p. 50.

2 Antoine Fongaro, *Bibliographie de Gide en Italie (1895-1963)*, Florence, Institut français de Florence, 2000.

publie désormais des fragments de ses œuvres. Bien qu'il faille attendre 1920 pour que la première traduction intégrale d'un de ses ouvrages paraisse (*Le Prométhée mal enchaîné*[3]), l'intérêt que les intellectuels italiens des deux premières décennies du siècle lui portent est évident. Dans les revues italiennes, les annonces de parution des œuvres de Gide, ainsi que les articles critiques et les recensions, suivent de près la sortie des ouvrages en France. Les libraires les proposent dans leurs catalogues. Et si la traduction de ses textes peut sembler relativement tardive, il ne faut pas oublier, comme le rappelle Fongaro, « qu'avant 1920 tout Italien cultivé connaissait la langue française[4] ». Pour recadrer de manière équilibrée la réception de l'œuvre d'André Gide en Italie, il faut donc tenir compte du fait qu'il y avait un public francophone qui accédait à ses ouvrages, sans avoir à attendre les traductions. Mais qui était le public d'André Gide ? Sans doute les jeunes intellectuels qui animaient bon nombre de revues culturelles et littéraires florentines nées entre la fin du XIX^e^ et les dix premières années du XX^e^. On le déduit en lisant les références à Gide dans les articles, recensions, critiques, annonces parus dans les pages de ces revues : une moyenne de quatre références par an entre 1895 et 1920, exception faite des années de la Grande Guerre[5] ; ce chiffre n'est pas à minimiser, surtout en tenant compte du fait qu'il s'agit de l'arc temporel durant lequel ses œuvres n'ont pas été encore traduites en italien.

## « UN MYTHE LITTÉRAIRE » : LA REVUE *LA VOCE*

L'entrée de Gide en Italie se fait donc par la voie des revues. C'est pendant ses fréquents passages et séjours à Florence – presque une dizaine – au tout début du siècle qu'André Gide prend contact avec le milieu de *La Voce*, revue fondée en 1908 par Giuseppe Prezzolini et

3 André Gide, *Il Prometeo male incatenato*, Firenze, Vallecchi, 1920 ; la traduction est de Giovanni Papini. Avant cette date, il n'y a que des traductions fragmentaires, à l'exception de *In memoriam. Oscar Wilde*, traduit par Giuseppe Vannicola en 1907.

4 Antoine Fongaro, *op. cit.*, p. 15.

5 Aucune citation durant les années de guerre 1916, 1917 et 1918.

Giovanni Papini et qui paraît jusqu'en 1916. Il entame une correspondance régulière, débouchant parfois sur de véritables amitiés avec certains des écrivains qui animent la revue, notamment Giuseppe Vannicola, Giovanni Papini, Giuseppe Prezzolini. Ces liens commencent à se tisser entre 1907 et 1908 : André Gide a donc vécu l'expérience de *La Voce* dès ses premiers pas.

En 1960, Giuseppe Prezzolini écrira, en repensant aux expériences littéraires de sa jeunesse florentine : « Le *Leonardo*, et surtout *La Voce*, sont devenues un *mythe littéraire*[6]. » De nombreuses revues naissent à Florence aux alentours de 1900, en faisant de la ville toscane une véritable capitale culturelle. Citons par exemple *Il Marzocco* (1897-1930), avec qui Gide entre aussi en relation[7] et qui sera l'un des modèles de *La Voce* ; ou bien *Leonardo* (1903-1907), revue fondée par Papini et Prezzolini, donc prédécesseur direct de *La Voce*. Ces revues, qui proposent un renouvellement culturel et social de l'Italie, deviennent non seulement un lieu de débat fondamental à l'intérieur du pays, mais aussi l'espace de présentation au public italien de plusieurs auteurs étrangers inconnus ou méconnus à l'époque[8] ; et également, à l'inverse, la voie d'ouverture vers l'extérieur d'une réalité italienne qui est, très souvent, encore très provinciale et viciée par un régionalisme borné. Parmi toutes ces revues, *La Voce* acquiert une place de choix.

Dans un premier temps, *La Voce* n'est pas conçue comme une revue littéraire : elle se veut avant tout une « revue d'idées » – comme Prezzolini lui-même la définit[9] – qui a pour but de « [c]ollaborer sérieusement au progrès pratique et théorique de la culture italienne [...], d'informer, sans trop de manies de nouveauté, sur ce qui se fait de mieux à l'étranger ; [...] de nous occuper de la crise morale des universités italiennes ; de signaler les œuvres dignes d'être lues et de commenter la lâcheté de la

---

6 Giuseppe Prezzolini, *Il Tempo della Voce*, Milano-Firenze, Longanesi-Vallecchi, 1960, p. 11 : « *Il* Leonardo, *e soprattutto* La Voce, *son diventate un* mito letterario. » [Sauf indication contraire, la traduction de l'italien est la mienne.]

7 *Cf.* André Gide, « À Naples. Reconnaissance à l'Italie », *Bulletin des Amis d'André Gide*, n° 32, 1976, p. 13 : « C'était l'époque glorieuse du *Marzocco*, qui m'accueillit à bras ouverts, en tant que représentant français de la culture. »

8 Les revues italiennes du début du siècle étaient très attentives à ce qui se passait à l'étranger dans le domaine littéraire, philosophique ou artistique, elles rendaient compte en Italie des nouvelles parutions, ainsi que de l'activité des auteurs étrangers. On peut citer par exemple l'intérêt de *La Voce* pour Charles Péguy ou Romain Rolland.

9 Giuseppe Prezzolini, *op. cit.*, p. 11.

vie contemporaine[10] ». Prezzolini rassemble de jeunes intellectuels italiens autour des problèmes sociopolitiques de l'Italie, en leur rappelant leur rôle de guide moral du pays, et en leur demandant des analyses et des solutions, à encadrer dans le contexte européen. Comme l'écrit Maurice Aymard dans la préface aux actes du colloque La Voce *e l'Europa*, « son but, à travers l'Europe, était celui de réinventer l'Italie, ou de construire une Italie différente[11] ». Ou bien, en reprenant les mots de Giovanni Papini dans le premier numéro de la revue, pour ce qui concerne le domaine de la culture, « il s'agit de rendre à l'Italie non seulement le contact avec la littérature européenne, mais aussi la conscience historique de sa propre culture, qui est une partie importante de la culture européenne[12] ». Dans *La Voce*, on remarque une coexistence surprenante de nationalisme et de cosmopolitisme, duplicité qui s'exprime dans la double voie de la valorisation de l'Italie et du regard attentif aux tendances européennes. Cette duplicité s'applique à la littérature, que *La Voce* va bientôt intégrer parmi ses centres d'intérêt. La revue devient donc, d'un côté, le lieu des premières publications de plusieurs auteurs parmi les écrivains italiens du XX^e^ siècle, ainsi que d'une action de valorisation du renouveau de la littérature italienne ; de l'autre côté, *La Voce* est un instrument d'échange avec les diverses littératures européennes. Ce caractère à la fois nationaliste et profondément européiste de *La Voce* nous rappelle ce qu'André Gide notera dans son *Journal* en 1916 : « [il s'agit de] "*culture* européenne", qui comporte une participation des diverses littératures de notre vieux monde, chacune puissamment individualisée. Et seule la particularisation de chaque littérature, seule sa nationalisation, permettrait l'européanisation de la culture[13]. »

---

10 Giuseppe Prezzolini, « La Nostra promessa », *La Voce*, I, n° 2, 27 décembre 1908, p. 5 : « *Collaborar seriamente al progresso pratico e teorico della cultura italiana,* [...] *di informare, senza troppa smania di novità, di quel che di meglio si fa all'estero ;* [...] *occuparci della crisi morale delle università italiane ; di segnalare le opere degne di lettura e di commentare la viltà della vita contemporanea.* »

11 Maurice Aymard, « Introduzione », dans La Voce *e l'Europa : il movimento fiorentino de La Voce dall'identità culturale italiana all'identità culturale europea*, éd. Diana Rüesch et Bruno Somalvico, Roma, Presidenza del Consiglio dei Ministri, Dipartimento per l'informazione e l'editoria, 1995, p. 18 : « *Il suo scopo, attraverso l'Europa, era quello di reinventare l'Italia o di costruire un'Italia diversa.* »

12 Giovanni Papini, « L'Italia risponde », *La Voce*, I, n° 1, 20 décembre 1908, p. 1-2 : « *Si tratta di ridare all'Italia non soltanto il contatto con la cultura europea ma anche la coscienza storica della cultura sua, ch'è pur tanta parte della cultura europea.* »

13 *J1*, 9 octobre 1916, p. 965.

Les intérêts de la revue se tournent, donc, vers l'Europe, et notamment vers la France. Comme l'écrit Emilio Gentile, « dans le cosmopolitisme européen de *La Voce*, la France eut toujours un rôle prééminent, suivie, étudiée, imitée, citée de façon continue, destination de pèlerinages fréquents, [...] alliée idéale[14] ». Dans les pages de la revue dirigée par Giuseppe Prezzolini, la présence de la France est massive : le monde culturel français représente pour ces auteurs un point de référence, un exemple incontournable auquel se confronter.

## LE « PREMIER COMPAGNON SUR CETTE TERRE ITALIENNE » : GIUSEPPE VANNICOLA

En 1907, Giuseppe Vannicola écrit à Gide à l'occasion de la traduction et de la publication du souvenir de Gide sur Oscar Wilde[15] : il s'agit de la toute première traduction d'un texte de Gide en italien. Par la suite, Vannicola se propose de traduire d'autres textes gidiens en italien, idée que l'écrivain accueille avec grand enthousiasme :

> L'hiver prochain, à peu près tous mes livres auront paru en langue allemande. Aucun en langue italienne. Et cela m'attristait fort, m'attristerait encore, si je ne devais à cette attente le joyeux espoir d'être aujourd'hui traduit par vous. Votre proposition me cause un vif plaisir. Que traduire d'abord ? – Sans doute *L'Immoraliste* si vous n'êtes pas effrayé de la longueur de cette tâche [...] celui de mes livres qui a le plus de chance d'être compris d'abord pour un public qui ne me connaît pas encore et que déconcerterait un premier contact avec les *Nourritures*, *Paludes* ou *Prométhée.* [...] Oui, *L'Immoraliste* – ou peut être *Le Roi Candaule* si la représentation qu'on doit donner à Berlin cet hiver[16] a quelque chance d'attirer l'attention sur ce drame. [...]

---

14 Emilio Gentile, « Italianismo e umanismo. Le ambivalenze de *La Voce* », en introduction à La Voce *e l'Europa : il movimento fiorentino de* La Voce *dall'identità culturale italiana all'identità culturale europea*, *op. cit.*, p. 31 : « *Nel cosmopolitismo europeo de* La Voce*, in realtà ebbe sempre un ruolo preminente la Francia, seguita, studiata, imitata, citata continuamente, periodica meta di pellegrinaggio* [...] *alleata ideale.* »

15 En 1907, Giuseppe Vannicola publie la traduction italienne de *Ballad of Reading Gaol* d'Oscar Wilde, précédée par la traduction des souvenirs de Gide sur l'auteur (*cf.* Oscar Wilde, *La Ballata della prigione di Reading*, trad. de G. Vannicola, Roma, Bernardo Lux, 1907).

16 *Le Roi Candaule* est mis en scène à Berlin le 9 janvier 1908.

Ce après quoi Gide tient à preciser :

> Enfin, vous choisirez ce qui vous plaira le plus. Car ceci m'importe avant tout, c'est que vous me traduisiez avec plaisir ; n'est-ce pas la condition *sine qua non* d'une bonne et belle traduction ? Or, il importe que je sois bien traduit, car vous l'avez senti – n'est-ce pas ? – sans la forme l'âme est absente.
>
> Cette « forme » est souvent chez vous comme chez moi « musicale » et cela me donne bon espoir[17].

Malheureusement, le propos de Vannicola n'aboutira pas à d'autres traductions, mais les deux écrivains resteront en contact, en échangeant des lettres remplies d'affection[18]. En 1909, Vannicola organise une conférence de Gide à Rome[19] ; en 1912, un article de Vannicola au sujet de Giovanni Pascoli est publié dans *La Nouvelle Revue française*[20]. Le 10 août 1915, Vannicola meurt soudainement à Capri ; Gide se souviendra de lui comme de son « premier compagnon sur cette terre italienne si belle[21] ». Personnalité excentrique, mélancolique, désenchantée, avec un « air maudit » très différent du sérieux des « moralistes *vociani* », Vannicola est un exemple parfait de la pluralité des voix qui enrichissent la revue. Dans son *Journal*, Gide en laisse ce célèbre portrait : « Vannicola ; sa face de tendre Pulcinello ; sa manie, quand il paie, de garder pour lui le cuivre et de laisser en pourboire l'argent. Noué comme un cep ; amoureux comme un pampre[22]. »

C'est à Vannicola qu'on doit le seul article entièrement consacré à Gide, ainsi que son intervention directe avec une lettre dans les pages

17 Lettre d'André Gide à Giuseppe Vannicola, non datée (1907), dans Alain Goulet, *op. cit.*, p. 57-58.

18 Par exemple, Vannicola implique Gide dans ses soucis conjugaux, lorsqu'il vient de se séparer de sa femme, Olga de Lichnizki, une aristocrate russe. Gide en parle aussi dans une lettre à Maria et Théo van Rysselberghe : « Votre carte a profondément touché Vannicola, pour qui ma sympathie grandit de jour en jour. C'est une admirable nature... le malheureux ! Je commence à croire que madame L[ichnizki] a usurpé son titre. » Lettre du 29 mars 1909 dans André Gide, Maria van Rysselberghe, *Correspondance (1899-1950)*, éd. Peter Schnyder et Juliette Solvès, Paris, Gallimard, « Les Cahiers de la NRF », 2016, p. 276.

19 Au sujet de *Dostoïevski d'après sa correspondance.*

20 Giuseppe Vannicola, « Giovanni Pascoli », *La Nouvelle Revue française*, IV, n° 41, 1er mai 1912.

21 André Gide dans Cerio Edwin, Giuseppe Vannicola, *Vannicola : ultimo bohémien d'Italia*, Napoli, Gaspare Casella, « Le Pagine dell'isola : collezione bibliografica di letteraturea caprense », 1923, p. 15.

22 *J2*, novembre 1912, p. 348.

de la revue. C'est donc grâce à lui que les pages de *La Voce* bénéficient de sa présence aux deux occasions suivantes : en 1912, il publie dans *La Voce* un long article intitulé « André Gide ». Il s'agit de l'un des premiers articles en italien qui analysent l'œuvre et la personnalité de Gide, écrit avec une habileté critique raffinée, soulignant les caractères de l'écriture gidienne qui ont su charmer le milieu de la revue florentine. Le premier caractère qu'il souligne est la tendance au déracinement, à l'évasion, aussi bien au niveau biographique, qu'au niveau littéraire et stylistique :

> André Gide est un navire d'humeur vagabonde, toujours prêt à hisser la voile vers une nature exotique. Rien n'arrive à le retenir. Même chacun de ses livres est une évasion du livre précédent. [...] Pour qualifier son œuvre, il n'existe pas d'épithète définitive [...]. Il est un « voyage » continu vers l'imprévu et dans lequel l'auteur porte avec soi ses biens « comme les femmes de l'Orient pâle, sur elles, leur complète fortune[23] ».

La citation, tirée des *Nourritures terrestres*, représente bien ce que Vannicola veut exprimer à propos de Gide : l'écrivain refuse l'appartenance *a priori* à une catégorie, il construit son identité à travers la confrontation au monde ; son œuvre est une recherche continuelle qui explore toute possibilité expressive. Il a en lui une complexité dont les éléments ne se dispersent pas au long d'un chemin ; sa complexité s'enrichit au fur et à mesure, et change de forme et de style à chaque nouvelle réalisation, tout en gardant ses réalisations précédentes.

Un autre caractère que Vannicola souligne est l'attention particulière que Gide porte à la parole. À ce propos, il oppose son attention pour les mots et leur signification à l'esthétisme de Gabriele D'Annunzio, traditionnellement détesté par les *vociani*, aussi bien pour des raisons générationnelles que pour des raisons stylistiques : son écriture est perçue comme une falsification de la réalité. L'idée même de falsification semble intolérable pour une génération d'écrivains qui, au contraire, tient à afficher la plus grande sincérité dans l'écriture, autant dans les

---

23 Giuseppe Vannicola, « André Gide », *La Voce*, IV, nº 18, 2 mai 1912, p. 803 : « *André Gide è un naviglio dall'umore vagabondo, sempre pronto ad issare la vela per un'esotica natura. Nulla vale a trattenerlo. Perfino ogni suo libro è un'evasione dal libro precedente.* [...] *Per qualificare l'opera sua non esistono epiteti definitivi* [...] *è un continuo "viaggio" verso l'imprevisto in cui l'autore porta con sé tutti i suoi beni* "comme les femmes de l'orient pâle sur elles leur complète fortune." »

contenus[24] que dans le langage. En l'opposant à D'Annunzio, donc, Vannicola écrit à propos de Gide :

> Il n'aime pas les mots pour leur esthétique individuelle [...] il ne les aime pas, comme par exemple D'Annunzio, pour la forme – déterminée par les consonantes – pour la couleur, pour le parfum que les mots peuvent suggérer à nos sens imaginatifs. Il les aime comme des confidents dociles de sa propre émotion ; et les mots ne perdent rien de ce qu'il leur confie. Pour cette raison, si on les écoute attentivement, les mots ne nous parlent que de lui, Gide, même quand il ne dit pas : Je[25].

Selon Vannicola, c'est justement cet usage anti-esthétisant du langage qui est à l'origine de la réussite de l'écriture gidienne[26]. La complexité de Gide s'exprime dans une écriture limpide, qui ne cherche pas à étonner le lecteur, mais à le guider au fil de l'œuvre. Vannicola reconnaît en lui une nécessité de l'écriture qui mène à l'accomplissement d'une attente sans coups de théâtre, un plaisir sans artifice et sans étonnement :

> Telle « nécessité » dont l'œuvre de Gide est imprégnée est la source de toutes ses vertus. Aucune spéculation stylistique ; mais une fidélité perpétuelle à l'émotion, jusqu'à fixer les rythmes de la mobilité la plus hésitante. La distinction est limpide et frémissante, comme à travers un voile de chaleur, l'émotion du paysage apparaît plus subtile et claire. Chaque phrase est exactement à sa place imprégnée de nécessité ; et, bien que son apparition soit émouvante, cet effet n'est pas produit par l'inattendu. Si je tressaille, c'est parce que je sens à quel point mon attente en est satisfaite[27].

---

24 *La Voce* suivait avec attention et admiration les *Cahiers de la Quinzaine*, dirigés par Charles Péguy, qui déclarait « dire la vérité, toute la vérité, rien que la vérité, dire bêtement la vérité bête, ennuyeusement la vérité ennuyeuse, tristement la vérité triste » (Charles Péguy, « Lettre du Provincial », dans *Cahiers de la Quinzaine*, I, n° 1, 5 janvier 1900, p. 291-292).

25 Giuseppe Vannicola, « André Gide », dans *La Voce*, IV, *op. cit.*, p. 803 : « *Egli ama le parole non già per la loro estetica personale* [...] *non le ama, come D'Annunzio, ad esempio, per la forma determinata dalle consonanti, per il colore, il profumo che le parole possono suggerire ai nostri sensi immaginativi. Le ama come docili confidenti della propria emozione ; e le parole non perdono nulla di quanto egli confida loro. Per cui, all'attenta ascoltazione, non parlano che di lui, Gide, anche quando non dice : Io.* »

26 Le langage de Gide, au contraire de l'attitude esthétisante décadente, ne cherche pas l'effet esthétique pour lui-même ; il s'agit d'un langage qui – tout en gardant le côté esthétique – poursuit l'objectif de la transmission au lecteur. Le choix des mots est guidé par une attention très vive à leur sens et à leur poids dans le discours de l'auteur.

27 *Ibid.* : « *Tale "necessità" di cui è pregna l'opera del Gide, è la sorgiva di tutte le sue virtù. Nessuna speculazione stilistica ; ma una fedeltà perpetua all'emozione, fino a fissare i ritmi della più esitante mobilità. La distinzione è limpida e tutta di fremito, come a traverso il velo di caldura, l'emozione del paesaggio appare più sottile e più chiara. Ogni frase entra esattamente al suo posto permeata di*

Il s'agit, ici, de ce qu'on pourrait appeler l'harmonie classique gidienne, « art de pudeur et de modestie[28] », comme lui-même la définit dans l'un des *Billets à Angèle*, « triomphe de l'ordre et de la nature et de la mesure sur le romantisme intérieur[29] » ; cette conception sera appréciée et partagée par une bonne partie des *vociani*, du moins au niveau théorique.

La complexité, l'harmonie des éléments, la nécessité de l'écriture gidienne forment un système équilibré, amènent à un sentiment de totalité : « son cœur a le sentiment de tout le simultané[30] », écrit avec intuition Vannicola. On peut rapprocher cette idée de ce que Philippe Lejeune définira comme l'« ambiguïté » de Gide, élément profondément lié à sa vie et – donc – à son « autobiographisme ». Cette ambiguïté, dans le commentaire de Vannicola, devient incapacité à choisir, à cause d'un excès de richesse et de plénitude : André Gide – écrit Vannicola – est « une âme naturellement compliquée, et riche à tel point d'être incapable de toute possession[31] ».

La recherche formelle, l'importance conférée aux mots, l'harmonie de l'écriture, son caractère de nécessité, l'autobiographisme : Vannicola déploie ces éléments, notamment dans la deuxième partie de son article, en opérant un *excursus* des œuvres gidiennes ; pour arriver à la conclusion que chaque œuvre présente une tendance de retour vers l'auteur : « On ne parle que de Gide, c'est-à-dire d'une âme qui reflète, dans son esprit et dans son cœur, la multiple complication du monde[32]. » L'œuvre de Gide se configure, aux yeux de Vannicola, en tant que « portrait d'une âme », elle est l'expression d'un homme dans son ensemble. Cet autobiographisme diffus est une idée qu'on retrouve dans les œuvres des *vociani*.

---

*necessità ; e sebbene la sua apparizione commuova, l'effetto non é prodotto dall'inatteso. Se trasalisco é perché sento fino a qual punto la mia attesa viene appagata.* » Encore une fois, on relève l'opposition à D'Annunzio : Renato Serra, critique et auteur de la revue, avait écrit dans *La Voce*, l'année précédente : « *le scritture del D'Annunzio tutte, e massime in prosa, sogliono destare molta più ammirazione che piacere* » (« tous les écrits de D'Annunzio, et surtout les écrits en prose, ont l'habitude de susciter beaucoup plus d'admiration que de plaisir », Renato Serra, « La Fattura », dans *La Voce*, III, n° 14, 6 avril 1911, p. 545).

28 *Billets à Angèle*, mars 1921, *EC*, p. 283.

29 « Réponse à l'enquête de *La Renaissance* » [1921], *EC*, p. 280.

30 Giuseppe Vannicola, « André Gide », *La Voce*, IV, *op. cit.* : « *Il suo cuore ha il sentimento di tutto il simultaneo.* »

31 *Ibid.* : « *Anima naturalmente complicata, e ricca a tal punto da essere incapace di possessione.* »

32 *Ibid.* : « *É questione soltanto di Gide, di un'anima cioè nel cui spirito e nel cui cuore si riflette in sensibilità la multipla complicazione del mondo.* »

La deuxième circonstance d'apparition de Gide dans les colonnes de la revue est à l'occasion d'une polémique littéraire : Giuseppe Vannicola est accusé par le critique Gustavo Botta d'avoir plagié des articles parus dans des revues françaises. Gide intervient, en défense de son ami, avec une lettre adressée à Giuseppe Prezzolini :

> Mon cher Prezzolini,
> Ce n'est pas sans étonnement, je l'avoue, que j'ai lu, dans le dernier n° de *La Voce*, le réquisitoire de M. G. Botta contre G. Vannicola. [...] Les relations artistiques entre la France et l'Italie ont été, de tout temps, des plus cordiales. Les célèbres pastiches de D'Annunzio ne scandalisent aujourd'hui plus personne, et, tout au contraire, ceux des Français que son rare talent a estimé dignes d'emprunt, s'en sont trouvés fort honorés. Plus récemment, un *Enfant prodigue* était donné à Rome sur la scène de l'Argentine, peu de temps après la publication dans *Vers et Prose* de mon *Retour de l'enfant prodigue*, que l'auteur de la pièce, M. F. M. Martini avait bien voulu lire et trouver à son goût. M. F. M. Martini me fit la faveur d'adopter cet opuscule et de l'adapter à la scène ; fond et forme ; à part mon nom, tout y était ; [...] Encore une fois, voilà qui entretient la cordialité[33].

Avec un ton très ironique, Gide profite de cette occasion pour glisser dans sa lettre ses soupçons concernant le plagiat du *Retour de l'enfant prodigue*, qui aurait été opéré par l'écrivain Fausto Maria Martini. Sa lettre suscite une polémique qui s'étend durant plusieurs semaines encore, avec plusieurs interventions, auxquelles Gide ne répond jamais, mais qui évoquent sa forte présence dans le milieu intellectuel florentin. Cette circonstance nous montre que Gide non seulement lisait *La Voce*, mais qu'il était aussi très intéressé par le fait d'intervenir directement, même pour défendre les intérêts de ses propres ouvrages.

## « L'INCOMMUNICABILITÉ DES ESPRITS » : AUTOUR DE GIDE ET GIOVANNI PAPINI

L'amitié avec Giuseppe Vannicola est un élément majeur de la présence de Gide et de son œuvre en Italie au cours de ces années. Mais le personnage le plus célèbre qu'il rencontre, dans l'entourage de *La Voce*,

33 Lettre d'André Gide à Giuseppe Prezzolini, dans *La Voce*, V, n° 16, 17 avril 1913, p. 1058.

est sûrement Giovanni Papini, co-fondateur et co-directeur de la revue. Bien avant *La Voce*, en 1903, le peintre Henry de Groux, qui vivait à Florence, présente Papini à Gide, en le décrivant comme « un écrivain qui jouit ici d'une très noble réputation, et qui est un esprit hautain, un philosophe, Monsieur Giovanni Papini, [...] l'homme le plus intelligent de Florence[34] ». À partir de ce moment, ce rapport, bien illustré dans l'ouvrage d'Alain Goulet *Papini juge d'André Gide*, est démontré par une correspondance assez régulière entre les deux écrivains, qui restent en contact, avec quelques périodes d'interruption, de 1903 à 1922. Dans ses lettres, Papini, très jeune au début, recherche l'amitié de Gide : il emploie un ton flatteur, en essayant également de se mettre sur un pied d'égalité, de discuter de littérature, en faisant aussi quelques critiques nuancées des œuvres de Gide. C'est le cas, par exemple des *Nourritures terrestres*, qu'il accuse d'être « un dépôt de souvenirs personnels (= incompréhensibles), et un réservoir des suggestions à l'usage de l'auteur[35] ». Dans cette critique, ainsi que dans l'ensemble des lettres de Papini de cette période, on remarque un enthousiasme et un élan nettement juvéniles. Ses commentaires sont marqués par un style grandiloquent, construit pour impressionner l'auditeur. Il attend avec impatience les réponses, au point qu'il les sollicite à travers De Groux, si Gide ne répond pas rapidement. Il envoie à Gide tous les numéros de la revue *Leonardo*, il cherche son approbation. On pourrait appeler cette phase de leur rapport la « phase de l'enthousiasme ».

Enfin, en 1907, après quatre ans d'échanges épistolaires, ils se rencontrent pour la première fois ; il s'agit déjà d'une phase différente. Papini est beaucoup plus sûr de lui et convaincu de sa valeur, beaucoup plus froid et moins enthousiaste. Nous rappelons le souvenir de Gide de cette première rencontre : « Visite de Giovanni Papini [...]. Plus jeune que je n'aurais cru, au visage expressif et presque beau. [...] Trop complimenteur ; mais semble tout de même penser une partie de ce qu'il dit. Comme tous les Italiens que je connais croit trop à son importance ; [...] S'il savait combien j'ai de mal à me prendre au sérieux[36] !... »

34 Lettre d'Henry de Groux à André Gide du 13 septembre 1903, dans Alain Goulet, *op. cit.*, p. 19-20.

35 Lettre de Giovanni Papini à André Gide du 22 novembre 1903, *ibid.*, p. 21.

36 *J1*, 2 janvier 1907, p. 226. Alain Goulet transcrit dans son ouvrage le souvenir de la rencontre tel qu'il est noté dans le carnet manuscrit ; dans son *Journal*, Gide a censuré un passage concernant la laideur de Papini.

En 1908, *La Voce* commence à paraître : l'échange qui concerne la revue et les visites de Gide à Florence est toujours un échange à trois, entre Gide d'un côté, Papini et Prezzolini de l'autre, qui alternent à la barre de la revue. En 1912, Papini envoie à Gide son œuvre *Un uomo finito*, qui vient de paraître, en lui demandant son avis. L'échange se poursuit encore pendant quelques années ; il aura des conséquences importantes, par exemple la publication pour la première fois d'un ouvrage de Gide en italien, *Le Prométhée mal enchaîné*, dont Papini est traducteur. Néanmoins, leur rapport n'arrive jamais à devenir étroit, il sera toujours dépourvu d'une vraie syntonie. Dans son *Souvenir de Gide*[37], en se rappelant du passage de *Journal* que nous venons de citer, Papini écrira : « Ce souvenir, dans son ensemble, est très bienveillant ; mais, malheureusement, il confirme l'incommunicabilité des esprits[38]. » Le rapport entre Gide et Papini aboutira à une rupture définitive, et des âpres critiques de Papini envers Gide, après 1922, date d'adhésion de Papini à un catholicisme radical et hyper moraliste.

## EN CONCLUSION

D'après ce parcours, nous pouvons conclure que Gide l'Européen non seulement lisait *La Voce*, mais qu'il considérait cette revue comme une voie de communication de choix avec la communauté intellectuelle italienne, comme nous le montre la participation à la querelle sur le plagiat de Vannicola. Il fréquentait les intellectuels qui animaient la

37 Giovanni Papini, *Ricordo di Gide*, dans *Passato remoto*, Florence, Ponte alle Grazie, 1994, p. 232. Il n'y a pas de certitude quant à la datation de ce texte. Comme l'écrit Alain Goulet, « ce texte est postérieur à la publication du *Journal* de Gide en 1939, et antérieur à la mort de celui-ci en février 1951, puisque Papini "*craint de ne plus avoir l'occasion de le revoir*". Plus précisément, ce texte a dû être composé peu après 1947, puisque l'un de ses paragraphes reprend presque mot pour mot deux paragraphes de l'éreintement de novembre 1947 » (*op. cit.*, p. 101). En faveur de cette thèse, nous pouvons ajouter que le texte était inclus dans le manuscrit original de *Passato remoto*, paru en 1948. Le *Ricordo di Gide* n'a été publié qu'en 1956, à la mort de Papini, dans le *Corriere della Sera* ; par la suite, il a été réintégré dans les nouvelles éditions de *Passato remoto.*

38 « *Questo giudizio è, nell'insieme, assai benevolo ma conferma, purtroppo, l'incomunicabilità degli spiriti.* » Giovanni Papini, *Ricordo di Gide*, *op. cit.*, p. 234.

revue, avec lesquels il entretenait des rapports étroits, qui allaient bien au-delà de sa présence physique en Italie. Au moment du lancement de *La Nouvelle Revue française*, en 1909, le groupe fondateur prend contact avec plusieurs intellectuels et revues en Europe ; parmi eux, Gide interpelle Papini et *La Voce*, comme point de départ pour la diffusion de la revue auprès des intellectuels italiens :

> Il est nécessaire d'y [*La Nouvelle Revue française*] intéresser les esprits soucieux de culture européenne et désireux de connaître ceux des écrivains français qui répugnent au journalisme, à la publicité tapageuse et prétendent préserver leur esprit des compromissions auxquelles entraine à peu près fatalement l'amour du succès immédiat, c'est-à-dire le dédain de la vraie gloire[39].

Cette volonté de Gide d'instaurer un échange avec ce groupe de jeunes intellectuels appartient de façon profonde à sa conception d'une culture européenne. L'exaltation du caractère unique de la culture nationale doit être encadrée par un contexte supranational, dont les revues culturelles sont le réseau privilégié ; l'existence de cet élément particulier dans un ensemble universel est l'élément constitutif de la culture européenne. Comme il l'écrit dans sa première lettre à Giuseppe Vannicola :

> [...] je serais très heureux de vous rencontrer. Il importe que des relations s'établissent entre ceux qui se piquent d'être représentants de la culture européenne, et pour nationalistes qu'ils soient dans leur pays[40], quintessenciant en eux le meilleur et le plus spécial de leur race et de leur langue[41] [...].

Paola FOSSA
Université de Haute-Alsace,
ILLE (EA 4363)

39 Lettre d'André Gide à Giovanni Papini, janvier 1909, dans Alain Goulet, *op. cit.*, p. 41.

40 Cette référence à la nécessité d'une alliance intellectuelle européenne qui réunisse les écrivains « pour nationalistes qu'il soient dans leur pays » apparaît trop spécifique pour être gratuite. On peut supposer que Vannicola ait décrit à Gide le climat culturel italien, vicié par le nationalisme même dans les esprits les plus illuminés.

41 Lettre d'André Gide à Giuseppe Vannicola, non datée (1907), dans Alain Goulet, *op. cit.*, p. 57-58.

# LA RÉCEPTION D'ANDRÉ GIDE DANS LES REVUES ITALIENNES DE L'APRÈS-GUERRE (1944-1952)

## Entre l'humaniste européen et l'artiste incompris

La réception de Gide dans les revues italiennes de l'après-guerre s'inscrit dans le contexte historico-politique qui se dessine après la chute du régime fasciste et la fin de la Deuxième Guerre mondiale, et tout au long de la période de définition de nouveaux équilibres politiques nationaux et internationaux. Le débat culturel et littéraire est dominé par une volonté de rupture avec les décennies précédentes et par la remise en question du rôle de l'artiste et de l'activité intellectuelle dans la société. Dans les nombreux périodiques nés après la Libération, le désir de renouvellement se manifeste largement par une ouverture aux nouvelles propositions culturelles et littéraires provenant de l'étranger, et par la remise en cause de la culture dominante sous le régime[1]. Il s'agit aussi bien de rejeter l'idéalisme de Croce et l'hermétisme que de questionner les modèles littéraires et les maîtres à penser étrangers[2], parmi lesquels André Gide occupait une place de premier ordre.

D'une part, pendant le *Ventennio*, la critique fasciste avait vu en lui un bourgeois décadent et le considérait comme le symbole du cosmopolitisme parisien et du déclin de la culture française. La critique crocienne et idéaliste avait à la fois condamné ses présupposés éthiques et esthétiques. D'autre part, pour les européanistes du milieu florentin

1 Voir Elisabetta Mondello, *Gli anni delle riviste : le riviste letterarie dal 1945 agli anni ottanta con un repertorio di 173 periodici*, Lecce, Milella, 1985.

2 On peut considérer, en effet, le discours sur les littératures étrangères comme « occasion, involontairement parfois, d'être soi-même défini » par rapport à l'autre (Yves Chevrel, « Le Discours de la critique sur les œuvres étrangères : littérature comparée, esthétique de la réception et histoire littéraire nationale », dans *Romanistische Zeitschrift für Literaturgeschichte / Cahiers d'histoire des littératures romanes*, n° 3, 1977, p. 337).

réunis autour de *Solaria* et des revues de l'hermétisme des années trente, Gide avait représenté un modèle de critique, un exemple de la morale provisoire préparant l'avenir et s'opposant aux excès du nationalisme. Figure exemplaire de l'européanisme moderne et de l'intelligence de l'esprit[3], son nom demeurait lié au culte de *La NRF*. Pour ceux qui ne se reconnaissaient ni dans les principes du régime fasciste ni dans l'idéalisme, la revue parisienne avait représenté un point de référence privilégié pour une recherche littéraire moderne et élevée et qui préservait la liberté de l'esprit[4].

Toutefois, son œuvre de fiction avait reçu un accueil ambigu, et le jugement moral avait avant tout pesé sur sa réception. La critique italienne se révélait être partagée entre l'approbation du style classique et la désapprobation du contenu moral. *Les Faux-Monnayeurs*, en particulier, ne fit l'objet d'aucune étude approfondie, puisque l'œuvre était considérée comme problématique et déconcertante, difficile à définir et loin des canons reconnus comme typiques du roman français. Parallèlement, la valeur de confession et de témoignage de l'œuvre gidienne se consolida[5]. À la fin de la décennie, Gide commença à être considéré comme un classique de la littérature européenne. Pourtant, son œuvre littéraire ne demeura pas moins problématique : l'innovation narrative était perçue comme moins importante que la question morale, tandis que les jeunes critiques et poètes hermétistes l'élisaient au rang de « maître de vie[6] ».

3 Voir Gilbert Bosetti, « Les lettres françaises sous le fascisme. Le culte de *La NRF* dans l'entre-deux-guerres face à la francophonie fasciste », dans *Mélanges de l'École française de Rome. Moyen-Âge, Temps modernes*, vol. 98, n° 1, 1986, p. 383-432.

4 Voir Carlo Bo, « Che cosa è stata la *NRF* » [1964], dans *Letteratura come vita*, éd. Sergio Pautasso, Milano, Rizzoli, 1994, p. 859-868 et « Nella rete dei giorni : le ragioni della Francia » [1986], *ibid.*, p. 1595-1603.

5 Antoine Fongaro (« Introduction », dans *Bibliographie de Gide en Italie : 1895-1963* [1966], Florence, Institut français de Florence, 2000) remarque l'importance de la parution de l'édition italienne de l'œuvre critique d'Henri Massis (*Gide*, traduction italienne de G. L. Pizzolari, Brescia, Morcellania, 1934) pour l'établissement d'une telle interprétation. L'influence de Massis dans la réception italienne de Gide est encore évidente dans l'après-guerre : maints critiques le citent, en acceptant ses positions ou en les contestant, de telle façon que leurs prises de position vis-à-vis de l'auteur des *Jugements* prennent une valeur idéologique implicite.

6 La définition est de Carlo Bo (« Letture francesi [frammenti di giornale] », dans *Circoli*, n° 4, juin 1937, cité par Anne-Rachel Hermetet, *Les Revues italiennes face à la littérature française contemporaine : étude de réception, 1919-1943*, Paris, H. Champion, « Bibliothèque de littérature générale et comparée », 2003, p. 290-292). Comme le constate Hermetet,

Dans l'après-guerre italien, Gide est considéré à l'unanimité comme le représentant de la culture française de l'entre-deux-guerres[7]. Il s'agit alors de définir de quelles manières son œuvre et son nom sont utilisés par la critique italienne pour promouvoir ou rejeter certains modèles et conceptions de la littérature[8]. Aussi, on essayera de comprendre si le tournant de la Deuxième Guerre mondiale et le changement d'horizon d'attente ont favorisé un réexamen de son œuvre littéraire.

Le laps de temps étudié va de la reprise de l'activité éditoriale dans le sud de l'Italie en 1944 à l'année suivant la mort de Gide. Il convient toutefois de distinguer deux sous-périodes : la première va jusqu'à 1948, année-clé tant dans la vie politique nationale (entrée en vigueur de la Constitution républicaine et élections politiques où le parti de la *Democrazia Cristiana* obtient la majorité des collèges) que dans la vie éditoriale et culturelle. Cette période est marquée par la création d'un nombre très élevé de nouveaux périodiques et journaux, et par une volonté de reconstruction *ex novo* du pays et de la culture dans l'esprit unitaire de la lutte pour la Libération. Cependant une certaine confusion idéologique et politique règne, là où le désir de renouvellement se heurte à la difficulté de révision du passé et de la tradition. La plupart des revues créées au moment de la Libération, qui avaient l'intention de participer à la reconstruction politique, sociale et culturelle du pays, et de décréter ainsi la fin de la séparation traditionnelle entre l'intellectuel et la société, cessent de paraître entre 1947 et 1948. Elles reconnaissent implicitement le caractère utopique de leur enthousiasme. La deuxième

---

cela advient après la parution des *Pages du Journal, 1929-1932* [1934] et du *Retour de l'URSS* [1936].

7 En plus du nombre élevé d'articles sur Gide, cela est démontré par la récurrence de son nom dans les articles qui analysent la culture de l'entre-deux-guerres. Il est mentionné alternativement avec Proust et Valéry comme les auteurs français majeurs de l'époque, ou encore avec Thomas Mann et Benedetto Croce, en tant que représentants de l'*intelligentsia* européenne. Aussi, on note la fréquence d'articles visant à critiquer Gide dans les nouvelles revues qui prônent un renouvellement radical de la culture et de la littérature. Cela est indicatif de la nécessité de prendre une position contre celui qui est perçu comme le symbole d'une conception de la littérature qu'on veut dépasser, une manière de se définir par opposition à la culture italienne de l'entre-deux-guerres en refusant son modèle.

8 On tiendra compte de l'affirmation de Pierre Bourdieu selon laquelle « les auteurs étrangers sont souvent l'objet d'usages très instrumentalistes […]. Très souvent, avec les auteurs étrangers, ce n'est pas ce qu'ils disent qui compte, mais ce qu'on peut leur faire dire » (Pierre Bourdieu, « Les conditions sociales de la circulation internationale des idées », *Romanistische Zeitschrift für Literaturgeschichte / Cahiers d'histoire des littératures romanes*, n° 1-2, 1990, p. 5).

sous-période va de 1949 à 1952. On voit une forte réduction du nombre des revues, une idéologisation exacerbée du débat culturel suite à l'aggravation des tensions de la Guerre froide, et la cristallisation des schémas interprétatifs sur le plan esthétique et littéraire. Après 1952, le nombre d'articles sur Gide se réduit de manière drastique. L'auteur est surtout mentionné dans des articles portant sur d'autres sujets et dans des comptes rendus d'ouvrages critiques qui paraissent en France. Parallèlement, les traductions et retraductions de ses œuvres se multiplient, en touchant ainsi le grand public.

Le *corpus* des revues étudiées est très hétérogène. Il se compose de revues littéraires et interdisciplinaires, indépendantes ou liées à des partis politiques, de périodicité différente, qui s'adressent aussi bien à un large public qu'à des spécialistes. Néanmoins, chacune d'entre elles accorde une place importante à la littérature. Par la sélection effectuée entre les innombrables périodiques créés au moment de la Libération, on verra tous les plus grands centres éditoriaux italiens représentés, avec leur propre spécificité culturelle[9], et les tendances les plus importantes de la culture de l'époque.

On peut diviser les périodiques étudiés en deux groupes principaux. Le premier concerne des revues interdisciplinaires. La littérature y prend une place à côté d'autres disciplines ressortant des domaines humanistes traditionnels, tels que les sciences, l'économie, et en particulier l'analyse de la situation politique et des questions sociales contemporaines. Le deuxième regroupe des revues strictement littéraires ou philosophico-littéraires. On y retrouve notamment des revues se situant dans une position plus traditionnelle ou de continuité avec la période précédente. Elles proclament la volonté (pas forcément concrétisée) de défendre l'autonomie de la recherche littéraire et artistique vis-à-vis de l'actualité socio-politique et du débat idéologique. Pour chaque groupe, on distinguera ultérieurement les revues selon leur position dans les champs politique et littéraire.

Le premier groupe comprend d'une part des revues marxistes ou communistes : *Il Politecnico*, 1945-1947 (Milan), *Rinascita*, 1944-1990

9 Eugenio Garin relève une prédominance de la culture crocienne dans le Sud et jusqu'à Rome, une forte présence du Partito d'Azione (libéral-socialiste) dans le Centre jusqu'à Florence et la prépondérance d'une culture socialiste et marxiste dans le Nord. Voir Eugenio Garin, *Cronache di filosofia italiana : 1900-1960*, vol. 2, Bari, Laterza, 1997, p. 501.

(Rome) ; de l'autre des revues antifascistes, antimarxistes et libérales ou libéral-socialistes : *Comunità*, 1946-1960 (Turin-Ivrea), *Costume*, 1945-1946 (Milan) *La Cittadella*, 1946-1948 (Bergame), *Il Ponte*, 1945 – (Florence), *Il Mondo*, 1945-1946 (Florence), *Belfagor*, 1946-2012 (Florence), *Mercurio*, 1944-1948 (Rome), *La Nuova Europa*, 1944-1946 (Rome), *Aretusa*, 1944-1946 (Naples, Rome). *Comunità*, *Il Ponte*, *Belfagor* et la revue du Parti communiste *Rinascita* sont les seules actives après 1948. Le deuxième groupe est composé de revues hermétistes et « rondistes » : *Letteratura*, 1946-1947, suivie en 1950 par *Letteratura-Arte contemporanea* (Florence), *Poesia. Quaderni internazionali*, 1945-1948 (Rome), *Paragone-Letteratura*, 1950 – (Florence), *Aut aut*, 1951 – (Milan) ; de revues idéalistes et crocianophiles : *La Rassegna d'Italia*, 1946-1949 (Milan), *Quaderni della critica*, 1945-1951 (Bari) ; et de la revue traditionaliste, catholique et progouvernementale *La Fiera letteraria*, 1946-1969 (Rome[10]).

Les nouvelles revues sont souvent animées par des personnalités qui étaient déjà actives dans l'entre-deux-guerres, et qui impriment leur marque de manière ambiguë, entre recherche du nouveau et l'influence d'une formation culturelle et politique acquise sous le régime fasciste.

10 Cette division en groupes a été faite en prenant en compte à la fois les intentions programmatiques exprimées par les rédacteurs et les tendances effectives prises par les revues tout au long de leur activité. Cela ne coïncide pas forcément avec les intentions initiales. Mais surtout, nous avons tenu compte des positions des collaborateurs ayant eu un rôle central dans la médiation de la littérature française dans ces périodiques au cours de la période étudiée. C'est ainsi que, par exemple, *Il Politecnico* apparaît dans le groupe des revues marxistes, malgré son orientation éclectique et peu rigoureuse du point de vue idéologique, et que *Paragone – Letteratura* et *Aut aut* figurent parmi les revues de l'hermétisme, bien que leurs lignes éditoriales générales ne s'y identifient pas complètement. Abstraction faite du *Mondo*, créée et dirigée par Alessandro Bonsanti avec Arturio Loria et Eugenio Montale et complémentaire de l'hermétiste *Letteratura*, les revues antifascistes libérales présentent toutes, sur le plan esthétique et littéraire, une influence plus ou moins marquée de la critique crocienne. Cependant, celle-ci est souvent nuancée par la présence de critiques d'autres tendances, ou même remise en cause par certains critiques de formation crocienne qui élaborent une révision de l'idéalisme sans pour autant le rejeter (c'est le cas notamment de *Belfagor* et *Aretusa*). En ce qui concerne les « revues idéalistes et crocianophiles » du deuxième groupe enfin, il convient de noter que *La Rassegna d'Italia* montre une certaine ouverture à d'autres tendances, notamment sous la direction de Sergio Solmi en 1949, grâce à la collaboration de critiques et intellectuels de positions diverses. Pour l'histoire des revues italiennes de l'après-guerre, voir notamment Elisabetta Mondello, *op. cit.* ; Giorgio Luti, Paolo Rossi, *Le Idee e le lettere : un intervento su trent'anni di cultura italiana*, Milano, Longanesi, 1976 ; Giorgio Luti (éd.), *Critici, movimenti e riviste del Novecento letterario italiano*, Roma, La Nuova Italia Scientifica, « Studi superiori NIS », 1986.

Tenir compte d'une telle contradiction est fondamental pour évaluer les éventuels changements ou les invariants en rapport à l'époque précédente, ainsi que les retards dans la réception. Parmi les critiques italiens qui s'occupent davantage de Gide dans ces revues, on peut distinguer quatre générations, regroupant des personnalités ayant eu des trajectoires et des formations intellectuelles différentes[11]. À la génération née dans la dernière décennie du XIXe siècle appartiennent Francesco Flora, l'un des disciples les plus fidèles de Croce, directeur d'*Aretusa* et de *La Rassegna d'Italia* jusqu'à 1948 (puis remplacé par Sergio Solmi), et Alessandro Pellegrini, auteur, en 1937, d'une monographie sur Gide où il considère l'élément esthétique comme le seul angle viable pour aborder son œuvre[12]. De la génération née entre 1900 et 1905, et qui a donc vingt ans au début du régime fasciste, fait partie Giacomo Antonini, catholique modéré, partisan d'un classicisme conservateur. Les critiques nés entre 1906 et 1915, qui accomplissent toute leur formation intellectuelle sous le fascisme, ont été liés au milieu solarien et aux revues de l'hermétisme florentin. On y retrouve les partisans de l'hermétisme et promoteurs d'une littérature pure, désengagée et ayant une valeur spirituelle : Carlo Bo, Piero Bigongiari, Giancarlo Vigorelli. Mais aussi ceux qui se détachent de l'hermétisme pour se rapprocher du marxisme et militent au Parti communiste : Giansiro Ferrata, parmi les partisans majeurs de Gide dans l'entre-deux-guerres, et Elio Vittorini, le directeur du *Politecnico.* Ou encore Franco Simone, universitaire dès 1951 et spécialiste de la littérature française de la Renaissance. À la nouvelle génération de ceux qui ont vingt ans pendant la Deuxième Guerre mondiale – lorsqu'ils commencent une activité de critiques littéraires et de journalistes –, appartient le seul Massimo Franciosa, catholique et traditionaliste né en 1924, et qui collabore à *La Fiera letteraria.* Comme on peut le voir, la plupart des médiateurs italiens de Gide étaient déjà tous actifs dans l'entre-deux-guerres. Cela rend évidemment plus compliqué un vrai renouvellement dans la réception de l'œuvre gidienne.

11 Pour un approfondissement de l'analyse des médiateurs de la littérature étrangère dans les revues en termes de générations, voir notamment Anne-Rachel Hermetet, « Les médiateurs de la littérature française en Italie dans l'entre-deux-guerres », dans Chantal Foucrier et Daniel Mortier (éds), *Frontières et passages : les échanges culturels et littéraires. Actes du XXVIIIe Congrès de la Société française de littérature générale et comparée. Rouen, 15-16-17 octobre 1998*, Rouen, Publications de l'Université de Rouen, « Études de littérature générale et comparée », 1999, p. 153-158.

12 *André Gide*, Firenze, La Nuova Italia, 1937. Voir Antoine Fongaro, *op. cit.*

L'analyse quantitative des articles sur Gide nous permet d'évaluer l'évolution diachronique de l'intérêt que lui porte la critique italienne. Entre 1944 et 1952, on compte 96 articles sur Gide dans les revues composant ce *corpus*. Il s'agit d'articles de nature très différente[13] : études (11), comptes rendus des œuvres (22), textes de Gide publiés en traduction italienne (5), hommages et articles à caractère général portant sur sa personnalité, sa vie, son activité intellectuelle au sens large, ses rapports à l'Italie (58).

Afin de mieux contextualiser ces données, nous les comparerons avec celles des articles parus au cours de la même période à propos d'autres écrivains français de la même génération[14]. En analysant les revues, on trouve un seul article sur Maurice Barrès[15], 16 sur Charles Péguy, 6 sur

13 La plupart de ces articles sont entièrement consacrés à Gide, mais ils peuvent aussi porter sur des sujets plus larges, souvent sur la littérature de l'entre-deux-guerres, et Gide y occupe une place prépondérante.

14 Le *corpus* complet des revues étudiées pour l'analyse quantitative comprend aussi les revues *Prosa. Quaderni internazionali*, 1945-1946 (Rome), *Sud*, 1945-1947 (Naples), *Società*, 1945-1961 (Florence), *Botteghe Oscure*, 1948-1960 (Rome). Au cours de la période envisagée, aucun article sur Gide ne paraît dans ces revues.

15 Jean Chuzeville, « Il romanziere dell'energia nazionale », dans *La Fiera letteraria*, n° 14, 2 avril 1950, p. 6. Néanmoins, Barrès est souvent mentionné dans les articles portant sur Gide, notamment par les critiques du milieu hermétiste, afin de mettre en lumière l'opposition entre le nationalisme barrésien et l'européanisme du « déraciné ». Cependant, cela découle moins d'une lecture du discours de Gide sur l'Europe que d'une idée de la littérature européenne comme communauté d'esprits, lieu de rencontre et de libre échange tant entre les peuples qu'entre tradition et modernité. Gide et *La NRF*, qui en avaient représenté le modèle, étaient le véritable antidote contre les excès du conservatisme, le nationalisme et la soumission de la littérature à la politique. À ce propos Piero Bigongiari écrit par exemple : « un France [...] ou un Barrès dont le culte du moi va jusqu'à la protestation nationaliste, sont les exemples de ce qui aurait pu arriver si l'anarchie de Gide ne s'était pas opposée à l'ordre qui aurait pu immobiliser la grande tradition française » (« *un France* [...] *o un Barrès in cui il culto dell'io arriva fino alla protesta nazionalistica, sono gli esempi di quello che sarebbe potuto accadere se l'anarchia di Gide non si fosse opposta all'ordine che avrebbe anchilosato la grande tradizione francese* » Piero Bigongiari, « André Gide Premio Nobel 1947 », dans *La Fiera letteraria*, n° 51, 18 décembre 1947, p. 4. (C'est nous qui traduisons.) De même, pour Vigorelli, l'artiste est un déraciné, il refuse toute loi pour n'affirmer que la loi suprême de l'art, le seul vrai enracinement. Dans sa polémique avec Barrès, Gide aurait donc défendu les esprits authentiques et la liberté de l'art de toute contrainte. La célébration de son classicisme moderne est donc un moyen d'affirmer aussi la liberté de l'artiste contre tout asservissement au politique. La polémique qui avait opposé Gide à Barrès et ensuite à Maurras retrouve ainsi son actualité dans le débat contemporain sur l'engagement : sa position devient une instrument pour la sauvegarde de l'autonomie de l'art vis-à-vis de la politique, ainsi que contre l'idée d'un nécessaire « enracinement » de l'art dans l'histoire nationale promue par les communistes. Voir Giancarlo Vigorelli, « Il classicismo "leggero" di André Gide », dans *La Fiera letteraria*, n° 23, 5 juin 1949, p. 3.

Romain Rolland[16], 28 sur Paul Claudel[17], 50 sur Marcel Proust[18], 56 sur Valéry[19]. Si aucun de ces auteurs ne parvient à faire l'objet d'autant d'articles que Gide, il faut aussi remarquer que ce dernier est le seul dont la présence se maintient de façon aussi constante au fil du temps. En revanche, le seul auteur français qui compte un nombre d'articles équivalent à celui de Gide est le nouveau maître à penser de l'après-guerre, Jean-Paul Sartre : 86 articles entre 1944 et 1952, dont 56 au cours de la première sous-période, avant que le débat ne s'idéologise davantage dans le contexte de la Guerre froide. Avec la condamnation presque unanime de Sartre, la présence de Gide se renforce et son nom sera de plus en plus utilisé contre le promoteur de la littérature engagée.

Notons d'abord une hausse d'articles en 1946 (12), année de parution du *Thésée* : la dernière œuvre narrative de Gide fait l'objet de plusieurs

16 Dont trois dans *Rinascita*. Chez les communistes engagés dans la défense d'une Europe qui n'exclue pas l'Union soviétique, Rolland devient le contre-modèle de l'européanisme gidien, pour son engagement antinationaliste et pour son pacifisme. À ce propos Massimo Caprara écrit : « Nous pensons à Romain Rolland comme à une des voix les plus honnêtes et responsables de la culture européenne de l'entre-deux-guerres, une des figures les plus conséquentes du front de la culture contre la barbarie fasciste. [...] La vigueur de sa défense de la fraternité et de la compréhension entre les peuples à une époque de chauvinismes aussi sanglants, constitue l'un des apports les plus concrets et effectifs à la défense de la paix et de la liberté dans un monde meilleur. Leçon d'autant plus appréciable une fois comparée à l'immoralité dispersée d'un Gide, à la corrosion de son scepticisme, à son impuissance bourgeoise à croire et à s'insérer dans un mouvement progressif » (c'est nous qui traduisons). Massimo Caprara, « Omaggio a Rolland », dans *Rinascita*, n° 1, janvier 1945, p. 22 : « *Noi pensiamo a Romain Rolland come ad una delle voci più oneste e responsabili della cultura europea nell'epoca tra le due guerre, come ad una delle figure più conseguenti del fronte della cultura contro la barbarie fascista.* [...] *Il vigore con il quale difende in epoca di sciovinismi così sanguinosi la sua polemica per la fratellanza e la comprensione dei popoli, costituisce uno degli apporti più concreti ed effettivi alla difesa della pace e della libertà in un mondo migliore. Lezione tanto più apprezzabile se paragonata all'immoralità dispersiva di un Gide, alla corrosione del suo scetticismo, alla sua impotenza borghese a credere e ad inserirsi in un movimento progressivo* »). Après son rejet du communisme et son élection comme classique par la culture italienne antimarxiste et par les hermétistes, Gide est perçu, par les communistes, comme le défenseur d'une Europe décadente, bourgeoise et anticommuniste, basée moins sur les valeurs antifascistes et un idéal du progrès social que sur celles d'une communauté humaniste et spirituelle à vocation antisoviétique.

17 Dont 18 dans *La Fiera letteraria*, la plupart après 1949, lorsque la tendance catholique de la revue se renforce.

18 En 1947, la revue hermétiste *Letteratura* consacre entièrement son dernier fascicule (n° 36, novembre-décembre 1947) à l'auteur de *La Recherche*, en publiant 21 articles de différents critiques.

19 La majorité (34) se situe entre 1945 (on retrouve beaucoup d'hommages au poète après sa mort) et 1947.

comptes rendus, mais incite aussi un bilan de l'œuvre gidienne. Ensuite, l'intérêt se maintient de manière plutôt constante (cinq à sept articles paraissent chaque année), y compris l'année de son Prix Nobel[20]. La deuxième sous-période comprend deux années-clés : 1949 (30 articles, dont 20 composant un hommage de *La Fiera letteraria* à l'auteur français), et 1951, année de sa mort (18 articles).

L'analyse quantitative nous aide aussi à classer l'œuvre de Gide en fonction des genres qui ont suscité davantage l'attention de la critique. Au-delà des articles abordant la totalité de son œuvre, le point le plus remarquable est la prépondérance d'articles portant sur le *Journal* (15) et sur l'activité journalistique et les prises de position politiques (9). Suivent l'œuvre narrative (9), la *Correspondance* (7), la critique littéraire (7), le théâtre (5, dont deux après la mise en scène du *Roi Candaule* à Taormine, en Sicile). L'ensemble de ces données démontre l'intérêt pour l'expérience personnelle et intellectuelle de Gide telle qu'elle se manifeste dans son œuvre autobiographique. Les critiques mettent régulièrement en lumière la valeur de la sincérité[21].

La revue qui consacre une majorité d'articles à Gide aussi bien avant qu'après 1948 est *La Fiera letteraria*[22]. Cependant, la présence de Gide va s'accroître dès 1949, sous la direction de Cardarelli et du catholique Fabbri. À partir de ce moment-là, le périodique romain est plus nettement marqué par la pensée catholique, sans abandonner son orientation anticommuniste et sa défense de la tradition humaniste du classicisme

20 Deux seuls articles sur ce sujet paraissent dans les revues étudiées, tous les deux dans *La Fiera letteraria*, revue hebdomadaire qui se distingue des autres du *corpus* par l'attention constante qu'elle porte aux événements de l'actualité culturelle italienne et étrangère ([Anon.], « Il premio Nobel ad André Gide », dans *La Fiera letteraria*, n° 47, 20 novembre 1947, p. 1 ; Piero Bigongiari, « André Gide premio Nobel 1947 », dans *La Fiera letteraria*, n° 51, 18 décembre 1947, p. 4). Au contraire, la nouvelle est reprise par tous les quotidiens. D'ailleurs, Gide était désormais accessible au grand public, grâce à la parution de ses œuvres en traduction (voir la bibliographie établie par Antoine Fongaro, *op. cit.*).

21 La « sincérité » de la quête gidienne, en tant qu'élément capable de donner une unité d'inspiration et de style à son œuvre, a été d'abord mise en lumière par Diego Valeri (« André Gide », dans *La Nuova Antologia*, 1er octobre 1914, p. 358-369) et louée, plus tard, par Giansiro Ferrata dans « Appunto su *Pages de Journal* di André Gide », dans *Solaria*, n° 4, juillet-aout 1934, p. 90 (cité par Gilbert Bosetti, « Le Gidisme en Italie », *Novecento*, n° 8, 1987, p. 72). Il s'agit de l'un des aspects les plus récurrents de la réception de Gide dans l'après-guerre italienne.

22 54 articles, dont 11 avant 1948. Suivent *Il Ponte* (8), *Letteratura* (4), *Belfagor*, *La Cittadella*, *Paragone*, *La Rassegna d'Italia*, *La Nuova Europa* (3). Les autres comptent toutes un ou deux articles.

conservateur. En plus, dans *La Fiera* s'établit une cohabitation entre la critique catholique et la critique hermétiste. Celle-ci se manifeste notamment par la collaboration de Vigorelli et Bo.

L'analyse des articles nous a permis d'identifier des tendances plutôt claires du point de vue de la réception. L'œuvre de Gide, marquée par la contradiction et la variété, se prête à une liberté interprétative très vaste. Les revues italiennes en profitent largement, de manière cohérente avec leurs programmes et leurs conceptions du rôle devant être assumé par la littérature dans la nouvelle société italienne. Les idéalistes réaffirment leur hostilité vis-à-vis de Gide, notamment par la voix de Flora dans *La Nuova Europa*. Dans un article de janvier 1945, le nom de Gide apparaît à côté de ceux de D'Annunzio, Nietzsche, Freud et Valéry : selon Flora, ils incarnent pleinement l'irrationalisme et l'immoralisme de l'entre-deux-guerres. Il les juge également coupables d'avoir méconnu la véritable nature du fascisme, voire d'avoir encouragé son développement. En particulier, Flora remarque la différence, chez Gide, entre son œuvre artistique, illustre, mais peu écoutée dans l'entre-deux-guerres, et sa « polémique [...] un certain immoralisme morbide, qui favorisait non pas l'esprit, mais le désir animal dans l'homme. En dévaluant les termes de la raison et de la civilisation, Gide a pu souhaiter faire table rase, revenir à un état de nature [...] un propos monstrueux[23] ».

Le point de vue des critiques et des revues du milieu hermétiste est, quant à lui, radicalement différent : *Letteratura*, la revue florentine créée par Alessandro Bonsanti en 1937, reprend son activité en 1946 en gardant le même esprit et la même organisation. Le tournant de la guerre ne semble produire en rien un changement dans la réception de Gide chez les hermétistes. Il est exalté en tant que figure emblématique de l'époque contemporaine, représentant d'une littérature vraiment engagée du côté de l'homme et à l'abri de la propagande. En s'appuyant sur le *Journal*, Carlo Bo tente de réaffirmer les raisons extra-temporaires de

23 C'est nous qui traduisons. Francesco Flora, « Responsabilità delle lettere », dans *La Nuova Europa*, n° 3, janvier 1945, p. 5 : « polemica [...] certo immoralismo morboso, che d'ogni uomo secondava non la mente ma la voglia ferina. Svalutando i termini della ragione e della civiltà, Gide ha potuto augurarsi una tabula rasa, uno stato di natura [...] un proposito mostruoso ». De son côté, Benedetto Croce critique ouvertement Gide en rendant compte de l'*Anthologie de la poésie française* (Paris, Gallimard, « Bibliothèque de la Pléiade », 1949), en raison du choix des textes ainsi que de ses présupposés esthétiques. Voir Benedetto Croce, « La Poesia francese in una antologia del Gide », dans *Quaderni della critica*, n° 17-18, novembre 1950, p. 217-219.

l'homme et de l'esprit contre la littérature contemporaine, et notamment contre Sartre[24]. L'attention des critiques hermétistes, influencés notamment par Charles du Bos, Jacques Rivière et Marcel Raymond[25], se concentre surtout sur la figure de Gide comme critique et guide esthétique, défenseur d'une poésie conçue comme acte spirituel, modèle de recherche intime. En revanche, les œuvres narratives sont souvent considérées comme des expérimentations plutôt que des œuvres ayant une valeur artistique accomplie[26].

À l'autre pôle de la culture italienne de l'après-guerre, la position de la critique marxiste naissante paraît bien différente. La figure de Gide est un autre sujet de querelle entre *Il Politecnico* et les communistes, même s'ils s'accordent sur la présentation de la littérature française de la Résistance comme récupération de la tradition révolutionnaire de la culture française, à l'instar d'Aragon et du PCF[27]. La condamnation nette de Gide par la revue *Rinascita* arrive au lendemain de la chute du fascisme, à l'automne 1944, par les mots d'un écrivain communiste

24 Carlo Bo, « La Nozione di letteratura e gli avvenimenti », dans *Letteratura*, nº 31, novembre-décembre 1946, p. 98-107, mais aussi « Una vecchia lezione », *Costume*, nº 3, 15 juillet 1945, p. 18-19, où il prend une position nette contre les critiques italiens qui, dans l'entre-deux-guerres, avaient soutenu Massis et refusé Gide, le porteur du vrai salut spirituel de la France ; « Diario con Gide », dans *La Fiera letteraria*, nº 50, 11 décembre 1949, p. 5 ; « André Gide, *Littérature engagée* », dans *Aut aut*, nº 1, janvier-février 1951, p. 82.

25 Pour l'influence des critiques de *La NRF* sur la critique italienne, voir Anne-Rachel Hermetet, « *La NRF* de Paulhan et l'Italie : regards croisés (1925-1940) », dans Jeanyves Guérin (éd.), La Nouvelle Revue française *de Jean Paulhan : 1925-1940 et 1953-1968*, Paris, Le Manuscrit, « L'Esprit des lettres », 2006, p. 45-64.

26 La position des hermétistes ne changera pas, comme le démontrent les articles de Bigongiari (« André Gide premio Nobel 1947 », *op. cit.*) et de Vigorelli (« Il classicismo leggero di André Gide », dans *La Fiera letteraria*, nº 23, 5 juin 1949, p. 3 ; « In memoria di André Gide », dans *La Fiera letteraria*, nº 8, 25 février 1951, p. 1-2). L'œuvre gidienne trouverait son unité dans l'expérience autobiographique du *Journal*. Gide est ainsi célébré pour avoir réalisé la synthèse entre la littérature et la vie qui, en accord avec le « manifeste » de Carlo Bo (« Letteratura come vita », dans *Frontespizio*, nº 8, août 1938, p. 476), était le centre de l'expérience littéraire et spirituelle des hermétistes.

27 Comme le démontrent les articles théoriques d'Aragon parus dans *Rinascita* (« La Cultura francese contro il nemico », nº 4, septembre 1944, p. 29-31 ; « Realismo socialista e realismo francese », dans *Rinascita*, nº 11, novembre 1949, p. 383-385), mais aussi la publication du « Canto delle filatrici detto delle trecento donzelle » tiré du roman de chevalerie *Yvan* dans *Il Politecnico* (nº 4, 20 octobre 1945, p. 1), introduit par une note présentant Chrétien de Troyes en tant qu'intellectuel ayant su proposer les revendications des prolétaires au Moyen-Âge, et se mettre ainsi du côté des mouvements populaires, selon la lecture proposée par Aragon dans « La Leçon de Ribérac ou l'Europe française » [1941], *L'Œuvre poétique*, Paris, Livre Club Diderot, 1979, t. IX, p. 285-309.

modèle : Ilya Ehrenbourg[28]. Accusé de collaborationnisme et de fascisme, Gide est opposé aux écrivains français de la Résistance. L'immoralisme de son œuvre est perçu comme responsable direct d'un choix collaborationniste. En déclarant la fin de l'époque du « Pétain de la littérature française[29] », la revue communiste fait ses premiers pas dans le champ culturel italien par l'affirmation de la fin d'une culture décadente, désengagée et aristocratique et le début de la nouvelle culture progressiste. Gide devient le représentant de la culture bourgeoise et libérale d'une époque révolue, selon les mots de Ferrata, une personnalité emblématique de la trajectoire de certains critiques, passés du milieu hermétiste florentin au marxisme[30].

En revanche, *Il Politecnico* fait d'abord du *Journal* de Gide de la période communiste un exemple type du progressisme révolutionnaire de la culture française, opposée à la tradition aristocratique de la culture italienne[31]. Vingt ans plus tôt, dans un article très célèbre[32], Vittorini avait affirmé la dette des jeunes écrivains italiens envers Proust et Gide. La parution de l'édition italienne de *Retour de l'URSS*, en 1946[33], oblige Vittorini et sa revue à clarifier leur position aussi bien vis-à-vis de l'œuvre gidienne que vers la ligne politico-esthétique du PCI. Le directeur du périodique milanais reproche alors aux communistes et aux socialistes de dénier tout intérêt pour l'œuvre gidienne en raison des prises de position politiques de l'auteur. S'il invite la critique de gauche à condamner ses faiblesses, il l'incite aussi surtout à reconnaître ses qualités, afin de ne pas « laisser » un écrivain d'une telle valeur à la critique réactionnaire et de droite[34]. Son avertissement ne sera pas accepté par la critique marxiste, qui ne cessera de condamner Gide sur la base de ses choix politiques, de l'immoralité du contenu de son œuvre et de

---

28 Ilya Ehrenbourg, « Il Caso di André Gide », dans *Rinascita*, n° 4, octobre-novembre 1944, p. 23-25.

29 *Ibid.*, p. 25.

30 Giansiro Ferrata, « A. Gide, Ricordi della corte d'assise », dans *La Rassegna d'Italia*, n° 4, avril 1949, p. 437-438.

31 Galvano Della Volpe, « Giornale filosofico di un marxista », dans *Il Politecnico*, n° 9, 24 novembre 1945, p. 3.

32 Elio Vittorini, « Scarico di coscienza », dans *L'Italia letteraria*, n° 41, octobre 1929.

33 André Gide, *Ritorno dall'URSS*, trad. de A. Ridola, Torino, Egea, 1946.

34 Elio Vittorini, « Codini non solo in Cina », dans *Il Politecnico*, n° 29, 1 mai 1946, p. 41. Il n'est pas anodin de remarquer qu'on se trouve exactement au début de la polémique explicite entre *Il Politecnico* et les communistes, inaugurée par Mario Alicata avec « La Corrente "Politecnico" », dans *Rinascita*, n° 5-6, mai-juin 1946, p. 116.

son homosexualité[35]. L'écrivain demeurera pendant longtemps l'un des modèles des ex-hermétistes et de la droite modérée et traditionaliste.

Cependant, comme on l'a dit auparavant, la parution du *Thésée* est l'occasion de faire un nouveau bilan de l'œuvre gidienne, en proposant une interprétation en accord avec les exigences de l'actualité sociale et littéraire. La figure de Gide proposée par les revues de la gauche non marxiste est emblématique en ce sens : on la retrouve aussi bien dans *La Cittadella* que dans *Il Ponte*, deux revues proches, sur le plan politique, du libéral-socialisme du Partito d'Azione, fortement laïques et liées à l'esprit unitaire de la Résistance. Elles proposent, en littérature, une conciliation entre valeur artistique (conçue selon les canons traditionnels, avec un rejet conséquent du modernisme), engagement civique et urgence de reconstruction morale, avec une tendance aux jugements éthiques des œuvres. C'est ainsi que, dans les deux revues, le *Thésée* est présenté comme la confirmation ultime, de la part de Gide, de son engagement moral et de sa fidélité à l'esprit du *Retour de l'URSS*. Au croisement entre modernité et tradition, Gide accomplit sa fonction sociale en répondant aux exigences actuelles de réaffirmation de la dignité de l'homme. Il proclame ainsi les valeurs du classicisme français. On voit donc cette œuvre interprétée comme point d'arrivée de l'itinéraire littéraire et humain de l'auteur tout entier, tant du point de vue de la cohérence dans son engagement pour l'homme que de l'équilibre entre urgence de l'actualité et puissance de la tradition[36].

En effet, la critique de Gide s'attache principalement à chercher l'unité de son œuvre, puisqu'elle souhaite saisir une cohérence dans un matériel perçu comme fluide, contradictoire et difficile à synthétiser : si certains critiques en saisissent l'unité dans son engagement humain, moral ou social, comme on vient de le voir, d'autres, plus nombreux, relèvent plutôt cette unité dans le contenu d'expérience autobiographique. Et cela même lorsqu'ils en nient une valeur artistique authentique, comme dans le cas des pièces théâtrales ou des *Faux-Monnayeurs*. Deux positions

35 Roderigo de Castiglia (Palmiro Togliatti), « I sei che sono falliti », dans *Rinascita*, n° 5, mai 1950, p. 240, article à propos de Richard Crossman (éd.), *Testimonianze sul comunismo : il dio che è fallito*, Milano, Edizioni di Comunità, 1950. Voir aussi Palmiro Togliatti, « Antigidiana », dans *La Fiera letteraria*, n° 50, 11 décembre 1949, p. 5.

36 Nino Fugazza, « Appunti di una lettura : *Thésée* di André Gide », dans *La Cittadella*, n° 19, 20 novembre 1946, p. 3, et n° 20, 5 décembre 1946, p. 3 ; Franco Simone, « L'Ultimo Gide », dans *Il Ponte*, n° 2, janvier 1948, p. 139-148.

se distinguent : celle d'Alessandro Pellegrini dans *La Rassegna d'Italia*, et celle de Franco Simone, auteur d'une étude parue dans *Belfagor*. Tous les deux tentent de cerner l'unité de l'œuvre gidienne en se basant sur la valeur esthétique de celle-ci, essayant ainsi de soustraire la critique gidienne aux questions morales, politiques ou spirituelles. Ils affirment son statut de classique en mettant en lumière son style clair et dépouillé, adhérant au contenu, contrôlé par la rigueur et l'intelligence, et ressenti comme une exigence morale. Sa position équilibrée entre tradition et modernité permet à son œuvre à la fois d'intégrer les préoccupations morales et intellectuelles de son temps et de les dépasser[37].

Mais la critique italienne ne cesse pas d'instrumentaliser Gide selon ses nécessités, souvent extra esthétiques. Dès le tournant de 1948, son nom revient souvent comme le symbole de la tradition humaniste, à opposer à la nouvelle mode de l'existentialisme sartrien et à la décadence de la littérature d'après-guerre, mais aussi comme le représentant contemporain de la tradition des moralistes français et comme le modèle de l'écriture du journal intime en tant qu'expérience spirituelle. Il est également considéré comme un classique de l'anticommunisme, célébré dans *La Fiera* pour avoir su se délivrer d'une littérature de fausse avant-garde et avoir trouvé une raison morale de pureté littéraire au nom de la liberté humaine[38].

En général, dans l'hebdomadaire romain, les deux tendances catholico-traditionaliste et hermétiste s'accordent à dire que l'œuvre de Gide a une valeur autobiographique et spirituelle, qu'elle est un modèle de la liberté de l'art et de l'esprit contre les totalitarismes, fondée sur un fort sentiment religieux. Cela sera confirmé par la parution de *Et nunc manet in te*, œuvre qui permet, d'après Antonini, de reconnaître en Gide non plus un immoraliste et cynique, mais une nature religieuse et profonde. Il n'empêche que des positions contradictoires se manifestent. Si le directeur Fabbri parvient à présenter Gide à côté de grands écrivains catholiques français tels que Claudel, Péguy, Mauriac et Bernanos, comme exemple d'une littérature élevée, car fondée sur l'Évangile, le jeune critique Franciosa dénonce le filtre de l'intelligence omniprésent

37 Alessandro Pellegrini, « L'Architettura dell'opera di André Gide », dans *La Rassegna d'Italia*, n° 6, juin 1946, p. 60-66 ; Franco Simone, « André Gide », dans *Belfagor*, n° 2, mars-avril 1948, p. 173-193.

38 Italo Fiore, « La letteratura degli ex-comunisti », dans *La Fiera letteraria*, n° 15, 10 avril 1949, p. 5.

dans le *Journal*. S'identifiant chez Gide au côté diabolique de l'homme, l'intelligence en entame la sincérité[39].

La cristallisation de la critique apparaît claire si l'on regarde les articles composant l'hommage rendu par *La Fiera* pour les quatre-vingts ans de Gide en décembre 1949, auquel participent des critiques de plusieurs orientations esthétiques et idéologiques. Dans une Italie qui veut renier son passé fasciste et nationaliste, Gide est présenté comme le plus courageux défenseur d'une civilisation européenne humaniste, basée sur la liberté de l'esprit et la défense de la dignité de l'individu. Capable de renouveler la tradition sans maniérisme ni conservatisme, en affirmant la liberté de l'art contre tout fanatisme, il est, selon Vigorelli, le vrai classique de son époque :

> Pour être sûr de rester un « créateur », qui n'avait pas voulu se ranger du côté du « conservateur » Barrès, le mauvais conservateur Barrès, qui confondait la bonne conservation d'un trésor avec son enterrement [...] Gide a le droit d'être, comme il l'est vraiment, l'écrivain contemporain le plus enraciné [...] pour avoir encore été capable d'être, de manière salutaire, l'homme le plus déraciné de son siècle[40].

C'est ainsi que « sa présence dans ce siècle est parmi celles qui crient au monde avec le plus de netteté que l'Europe ne peut pas mourir[41] ». Reconnaître son statut de classique européen, affirmer la validité de son enseignement pour la culture italienne, équivaut à répudier le

39 Giacomo Antonini, « Ha taciuto fino all'ultima pagina. L'Ultimo André Gide », dans *La Fiera letteraria*, n° 2, 13 janvier 1952, p. 1-2 ; Diego Fabbri, « Scrittori senza vangelo », dans *La Fiera letteraria*, n° 47, 20 novembre 1949, p. 1 ; Massimo Franciosa, « Le Corna del Maligno nel "Diario Verde" », dans *La Fiera letteraria*, n° 52, 25 décembre 1949, p. 6.

40 C'est nous qui traduisons. Giancarlo Vigorelli, « Il classicismo "leggero" di André Gide », *op. cit.*, p. 3. : « *Per assicurarsi di restare un "creatore", che non si era voluto schierare col "conservatore" Barrès, il cattivo conservatore Barrès, che confondeva il giusto conservare un tesoro coll'andare ad interrarlo* [...] *Gide ha diritto di essere, com'è realmente, lo scrittore contemporaneo più* enraciné [...] *per essere stato ancora capace, di essere, l'uomo salutarmente più* déraciné *del suo secolo* ». C'est dans cette perspective que Gide est perçu comme le représentant et le défenseur de la civilisation européenne humaniste, capable de faire une synthèse de la tradition et de la modernité à travers un « classicisme léger », créateur et non conservateur, ainsi que d'établir un dialogue entre l'autorité de la tradition et l'esprit de doute, la libre pensée. Sur cette base Carlo Bo oppose Gide à Barrès, dont l'attitude aurait « ouvert le chemin à Hitler » (« La nozione di letteratura e gli avvenimenti », *op. cit.*, p. 101).

41 Pier Antonio Quarantotti Gambini, « La vita dello spirito è legata al coraggio », dans *La Fiera letteraria*, n° 50, 11 décembre 1949, p. 5 : « *La sua presenza in questo secolo è una di quelle che più altamente gridano al mondo che l'Europa non può morire* » (c'est nous qui traduisons).

nationalisme et le conservatisme littéraires. Il s'agit ainsi de désavouer la francophobie répandue pendant le *ventennio* ainsi que les présupposés culturels et idéologiques du régime fasciste, qui avait défendu la primauté de la culture classique italienne au nom de la latinité et du catholicisme.

Gide est célébré comme un modèle de style et de critique, et comme un exemple de liberté en acte, ce qui est une autre manière de mettre en évidence sa supériorité par rapport à Sartre[42]. Son désarroi devant l'occupation allemande est souvent mentionné, mais hormis les communistes la critique italienne tend généralement à interpréter les pages du *Journal* de 1940 à la lumière de l'attitude critique. Loin de devenir une raison de condamner Gide, le retard de sa prise de position antinazie est ainsi interprété comme l'expression cohérente, sinon exemplaire, d'un esprit prêt à se remettre sans cesse en question, indépendant des contraintes de la contingence, et capable d'affirmer les valeurs authentiques du classicisme dans l'art[43].

On le reconnaît en tant que représentant des générations inquiètes qui ont grandi dans l'entre-deux-guerres. Il est ainsi perçu comme le témoin le plus sincère de la condition de l'homme de lettres à son époque[44].

---

42 Gianfranco Contini, « Una libertà in atto », dans *ibid.*, p. 4.

43 Giovan Battista Angioletti, « Qualche pagina di Algeri molto dispiacque agli intransigenti di allora », *ibid.* Et l'on remarquera qu'Angioletti avait été l'auteur, en 1927, d'une *Difesa dell'Europa* (dans *Scrittori d'Europa : critiche e polemiche*, Milano, Libreria d'Italia, 1928, p. 175-182) sur le modèle de la *Défense de l'Occident* d'Henri Massis (Paris, Plon, « Le Roseau d'or : œuvres et chroniques », 1927). C'était en effet en s'appuyant sur une idée d'Europe catholique et classique qu'il s'était opposé, dans l'entre-deux-guerres, à Gide et à la littérature moderniste européenne, qu'il avait dénoncés comme les responsables de la décadence du vieux continent (voir aussi Giuseppe Langella, « Il romanzo a una svolta. "Solaria" e dintorni », dans Francesco Mattesini (éd.), *Dai solariani agli ermetici : studi sulla letteratura italiana degli anni Venti e Trenta*, Milano, Vita e pensiero, « Arti e scritture », 1989, p. 191-266). D'une manière différente mais non opposée, Carlo Bo loue l'attitude de Gide lors de la défaite de 1940 : au lieu de céder à la propagande ou aux modes, il aurait réaffirmé son honnêteté par la continuation de son métier d'homme libre (« Riflessioni critiche III : La Lezione di Gide », *Paragone – Letteratura*, n° 18, juin 1951, p. 41-53).

44 En effet, c'est par son attitude, sa participation sincère à l'histoire de l'Europe que Gide se distingue de l'autre grand auteur français de son époque, Paul Valéry, « dernier intellect bourgeois européen » de type classique, qui a défendu la tradition et l'humanisme européen avec un extrême rationalisme, un détachement cartésien (voir Oreste Macrì, « Paul Valéry, uomo europeo », dans *La Rassegna d'Italia*, n° 10, p. 1007-1024 ; voir aussi Adriano Seroni, « André Gide 1939-1942 », dans *Letteratura*, n° 30, septembre/octobre 1946, p. 109-115). Si Valéry représente la dernière phase du néo-humanisme européen et que sa mort en proclame la fin, la voix de Gide représente de la manière la plus authentique l'expérience de l'homme européen moderne.

On promeut son exemple contre les nouvelles tendances culturelles et littéraires, bien que l'on constate que la Deuxième Guerre mondiale a marqué un tournant indéniable entre deux époques, et que les nouvelles générations lui ont désormais tourné le dos[45]. On raconte souvent son adhésion au communisme comme une erreur de distraction, justifiée par sa « disponibilité ». On parle de lui comme d'un moraliste influencé par son éducation puritaine, anticonformiste, infatigable critique de la morale contemporaine.

La plupart des interventions, qu'elles soient élogieuses ou sentencieuses, se concentrent sur son *Journal*, sur son expérience personnelle, sur sa valeur intellectuelle et spirituelle, en déclarant souvent son œuvre narrative comme dépourvue de valeur poétique. La récurrence de la question religieuse est très remarquable, et a été sans doute renforcée par la parution de sa correspondance avec Claudel[46]. La dispute épistolaire entre les deux écrivains est très commentée dans un pays où les querelles sur la laïcité et la religion ont enflammé le débat intellectuel et politique, suite à la reconnaissance des *Patti Lateranensi* dans la Constitution républicaine. La discussion sur l'aspect religieux de l'œuvre de Gide prend des accents intéressants chez des catholiques de positions divergentes, et qui reflètent la division du milieu catholique italien. Casnati, en citant Massis, parle de « choix du Diable » et réduit l'œuvre gidienne au thème de la lutte pour la légitimation de son anomalie. Un catholique antifasciste tel que Primo Mazzolari lui donne son absolution religieuse pour avoir travaillé pour Dieu plus que tous les écrivains catholiques. Le directeur Fabbri, enfin, décrit Gide comme un cas fascinant qui ne peut cependant pas devenir un modèle, puisque l'homme a besoin, aujourd'hui, d'une recherche et d'une inquiétude tournées vers une vérité solide. Il conclut alors par une synthèse de différentes positions exprimées dans l'hommage de *La Fiera* : dans l'esprit des contemporains

45 Ce constat sera confirmé notamment par Carlo Bo dans « La Morte di Gide », dans *Letteratura-Arte contemporanea*, n° 7, janvier-avril 1951, compte rendu des hommages de la critique française après la mort de Gide et constatation du manque d'influence de sa voix sur les nouveaux écrivains français.

46 Dont un extrait est publié, relatif à la polémique entre les deux écrivains suivie à la parution des *Caves du Vatican* : « Dalla Corrispondenza Claudel-Gide », traduction italienne de Mario Picchi, dans *La Fiera letteraria*, n° 50, 11 décembre 1949, p. 5-6. Quatre autres articles abordent ce sujet : deux dans *La Fiera letteraria* (n° 5, 29 janvier 1950, p. 1 et n° 11, 18 mars 1951, p. 5), un dans *Belfagor* (n° 3, mai-juin 1949) et un dans *Il Ponte* (n° 1, janvier 1951).

et des générations futures, c'est l'homme André Gide qui restera plutôt que l'écrivain[47].

Si la réception de Gide paraît riche et variée, le tournant de la guerre ne représente un changement que par l'élévation de l'auteur au rang de classique. Les critiques italiens tendent à produire des lectures très similaires à l'époque précédente. Abstraction faite de ceux qui avaient soutenu, dans l'entre-deux-guerres, la position de Massis dans *Défense de l'Occident* et qui tendent maintenant à l'adapter à leurs vieilles positions, sans remettre vraiment en cause leurs présupposés[48]. Gide devient ainsi un classique de la littérature française et européenne sans que le renouvellement esthétique porté par son œuvre narrative soit analysé en profondeur. La lecture de son œuvre de fiction demeure concentrée sur les questions morales. Néanmoins, son travail spirituel, ainsi que l'engagement pour la liberté et la dignité de l'individu, semble pousser les critiques pro-Gide à pardonner, sinon à oublier, les aspects les plus gênants de la problématique morale. Gide devient le porte-drapeau d'une tradition humaniste à défendre contre les nouvelles tendances des littératures italienne et française.

Une lecture quasiment unanime du *Thésée* comme testament philosophique et moral de Gide influe certainement sur une telle réception. Par l'intermédiaire du personnage de Thésée, l'écrivain parvient à offrir

47 Francesco Casnati, « Il Pianto sotto la pagina », dans *La Fiera letteraria*, n° 50, 11 décembre 1949, p. 4 ; Primo Mazzolari, « Voglio che Cristo gli restituisca quel che lui mi ha dato », *ibid.*, p. 5. Peu après la mort de Gide, un autre catholique antifasciste, Valerio Volpini, affirme la valeur religieuse de l'expérience de Gide et parvient à douter de son athéisme, aussi peu convaincant que son communisme. À ce propos voir Valerio Volpini, « Biglietto cattolico per Gide », dans *La Fiera letteraria*, n° 11, 18 mars 1951, p. 5) ; Diego Fabbri, « Aspetto l'ultima pagina bianca per chiudere il suo diario », dans *La Fiera letteraria*, n° 50, 11 décembre 1949, p. 3.

48 Le cas le plus exemplaire est représenté par Giacomo Antonini, très proche de Giovan Battista Angioletti. À une époque où faire l'éloge de certaines personnalités qui avaient ouvertement soutenu le régime fasciste n'est pas bien vu, il se positionne de manière ambiguë vis-à-vis de l'Action française et des thèses de Maurras et Massis. Voir notamment son compte rendu de l'ouvrage de Massis *Maurras et notre temps* (Paris-Genève, La Palatine, 1951) : « Maurras et l'Action française » (dans *La Fiera letteraria*, n° 41, 28 octobre 1951, p. 1-2), où il est partagé entre la prise de distance des présupposés politiques de l'Action française, joints au nationalisme effréné de Maurras et Massis, et l'éloge de leur engagement politique et culturel en faveur d'un retour au classicisme. Malgré cela, Antonini écrit des articles sur Gide où il ne manque pas de mettre en lumière l'importance de son œuvre, empreinte de valeur classique, de dignité humaine et d'une authentique profondeur religieuse (voir « Gide minore », dans *La Fiera letteraria*, n° 30, 22 juillet 1950, p. 4 et « Le Contemporain capital », dans *La Fiera letteraria*, n° 11, 18 mars 1951, p. 5).

aux hommes contemporains son dernier mot moralisateur. Thésée est perçu comme la sublimation de tous les mythes gidiens, qui trouvent ici leur accomplissement[49]. Ainsi, la dernière œuvre de Gide est lue comme le bilan de son expérience, en vue d'une synthèse de toutes ses contradictions. En effet, une telle interprétation permet de retrouver une cohérence *a posteriori* dans l'itinéraire intellectuel de Gide et de dépasser la difficulté de concilier un style classique avec un contenu moralement déplorable. La seule différence remarquable se situe dans l'interprétation que les critiques italiens donnent de différents personnages gidiens. D'un côté, des critiques comme Fugazza et Simone nient l'existence d'une contradiction entre les différentes étapes de la pensée gidienne, concrétisées dans ses personnages[50]. De l'autre, de nombreux autres critiques cernent l'unité de l'œuvre gidienne dans son expérience, son esprit contradictoire, sa remise en cause perpétuelle des données acquises. Ils tendent à interpréter le *Thésée* comme l'aveu, de la part de Gide, de la faillite de ses positions antérieures[51].

Au contraire, l'analyse littéraire des œuvres narratives en dehors du *Thésée* est absente. Mais de par les allusions faites dans les articles d'ordre général, on peut en tirer une interprétation plutôt répandue : avec *Les Nourritures terrestres*, Gide aurait dépassé le symbolisme d'une manière conciliatrice plutôt que conflictuelle. Jugement qui n'est pas anodin à une époque où le symbolisme est presque considéré comme le plus

49 En particulier, l'abandon d'Ariane est vu comme un acte gratuit proche de celui Lafcadio, mais débouchant enfin sur un but plus important (Nino Fugazza, *op. cit.*).

50 Ici, l'influence d'une certaine réception du *Thésée* par la critique militante française nous semble pour le moins probable, notamment en ce qui concerne les considérations faites par Gaëtan Picon dans « Actualité d'André Gide », paru dans *Fontaine*, n° 56, novembre 1946, p. 614-625. D'ailleurs, *Fontaine* est l'une des revues françaises souvent commentées dans les périodiques italiens de l'époque, et Picon un critique très suivi par les médiateurs italiens de la littérature française.

51 Voir par exemple Glauco Natoli, « André Gide tel qu'en lui-même », dans *Il Ponte*, janvier 1952, p. 197-212. L'interprétation de Natoli, selon laquelle pour n'avoir pas coupé le fil qui le liait à Ariane, Thésée aurait renié les mythes gidiens de l'évasion, de la conquête de l'inconnu, de l'affranchissement de tout lien, rappelle celle de Blanchot : « Thésée retrouve son chemin parce qu'il reste attaché à quelque chose de sûr, mais, n'ayant pas rompu le fil, il demeure celui qui a ignoré le labyrinthe. » (Maurice Blanchot, « Gide et la littérature d'expérience » [1947], dans *La Part du feu*, Paris, Gallimard, 1949, p. 219-220.) Comme Picon, Blanchot est un critique assez suivi par une partie de la critique littéraire italienne de l'après-guerre, et un extrait de son article sur Gide paraît dans *La Fiera letteraria*. Giovan Battista Angioletti, « Su Dallapiccola e Gide », dans *La Fiera letteraria*, n° 13, 27 mars 1947, p. 4.

important des maux de la culture européenne de la fin du XIX^e^ siècle. Grâce au classicisme de son style et à sa capacité à garder le lien avec la tradition, Gide aurait su se délivrer de l'hypothèque symboliste pour conduire la culture française dans le nouveau siècle en portant le drapeau de l'humanisme[52]. Qu'il l'ait fait par souci de réalisme ou de classicisme, par refus du décadentisme, par volonté d'engagement moral, peu importe. Chaque critique en donne une raison différente selon la position esthétique, morale ou politique qu'il défend. On reconnaît la perfection stylistique des récits, l'importance de la mise en cause de la morale commune. Toutefois, la reconnaissance d'une valeur esthétique satisfaisante est souvent niée ou limitée. L'artificialité des constructions narratives, dans *Les Faux-Monnayeurs* en particulier, et la présence encombrante de l'auteur ne permettent pas à ses personnages d'accéder à une transposition artistique complète[53]. Le *Thésée* peut représenter une possibilité de narration conjuguant la tradition de la rigueur et de la clarté, et l'urgence de l'engagement moral de l'homme dans la construction d'une nouvelle société, à l'abri des prescriptions du réalisme socialiste et de l'engagement sartrien. Gide n'est pas pour autant considéré comme un romancier. Ses œuvres de fiction ne répondent pas à ce que les Italiens s'attendent en lisant un roman français[54]. Elles n'entrent évidemment pas dans les canons du récit néoréaliste et ne sont pas non plus adaptées à ceux du roman à la Mauriac, apprécié par les critiques catholiques.

Il faut attendre le succès du nouveau roman, et surtout la réédition du *Portrait d'un inconnu* de Nathalie Sarraute avec la préface de Sartre et sa traduction italienne[55], pour que *Les Faux-Monnayeurs* soit une œuvre

52 Simone affirme que, tout au long de son œuvre, Gide cherche l'équilibre entre l'importance du symbole et la nécessité de la matière, équilibre atteint dans le *Thésée* (« André Gide », *op. cit.*). Bo, adversaire déclaré du réalisme en littérature, s'oppose nettement à cette position. Selon lui, c'est justement l'expérience symboliste qui a préservé Gide du réalisme (« Riflessioni critiche III… », *op. cit.*).

53 Voi par exemple Nino Fugazza, « Traduzioni da Gide », dans *La Cittadella*, n° 21-22, 15-30 novembre 1947, p. 3. Il s'agit d'une idée qui a ses racines dans la réception de Gide dans l'entre-deux-guerres, exprimée déjà en 1930 par Sergio Solmi (« Saggio su Gide », dans *La Cultura*, n° 9, septembre 1930, p. 744-759).

54 Abstraction faite de la critique communiste adhérant à l'interprétation d'Aragon du roman français traditionnel (réaliste et progressiste), les canons du roman français demeurent, chez les critiques italiens de l'après-guerre, très similaires à ceux de l'époque précédente et mis en relief par Hermetet dans *Les Revues italiennes…*, *op. cit.*, p. 210-212.

55 Jean-Paul Sartre, « Préface », dans Nathalie Sarraute, *Portrait d'un inconnu* [1948], Paris, Gallimard, 1956 ; *Ritratto d'ignoto ; Tropismi ; Conversazione e sottoconversazione*, trad. de O.

mentionnée comme susceptible d'avoir de l'influence sur l'avenir de l'esthétique romanesque. Dès 1960, maints critiques la citent comme un antiroman lorsqu'ils cherchent les racines du nouveau roman, qu'ils se réfèrent explicitement à Sartre ou non. Cependant, aucun article ou étude n'est consacré aux *Faux-Monnayeurs*. De toute façon, la définition d'antiroman n'est pas vraiment féconde pour une relecture innovante du roman échoué de Gide.

D'ailleurs, à la reprise de l'activité éditoriale en 1944, Giacomo Debenedetti salue dans la parution de *Attendu que* et des pages du *Journal* dans *L'Arche* la manifestation renouvelée du chemin de l'intelligence, prête à se remettre sans cesse en cause dans le rejet des idées figées et du conformisme[56]. Il s'agit de la vision de Gide la plus ancrée dans l'imaginaire critique italien et elle ne sera peut-être pas remise en question pendant longtemps. En 1970, à l'occasion du centenaire de la naissance de Gide, l'ancien hermétiste Mario Luzi réaffirme la situation problématique de la canonisation du « contemporain capital » parmi les classiques[57]. Son image demeure divisée : d'un côté l'artiste qui n'aboutit qu'à des résultats partiels, de l'autre l'intellectuel et l'homme qui remet tout en cause. Témoin incomparable d'une époque révolue, Gide reste capital par sa recherche intellectuelle et son attitude critique, mais vingt ans après sa mort, la portée de son innovation dans le domaine artistique semble demeurer plutôt négligée.

Stefania CARISTIA
Université Paris-Sorbonne,
CRLC (EA 4510)

del Buono, Milano, Feltrinelli, « Le Comete », 1959.

56 Giacomo Debenedetti, « Gide ritrovato », dans *La Nuova Europa*, n° 3, 24 décembre 1944, p. 8.

57 Mario Luzi, « Il Centenario di Gide », dans *L'Approdo letterario*, n° 49, mars 1970, p. 58-60.

# INDEX

ALBERT, Henri : 194-195
ALEXANDRE-BERGUES, Pascale : 13
ALICATA, Mario : 320
ALIGHIERI, Dante : 43, 120, 132
ALLÉGRET, Élie : 128
ALLÉGRET, Marc : 109-130
ALTER, André : 190
AMOSSY, Ruth : 65
ANDONOVSKA, Biljana : 260
ANGELO, Anne-Sophie : 123
ANGIOLETTI, Giovanni Battista : 324, 326-327
ANGLÈS, Auguste : 290-291
ANTOINE, André : 180
ANTONINI, Giacomo : 314, 322-323, 326
APOLLINAIRE, Guillaume : 259
ARAGON, Louis : 257, 271, 319, 328
ARLAND, Marcel : 290
ARNAUD, Georges : 239
ARTAUD, Antonin : 204
AYMARD, Maurice : 298
AYMÉ, Marcel : 238, 281

BAHUN-RADUNOVIC, Sanja : 259
BAKHTINE, Mikhaïl : 21
BALIBAR, Étienne : 56
BALZAC, Honoré de : 42, 235, 242
BARBUSSE, Henri : 35, 94, 137
BARRAULT, Jean-Louis : 179-192
BARRÈS, Maurice : 18, 19, 25, 32, 37-40, 75-79, 82-83, 88, 94, 196, 279, 284, 315, 323
BARTHES, Roland : 278
BATAILLE, Georges : 220, 293
BAUDELAIRE, Charles : 195, 196, 252
BAUZYTĖ, Galina : 256
BAZIN, Hervé : 238
BEAUBOURG, Maurice : 105
BEAUSIRE, Pierre : 133
BEAUVOIR, Simone de : 238, 257
BECK, Christian : 104, 105
BEETHOVEN, Ludwig van : 132, 162
BÉGUIN, Pierre : 67-68
BÉLAND, Martine : 56
BEM, Jeanne : 34
BENJAMIN, Walter : 50, 277-280, 284, 292
BENOIST, Alain de : 66-67
BÉRAUD, Henri : 279-280
BERGE, André : 291
BERGER, Suzanne : 57-58
BERMANN FISCHER, Gottfried : 154
BERNANOS, Georges : 235, 322
BERRY, Walter : 109
BERTAUD, Madeleine : 20, 196
BERTAUX, Félix : 149, 157-158
BERTRAM, Ernst : 151
BERTRAND, Stéphanie : 64
BIANQUIS, Geneviève : 195, 206
BICHSEL, Peter : 140-141
BIELIAUSKAS, Pranas : 257
BIGONGIARI, Piero : 314-315, 317, 319
BLANC, Maurice : 138
BLANCHE, Jacques-Émile : 201
BLANCHOT, Maurice : 256, 327
BLEI, Franz : 278
BLOCH, Peter André : 40
BO, Carlo : 310, 314, 318-319, 323-325
BÖCKLIN, Arnold : 134
BOMPAIRE, François : 23
BONIFAČIĆ, Antun : 51, 275-277, 283-285, 292, 293

BONSANTI, Alessandro : 313, 318
BOREL, Eugène : 188
BOSETTI, Gilbert : 310, 317
BOTTA, Gustavo : 304
BOUDOT, Pierre : 198
BOUGAINVILLE, Louis-Antoine de : 279
BOURDIEU, Pierre : 234, 238, 241, 311
BOURGET, Paul : 14, 36, 71, 78-80, 89
BOY-ŻELEŃSKI, Tadeusz (ŻELEŃSKI, Tadeusz Kamil Marcjan, *dit*) : 235, 236, 239, 245-248
BRAUN, Otto : 111
BRÉAL, Auguste : 109
BRENDER, Franz : 252
BRETON, André : 256, 259-260, 263, 266, 268, 271
BROD, Max : 180
BROSMAN, Catherine S. : 29
BROWNING, Robert : 74
BRUNETIÈRE, Ferdinand : 34, 46
BRUNOT, André : 179, 181
BUBOILE, Christophe : 45
BUCKLEY, Irena : 251
BUDRECKI, Lech : 240
BUDRY, Paul : 137
BUSSY, Dorothy : 154, 180, 205
BUTOR, Michel : 238

CAKIAMOUNI [SHAKYAMUNI] : 21
CALVIN, John : 25, 67
CAMUS, Albert : 183, 188, 190, 204, 238, 242, 254, 256-258
CAPRARA, Massimo : 316
CARDARELLI, Vincenzo : 317
CASANOVA, Pascale : 235-236
CASNATI, Francesco : 325-326
CATTANI, Paola : 16
ĆELAP, Knjižara : 280
CÉLINE, Louis-Ferdinand : 235, 256
CERVANTÈS, Miguel de : 43
CÉZANNE, Paul : 176
CHALLAYE, Félicien : 201
CHATEAUBRIAND, François-René de : 170
CHAUSSON, Ernest : 171, 173
CHÉNIER, André : 155
CHEVREL, Yves : 309
CHKOUNAIEVA, Inna Dmitrievna : 255
CHOMICZ, Mieczysław : 239
CHOPIN, Frédéric François : 90
CHOPIN, Thierry : 60, 69
CHRÉTIEN DE TROYES : 319
CHUZEVILLE, Jean : 315
CIMABUE (PEPO, Cenni di, *dit*) : 172
CLAIR, René : 209
CLAUDE, Jean : 7, 66, 179, 181, 191, 199
CLAUDEL, Paul : 13, 74, 118, 187, 190, 196, 203, 220, 235, 252, 280, 316, 322, 325
CLOUARD, Henri : 38
COCTEAU, Jean : 193, 236-237
COLETTE (COLETTE, Sidonie-Gabrielle, *dite*) : 235, 257
COLLANI, Tania : 13, 90
COMPAGNON, Antoine : 34
COMTE, Auguste : 23
CONFUCIUS : 21
CONTINI, Gianfranco : 324
COPEAU, Jeaques : 180, 181
CORNEILLE, Pierre : 78
ĆOSIĆ, Bora : 266
COTNAM, Jacques : 275
CRĂCIUN, Ioana : 223
CROCE, Benedetto : 40, 309, 311, 314, 318
CURTIUS, Ernst Robert : 9, 15, 25, 30, 34-35, 39-41, 43, 110-111, 149, 156
CVIRKA, Petras : 225

D'ANNUNZIO, Gabriele : 278, 301-304, 318
D'IORIO, Paolo : 202
DAGAN, Yäel : 15
DANINOS Pierre : 238
DASTÉ, Marie-Hélène (COPEAU, Marie-Hélène) : 181
DE LICHNIZKI, Olga : 300
DE MAX, Éduard : 180
DEBARD, Clara : 29, 198-199, 203-206
DEBENEDETTI, Giacomo : 329
DÉCAUDIN, Michel : 103
DEFRANCE, Corine : 251

DEHOUSSE, Renaud : 56
DEKOBRA, Maurice : 235
DELCHEVALERIE, Charles : 104
DELLA VOLPE, Galvano : 320
DÉMAREST, Albert : 102
DENIS, Maurice : 48, 118, 161-167, 169-177
DENUIT, François : 63, 66
DEROGY, Jacques : 187
DERRIDA, Jacques : 292
DESJARDINS, Paul : 16, 110, 157-158
DESNICA, Vladan : 281-282, 335
DESVALLIÈRES, Georges : 176
DETHURENS, Pascal : 13-14, 17-18, 37, 63-64, 76-77, 85, 87-88, 93
DI MÉO, Nicolas : 14, 36, 58, 78, 89-91, 93
DIDEROT, Denis : 122, 235, 319
DIECKMANN, Herbert : 111
DIECKMANN, Jane M. : 111
DONAT, Branimir : 271
DONATELLO (NICCOLÒ DI BETTO BARDI, Donato di, *dit*) : 170, 174
DOSTOÏEVSKI, Fiodor : 15, 21-22, 24, 29, 41, 43, 81, 87, 93, 187, 207, 241
DRIEU LA ROCHELLE, Pierre Eugène : 41-43, 248, 280, 284-285, 300
DRÖGE, Christoph : 34
DROUIN, Marcel : 161-162, 167-170, 173-174, 197
DRUČKUTĖ, Genovaitė : 255
DU BELLAY, Joachim : 164
DU BOS, Charles : 25, 34, 111, 284, 319
DUCHATELET, Bernard : 35
DUCROT, Oswald : 65
DUMAS, Alexandre : 235, 241
DURAND, Pascal : 59
DURAS, Marguerite : 238, 257
DUROSAY, Daniel : 7, 113, 128

EEKHOUD, Georges : 105
EHRENBOURG, Ilya : 255, 320
EHRET, Joseph : 252
ÉLUARD, Paul : 257
EMERY, Léon : 220
ESCHYLE : 43, 206
EVEN-ZOHAR, Itamar : 234
EVNINA, Elena M. : 255

FABBRI, Diego : 317, 322-323, 325-326
FAURE, Élie : 214-215
FAWCETT, Peter : 78, 103, 125, 127
FERRATA, Giansiro : 314, 317, 320
FEYDEAU, Georges : 181
FINKIELKRAUT, Alain : 55
FIORE, Italo : 322
FLAUBERT, Gustave : 81, 166, 235, 283-284
FLORA, Francesco : 314, 318
FONGARO, Antoine : 295-296, 310, 314, 317
FONTAINAS, André : 105
FOREST, Philippe : 9, 57
FOUCART, Claude : 34, 87
FOUCAULT, Michel : 285
FOUILLÉE, Alfred : 23
FRA ANGELICO (Guido di Pietro, en religion Fra Giovanni, *dit*) : 120, 172
FRANCE, Anatole : 291
FRANCIOSA, Massimo : 314, 322-323
FRANÇOIS (saint) : 198
FREUD, Sigmund : 222-223, 285, 318
FRISCH, Max : 140-141
FUGAZZA, Nino : 321, 327-328
FUHRER, Mechthilde : 149-151, 153, 155-157

GABORY, Georges : 284
GALLIMARD, Gaston : 185
GANNE, Valérie : 231
GARIN, Eugenio : 312
GAŠPAROVIĆ, Darko : 283
GAUTIER, Jean-Jacques : 189
GAVAILLET, Marcel : 137
GENET, Jean : 243
GENETTE, Gérard : 197
GENTILE, Emilio : 299
GEORGE, Stefan : 104

GÉRARDY, Paul : 104
GERMAN, Juliusz : 233, 245-246
GHÉON, Henri : 77, 90, 169-170
GIDE, Charles : 72, 125, 276
GIDE, Juliette : 73, 105, 127-129, 132, 135, 162-168
GIDE, Madeleine : 125, 128, 131, 169, 176, 179, 181, 196
GIDE, Paul : 72-73
GIOTTO (BONDONE, Giotto di, *dit*) : 172
GIRAUDOUX, Jean : 36
GLOANEC MAURIN, Karine : 60-61
GLUCKSMANN, André : 55
GOBINEAU, Arthur de : 71
GOEBBELS, Joseph Paul : 158, 211
GOETHE, Johann Wolfgang von : 40, 42-43, 47, 49, 79, 106-107, 117-118, 136, 155, 166, 169, 170, 193, 200, 207-208, 212, 218, 284
GOLDMANN, Lucien : 270
GOMBROWICZ, Witold Marian : 235
GORBATCHEV, Mikhaïl : 254
GORKI, Maxime (PECHKOV, Alexis, *dit*) : 94, 235
GOSCINNY, René : 242
GOSSE, Edmund : 76, 82, 108, 149
GOULET, Alain : 76, 295, 300, 305-307
GOZZOLI, Benozzo : 174
GRAZIOSI, Andrea : 254
GREGORI, Elisa : 41
GRÈVE, Claude de : 103
GROETHUYSEN, Bernard : 184, 333
DE GROUX, Henry de : 305
GUÉNON, René : 287
GUÉRIN, Claire : 229
GUÉRIN, Jeanyves : 319
GUESLIN, Julien : 251
GUSTAINIS, Valentinas : 252
GUYAUX, André : 34
GUYOT, Charly : 137

HABERSTICH, David : 261
HARDEKOPF, Ferdinand : 153-154
HARLAN, Veit : 211
HEGEL, Georg Wilhelm Friedrich : 270
HEILBRON, Johan : 234
HENRI-LÉVY, Bernard : 55
HERMETET, Anne-Rachel : 310, 314, 319, 328
HESSE, André : 73
HESSE, Hermann : 138, 140
HEUBERGER, Hannes : 137
HEYD, Richard : 138, 184-186
HOFFMANN, Ernst : 222
HOMÈRE : 121
HOUDAR DE LA MOTTE, Antoine : 219
HOUELLEBECQ, Michel : 55, 243, 258
HUTCHEON, Linda : 271
HUYSMANS, Joris-Karl : 239

IBSEN, Henrik Johan : 41, 43
IWASZKIEWICZ, Jarosław : 231, 235, 245-248
IWASZKIEWICZÓWNA, Helena : 231, 235, 245-248

JACOB, Max : 252
JACQ, Christian : 241
JACQUEMARD, Serge : 241
JALOUX, Edmond : 109
JAMES, Henry : 239
JAMET, Jean-François : 60, 69
JAMMES, Francis : 13, 75, 92, 168, 284
JARDEZ, Dominique : 179
JAUME, Lucien : 60
JEAN (saint) : 8, 121
JOUVE, Pierre Jean : 140
JOVANOVIĆ, Đorđe : 263-264, 276
JOYCE, James : 260, 265, 271

KADIĆ, Anté : 286
KAFKA, Franz : 48, 179-191
KAPIDZIC-OSMANAGIC, Hanifa : 259
KASSNER, Rudolf : 182, 278
KEATS, John : 42, 170
KELIUOTIS, Juožas : 253
KELLER, Gottfried : 136
KEMP, Robert : 186, 190
KESSLER, Harry : 107
KHROUCHTCHEV, Nikita : 238, 255

KIŠ, Danilo : 266
KITTLER, Friedrich A. : 209, 214, 218-219, 222, 225
KLEIN, Wolfgang : 44
KOŁONIECKI, Roman : 236, 245
KOMUR-THILLOY, Greta : 179
KONSTANTINOVIĆ, Radomir : 266
KOPP, Robert : 136
KRLEŽA, Miroslav : 280, 283-284, 287-289, 292-293
KRÖGER, Ute : 135
KUNDERA, Milan : 257
KUPFERMAN, Fred : 254

LA MOTTE, Antoine Houdar de : 219
LABISSE, Félix : 189
LACHASSE, Pierre : 75, 92, 168
LACOUE-LABARTHE, Philippe : 280
LACROIX, Alexandre : 59
LACROIX, Michel : 97
LAMBERT, Jean : 162
LANG, Fritz : 209
LANGELLA, Giuseppe : 324
LAO-TSEU [LAO-TSE] : 21
LARBAUD, Valéry : 34, 36, 77, 89, 111, 239, 271
LAURENS, Paul-Albert : 129, 132, 167
LAURENT, Maryla : 242
LAURENT, Thierry : 252
LAYA, François : 137
LE GOFF, Jacques : 257
LE RIDER, Jacques : 194
LE VERROCCHIO (MICHELE DI CIONE, Andrea di, *dit*) : 170, 174
LECLAINCHE, Emmanuel : 71
LEJEUNE, Philippe : 268, 303
LEQUESNE, Christian : 68-69
LEROUX, Gaston : 235
LESTRINGANT, Frank : 13, 161, 291
LEUENBERGER, Anna : 125
LEVESQUE, Robert : 162
LEYMARIE, Michel : 34
LINDENBERG, Daniel : 59, 195-196
LIPPI, Filippino : 174
LORIA, Arturo : 313
LOUŸS, Pierre : 127, 275, 284
LUGINBÜHL, Éric : 137
LUKÁCS, György : 270
LUMIÈRE, Auguste et Louis (Frères) : 212, 219, 224
LUTI, Giorgio : 319
LUZI, Mario : 329

MAETERLINCK, Maurice : 103-106, 252
MALLARMÉ, Stéphane : 103-104, 284
MALLET, Robert : 13, 74
MALRAUX, André : 235, 257, 283
MANN Klauss : 9
MANN, Heinrich : 149, 155
MANN, Thomas : 40, 48, 87, 111, 138, 140, 149-159, 235, 311
MARCEAU, Marcel : 181
MAREY, Étienne-Jules : 212
MARGUERAT, Jean : 137
MARGUERITTE, Victor : 235
MARITAIN, Jacques : 24, 252
MARIVAUX (MARIVAUX DE CHAMBLAIN, Pierre Carlet de, *dit*) : 181
MAROT, Antonin : 254
MARTHALER, Marcel : 137
MARTIN DU GARD, Roger : 193, 200, 278, 284
MARTIN, Claude : 73, 105, 113, 116, 122-123, 127, 162, 167-168, 171, 212
MARTINI, Fausto Maria : 304
MARTY, Éric : 7, 92, 209, 290
MARX, William : 16
MASSIS, Henri : 24-25, 111, 287, 310, 319, 324-326
MASSON, Pierre : 7, 12, 22-23, 28, 30, 38, 47, 75, 92, 94-98, 109, 113, 129, 149, 168, 171, 254
MATIĆ, Dušan : 264, 266
MATIĆ, Lela : 266
MAUBEL, Henry : 105
MAUCLAIR, Camille : 105
MAUCLÈRE, Jean : 252
MAULNIER, Thierry (Jacques Talagrand) : 280
MAULPOIX, Jean-Michel : 56

MAUPASSANT, Guy de : 222
MAURIAC, François : 24, 196, 235, 252, 257, 284, 291, 322, 328
MAUROIS, André (HERZOG, Émile Salomon Wilhelm, *dit*) : 235, 252, 257
MAURRAS, Charles : 25, 38, 40, 75, 77, 83, 90, 315, 326
MAX, Édouard de : 180
MAYRISCH, Aline : 47, 106-107, 109-111
MAYRISCH, Émile : 47, 109-110
MAZZA, Vincenzo : 179
MAZZOLARI, Primo : 325-326
MÉLIÈS, Georges : 213, 224
MEREJKOVSKI, Dimitri [MEREŽKOVSKIJ, Dmitrij] : 85
MERKEL, Angela : 55, 69
MERLIO, Gilbert : 202
MERMOUD, Albert : 137
MEUVRET, Jean : 251
MICHEL-ANGE (MICHELANGELO, Lodovico di, *dit*) : 120, 170
MICHELET, Jules : 135
MIHAJOVIĆ SVETOVSKI, Miodrag : 260
MIHALJEVIĆ, Nikica : 286
MIŁOSZ, Czesław : 257
MILOSZ, Oscar : 252
MINON, Marc : 231
MIRBEAU, Octave : 239
MIRIAM (PRZESMYCKI, Zenon, *dit*) : 245
MOCKEL, Albert : 104-105, 131
MODIANO, Patrick : 257-258
MAHOMET (le prophète) : 66
MOLIÈRE (POQUELIN, Jean-Baptiste, *dit*) : 42-43, 181, 252, 280
MONDELLO, Elisabetta : 309
MONTALE, Eugenio : 313
MONTESQUIEU (SECONDAT, Charles-Louis de, *dit*) : 89, 122, 125, 127
MONTHERLANT, Henri de : 275, 283
MORAND, Paul : 36, 235
MORII, Ryo : 57
MORIN, Edgar : 9
MOUTON, Jean : 290
MURNAU, Friedrich Wilhelm : 49, 209-210, 220-221, 223, 225-226
MURRY, John Middleton : 85
MUSIL, Robert : 140
MUYBRIDGE, Eadweard : 212

NANCY, Jean-Luc : 280, 292
NATOLI, Glauco : 327
NAUJOKAITIENĖ, Elina : 253
NAVILLE, Arnold : 137
NERMIN, Vučelj : 261
NIETZSCHE, Friedrich : 20, 40-41, 43, 49, 78, 81, 107, 129, 131, 136, 140, 193-208, 255, 285, 293, 318
NOGUEZ, Dominique : 123
NORA, Pierre : 55
NOVAKOVIĆ, Jelena : 259-261

O'NEILL, Eugene Gladstone : 236
OBENAUER, Karl Justus : 151

PACCAGNELLA, Ivano : 41
PALACIO, Marie-France de : 151
PANDURIĆ, Josip : 286
PAPINI, Giovanni : 51, 295-298, 304-307
PARETO, Vilfredo : 85
PASCAL, Blaise : 279
PASCOLI, Giovanni : 300
PAUKŠTELIS [PTAŠINSKAS], Juozas : 252
PAUL (saint) : 23, 25, 28-29, 81
PAULHAN, Jean : 140, 180, 184, 281
PAVLOVIĆ, Mihailo : 267
PÉGUY, Charles : 297, 302, 315, 322
PELLEGRINI, Alessandro : 314, 322
PETROVIĆ, Rastko : 260
PICON, Gaëtan : 327
PIERRE-QUINT, Léon : 201, 203
PINTO, Louis : 194
PITOËFF, Georges : 198, 205
POINCARÉ, Raymond : 110, 289
POPA, Ioana : 232, 233
POPOVIĆ, Jovan Sterija : 270
POULET, Georges : 290
PRANGE, Martine : 40
PRÉVERT, Jacques : 181
PRÉVOST, Eugène Marcel : 235

PREZZOLINI, Giuseppe : 296-299, 304, 306
PRICA, Slađana : 261-262, 264-267
PRITCHARD, Alan : 230
PRODOLLIET, Ernest : 226
PROUST, Marcel : 235, 252, 257-258, 260, 264-265, 268-269, 311, 316, 320
PUTINAS, Vincas : 252-253

RACINE, Jean : 280, 284
RADICA, Bogdan : 51, 276, 283, 285-287, 292-293
RADIGUET, Raymond : 237
RAPHAËL (SANZIO, Raffaello, *dit*) : 118
RATHENAU, Walter : 15, 110, 111
RAVY, Christiane : 179
RAVY, Gilbert : 179
RAYMOND, Marcel : 218, 319
RAYNAUD, Philippe : 194
RÉGNIER, Henri de : 105, 127, 133, 134, 165, 166
REICHLER, Claude : 140-141
RENAN, Ernest : 72, 195-196
RENAUD, Madeleine : 179, 181
RENTSCH, Eugen : 137
RILKE, Rainer Maria : 135, 107, 140, 278, 293
RISTIĆ, Marko : 50, 259-263, 265-272, 284
RIVIÈRE, Jacques : 15, 74, 109-110, 284, 319
ROBBE-GRILLET, Alain : 238
RODENBACH, Georges : 105
ROEBLING, Iris : 221
ROGOZIŃSKI, Julian : 239-240, 246-248
ROIĆ, Sanja : 282
ROLLAND, Romain : 35, 94, 137, 235, 257, 297, 316
RONSARD, Pierre de : 78
ROSI, Mauro : 231
ROSSI, Paolo : 313
ROUART, Eugène : 73, 82, 166, 169
ROUGEMONT, Denis de : 138, 140
ROUSSEAU, Jean-Jacques : 16, 81, 122
RUFFIEUX, Roland : 140-141
RUYTERS, André : 104-105
RYCHNER, Max : 137-138

SAGAERT, Martine : 7, 56, 113
SAGAN, Françoise (QUOIREZ, Françoise, *dite*) : 238
SAINT-JOHN PERSE (LÉGER, Alexis, *dit*) : 252
SAINTE-BEUVE, Charles Augustin : 155
SALMON, Gilbert-Lucien : 140
ŠAMIĆ, Midhat : 267
SAND, George : 257
SÄNDIG, Brigitte : 256
SANGSUE, Daniel : 290
SAPIRO, Gisèle : 234
SARRAUTE, Nathalie : 238, 270, 328
SARTRE Jean-Paul : 190, 238, 257, 270, 275, 289, 290, 316, 319, 324, 328-329
SAVAGE, Catharine H. : 12, 23-24
SCHLAPPNER, Martin : 137
SCHLUMBERGER, Jean : 11, 140, 162, 203, 291
SCHMITTLEIN, Raymond : 251
SCHNYDER, Peter : 13, 20, 39, 47, 56, 134, 136, 140, 196-198 300
SCHNYDER, René : 137
SCHOBER, Angelika : 196
SCHOPENHAUER, Arthur : 206, 195
SEDAT-JOBE, M. L. : 73
SEELIG, Carl : 137
SEILLIÈRE, Ernest : 202
SEIPPEL, Paul : 137
SEMPÉ, Jean-Jacques : 242
SENN, Alfred : 252
SERRA, Renato : 303
SHACKLETON, Anna : 102
SHAKESPEARE, William : 42-43, 186
SHAW, George Bernard : 236
SHELLEY, Percy Bysshe : 170
SIEGFRIED, André : 143
SILLER, Emma : 102
SIMENON, Georges : 238
SIMON, Daniel : 137

SIMONE, Franco : 314, 321-322
SINDACO, Sarah : 59
SKALSKA-ZLAT, Marta : 230
SKIBIŃSKA, Elżbieta : 242, 256
SKIWSKI, Jan Emil : 236, 245
ŚMIEJA, Wojciech : 230
SOLMI, Sergio : 313
SOPHOCLE : 193, 199-200, 206
ŠOŠTARIĆ, Sanja : 282
SPURGIENĖ, Lolija : 257
ŠREPEL, Ivo : 284
SRUOGA, Balys : 252
STALINE (DJOUGACHVILI, Joseph, *dit*) : 238, 265
STENDHAL (BEYLE, Marie-Henri, *dit*) : 41, 161-162, 165, 290
STOKER, Bram : 210-211, 221, 226
STOKER, Florence : 226
STROHL, Jean : 138
SUÉTONE : 171
SUPEK, Rudi : 282

TACITE : 171
TAINE, Hippolyte : 46, 71
TERONI, Sandra : 44
THIBAUDET, Albert : 33-37
THILLOY, Pierre : 179
THEIS, Raimund : 15
THORVALDSEN, Bertel : 135
TIEPOLO, Giambattista : 79
TODIĆ, Milanka : 259
TODOROV, Tzvetan : 222
TOGLIATTI, Palmiro : 321
TOLSTOÏ, Léon : 42, 277
TOMASOVIĆ, Miko : 283
TRAZ, Robert de : 85, 137
TROUSSON, Raymond : 218

UJEVIĆ, Mate : 275, 281
UNAMUNO, Miguel de : 85

VAIČIULAITIS, Antanas : 252
VAIČIŪNAS, Petras : 252
VALERI, Diego : 317
VALÉRY, Paul : 16,-18, 20, 25, 31-32, 36, 125, 127, 128, 195, 252, 311, 316, 318, 324
VAN LERBERGHE, Charles : 106
VAN RYSSELBERGHE, Élisabeth : 109
VAN RYSSELBERGHE, Maria : 40, 47, 107, 134, 139, 153-154, 201, 217, 278, 300
VAN RYSSELBERGHE, Théo : 47, 105-106, 300
VANDEPUTTE, Henri : 104
VANNICOLA, Giuseppe : 51, 75-76, 295-297, 299-304, 306-307
VASIĆ, Vélimir : 262
VEBERT, Pierre : 195
VERHAEREN, Émile : 105, 106
VERNE, Jules : 252
VIALATTE, Alexandre : 180, 184-186
VIÉLÉ-GRIFFIN, Francis : 105
VIGORELLI, Giancarlo : 314, 318-319, 323
VILLIERS, Gérard de : 241
VIRGILE : 120, 121, 165, 166, 168
VITANOVIĆ, Slobodan : 267
VITTORINI, Elio : 314, 320
VOLPINI, Valerio : 326
VOLTAIRE (AROUET, François-Marie, *dit*) : 122
VON KEYSERLING, Hermann : 85
VRÂNCENAU, Alexandra : 41
VUCELJ, Nermin : 261, 263, 267, 276, 280
VUČO, Aleksandar : 50, 264, 268, 270-271
VUILLARD, Édouard : 171, 175
VUKUŠIĆ ZORICA, Maja : 280

WAELTI, Slaven : 220
WALKER, David H. : 7, 29, 73, 166
WEIL, Simone : 257
WHARTON, Edith : 239
WHITMAN, Walt : 259
WIDMER, Walter : 137
WILDE, Oscar : 64, 284, 299
WILFERT-PORTAL, Blaise : 229
WINOCK, Michel : 77, 82, 93
WITTMANN, Jean-Michel : 7, 12, 14,

18, 28-29, 33, 39, 46, 94, 97, 113, 129, 254
Wnęk, Jan : 235
Würzbach, Friedrich : 40-41

Yourcenar, Marguerite : 238

Zard, Philippe : 179
Zawada, Andrzej : 234
Zimmer, Bernard : 184
Zimmermann, Jean-Paul : 136
Živojinović, Živojin : 277
Zuckmayer, Carl : 140

# RÉSUMÉS

Martina DELLA CASA, « Introduction »

Cet ouvrage explore la pensée européiste d'André Gide, son enracinement dans l'espace culturel européen et la réception de son œuvre en Europe.

Stéphanie BERTRAND, « Penser l'Europe d'aujourd'hui avec Gide »

L'actualité européenne de Gide est double : elle émane de la pensée qu'il a développée sur l'Europe, mais aussi de ses pensées (aphoristiques). L'étiologie gidienne du « malaise » européen éclaire et met en perspective les causes de la « crise » européenne contemporaine, tandis que les fréquentes citations gnomiques dont il fait l'objet aujourd'hui dans les discours publics et politiques européens, confirment et prolongent la « réforme » de l'homme qu'il appelait de ses vœux dans son article « L'Avenir de l'Europe ».

Jean-Michel WITTMANN, « Gide, du "génie des races" à la "culture européenne" »

La référence à la notion de race façonne la vision gidienne de la littérature européenne. Découvrir la diversité des races, au cours de ses voyages, lui permet en effet de mieux définir son identité française. Il perçoit la littérature comme l'expression du génie d'une race, même s'il souligne le caractère composite de la nation française. Dans le même temps, de manière plus originale, il refuse néanmoins d'enfermer l'écrivain dans le déterminisme de la race et vante son irréductible singularité.

Paola CODAZZI, « L'Europe d'André Gide, équilibre et diversité »

André Gide revient souvent à l'idée que c'est par sa particularité même que chaque nation contribue à l'équilibre européen. Ce qui est intéressant est que ce motif fait écho à son discours sur la France, qui se veut elle aussi comme la terre de l'unité dans la diversité. Ce travail vise à resserrer les liens entre fiction (*Les Faux-Monnayeurs*, 1925) et discours critique, afin de montrer de quelle manière on peut être pour Gide, « à la fois *patriote* et internationaliste » (*Journal*, 1934).

Pierre MASSON, « De la Belgique au Luxembourg et à l'Allemagne. Deux étapes d'une éducation européenne »

André Gide a successivement connu la Belgique et le Luxembourg. La littérature symboliste a fait de la Belgique un pays d'accueil privilégié, où il noua de nombreux liens, les plus importants étant avec la famille van Rysselberghe. Et c'est l'amitié entre la Petite Dame et Aline Mayrisch qui lui permit de trouver au Luxembourg une seconde terre d'accueil, où il allait prendre conscience, à partir de 1918, des problèmes européens qui ne cesseraient plus de l'occuper.

Carmen SAGGIOMO, « Gide et la culture italienne comme fondement de l'identité européenne »

En juin 1950, André Gide donne une conférence au sein de l'Institut français de Naples. Sa *causerie* est l'acte par lequel il s'acquitte explicitement « d'une vieille dette de reconnaissance » envers l'Italie. L'écrivain reconnaît à ce pays complexe où fusionnent l'art et la nature, la littérature et la vie civile, le christianisme et la romanité, un rôle de premier ordre dans l'histoire de l'Europe. En Italie, Gide trouve à la fois les racines de l'Europe et le sens de l'avenir.

Peter SCHNYDER, « "Comment peut-on être Suisse ?" Suivi d'un texte inédit de Gide »

Gide vit dans les pays d'Afrique du Nord et en Italie – il végète en Suisse, où il séjourne pour des cures. Or, il y va de sa santé et finalement de son art. Cette contribution retrace le rejet du pays alpin qui animera l'écrivain toute sa vie, à partir de partis-pris personnels qui glissent, sur le tard, vers des critiques sociales. Le texte inédit reproduit ici sur l'insularité de la Suisse dénonce les mythes chers aux Suisses et leurs difficultés à trouver leur place dans une Europe en construction.

Mechthilde Fuhrer, « La “Préface” à l’*Avertissement à l’Europe* de Thomas Mann par André Gide (1937) »

Au moment où Thomas Mann est déchu de la nationalité allemande, André Gide préface la version française de ses derniers écrits, parus en France sous le titre *Avertissement à l’Europe.* Par cette prise de position politique, Gide ne prend pas seulement la défense de l’homme de Lettres allemand, Prix Nobel (en 1929), mais expose par là même sa vision humaniste engagée de portée européenne.

Frédéric Canovas, « “Je ne pensais pas que je pourrais tant aimer Rome”. Ambivalence du regard chez André Gide et Maurice Denis »

Gide arrive pour la première fois à Rome en 1894. Durant ce séjour, Rome ne se révèle pas à la hauteur de ses aspirations. Pensant trouver la Rome des *Élégies* de Goethe et des poèmes de Virgile, Gide ne peut être que déçu par la capitale d’un état moderne, où coexistent vestiges de l’Antiquité, temples chrétiens et immeubles bourgeois. Il faudra attendre un troisième séjour en 1898 pour que l’écrivain ressente enfin cette « exaltation si particulière » au contact de la Ville éternelle.

Vincenzo Mazza, « Gide et Kafka réunis par le théâtre. *Le Procès*, un spectacle européen ? »

L’attention de Gide à l’égard de la production littéraire européenne lui permet de saisir très tôt l’importance de Franz Kafka. Ensuite, en 1940 il écrit : « Je relis *Le Procès* de Kafka avec une admiration plus vive encore. » Cependant, il note aussi que la préface de Groethuysen ne le satisfait pas. En 1942, lorsque Jean-Louis Barrault lui propose de collaborer à une transposition scénique du roman de Kafka, Gide a l’occasion de combler cette insatisfaction en travaillant lui-même sur ce texte. Quelques années après, en 1947, *Le Procès* sera joué pour la première fois.

Marie-Gabrielle Nancey-Quentin de Gromard, « L’Œdipe de Gide, un héros nietzschéen »

L’Œdipe de Gide s’inscrit dans la lignée des personnages gidiens qui s’affranchissent de toute tutelle dans un acte d’auto-engendrement. Face à un Tirésias christianisé, Gide représente un Œdipe « goethéen » et païen. Si

Œdipe est proche du surhumain de Nietzsche, l'interprétation du dénouement de la pièce est loin d'être univoque. Cet article montre la prégnance des modèles goethéen et nietzschéen dans sa conception et la place spécifique que la littérature et la pensée allemandes occupent dans l'œuvre de Gide.

Slaven WAELTI, « Gide – *Nosferatu*, acte gratuit et séductions du cinéma »

Gide n'a pas aimé *Nosferatu le vampire* de Friedrich Wilhelm Murnau. Toutefois, il se livre à une longue critique qui débouche sur une réécriture imaginaire du film. Cette réécriture ne concerne cependant que la manière de raconter une histoire et jamais la « cinématographicité du film » dont le diariste ne semble pas se soucier. Le cinéma, c'est pourtant plus que des histoires : c'est un média qui informe très tôt la pensée et l'œuvre de Gide, notamment la théorie de l'acte gratuit qui est une théorie du cinéma.

Elżbieta SKIBIŃSKA, « Gide en polonais »

L'article propose un examen de la réception polonaise de l'œuvre d'André Gide à travers les traductions de ses textes. Prenant en considération les titres traduits, l'année de leur traduction et de leur publication, les éditeurs, les collections, les traducteurs et les paratextes, il montre que le transfert des écrits de Gide en Pologne s'est fait de façon irrégulière, fragmentée, et que son « intraduction » semble se faire sans programme préétabli des agents qui en sont responsables.

Thierry LAURENT, « La réception d'André Gide en Lituanie »

Dans la jeune République lituanienne de l'entre-deux-guerres, Gide commence à être traduit par l'avant-garde. Toutefois, du fait de l'idéologie catholique dominante, il n'est pas l'un des écrivains français les plus influents. Après la tombée sous le joug soviétique (1945), l'auteur du *Retour de l'URSS* est proscrit et les universitaires ne peuvent pas librement accéder à ses publications. Depuis l'indépendance de 1991, Gide est respecté comme dénonciateur du totalitarisme communiste et représentant du roman moderne.

Biljana ANDONOVSKA, « La réception d'André Gide par le surréalisme serbe »

La réception de Gide par les surréalistes serbes, intervenue sous différentes formes (telles que les premières traductions et interprétations de son œuvre, ou encore à travers celles de l'anti-roman ou du journal) et de façon continue depuis les années vingt avant-gardistes jusqu'à la politique culturelle yougoslave des années cinquante, nous montre à quel point l'œuvre gidienne trônait au milieu des luttes et des changements littéraires et culturels du XXe siècle.

Maja VUKUŠIĆ ZORICA, « André Gide, "homme occidental" en Croatie »

André Gide est depuis toujours le « contemporain capital » des intellectuels des Balkans, l'« homme occidental » en Croatie depuis Bonifačić (1929) et les trois traductions du *Retour de l'URSS*, dont celle de Desnica. Radica et Krleža rappellent Benjamin tout en postulant un Gide « Européen ». Il est un *inquiéteur* dont la « tonicité » (Anglès) pose la question de l'engagement et de la médiation (Nancy) en écrivant « pour ceux qui comprennent à demi-mot » – en débordant son époque.

Paola FOSSA, « André Gide et la revue *La Voce* (1908-1916). Histoire d'un rapport européen »

Dans le panorama des revues culturelles italiennes, *La Voce* tient une place de choix, en se présentant comme le « lieu de construction » d'une nouvelle identité culturelle italienne. Bien que différents par l'âge, parfois par le niveau stylistique, très souvent au niveau thématique et moral, les écrivains *vociani* avaient une grande admiration pour l'œuvre de Gide. Cet article propose une chronologie de ce rapport, en approfondissant notamment celle avec Giuseppe Vannicola et Giovanni Papini.

Stefania CARISTIA, « La réception d'André Gide dans les revues italiennes de l'après-guerre (1944-1952). Entre l'humaniste européen et l'artiste incompris »

De quelles manières les revues littéraires italiennes de l'après-guerre utilisent-elles l'œuvre et le nom de Gide pour promouvoir ou rejeter certains modèles et conceptions de la littérature ? Le tournant de la guerre produit-il un changement dans la réception de Gide par rapport à l'entre-deux-guerres et favorise-t-il un réexamen de son œuvre ? Par l'analyse quantitative et qualitative des articles sur Gide parus dans dix-neuf revues de l'époque, l'article propose des réponses à ces questions.

# TABLE DES MATIÈRES

Abréviations . . . . . . . . . . . . . . . . . . . . . . . . . . . . . . . . . . . 7

Avant-propos . . . . . . . . . . . . . . . . . . . . . . . . . . . . . . . . . . 9

Martina Della Casa
Introduction . . . . . . . . . . . . . . . . . . . . . . . . . . . . . . . . . . . 11

PREMIÈRE PARTIE

FORMES ET FORMATION D'UNE CONSCIENCE EUROPÉENNE

Stéphanie Bertrand
Penser l'Europe d'aujourd'hui avec Gide . . . . . . . . . . . . . . . . . . 55

Jean-Michel Wittmann
Gide, du « génie des races » à la « culture européenne » . . . . . . . 71

Paola Codazzi
L'Europe d'André Gide, équilibre et diversité . . . . . . . . . . . . . . 85

Pierre Masson
De la Belgique au Luxembourg et à l'Allemagne.
Deux étapes d'une éducation européenne . . . . . . . . . . . . . . . . . 101

Carmen Saggiomo
Gide et la culture italienne comme fondement
de l'identité européenne . . . . . . . . . . . . . . . . . . . . . . . . . . . . 113

Peter SCHNYDER
« Comment peut-on être Suisse ? »
Suivi d'un texte inédit de Gide . . . . . . . . . . . . . . . . . . . . . . . . . 125

André GIDE
« La Suisse est une île ». Texte inédit d'André Gide . . . . . . . . . . 143

DEUXIÈME PARTIE

## DIALOGUES GIDIENS, EXPÉRIENCES EUROPÉENNES

Mechthilde FUHRER
La « Préface » à l'*Avertissement à l'Europe* de Thomas Mann
par André Gide (1937) . . . . . . . . . . . . . . . . . . . . . . . . . . . . . 149

Frédéric CANOVAS
« Je ne pensais pas que je pourrais tant aimer Rome ».
Ambivalence du regard chez André Gide et Maurice Denis . . . . 161

Vincenzo MAZZA
Gide et Kafka réunis par le théâtre.
*Le Procès*, un spectacle européen ? . . . . . . . . . . . . . . . . . . . . . . . 179

Marie-Gabrielle QUENTIN DE GROMARD
L'Œdipe de Gide, un héros nietzschéen . . . . . . . . . . . . . . . . . . 193

Slaven WAELTI
Gide – *Nosferatu*, acte gratuit et séductions du cinéma . . . . . . . . 209

## TROISIÈME PARTIE

# REFLETS EUROPÉENS

Elżbieta Skibińska
Gide en polonais . . . . . . . . . . 229

Thierry Laurent
La réception d'André Gide en Lituanie . . . . . . . . . . 251

Biljana Andonovska
La réception d'André Gide par le surréalisme serbe . . . . . . . . . . 259

Maja Vukušić Zorica
André Gide, « homme occidental » en Croatie . . . . . . . . . . 275

Paola Fossa
André Gide et la revue *La Voce* (1908-1916).
Histoire d'un rapport européen . . . . . . . . . . 295

Stefania Caristia
La réception d'André Gide dans les revues italiennes
de l'après-guerre (1944-1952). Entre l'humaniste européen
et l'artiste incompris . . . . . . . . . . 309

Index . . . . . . . . . . 331

Résumés . . . . . . . . . . 341

IMPRIM'VERT®

Achevé d'imprimer par Corlet Numéric,
Z.A. Charles Tellier, Condé-en-Normandie (Calvados). N° d'impression : 154488
*Imprimé en France*